中国社会科学院创新工程学术出版资助项目

马克思主义专题研究文丛

中国特色社会主义理论研究

（第3辑·2014）

邓纯东 ● 主编

中国社会科学出版社

图书在版编目(CIP)数据

中国特色社会主义理论研究. 第3辑, 2014 / 邓纯东主编. —北京:
中国社会科学出版社, 2016.3

(马克思主义专题研究文丛)

ISBN 978 - 7 - 5161 - 7861 - 4

Ⅰ.①中… Ⅱ.①邓… Ⅲ.①中国特色社会主义—理论研究
Ⅳ.①D616

中国版本图书馆 CIP 数据核字(2016)第 063192 号

出 版 人	赵剑英
责任编辑	赵 丽
责任校对	王佳玉
责任印制	王 超

出 版	中国社会科学出版社
社 址	北京鼓楼西大街甲 158 号
邮 编	100720
网 址	http://www.csspw.cn
发 行 部	010 - 84083685
门 市 部	010 - 84029450
经 销	新华书店及其他书店

印 刷	北京君升印刷有限公司
装 订	廊坊市广阳区广增装订厂
版 次	2016 年 3 月第 1 版
印 次	2016 年 3 月第 1 次印刷

开 本	710×1000 1/16
印 张	26
插 页	2
字 数	439 千字
定 价	96.00 元

前　言

　　以毛泽东、邓小平、江泽民为核心的党的三代领导集体和以胡锦涛同志为总书记的党中央始终高度重视党的理论工作，重视全党对马克思主义理论的学习和研究工作。十八大以来，以习近平同志为总书记的党中央更是把意识形态工作作为党的一项极端重要的工作来抓。

　　2004 年 1 月，《中共中央关于进一步繁荣发展哲学社会科学的意见》下发，并决定实施马克思主义理论研究和建设工程。为贯彻落实党中央关于把中国社会科学院努力建设成为马克思主义坚强阵地、党和国家的思想库智囊团（智库）、哲学社会科学的最高殿堂的要求，中国社会科学院采取了一系列重要措施。2009 年初决定把加强马克思主义理论学科建设与理论研究作为一项重要工作来抓，并成立中国社会科学院马克思主义理论学科建设与理论研究工程领导小组。领导小组成立后，一方面注重抓好马克思主义理论学科组织机构的建设，设立马克思主义理论类别的研究室和中心等；同时又注重马克思主义基础理论研究。

　　为了推进马克思主义基础理论研究，中国社会科学院决定从 2011 年开始编辑出版"马克思主义专题研究文丛"，每年收录全国范围内相关学科领域具有代表性的文章，集中展示相关学科研究的优秀成果。

中国社会科学院马克思主义理论学科建设

与理论研究工程领导小组

2015 年 1 月

目　　录

中国特色社会主义道路、理论体系、制度

中国特色社会主义总布局："五大建设"

习近平系列重要讲话精神

中国特色社会主义道路、理论体系、制度

"中国道路"命题的提出、
实践探索及其历史启示

李辽宁

近年来，关于"中国道路"的研究和讨论广受关注。所谓中国道路，是针对"外国道路"尤其是"西方道路"来说的，实质上就是指中国特色的现代化之路。从社会形态的转变来看，中国道路是指中国从一个落后的封建农业大国，发展为社会主义现代化强国的历史过程。[①] 从内涵来看，广义上的"中国道路"可以包括中国革命、建设和改革开放之路；狭义上的"中国道路"主要是指"中国特色社会主义道路"，是"中国特色社会主义道路"的简称。[②] 回顾历史，我们会发现，"中国道路"的选择，不是根据人们的主观意愿预先设计的，而是由当时的社会历史条件所决定的，具有鲜明的客观性和时代性。在经济全球化趋势不断加强的今天，我们一方面要正视历史，珍惜来之不易的伟大成就；另一方面要勇于创新探索，继续沿着中国特色社会主义道路奋勇前进，全面实现中华民族的伟大复兴。

一　"中国道路"命题提出的背景及其相关争论

命题是时代的产物，它总是与一定的社会历史条件和历史任务相联系。"中国道路"命题的提出是与近代中国的历史命运和时代使命密切关联的。1840 年鸦片战争以后，中国社会发生了深刻变化。"帝国主义列强

---

① 许建康：《跨越"卡夫丁峡谷"与中国道路》，《学习与探索》2011 年第 5 期。

② 李慎明、何成、宋维强：《"中国道路"的六个内涵》，《科学咨询（科技管理）》2011 年第 2 期。

侵略中国，在一方面促使中国封建社会解体，促使中国发生了资本主义因素，把一个封建社会变成了半封建的社会；但是在另一方面，它们又残酷地统治了中国，把一个独立的中国变成了一个半殖民地和殖民地的中国。"① 在此过程中，中华民族饱受屈辱。而摆脱这种屈辱，实现中华民族的复兴，自然成为华夏儿女挥之不去的"梦"，也是"中国道路"命题提出的直接动因。从那时起，"中国道路"命题就指向两个相互关联而又前后一贯的目标：民族独立和民族复兴。

从思想观念层面来看，所有关于"中国道路"的认识和论争都直接指涉对"中国向何处去"的追问。鸦片战争失败后，面对西方列强的冲击，"向西方学习"成为开明官吏的共识，从"睁眼看世界的第一人"林则徐，到提出"师夷长技以制夷"的魏源，都持有这种思想。不过此时"向西方学习"的基本原则是"中学为体，西学为用"。此后，围绕国家的经济社会发展，先后出现了学校与科举之争、中学与西学之争、旧学与新学之争、文言文与白话文之争、科学与玄学之争等。1919 年五四运动前后，关于东西文化的论战达到高潮。这些论争反映了清末民初我国思想文化界的总体动向以及对社会发展道路选择的不同态度。限于篇幅，在此本文仅就与"中国道路"命题密切关联的几次大论战进行回溯，即东西方文化观的论战、"以工立国"还是"以农立国"的论争、中国社会性质的论争。

（一）关于东西方文化观的论战

关于东西方文化观的论战，从 1915 年起一直持续了十余年，根据其主题的变化，分为三个阶段：第一阶段是从 1915 年《青年杂志》创刊到 1919 年五四运动爆发前，论战的重点在于比较东西方文化的异同和优劣；第二阶段是五四运动爆发后，论战的重点是东西方文化能否调和、新文化与旧文化的差异以及如何处理新文化和旧文化之间的关系；第三阶段是梁启超的《欧游心影录》（1920）和梁漱溟的《东西文化及其哲学》（1921）出版后引起的激烈论争。②

在这场旷日持久的思想文化论战中，各路名士纷纷出场，大致可分为

① 《毛泽东选集》（第 2 卷），人民出版社 1991 年版，第 630 页。
② 陈崧：《五四前后东西方文化问题论战文选》，中国社会科学出版社 1989 年版，第 4—5 页。

"新文化派"（以陈独秀、李大钊、胡适、杨明斋等为代表）和"东方文化派"（以杜亚泉、梁漱溟、章士钊、伧父等为代表）。随着世界形势的发展，尤其是第一次世界大战的爆发，各派内部也有分化，比如，梁启超在第一次世界大战以后通过在欧洲的亲眼所见，认识到西方国家存在的问题，于是从崇信西方文化转变到反对西方文化；陈独秀、李大钊等从早期的"西化派"逐步成为马克思主义者；而胡适、张东荪等则继续为资本主义辩护，坚持走"西化"道路。而且在新文化阵营内部的李大钊和胡适之间还展开了"问题与主义"之争。虽然这场论战在 1927 年以后由于思想战线上争论的焦点转到社会性质问题而暂时告一段落，但是其影响十分深远。它不仅带来了思想文化上的巨大变革，而且深深影响着社会的政治、经济领域，尤其是锻造了最早的一批马克思主义者。这些对于后来中国经济社会发展的走向，无疑具有革命性的重要意义。

到了 1933 年，在我国思想文化界又开展了一场争论。这一次是由《申报月刊》刊出"中国现代化问题号"特辑开始的。该刊物利用创刊周年纪念的机会，向社会各方面知名人士约写专题征文进行讨论。讨论的重点是两个问题：一是中国现代化的困难和障碍是什么，要促成中国现代化，需要什么先决条件；二是中国现代化当采取哪一个方式，个人主义的或社会主义的；外国资本所促成的现代化或国民资本所自发的现代化，又实现这方式的步骤怎样。①

此后不久，1935 年年初，陶希圣等 10 位教授发表了《中国本位的文化建设宣言》，其政治背景是国民党政府为了配合所谓经济建设而提出进行三民主义的文化建设，随后在全国掀起了一场中国文化问题的大争论。这次争论的双方分别是以陶希圣等为代表的"中国本位"派和以胡适为代表的"独立评论"派。值得注意的是，此次争论的双方在讨论中逐步接近，相互吸收。像陈序经的"全盘西化"论从一开始就遭到从西化派到中国文化本位派的批评和责难，因而在这次讨论之后，"全盘西化"的口号就不再被人提起了。通过争论，人们逐渐用"现代化"概念取代"西化""中国化"等概念，并把现代化的基本内涵确定为工业化、科学化、合理化和社会化。

---

① 罗荣渠：《从"西化"到现代化——五四以来有关中国的文化趋向和发展道路论争文选》（上册），黄山书社 2008 年版，第 16—17 页。

（二）关于"农化"还是"工化"的论战

这是五四运动前后一场与中西文化问题基本同时开展的一场论战，但持续的时间更长，大致可分为三个阶段：第一阶段发生在20世纪20年代，论战双方分别是：主张"农化"（以农立国）的代表人物是当时北洋政府教育总长章士钊，所有反对中国大革命的封建顽固派、阻止新思潮反对新文化运动的国粹派和"甲寅派"，以梁漱溟为代表的鼓吹复兴中国文化的新旧调和派等，都站在以农立国的一方；主张"工化"（以工立国）的代表人物有恽代英、杨铨、杨明斋等。第二阶段发生在20世纪30年代，"以农立国论"代表人物为梁漱溟，与之相对立的是以吴景超为代表的《独立评论》派。第三阶段发生在20世纪40年代初，这次有专门研究农业的学者和企业界人士参加，学术探讨也更加深入。

最初鼓吹"以农立国"的代表人物是章士钊（章行严），他在《业治与农》（1923）中提出了"以农立国，文化治制"的思想，立即引起激烈的争论，支持其观点的有董时进等；质疑者中有孙倬章等。归纳起来，大致可分为四种观点：第一种是主张复兴农村，通过振兴农业以引发工业；第二种是主张发展工业，认为振兴都市工业才能救济农村；第三种是先农后工，主张首先使农业工业化，在农村培植小规模农村工业，作为向工业社会过渡；第四种是主张农工并重，提出发展民族工业和实行民主主义的计划经济等。到了20世纪40年代，翁文灏提出"以农立国，以工建国"二者相辅相成的新观点。①

应该说，这些讨论反映了在20世纪30年代，在世界经济危机打击下，我国学者关于如何挽救当时中国经济面临的严峻形势、走中国经济发展道路的一些思考。在这场论战中，由于历史条件的限制，中国共产党参与不多。虽然讨论因解放战争而终止，但是其中关于农业和工业的相互关系等问题的讨论，比如许涤新在《中国经济的道路》（1945）中提出发展新民主主义经济和"建立现代化工业和推动合作经济"的思想，以及学者们关于工业化的具体条件、工业化的利弊等问题的探讨，对于今天我们推动工业化、城镇化和新农村建设，仍然具有一定的参考价值。

---

① 罗荣渠：《从"西化"到现代化——五四以来有关中国的文化趋向和发展道路论争文选》（下册），黄山书社2008年版，第740页。

（三）关于中国社会性质问题的论战

关于如何认识中国社会性质，早在五四时期，马克思主义传入中国后，这个问题就逐渐被提出来了。[①] 而发生激烈的论战，则是在20世纪20年代末30年代初，其直接动因，是大革命失败后，不同社会政治力量对于中国社会性质的审视和判断。相对于以往的论战而言，这次论战具有更加强烈的现实针对性。它涉及中国应当进行什么性质的革命、依靠谁来革命、革命往哪里发展等问题，关系到发展革命还是取消革命的问题。从这个意义上讲，这场论战不仅是理论问题，更是政治问题，是当时政治思想战线上马克思主义与反马克思主义之间一场尖锐斗争。

1927年以后，"中国应走什么道路？""中国向何处去？"这样的追问严峻地摆在全国人民面前。1928年6月召开的中共六大，确认当时中国社会性质是半殖民地半封建社会，中国革命性质是反帝反封建的民主主义革命。同时指出，把现时中国革命说成"不断革命"是不对的。这一论断遭到了敌对阶级或政党来自"左"和右的方面的攻击和反对，但得到了进步的理论家和历史学家的支持和捍卫。

从1929年起，陈独秀陆续给中共中央写了3封信，认为大革命失败标志着"资产阶级取得了胜利"，封建势力已经"变成了残余势力之残余"[②]，中国社会已经是资本主义占优势并将得到和平发展的社会；资产阶级民主革命"已经完结"，无产阶级只有等到将来再去搞所谓"社会主义"。这实际上是"取消革命"论。他在被开除出党以后，与托派分子一起对中国共产党关于中国社会性质、革命任务等方面的马克思主义分析进行攻击。参与这场论战的还有国民党内的一些文人，以陶希圣等为代表，其主要阵地是《新生命》杂志，也被称为"新生命"派。此外，较有代表性的还有以陈公博为代表的国民党改组派，以及以胡适为代表的改良派。不过，由于国民党文人的面目大多都暴露无遗，胡适等学者又是公开反对马克思主义，因而其影响力便不如托派。因此，从论战对象上看，虽然马克思主义者对国民党改组派和改良派都进行了必要的批驳，但是论战的主

---

① 高军：《第一次国内革命失败后关于中国社会性质问题的论战》，《史学月刊》1982年第2期。

② 《陈独秀关于中国革命问题致中共中央信》，中国国情网，http://www.china.com.cn/guoqing/2012-08/30/content_26745482.htm，2012-08-30。

要对象还是托派。

值得注意的是，由这场论战还延伸出另外两场论战：一场是关于中国社会史的论战；另一场是关于中国农村社会性质的论战。这两场论战都是中国社会性质问题论战的深化。在这些论战中，马克思主义者组织了革命的社会科学工作者在《新思潮》《读书杂志》《布尔塞维克》《中国经济》等刊物上发表文章批驳托派的观点，宣传中国共产党对中国社会和中国革命的基本看法，得到了社会的广泛理解和认同，同时也教育和动员了广大人民群众坚持反帝反封建的革命斗争。论战以后，托派、新生命派等反马克思主义观点被进步的人士所唾弃，更多的人认识到中国共产党的马克思主义主张。

二 "中国道路"的实践探索

从时间上看，对于"中国道路"实践探索的考察应该追溯到中国共产党成立之前，这是一个跨越了旧民主主义革命、新民主主义革命、社会主义革命、社会主义建设和改革大约 120 年的大跨度历程①，大致可以分为四个阶段：

第一阶段：19 世纪 40 年代至 20 世纪 20 年代，这是旧民主主义革命时期以前，中国人对于"中国道路"的早期探索。"自从 1840 年鸦片战争失败那时起，先进的中国人，经过千辛万苦，向西方国家寻找真理。洪秀全、康有为、严复和孙中山，代表了在中国共产党出世以前向西方寻找真理的一派人物。"② 寥寥数语，勾勒出长达 80 年中国人寻求国家复兴的艰难历程。在这一时期，为了从贫困落后中摆脱出来，从政府和民间分别涌现出巨大的变革力量，太平天国、戊戌变法、辛亥革命……虽然最终推翻了几千年的君主专制，但是结果仍然不尽人意，"民族独立"和"民族复兴"这两个目标，一个也没有完成。"太平天国的失败告诫人们，不冲破小农经济的狭隘界限，不大力发展近代资本主义工业和商业，中国无法摆脱封建主义的束缚而迈向近代；戊戌变法的失败告诫人们，不从根本上改变对人民大众的立场，不用武装革命的方式夺取政权，资本主义便难以成

---

① 王庆五：《中国道路、中国模式与中国经验》，《江苏行政学院学报》2009 年第 3 期。
② 《毛泽东选集》（第 4 卷），人民出版社 1991 年版，第 1469 页。

长；辛亥革命的失败则启发人们，不触动农村的封建关系，不折断帝国主义伸向中国的魔爪，中国希冀独立自主发展只是空想，而资产阶级的新生政权也难以确保从而作为国家也就并不能真正从封建主义的旧天地里走出来。"① "一切别的东西都试过了，都失败了"，"西方资产阶级的文明，资产阶级的民主主义，资产阶级共和国的方案，在中国人民的心目中，一齐破了产。……唯一的路是经过工人阶级领导的人民共和国"。②

第二阶段：20 世纪 20 年代初至 40 年代末，这是中国共产党领导的新民主主义革命时期的革命道路。这一时期的主旋律是，中国人民与帝国主义、地主阶级、官僚资产阶级展开中国命运的大决战，最后推翻"三座大山"，实现了中华民族的独立和人民的解放。这一进程既与国共两党的斗争与合作相同步，又与第二次世界大战反对日本法西斯主义的国际大背景相交叉。在国际正义力量的支持下，中国人民最终战胜了日本法西斯，取得了近代以来反抗外来侵略战争第一个完全意义上的胜利；在国内外正义力量的支持下，中国共产党最终推翻了蒋介石的反动统治，建立了人民当家做主的新中国。这一伟大成就的取得，为国家富强、民族复兴打下了必要的基础，同时为"中国道路"开辟了光明的前景。

值得一提的是，这一时期除了新民主主义革命这条道路以外，还有一些坚持"教育立国"的教育工作者在全国各地倡导和实施"乡村教育运动"。他们认为要改变中国贫穷落后的面貌，关键在于教育，特别是农村教育。为此，要从教育农民着手以改进乡村生活和推进乡村建设。③ 这些做法对于提高农民的综合素质有积极意义。但是随着新民主主义革命浪潮的推进，这些运动逐渐走向衰落。事实证明，在战争频仍的动荡年代，

---

① 曹锡仁：《幻想与现实：中国道路》，陕西人民出版社 1999 年版，第 185 页。

② 《毛泽东选集》（第 4 卷），人民出版社 1991 年版，第 1471 页。

③ 比如，晏阳初 1923 年发起成立中华平民教育促进会，用"三大方式"（学校、社会、家庭）进行"四大教育"（生计、文艺、卫生与公民），企图解决中国农村的"四大病"（贫、愚、弱、私），并实现"六大建设"（政治、教育、经济、自卫、卫生和礼俗）；中华职业教育社于 1926 年在江苏昆山徐公桥设立乡村改进区，推行社会教育，改进小学教育，以培养新农民，同时改进农业；1926 年，中华教育改进社主任干事陶行知主张以乡村学校作为改造乡村生活的中心，先后创办晓庄学校和山海工学团，注重培养农民在军事、生产、科学等方面的能力；1931 年，梁漱溟等成立了山东乡村建设研究院，除指导研究生和训练乡村服务人员外，还在邹平、菏泽两个实验县办理乡农学校、乡学村学；30 年代，以高阳为代表的江苏省立教育学院设有研究实验部，在无锡设了惠北实验区、北夏实验区等，进行乡村成年民众教育、电化教育、农事教育，实行改良蚕桑、养鱼植树开荒，增加农业生产等。此外还有其他一些乡村建设学院。

"教育立国"之路是走不通的，它缺乏必要的社会条件。

第三阶段：20 世纪 40 年代末至 70 年代末，这是社会主义改造和建设时期。关于这一段历史的评价，学界的争论比较多，其中不乏历史虚无主义的话语。有人以"大跃进""文化大革命"为借口，质疑共产党的执政水平，甚至质疑共产党的执政合法性。对于这些争论，笔者认为一方面要直面问题，正面回应质疑；另一方面要认真鉴别，区分其中哪些是学术问题，哪些是思想问题。的确，在这段时期，中国共产党在指导思想方面出现了一些问题，尤其是长达 10 年的"文化大革命"，给整个国家的发展带来了严重的影响，给人们的心理带来持久的创伤。尽管如此，新中国成立后 30 年的成绩是不容否定的。中共十七大报告指出，社会主义基本制度的建立，为当代中国一切发展进步奠定了根本政治前提和制度基础；十八大报告中进一步指出，在探索过程中，虽然经历了严重曲折，但党在社会主义建设中取得的独创性理论成果和巨大成就，为新的历史时期开创中国特色社会主义提供了宝贵经验、理论准备、物质基础。

第四阶段：20 世纪 70 年代末至今，这是改革开放和中国特色社会主义建设时期。以中共十一届三中全会为标志，党领导人民开始了开辟中国特色社会主义道路的历史进程。经过 30 多年的快速发展，我国经济社会发生了翻天覆地的变化，国际地位不断提升，人民生活不断改善。与此同时，党对于社会主义现代化建设的指导思想更加明确，对社会主义的本质的认识不断深化。"把马克思主义的普遍真理同我国的具体实际结合起来，走自己的道路，建设有中国特色的社会主义，这就是我们总结长期历史经验得出的基本结论。"① 邓小平理论、"三个代表"重要思想、科学发展观，这一系列重大的理论成果，正是这一时期中国共产党人将马克思主义与中国具体实际相结合的智慧结晶。

自改革开放特别是 21 世纪以来，中国共产党不断深化对执政党建设规律、社会主义建设规律和人类社会发展规律的认识，对"中国道路"的认识更加清晰，更加坚定道路自信、理论自信、制度自信。十八大报告指出："中国特色社会主义道路，就是在中国共产党领导下，立足基本国情，以经济建设为中心，坚持四项基本原则，坚持改革开放，解放和发展社会生产力，建设社会主义市场经济、社会主义民主政治、社会主义先进文

---

① 《毛泽东文集》（第 6 卷），人民出版社 1999 年版，第 3 页。

化、社会主义和谐社会、社会主义生态文明，促进人的全面发展，逐步实现全体人民共同富裕，建设富强民主文明和谐的社会主义现代化国家。"①

三 "中国道路"的历史启示

通过对中国近现代以来历史的梳理，我们可以看到，无论是思想观念层面，还是实践探索层面，"中国道路"命题从提出到现在，经历了非常曲折的过程。站在新的历史起点上，总结过去，是为了更好地认识现在和走向未来。为此，以下几点启示无疑是值得认真思索的：

第一，正确认识"中国道路"的历史必然性，这是客观的历史进程，也是主观的选择过程，是"历史合力"的结果。

当代中国为什么要走中国特色社会主义道路？这条道路绝不是偶然或主观随意选择的结果，而是有其历史必然性。恩格斯指出："历史进程是受内在的一般规律支配的。"②"我们自己创造着我们的历史，但是，我们是在十分确定的前提和条件下创造的。……历史是这样创造的：最终的结果总是从许多单个的意志的相互冲突中产生出来的，而其中每一个意志，又是由于许多特殊的生活条件，才成为它成为的那样。这样就有无数互相交错的力量，有无数个力的平行四边形，由此就产生出一个合力，即历史结果，而这个结果又可以看作一个作为整体的、不自觉地和不自主地起着作用的力量的产物。"③

恩格斯的"历史合力"论对于我们正确认识中国道路的形成和未来发展具有重要意义。如前所述，自鸦片战争失败以后开明官吏寻求救国图强之路开始，一直到中国特色社会主义道路的确立，100多年的时间，中国发生了翻天覆地的变化，其中的每一个阶段，都不是一帆风顺的，也不是由某一种力量所决定，而是多种力量共同作用的结果，其中既有主观的，也有客观的；既有国内的，也有国际的；既有历史的，也有现实的；既有积极的，也有消极的。历史证明，要摆脱中国半殖民地半封建社会的地位，传统的封建主义做不到，资本主义也做不到，照搬苏联模式同样做不

① http：//www.xj.xinhuanet.com/2012－11/19/c_113722546_2.htm，2012－11－19.
② 《马克思恩格斯选集》第4卷，人民出版社1995年版，第247页。
③ 同上书，第696—697页。

到；领导中国走向繁荣富强，封建阶级做不到，资产阶级也做不到。只有中国共产党代表广大民众的利益，领导全国人民进行中国特色社会主义现代化建设，才能实现这一目标。当前的中国道路，正是中国特色社会主义现代化之路，这是由中国特色社会主义道路、中国特色社会主义理论体系、中国特色社会主义制度共同组成的完整体系，这个体系具有历史性、时代性、开放性和包容性，将随着中国特色社会主义实践的发展而不断丰富和发展。时至今日，关于中国特色社会主义的特征、目标、内容、实现路径等问题的认识，都还在不断深化之中。我们的思路和理念既要与国内的实际情况相结合，坚持实事求是；又要符合时代发展的大趋势，不能故步自封。我们要充分利用各种积极因素，发挥"正能量"，使得"历史合力"朝着正方向发展。

第二，正确认识"中国道路"的独特性与可持续性，面对成就和问题，既不能盲目乐观，也不能妄自菲薄。

毋庸置疑，自改革开放尤其是 21 世纪以来，我国在经济社会发展各方面均取得了长足的进步，经济总量已居世界第二，国际地位稳步上升。但与此同时，国内矛盾和问题也日益凸显，环境污染、食品安全、社会诚信缺失、不同群体之间的利益矛盾等问题，成为影响社会和谐稳定的巨大障碍。"中国道路"将走向何方？中国特色社会主义的未来到底在哪里？这些都成为人们普遍关注的问题。

对于这些问题的认识，需要有历史视野和世界眼光。从人类社会的现代化进程来看，有一个基本的历史事实，即东方不同于西方，中国不同于世界。从时间来看，中国现代化建设的时间远远不及西方。如果从 18 世纪英国工业革命算起，西方国家的现代化进程已有 200 多年，但是中国的现代化进程只有 100 多年。而在这 100 多年的时间里，大部分时间是在动荡和战争的状态下度过的，真正稳定建设的时间更短，即改革开放以来的30 多年的时间；从性质上看，西方的现代化是内生性的，是其社会生产力发展到一定程度以后自然形成的结果。在此过程中，经济和贸易的发展使其历史文化中原有的契约精神得到释放，并在社会治理和对外交往等方面通过法制和规则加以强化。相比之下，我国是一种外部压迫型的现代化，其现代化的动力不是生产力发展到一定程度以后自然而然提出的诉求，而是由于应对外部压力迫不得已才取得的手段；从环境来看，中国现代化建设的国际大环境远不如西方优越。当西方开始现代化进程的时候，其科学技术已经领先于其他地方，其对外扩张遇到的阻力小。相比之下，我国现代化所面临的环境要恶劣得多，我们不仅在科学技术、资金、市场占有等方面落后于西方，更为重要的是，我们缺乏话语权，在很多地方被西方国家的游戏规则所限制；从结果来看，西方的现代化经过几百年的发展，已经取得了很大成就，其在发展过程中所遇到的矛盾和问题，已经在其漫长的时间里得到逐步解决，现代化道路比较平稳。相比之下，我国现代化进程时间短，在这较短的时间里取得举世瞩目的成就，自然会产生许多问题。以上这些，注定了我国的现代化道路充满艰辛。但这些都是"成长的烦恼"。随着我国改革开放进程的逐步深入，这些问题都可望逐步得到解决。当然，"中国道路"的可持续发展，关键在于广大民众的支持和参与；而民众的支持和参与，关键又在于民众的利益得到实现，现代化的成果能够为广大民众所共享。

第三，正确认识"中国道路"的世界意义，加大对外交流，为世界现代化贡献中国智慧和中国力量。

在20世纪90年代前后东欧剧变、苏联解体的时候，西方国家欢呼雀跃，一些学者断言"历史已经终结"，"共产主义宣告破产"，"马克思主义已经彻底失败"。国内一些人也跟着附和，对西方所谓"民主""自由"充满向往。一时间，"意识形态终结论""普世价值""去政治化"等各种非意识形态思潮甚嚣尘上。但是，他们的欢呼还是太早了一些——从美国金融危机开始引发的资本主义经济危机，使那些欢呼资本主义胜利的人也认识到资本主义的不足。相反，中国这个世界上最大的社会主义国家在抵御金融危机的战斗中发挥了巨大作用，从而为世界所称道。显而易见，只要还有社会主义国家存在，特别是只要中国这个在世界舞台上发挥着越来越重要作用的国家还在坚定地走社会主义道路，以及一些发展中国家对社会主义给予同情和支持，那么"社会主义"无论是作为思想观念、价值体系还是社会制度，都会继续存在下去。

"中国道路"具有重要的世界性意义。它向世界表明，各国的现代化道路不是唯一的，西方国家的现代化道路并不具有普世性价值，一个国家的现代化道路只有与本国实际相结合，才能取得成功。事实上，西方发达国家热衷于向其他国家推销其价值观，把西方价值观甚至是美国的价值观当作"普世价值"，并通过其强大的舆论宣传工具，强化其话语权力。在他们看来，凡是与西方价值观一致的就是"先进"的，也就具有存在的正当性；凡是与西方价值观不一致的，就是"落后"的，不具有存在的正当性，必须被"改造"甚至被"清除"。但是这样的做法并没有给所在国家带来繁荣。一些拉美国家曾经按照西方国家开出的"新自由主义药方"治理经济，反倒使经济出现巨大的倒退，而像伊拉克、埃及等国家，在按照西方模式进行改造以后，整个社会处在长期的动荡之中，人民生活受到巨大影响。即使是西方国家自身，由于周期性的经济危机，社会问题也是大量存在。这些都说明了西方道路的问题和缺陷。当然，我们也要充分认识到前进的困难，毕竟在整体态势上，资本主义处于主导地位。在未来发展中，社会主义与资本主义的矛盾与冲突也将继续存在。我们一方面需要加强自身建设，不断提升综合实力；另一方面需要与资本主义国家保持积极交往，学习其先进的管理经验和技术。与此同时，我们要积极与广大发展中国家保持密切的交流与合作，对外宣传和分享"中国道路"的经验和智慧，积极倡导和建立国际政治经济新秩序，为"中国道路"的可持续发展营造良好的国际舆论环境和制度环境。

对中国特色社会主义理论
体系的丰富和发展

王伟光

党的十八大以来，以习近平同志为总书记的新一届中央领导集体，高举中国特色社会主义伟大旗帜，励精图治、开拓创新、稳中求进、稳中有为，带领全党全国各族人民开创了党和国家事业发展新局面，得到了干部群众的衷心拥护和国际社会的高度评价。成绩的取得，凝结着新一届党和国家领导人的政治智慧和理论创造。

一年多来，习近平总书记在党和国家重要会议，在国内考察、出国访问和国际论坛等多种场合，发表了一系列重要讲话。深入学习贯彻习近平总书记系列重要讲话精神，是当前和今后一个时期全党的重大政治任务，这对于全党全国进一步统一思想、统一行动，不断开创中国特色社会主义事业新局面，具有十分重要的理论意义和现实意义。

一 中国经济社会发展决定性阶段坚持发展 中国特色社会主义的政治宣言

党的十八大标志着我们党领导的中国特色社会主义伟大事业进入发展的决定性阶段，我们党领导人民开创的前所未有的社会主义伟大实践，已经进行到一个新的历史起点上，正在向新的发展目标前进。

从国际看，由美国次贷危机引发的国际金融危机使国际形势发生了显见逆转，世界力量对比发生了深刻变化，西强我弱的局面正在悄然转化，形势越发有利于我国，但争斗却更为激烈，竞争更为残酷，使我国既面临有利的国际环境，又面临复杂的全球局面。目前，世界经济危机还在持续发酵，已经引起了美国财政悬崖和政府停摆、欧债危机，长期经济低迷的日本仍处于徘徊期；从美国的"占领华尔街"运动到欧洲持续不断的群众运动，到北非中东的一系列动乱，从利比亚动乱到叙利亚内战、伊朗核问题……接连不断地突发了一系列重大国际事件。一方面，中国特色社会主义成功地抵御了国际金融经济危机，证明了社会主义的生命力和马克思主义的真理性；另一方面，西方敌对势力在这场危机中整体实力呈下滑趋向，整个敌我对比呈现彼降我升的态势，当然总体上还是西强我弱。形势的变化迫使西方反华反社会主义势力更加紧实施对我国的"两手策略"：一手是经济上有求于我们，与我们加强联络合作；另一手是加紧集中力量打压我们，合作与打压并举，在与我们合作的同时，尤为加紧对我们实施西化、分化、私有化的"和平演变"策略。可以判断，西方敌对势力遏制我们，把社会主义中国作为主要对手的战略修补和部署已经到位，表现为在经济上、政治上、军事上对我们施压，尤其是在意识形态领域加紧对我们实施促变图谋，大力推行其世界观、价值观和政治理念。国际复杂形势必然反映到国内，各种错误思潮纷纷登台，拼命表现自己，企图影响舆论、影响民众，干扰党的正确领导，干扰中国特色社会主义的正确方向。

从国内看，一方面，经过 35 年的改革开放，中国特色社会主义取得了伟大成就，证明了中国特色社会主义道路是中国人民正确的历史选择，证明了中国特色社会主义理论体系是我们事业的科学指南，证明了中国特色社会主义制度是我们必须始终坚持的社会制度。但另一方面，经过 35 年的高速发展，在取得巨大成绩的同时也累积了一定的难题，我们面临着极其复杂多变的局面，面临着巨大的压力、挑战和风险。

国际国内两个大势，有利与不利两个方面，都说明我们正处于经济社会发展的转折点和关键期，改革开放的深水期和攻坚期，完成全面建成小康社会、实现"两个一百年"目标中国梦的决胜阶段。在这样一个极其关键的时间转折点上，既要坚定不移地高举中国特色社会主义伟大旗帜，坚持中国特色社会主义理论体系、制度和道路，坚持社会主义改革方向，坚持党的领导，坚持马克思主义；又要以极大的勇气和智慧，进一步解放思想，全面推进改革开放，加大社会主义市场体制改革力度，加强国际合作，创造良好的国际环境，解放和发展社会生产力，解放和增强社会活力，推进中国特色社会主义现代化。

纵观国内外大局，在这样一个关键点上，在马克思主义立场观点方法的基础上统一起来，正确判定形势，总结经验，肯定成绩，认清问题，明确方向，确定任务，提出对策，进一步坚定走中国特色社会主义道路的决心、信心和定力，提出全面建成小康社会和全面深化改革的新思路、新举措，是摆在全党全国人民面前十分紧迫的、居于头等地位的一件大事。

正是在党和国家事业发展的这一决定性的关键时刻，习近平总书记高瞻远瞩，适应国内外形势发展变化的新需要，适应党和国家事业发展的新要求，适逢其时，发表一系列重要讲话，提出一系列内涵极其丰富的重要思想观点，这是治党治军治国理政的基本遵循，是高举中国特色社会主义旗帜的政治宣言，是坚定不移地走中国特色社会主义道路的行动纲领。

习近平总书记系列重要讲话理论彻底、旗帜鲜明、方向明确、是非清楚、态度坚决，文风质朴实在，道理明白易懂，对事关中国特色社会主义前途命运的重大问题作出了十分肯定的政治结论，向全党、全国、全世界亮明了我们党一贯坚持的鲜明的政治态度，昭示了一贯坚持的马克思主义的基本原则、共产主义远大理想和中国特色社会主义共同理想的信仰追求，表明了共产党人始终不渝坚持的人民立场、政治信念、理论信仰、道德追求和思想底线，为我们指明了前进的方向和目标，提供了必须遵循的基本原则和行动方针，这对于全党在一系列重大问题上统一思想、统一行动起到了至关重要的把关、定向、凝心和聚力作用。

在重大原则和根本方向问题上，习近平总书记毫不含糊地表明我们党一贯的政治主张，反对一切离开党的正确主张的错误思潮，使我们的党员、领导干部有了极其明确的言行准则。习近平总书记系列重要讲话对于"坚持什么、反对什么"，"肯定什么、否定什么"，"做什么、不做什么"，都发出了明确无误的政治信号，有利于我们坚定"主心骨"，筑牢"压舱石"，知道"做什么""为什么做""怎么做"，更加坚定对马克思主义、科学社会主义、毛泽东思想和中国特色社会主义理论体系的信仰，更加坚定对共产主义远大理想和中国特色社会主义共同理想的信念，更加坚定走中国特色社会主义道路的决心和信心，更加坚定全面深化改革开放、坚持社会主义市场经济体制的改革取向和政策选择。

高举中国特色社会主义伟大旗帜，坚定不移地走中国特色社会主义道路，这是我们党最根本的政治理念。习近平总书记就坚持和发展中国特色社会主义这一根本问题表明了我们党的最根本的政治主张。他科学地分析了国际共产主义运动和社会主义运动的历史发展进程，特别是我们党探索中国特色社会主义的历史进程和伟大实践，全面系统深刻地阐述了坚持和发展中国特色社会主义需要把握的重大理论和现实问题，起到了认祖归宗、正本清源、把关定向、明辨是非、提高认识的重大作用。他关于中国特色社会主义是社会主义，不是别的什么主义；只有社会主义才能救中国，只有中国特色社会主义才能发展中国；中国特色社会主义是社会主义，不论怎么改革、怎么开放，都始终要坚持中国特色社会主义道路、理论体系和制度；在新的历史条件下体现科学社会主义基本原则的内容不能丢，丢了这些，就不成其为社会主义；不能用改革开放后的历史时期否定改革开放前的历史时期，也不能用改革开放前的历史时期否定改革开放后的历史时期，本质上都是我们党领导人民进行社会主义建设的实践探索；资本主义必然灭亡、社会主义必然胜利，马克思、恩格斯关于资本主义社会基本矛盾的分析没有过时，要始终坚持马克思列宁主义、毛泽东思想和中国特色社会主义理论体系；改革开放是决定当代中国命运的关键一招，也是决定实现"两个一百年"奋斗目标、实现中华民族伟大复兴的关键一招，要坚定不移地推进改革开放；我们的改革是有方向、有立场、有原则的，是中国特色社会主义道路上不断前进的改革，即坚持社会主义市场经济方向的改革；问题的实质是改什么、不改什么，有些不能改的，再过多长时间也不能改，既不走封闭僵化的老路，也不走改旗易帜的邪路；密切党群、干群关系，保持同人民群众的血肉联系，始终是我们党立于不败之地的根基；如果我们脱离群众，失去人民的拥护和支持，最终也会走向失败，以及对苏联垮台根本原因的判断等一系列重要论断，在错综复杂的国际国内环境下，为我们指明了方向，明确了目标，树立了必胜的信心和决心。全党只有用讲话精神武装头脑，用讲话思想指导实践，认识才能统一、步调才能一致，在大是大非面前才能毫不含糊，在根本方向、根本原则问题上立场才能愈益坚定。

二 全面阐述事关中国特色社会主义前途命运一系列重大原则问题的马克思主义重要文献

习近平总书记系列重要讲话，站在时代和实践发展的战略高度，立足国际国内发展全局，适应时代和实践发展的新要求，把握人民群众的新期待，继往开来，面向未来，围绕坚持和发展中国特色社会主义，围绕实现"两个一百年"奋斗目标和实现中华民族伟大复兴的中国梦，围绕推进经济建设、政治建设、文化建设、社会建设、生态文明建设和党的建设，围绕推进社会主义市场经济的改革开放，围绕贯彻落实党的群众路线、反对"四风"、转变作风等，运用马克思主义立场观点方法，对中国特色社会主义的重大理论和现实问题给予明确回答，作出深刻论述，提出并形成了一系列富有创意的新思想、新观点、新论断、新要求、新举措，进一步升华了我们党对人类历史发展规律、社会主义发展规律、马克思主义执政党建设规律的认识，为我们在新的起点上实现中华民族伟大复兴中国梦的奋斗目标提供了基本方针，为中国特色社会主义伟大实践提供了行动指南，是对党的十八大精神的深入阐发，是对中国特色社会主义理论体系的进一步丰富、发展和创新，是进一步推进马克思主义中国化、时代化和大众化的重要文献。

一是关于坚持和创新马克思主义、毛泽东思想和中国特色社会主义理论体系的重要论述。加强思想理论建设，坚持马克思主义指导地位，用马克思主义、毛泽东思想和中国特色社会主义理论体系武装全党，这是习近平总书记系列重要讲话始终强调的我们党的根本政治任务。习近平总书记指出，认真学习马克思主义理论，是我们做好一切工作的看家本领，也是领导干部必须普遍掌握的工作制胜的看家本领。既要把"老祖宗"的话说对，又要把"新话"说好。只有学懂了马克思列宁主义、毛泽东思想和中国特色社会主义理论体系，特别是领会了贯穿其中的马克思主义立场观点方法，才能心明眼亮，才能深刻认识和准确把握共产党执政规律、社会主义建设规律、人类社会发展规律，才能始终坚定理想信念，才能在纷繁复杂的形势下坚持科学指导思想和正确前进方向，才能带领人民走对路，才能把中国特色社会主义不断推向前进。习近平总书记还指出，马克思主义必定随着时代、实践和科学的发展而不断发展，不可能一成不变，社会主义从来都是在开拓中前进的；坚持马克思主义，坚持社会主义，一定要有发展的观点，一定要以中国改革开放和现代化建设的实际问题、以我们正在做的事情为中心，着眼于马克思主义理论的运用，着眼于对实际问题的理论思考，着眼于新的实践和新的发展，始终坚持随着时代、实践和科学的发展，不断丰富和发展马克思列宁主义、毛泽东思想，不断丰富和发展中国特色社会主义理论体系。

二是关于坚持和发展中国特色社会主义的重要论述。坚持和发展中国特色社会主义，是改革开放以来我们党全部理论和实践的鲜明主题，是贯穿习近平总书记系列重要讲话的鲜明主题，也是理解和把握讲话精神的聚焦点、着力点和落脚点。学习贯彻好习近平总书记系列重要讲话精神，要明确中国特色社会主义是科学社会主义理论逻辑和中国社会发展历史逻辑的辩证统一，必须始终不渝地高举中国特色社会主义伟大旗帜，坚持中国特色社会主义制度，坚定不移地走中国特色社会主义道路；要明确必须以发展的观点对待科学社会主义，不断有所发现、有所创造、有所前进，不断丰富中国特色社会主义的实践特色、理论特色、民族特色、时代特色；要明确中国特色社会主义的真谛要义，增强道路自信、理论自信、制度自信，排除和纠正各种错误思想认识，毫不动摇地坚持、与时俱进地发展中国特色社会主义。

三是关于实现中华民族伟大复兴中国梦的重要论述。习近平总书记关于中国梦的重要论述，升华了我们党的执政理念，是中华民族实现民族独立、民族自强的伟大觉醒，是中国特色社会主义的重大思想理论成果。习近平总书记回顾近代以来中华民族发展历程，展望中国未来发展前景，在党的十八大确立"两个一百年"奋斗目标的基础上，鲜明提出实现中华民族伟大复兴的中国梦，论述了中国梦的重大意义、基本内涵、精神实质、实现路径和实践要求。中国梦的重要论断之所以得到13亿中国人民发自内心的一致拥护，之所以成为海内外中华儿女的最大共识，之所以成为激励全体人民团结奋进的精神旗帜，主要是因为它将共产主义的远大理想和中国特色社会主义共同理想有机地统一起来，并成功地转化成了人民听得懂的语言、摸得着的未来。

四是关于推动经济社会持续健康科学发展的重要论述。牢牢把握发展这一硬道理不放，大力推动科学发展是习近平总书记系列重要讲话的核心要义。习近平总书记指出：发展是解决中国一切问题的金钥匙，是解决中国所有问题的关键，以经济建设为中心任何时候都不能偏离；发展就要坚持以科学发展为主题，坚持稳中求进的工作总基调，扎实推动中国经济持续健康发展。他强调，推动发展要尊重经济规律，坚持有质量、有效益、可持续，在不断转变经济发展方式、优化经济结构中实现增长，切实把发展的立足点转到提高质量和效益上来，再也不能简单以国内生产总值增长率论英雄。他认为，中国经济正处于增长速度换挡期、结构调整阵痛期叠加的阶段，要坚持统筹稳增长、调结构、促改革，坚持宏观政策要稳、微观政策要活、社会政策要托底；要发挥好"两只手"的作用，既要发挥市场作用，通过市场机制增强经济增长的内生活力，又要发挥宏观调控作用，善于运用政府手段实施宏观经济政策，防止增速滑出底线；要推进创新驱动发展，全方位推进科技创新、企业创新、产品创新、市场创新、品牌创新；要加大统筹城乡发展、统筹区域发展力度，促进工业化、信息化、城镇化、农业现代化，提高城镇化质量，推动城乡发展一体化；保障和改善民生没有终点站，只有连续不断的新起点，要按照守住底线、突出重点、完善制度、引导舆论的思路，做好保障和改善民生工作，加强社会管理创新和制度建设，深入细致做好群众工作，打牢社会和谐的基础。他还特别指出，建设生态文明是关系人民福祉、关系民族未来的大计；要把生态文明建设融入经济、政治、文化、社会建设各方面和全过程，正确处理好经济发展同生态环境保护的关系，更加自觉地推动绿色发展、循环发展、低碳发展，决不以牺牲环境为代价去换取一时的经济增长，努力建设美丽中国。

五是关于全面深化改革开放、不断激发全社会的发展动力和创造活力的重要论述。高唱改革开放的主基调，坚定不移地深化改革开放，是习近平总书记着重强调的事关中国命运的决定性问题。系列重要讲话明确了改革的性质、方向、目标、任务、总体思路和重大举措。他强调，进一步发展靠什么？还得靠解放思想，靠改革开放，靠发展，靠改革，靠创新。他认为，改革开放是党和人民大踏步赶上时代的重要法宝，改革开放只有进行时，没有完成时，在整个社会主义现代化进程中，我们都要高举改革开放的旗帜，决不能有丝毫动摇；要坚持把完善中国特色社会主义制度、推进国家治理体系和治理能力现代化作为全面深化改革的总目标，以促进社会公平正义、增进人民福祉为出发点和落脚点；改革是包括经济体制、政治体制、文化体制、社会体制、生态文明体制和党的建设制度等各个方面的全面改革，必须把握好全面深化改革的重大关系；要充分发挥市场资源配置的决定性作用和更好地发挥政府的作用，以经济体制改革为重点，牵引和带动其他领域的改革，使各方面改革协同推进、形成合力；全面深化改革的性质和方向，就是要坚持社会主义市场经济改革方向，中国是一个大国，不能出现颠覆性错误，坚决守住中国特色社会主义这条底线；加强和改善党对全面深化改革的领导，坚持一切从实际出发，以我为主，该改的坚决改，不能改的坚决守住，牢牢把握改革的主动权和领导权。

六是关于社会主义民主政治和依法治国的重要论述。人民民主是我们党始终高扬的旗帜，社会主义政治文明是我们党始终不渝的追求，这是习近平总书记的系列重要讲话反复强调的基本方针。习近平总书记的系列重要讲话进一步阐明了中国特色社会主义政治发展道路的本质要求，体现了科学执政、民主执政、依法执政理念和方略。他指出，改革开放以来，我们党团结带领人民成功开辟和坚持了中国特色社会主义政治发展道路，为实现最广泛的人民民主确立了正确方向；坚持中国特色社会主义政治发展道路，关键是要坚持党的领导、人民当家作主、依法治国有机统一；必须继续积极稳妥推进政治体制改革，坚持和完善人民代表大会制度、中国共产党领导的多党合作和政治协商制度、民族区域自治制度以及基层群众自治制度，巩固和发展最广泛的爱国统一战线，发展更加广泛、更加充分、更加健全的人民民主。

七是关于加强宣传思想工作、牢牢掌握意识形态工作领导权管理权话语权的重要论述。意识形态工作是党的一项极端重要的工作。加强党的意识形态工作，是习近平总书记集中关注的事关党的前途命运、事关国家长治久安、事关民族凝聚力和向心力的重大原则问题。习近平总书记强调，在集中精力进行经济建设的同时，一刻也不能放松和削弱意识形态工作。要始终不渝地坚持和巩固马克思主义在意识形态领域的指导地位，坚持正确的政治方向和学术导向，做到守土有责、守土负责、守土尽责，把思想统一到中央对意识形态工作的形势判断和工作措施上来，切实做好意识形态工作，把意识形态工作的领导权管理权话语权牢牢掌握在手中。不能片面地理解"不争论"，更不能以"不争论"为幌子躲避矛盾，当"好好先生"，当"绅士"，"过于爱护自己的羽毛"。要组织力量批判新自由主义、民主社会主义、历史虚无主义、普世价值观，资产阶级民主、自由、人权、平等观，以及质疑改革开放等错误思潮，开展积极的舆论斗争。

八是关于国际关系和中国外交战略的重要论述。准确把握中国外交工作面临的新形势新任务，谋大势、讲战略、重运筹，努力为中国发展争取良好的外部环境，是习近平总书记始终关注的全局性的战略问题。习近平总书记指出，走和平发展道路，是我们党根据时代发展潮流和中国根本利益作出的战略选择；中国将通过争取和平国际环境发展自己，又以自身发展维护和促进世界和平。习近平总书记对国际关系和中国外交战略的一系列重要论述，体现了我们党对国际格局和中国与世界关系变化的深刻把握，显示了我们党的远见卓识和外交智慧，引领中国外交进入一个新的活跃期和开拓期，创造了良好的和平发展的国际条件。

九是关于加强党的建设和反腐倡廉建设、切实提高从严管党治党的能力和水平的重要论述。治国必先治党，治党务必从严，这是习近平总书记自始至终抓住不放松的解决中国一切问题的关键所在。习近平总书记围绕党要管党、从严治党，围绕坚持党的群众路线、密切联系群众，从思想建设、组织建设、作风建设、反腐倡廉建设和制度建设等方面，作了系统的阐述，这些重要论述深刻回答了党的建设的重大理论和现实问题，进一步明确了加强党的建设的关键和重点，为推进党的建设新的伟大工程指明了方向，为把我们党建设成为中国特色社会主义事业的坚强领导核心明确了任务和要求。

当然，习近平总书记还对国防和军队建设、"一国两制"、做好港澳台工作、推进祖国统一大业等提出了一系列新思想、新对策，丰富和创新了党的理论，我们都需要认真学习、贯彻和落实。

三 运用马克思主义立场观点方法分析、认识、解决问题的典范榜样

马克思主义立场观点方法，就是马克思主义的哲学世界观和方法论，就是我们通常讲的辩证唯物主义和历史唯物主义，这是管总的，是共产党人观察和解决一切问题的政治上的望远镜和显微镜，是我们党解决当前和今后一个时期关系党和国家全局的一系列重大理论和现实问题的哲学依据，是全党思想统一、行动一致的最根本的思想基础。

习近平总书记系列重要讲话通篇贯穿了一脉相承、一以贯之的一条红线，这就是马克思主义、列宁主义、毛泽东思想和中国特色社会主义理论体系所贯穿的基本立场、基本观点、基本方法，这就是马克思主义哲学世界观和方法论，这也是贯穿于习近平总书记系列重要讲话之中的活的灵魂和精神实质。深入学习贯彻习近平总书记系列重要讲话精神，最根本的是学习讲话贯穿的思想精髓即科学的世界观和方法论，学会用马克思主义的立场观点方法认识问题、分析问题和解决问题，不断提高马克思主义理论素养和运用马克思主义处理问题的能力。

从科学社会主义 160 多年的发展历史来看，人类社会状况发生了翻天覆地的变化；从改革开放 35 年、新中国成立 65 年、建党 93 年来看，世

情、国情、党情发生了沧桑巨变。然而，所有这些变化中有一点是根本不变的，万变不离其宗，这就是马克思主义、列宁主义、毛泽东思想和中国特色社会主义理论体系所一脉相承的基本原理和精神实质，其所秉承的哲学世界观和方法论。当前思想领域各种思潮、各种说法都有，诸如历史虚无主义、民主社会主义、新自由主义、普世价值观，资产阶级民主、自由、人权、宪政观等，以及否定党的领导、否定党的历史、否定社会主义、否定社会主义改革开放等邪说谬误，有些确实让人特别是年轻人感到困惑，也给人莫衷一是、不知所措的感觉。靠什么来解疑释惑，靠什么来统一思想、提高认识，就要靠马克思主义的立场观点方法。学习习近平总书记系列重要讲话，心里就有了一个一以贯之的"主心骨"，就可以任凭风浪起，我自岿然不动。有了马克思主义的立场观点方法这个"主心骨"，掌握了哲学武器，筑牢了思想根基，把住了理论底线，无论遇到什么样的变化，我们都可以应对自如、从容处置，就能够找到解决一切难题的方针、思路和办法。在运用马克思主义立场观点方法分析问题、说明问题、解决问题方面，习近平总书记为我们树立了生动样板。

实事求是，一切从实际出发，是马克思主义哲学精髓。习近平总书记系列重要讲话本身就是坚持解放思想、实事求是的思想路线，准确把握客观实际、科学掌握客观规律的创新产物。习近平总书记牢牢把握住实事求是精髓，一切从中国国情实际出发，从客观事物本身具有的规律出发，分析问题、认识问题、说明问题，导引出解决当前中国一切复杂难题的良方益药。他强调，在革命、建设、改革各个历史时期，我们党系统、具体、历史地分析中国社会运动及其发展规律，在认识世界和改造世界过程中不断把握规律、积极运用规律，推动党和人民事业取得了一个又一个胜利。应对当前中国发展面临的一系列矛盾和挑战，关键在于尊重和把握客观规律，按客观规律办事。他客观分析中国国情实际、党情实际和世界发展变化的世情实际，得出了一系列正确判断和科学结论，他的系列重要讲话就是对当今中国实际和世界实际全面把握和实事求是分析的科学成果。辩证唯物主义是关于自然、社会和思维发展一般规律的普遍概括，是共产党人观察分析处理一切问题的思想方法。习近平总书记善于运用辩证法分析复杂事物，全面把握事物变化及其关系，通透辩证思维方式和辩证分析方法。他反复强调要增强战略思维、辩证思维、系统思维、创新思维和底线思维能力，要善于运用辩证法，正确地观察分析事物，研究解决改革发展中的困难和问题，不断增强决策的科学性、前瞻性、主动性。对于学习实践科学发展观，他提出："要特别注意掌握蕴含其中的辩证方法"，"科学发展观是充分贯彻和体现马克思主义唯物辩证法的发展观。它所强调的发展，是正确处理局部与全局、数量与质量、速度与效益关系的又好又快发展，是正确处理人与人、人与社会、人与自然关系的协调发展，是正确处理城市与农村、发达地区与欠发达地区、国内发展与对外开放关系的统筹发展，是正确处理经济、政治、文化、社会以及生态等各方面关系的全面发展，是正确处理当前与长远、现在与未来关系的可持续发展"。他灵活地运用辩证思维方式思考和处理改革开放问题，要求从纷繁复杂的事物表象中把准改革脉搏，把握全面深化改革的内在规律，指出全面深化改革是一项复杂的系统工程，应有总体设计和总体规划，包括总体方案、路线图、时间表以及战略目标、工作重点、优先顺序等。要加强顶层设计，增强改革措施的系统性、协调性，对经济体制、政治体制、文化体制、社会体制、生态文明体制改革进行整体谋划，加强各领域改革的关联性、系统性、协同性研究，使改革举措具有可行性和可操作性，使各项改革举措在政策取向上相互配合、在实施过程中相互促进、在实际成效上相得益彰。

对立统一规律即矛盾规律是辩证法的核心和实质，掌握了矛盾分析方法，也就掌握了辩证法。习近平总书记系列重要讲话通篇贯穿了对立统一的辩证法和矛盾分析方法。他娴熟地运用辩证法的"矛盾论"和"两点论"来观察和处理问题，要求把握全面深化改革的重大关系，处理好解放思想和实事求是的关系、整体推进和重点突破的关系、顶层设计和摸着石头过河的关系、胆子要大和步子要稳的关系，以及改革、发展、稳定的关系。他关于既要以经济建设为中心，又要重视党的意识形态工作；既要坚定不移地抓好党的建设、反腐倡廉建设，又要坚定不移地、大胆地推进改革开放；既要在新的历史起点上全面深化改革，又要牢牢坚持正确方向，坚持和完善中国基本经济制度；既要重视市场资源配置的决定性作用，又要更好地发挥政府作用；既要统筹兼顾，又要突出重点；既要立足当前，又要放眼长远；既要把握国情，又要了解世界；既要循序渐进，又要竞相突破；既要胸怀全局，又要抓好局部；既要治标，又要治本；等等，为我们提供了成功运用辩证法的范例。

历史唯物主义是马克思主义关于社会历史发展问题的哲学总说明，是共产党人认识社会问题、解决社会问题、推进社会进步的思想武器。习近平总书记告诫我们，历史和现实充分表明，只有坚持历史唯物主义，科学分析中国社会运动及其发展规律，才能不断把对中国特色社会主义规律的认识提高到新水平，才能不断推进中国特色社会主义的发展。毛泽东同志提出以农村包围城市、武装夺取政权的革命道路，带领人民成功地进行社会主义改造运动，进行艰辛的社会主义探索，取得社会主义建设的伟大成就；邓小平同志果断决定把党和国家工作中心转移到经济建设上来，实行改革开放，成功地开创中国特色社会主义事业；我们党在改革开放实践中不断回答"什么是社会主义，怎样建设社会主义""实现什么样的发展，怎样发展"这些发展中国特色社会主义的重大课题，都是正确运用历史唯物主义的结果。

习近平总书记正是以唯物史观的远见卓识，科学地把握了人类历史发展的总趋势，既看到历史发展的光明前景，又清醒地看到当前存在的困难和问题。他告诉我们，既要看到国际金融危机所体现出来的资本主义必然灭亡、资本主义内在矛盾不可克服的历史趋势，又要实事求是地看到资本主义现在还有自我调节的能力，总体上还是"资"强"社"弱，要有长期斗争的思想准备。正因为站在彻底的历史唯物主义的立场上，正因为对人类历史发展规律和总趋势的彻底的理论把握，他要求我们必须树立坚定的共产主义理想和中国特色社会主义共同理想。习近平总书记指出，革命理想高于天。没有远大理想，不是合格的共产党员；离开现实工作而空谈远大理想，也不是合格的共产党员。学习贯彻讲话精神，说到底既要靠彻底的历史唯物主义的哲学支撑，树立对马克思主义、科学社会主义的坚定信仰，对共产主义和中国特色社会主义的坚定信念，对党和人民事业的坚定信心，对党和人民的无限忠诚；又要把最高纲领和最低纲领统一起来，把远大理想和共同理想统一起来，苦干实干，扎实推进中国特色社会主义伟大实践。

社会基本矛盾原理是历史唯物主义的基本思想，社会基本矛盾分析方法是历史唯物主义的基本方法。习近平总书记从唯物史观社会基本矛盾原理和分析方法出发，把生产力和生产关系的矛盾运动同经济基础和上层建筑的矛盾运动结合起来观察，把社会基本矛盾作为一个整体来观察。他提出生产力是社会基本矛盾的主要方面，坚持发展生产力仍是解决中国所有问题的关键这个重大战略判断；提出社会基本矛盾是不断发展的，调整生产关系、完善上层建筑要相应地不断进行下去，改革开放只有进行时，没有完成时，要适应中国社会基本矛盾运动的新变化推进改革开放；提出要以经济建设为中心，发挥经济体制改革的牵引作用，带动全面改革，推动中国生产关系与生产力、上层建筑与经济基础相适应；提出了社会主义市场经济体制改革的总体目标、原则方针和实施步骤，以进一步解放和发展社会生产力，促进经济社会全面健康科学发展。

群众观点是唯物史观的根本观点。习近平总书记认为，坚持群众观点和群众路线是历史唯物主义的重要内容，是无产阶级政党的本质要求。一切为了群众，一切从人民的利益出发，是我们党的价值追求，是党开展一切工作的根本目的和宗旨。要进一步实现社会公平正义，通过制度安排更好地保障人民群众各方面权益。要在全体人民共同奋斗、经济社会不断发展的基础上，通过制度安排，依法保障人民权益，让全体人民依法平等享有权利和履行义务。要坚持把实现好、维护好、发展好最广大人民根本利益作为推进改革的出发点和落脚点，让发展成果更多更公平惠及全体人民。

从群众中来、到群众中去，是建立在唯物史观基础上的党的根本工作路线。习近平总书记说："人民群众中有的是能者和智者，要虚心向他们求教问策，把政治智慧的增长、执政本领的增强、领导艺术的提高深深扎根于人民群众的实践沃土之中，不断从人民群众中吸取营养和力量。"人民是创造历史的真正主人，正是坚持一切依靠人民、一切为了人民、从群众中来、到群众中去的马克思主义群众观，习近平总书记大力倡导转变作风、密切联系群众，推动在全党深入开展群众路线教育实践活动，在全面转变作风方面取得了良好效果。

十八大以来中国特色社会主义
理论体系的丰富和发展

秦　刚　李辽宁

党的十八大以来，为开创党和国家事业发展的新局面，习近平总书记发表了系列重要讲话，立足于新的历史起点，着眼于中国特色社会主义事业的长远发展，对诸多重大理论和实践问题作出了深刻的阐释。讲话中所提出的一系列新思想新观点，凝聚了党心民意，体现了求真务实的科学精神，也体现了我们党思想理论上的与时俱进，使中国特色社会主义理论体系得到了新的丰富和发展。

一　高度的理论自觉和鲜明的问题导向

不断推进实践基础上的理论创新，以新的思想新的观点引领社会进步，是我们党开创和推进中国特色社会主义的一条重要经验，也是我们党具有高度理论自觉自信的实际体现。解答实际问题，是理论创新的根本任务，也是理论创新能够引领社会发展进步的意义所在。新的思想观点，越是能反映实践的要求，对实践中的问题解答得越明确，就越能被人们广泛认同和接受，就越能转化为巨大的物质力量和精神力量。习近平总书记的系列讲话，以富有创见性的新思想新观点，对一些重大理论问题作出新的判断，对一些重大实践问题提出新的要求，贯穿着鲜明的问题意识和问题导向，充分体现了我们党高度的理论自觉和理论自信，是我们全面深化改革、推进中国特色社会主义事业的基本遵循。其主要思想内容包括这样几个方面：

第一，坚持科学社会主义的基本原则不动摇。习近平总书记强调，中国特色社会主义，是科学社会主义理论逻辑和中国社会发展历史逻辑的辩证统一，是根植于中国大地、反映中国人民意愿、适应中国和时代发展进步要求的科学社会主义。针对有人把中国特色社会主义混同资本主义的说法，他明确指出："中国特色社会主义是社会主义而不是其他什么主义，科学社会主义基本原则不能丢，丢了就不是社会主义。"① 他认为，一个国家实行什么样的主义，关键要看这个主义能否解决这个国家面临的历史性课题。科学社会主义之所以能在中国扎根，就在于我们党把它运用于中国实际，形成了中国特色社会主义并解决了中国问题。独特的文化传统，独特的历史命运，独特的基本国情，决定了我们必然建设和发展中国特色社会主义。

第二，以实际作为兑现党对历史和人民的承诺。习近平从中国特色社会主义的现实要求和长远目标出发，提出并阐释了实现中华民族伟大复兴的中国梦。他说："实现中华民族伟大复兴，是近代以来中国人民最伟大的梦想，我们称之为'中国梦'，基本内涵是实现国家富强、民族振兴、人民幸福。"② 实现这样的中国梦，是我们党的历史担当和使命追求，也是我们党对历史和人民作出的承诺。建设和发展中国特色社会主义，本身就包含着这种对梦想的追求。随着全面建成小康社会和社会主义现代化建设的推进，我们党正在兑现承诺，使梦想成为现实。坚定中国特色社会主义的道路自信、理论自信、制度自信，就是要以更大更好的实际作为完成这种历史担当和使命追求。

第三，全面深化改革开放，激发社会的发展动力和创造活力。改革开放是当代中国发展进步的活力之源，是我们党和人民大踏步赶上时代的重要法宝，是坚持和发展中国特色社会主义的必由之路。没有改革开放，就没有中国的今天；离开改革开放，也没有中国的明天。习近平指出："解决我国进一步发展面临的一系列突出矛盾和挑战，必须深化改革开放。"③他强调，改革开放是一个系统工程，必须更加注重改革的系统性、整体性、协调性，统筹推进重要领域和关键环节的改革。要认真总结和运用改革开放的成功经验，既要坚持摸着石头过河的方法，也要加强顶层设计，

---

① 习近平：《毫不动摇坚持和发展中国特色社会主义在实践中不断有所发现有所创造有所前进》，《人民日报》2013年1月6日。

② 习近平：《顺应时代前进潮流　促进世界和平发展——在莫斯科国际关系学院的演讲》，《人民日报》2013年3月24日。

③ 《习近平关于全面深化改革论述摘编》，中央文献出版社2014年版，第3页。

不断深化对改革开放规律性的认识和把握。改革开放的方向，是不断推动社会主义制度的自我完善和发展，而不是对社会主义制度的改弦易张。

第四，加强对权力运行的制约和监督，把权力关进制度的笼子里。习近平强调，坚定不移惩治腐败，是我们党有力量的表现，也是全党和广大群众的共同愿望。党风廉政建设和反腐败斗争是一项长期的、复杂的、艰巨的任务，反腐倡廉必须常抓不懈，拒腐防变必须警钟长鸣。深入推进党风廉政建设和反腐败斗争，关键是要健全权力运行制约和监督体系，让人民监督权力，让权力在阳光下运行。习近平指出："要加强对权力运行的制约和监督，把权力关进制度的笼子里，形成不敢腐的惩戒机制、不能腐的防范机制、不易腐的保障机制。"① 加强对权力的制约和监督，是我们党总结历史教训和现实经验形成的深刻认识，其中也包含着对世界各国和我国历史上有益做法的借鉴。

第五，发展和完善中国特色社会主义制度，推进国家治理体系和治理能力现代化。它是坚持和发展中国特色社会主义的必然要求，也是实现社会主义现代化的题中应有之义。习近平指出："一个国家选择什么样的治理体系，是由这个国家的历史传承、文化传统、经济社会发展水平决定的，是由这个国家的人民决定的。我国今天的国家治理体系，是在我国历史传承、文化传统、经济社会发展的基础上长期发展、渐进改进、内生性演化的结果。"② 改革开放以来，我们党开始以全新的角度思考国家治理体系问题。在推进党和国家事业过程中，我们面前的一项重大历史任务，就是要推动中国特色社会主义制度更加成熟更加定型，为党和国家事业发展、为国家长治久安提供一整套更完备、更稳定、更管用的制度体系。

第六，把握国家安全形势变化的新特点新趋势，贯彻总体国家安全观。随着中国的发展和国际地位的变化，国家安全和社会安定面临的威胁和挑战越来越多。因此，"我们必须保持清醒头脑、强化底线思维，有效防范、管理、处理国家安全风险，有力应对、处置、化解社会安定挑战"。③ 习近平强调，各地区各部门要贯彻总体国家安全观，坚持既重视外部安全又重视内部安全、既重视国土安全又重视国民安全、既重视传统安

① 《习近平关于全面深化改革论述摘编》，中央文献出版社2014年版，第71页。
② 同上书，第3页。
③ 习近平：《切实维护国家安全和社会安定　为实现奋斗目标营造良好的社会环境》，《人民日报》2014年4月27日。

全又重视非传统安全、既重视发展问题又重视安全问题、既重视自身安全又重视共同安全。维护国家安全，必须要做好维护社会和谐稳定工作，做好预防化解社会矛盾工作；要加强对人民群众的国家安全教育，提高全民国家安全意识；要正确把握党的民族、宗教政策，坚决遏制和打击境内外敌对势力利用民族问题进行的分裂、渗透、破坏活动；要以人民安全为宗旨，以政治安全为根本，以经济安全为基础，以军事、文化、社会安全为保障，以促进国际安全为依托，构建整体化的国家安全体系。

第七，牢牢掌握意识形态工作的领导权、管理权、话语权。意识形态工作是党的一项极端重要的工作。做好这项工作，是推进中国特色社会主义事业的必然要求。习近平强调，面对改革发展稳定复杂局面和社会思想意识多元多样以及媒体格局深刻变化，一刻也不能放松和削弱意识形态工作，"必须把意识形态工作的领导权、管理权、话语权牢牢掌握在手中，任何时候都不能旁落，否则就要犯无可挽回的历史性错误"。① 要深入开展中国特色社会主义宣传教育，把全国各族人民团结和凝聚在中国特色社会主义伟大旗帜之下；要加强社会主义核心价值体系建设，积极培育和践行社会主义核心价值观，全面提高公民道德素质，培育知荣辱、讲正气、作奉献、促和谐的良好风尚。同时，要创新对外宣传方式，着力打造融通中外的新概念新范畴新表述，讲好中国故事，传播好中国声音。

第八，努力弘扬和展现中华文化的思想精华。习近平强调，中华优秀传统文化是中华民族的突出优势，是我们最深厚的文化软实力，是我们推进改革开放和社会主义现代化建设的强大精神力量。"要使中华民族最基本的文化基因与当代文化相适应、与现代社会相协调，以人们喜闻乐见、具有广泛参与性的方式推广开来，把跨越时空、超越国度、富有永恒魅力、具有当代价值的文化精神弘扬起来，把继承传统优秀文化又弘扬时代精神、立足本国又面向世界的当代中国文化创新成果传播出去。"② 要认真汲取中华优秀传统文化的思想精华和道德精髓，大力弘扬以爱国主义为核心的民族精神和以改革创新为核心的时代精神，深入挖掘和阐发中华优秀传统文化讲仁爱、重民本、守诚信、崇正义、尚和合、求大同的时代价值，使中华优秀传统文化成为涵养社会主义核心价值观的重要源泉。

---

① 《习近平关于全面深化改革论述摘编》，中央文献出版社 2014 年版，第 86 页。
② 同上书，第 87 页。

第九，扩大同各国的互利合作，统筹国内国际两个大局。习近平强调，没有和平，中国和世界都不可能顺利发展；没有发展，中国和世界也不可能有持久和平。世界繁荣稳定是中国的机遇，中国发展也是世界的机遇。"要树立世界眼光，更好把国内发展与对外开放统一起来，把中国发展与世界发展联系起来，把中国人民利益同各国人民共同利益结合起来，不断扩大同各国的互利合作，以更加积极的姿态参与国际事务，共同应对全球性挑战。"① 要强化战略思维，增强战略定力，更好统筹国内国际两个大局，对内坚持科学发展、协调发展、和谐发展；对外坚持和平的发展、合作的发展、开放的发展。在与世界各国的交往中，政治上要秉持公道正义，反对霸权主义和强权政治；经济上要坚持互利共赢、共同发展。

第十，坚守共产党人的精神追求，坚定理想信念。习近平强调，坚定理想信念，坚守共产党人精神追求，始终是共产党人安身立命的根本，是共产党人经受住任何考验的精神支柱。他形象地说，理想信念就是共产党人精神上的"钙"，没有理想信念，理想信念不坚定，精神上就会"缺钙"，就会得"软骨病"。习近平在强调共产党人要坚定理想信念的同时，还强调要遵守党的政治纪律。他指出："我们党是靠革命理想和铁的纪律组织起来的马克思主义政党，纪律严明是党的光荣传统和独特优势。"② 严明党的纪律，首要的就是严明政治纪律。遵守党的政治纪律，最核心的，就是坚持党的领导，坚持党的基本理论、基本路线、基本纲领、基本经验、基本要求。在指导思想和路线方针政策以及关系全局的重大原则问题上，全党必须在思想上、政治上、行动上同党中央保持高度一致。

这些新的思想和新的观点，相互联系、相互贯通，既开辟中国特色社会主义理论体系的新视野，也为中国特色社会主义理论体系注入了新的内涵。

二 一以贯之的主题和强烈的改革意识

习近平总书记的系列讲话，始终围绕建设和发展中国特色社会主义这

---

① 《习近平关于全面深化改革论述摘编》，中央文献出版社 2014 年版，第 129 页。
② 习近平：《更加科学有效地防治腐败　坚定不移把反腐倡廉建设引向深入》，《人民日报》2013 年 1 月 23 日。

个主题展开。在总结社会主义历史经验的基础上，邓小平在党的十二大上明确提出"建设有中国特色的社会主义"这个新命题。此后，建设和发展中国特色社会主义，就成为我们党在新时期全部理论和实践的主题。围绕这样一个主题，走中国特色社会主义道路，推动着马克思主义中国化的新进程，促使着党的理论不断创新；不断解答新的问题，体现着我们党的理论创新的实际价值。邓小平理论、"三个代表"重要思想、科学发展观的相继形成，不断深化了我们党对中国特色社会主义的认识，也使我们党有了关于建设中国特色社会主义的系统完整的理论体系。事业不间断、不停滞，理论必然要有新发展。把已有的理论运用到新的实践中，会使已有的理论得到丰富和发展，而在新的实践基础上针对新的问题提出新的理论观点，就会给已有的理论增添新的内容，使已有的理论得到更大的丰富和发展。习近平总书记的系列重要讲话，对建设中国特色社会主义认识的进一步深化，对中国社会主义现代化问题的进一步解答，是以对中国特色社会主义理论体系已有的认识为基础的，同时也丰富了中国特色社会主义理论体系的基本内容。其主要思想观点、理论判断，同邓小平理论、"三个代表"重要思想、科学发展观有着内在的一致性，既体现了对中国特色社会主义理论体系的坚持，也体现了在坚持中的发展和深化。因此，深入贯彻落实习近平总书记的系列讲话精神，全面推进中国特色社会主义事业，也就是对邓小平理论、"三个代表"重要思想和科学发展观的最好坚持、最好发展。

习近平总书记系列讲话，在进一步深化认识什么是社会主义、怎样建设社会主义这个基本问题的同时，明确地提出了探索和解答怎样治理国家、建设什么样的国家治理体系这样一个重大问题。这个问题的提出，反映了习近平和我们党对中国特色社会主义建设和发展规律有了更加深刻的认识和把握。什么是社会主义、怎样建设社会主义，是对中国特色社会主义理论体系不断探索和解答的一个首要的基本问题。邓小平认为，我们社会主义建设和发展过程中产生偏差和失误的一个重要原因，就是对什么是社会主义、怎样建设社会主义这个问题不是很清楚。他说："我们的经验教训有许多条，最重要的一条，就是要搞清楚这个问题。"① 什么是社会主义，其中心问题是社会主义的本质及要求问题；怎样建设社会主义，其中

① 《邓小平文选》（第3卷），人民出版社1993年版，第116页。

心问题是社会主义的建设方式问题。这个问题归结在一点上，就是探索和解答在中国这样一个经济文化比较落后的国家如何巩固、建设和发展社会主义问题。邓小平理论的形成，奠定了探索和解答这个问题的坚实理论基础。我们党坚持和发展中国特色社会主义的自觉自信，在很大程度上也是来自对什么是社会主义、怎样建设社会主义这个基本问题认识的不断深化。"三个代表"重要思想、科学发展观在不断深化对这个基本问题认识的过程中，对建设什么样的党、怎样建设党和实现什么样的发展、怎样发展这两个问题作了更加深入的探索和解答，并形成了富有创见性的理论观点，丰富和发展了中国特色社会主义理论体系。我们以往在阐释中国特色社会主义理论体系形成和发展时，一般都把三个问题并列起来。实际上，"三个代表"重要思想和科学发展观对建设什么样的党、怎样建设党和实现什么样的发展这两个问题的探索和解答，是探索和解答什么是社会主义、怎样建设社会主义这个基本问题的进一步展开，是对这个基本问题的进一步深化。习近平总书记系列重要讲话中提出的国家治理和国家治理体系建设问题，也集中体现了我们党对什么是社会主义、怎样建设社会主义这个基本问题的更加深刻的认识。关于制度建设问题，邓小平很早就提出来了。但从国家治理这样的角度来认识和推进制度建设，把推进国家治理体系现代化与完善制度统一起来，强调实现党、国家、社会各项事务治理制度化、规范化、程序化，是习近平和我们党在这个问题上的独创性贡献。这也意味着中国改革开放已从体制创新、制度创新迈向了制度定型化的阶段。随着对这个问题的不断探索和解答，中国特色社会主义在制度建设上将获得新的发展。

习近平总书记系列讲话，始终充满和体现着改革开放的强烈意识。改革开放是当代中国最鲜明的特色，也是我们党最鲜明的旗帜。改革开放促进了中国的快速发展，使中国特色社会主义充满了生机和活力。改革开放的根本目的，就是在坚持社会主义前提下，最大限度地解放和发展生产力，实现体制的更新，促进制度的成熟和完善。中国的社会发展已处在一个新的起点上，改革开放也处在一个新的起点上。只有坚定改革开放的决心与信念，积极稳妥地解决好前进中的问题，才能不断开创中国特色社会主义事业的新局面。在改革开放过程中，我们已经解决了许多似乎难以解决的问题，克服了许多似乎难以克服的困难，积累了应对各种挑战、化解各种风险的条件和经验，使经济社会发展有了更大的空间和回旋余地。改革开放的成就是巨大的，但同我们的目标相比，同人民群众的期待相比，还有很大距离。完善社会主义制度，完成对旧体制的革故鼎新，形成一套比较完整、比较定型的体制机制，也需要一个较长时间的探索过程。中国改革已经进入攻坚期和深水区，我们面前出现了许多不容忽视的矛盾和问题。其中不少是随着经济社会发展逐步凸显出来的。通过改革开放，进一步清除制约经济社会发展的各种体制障碍，更好地发挥中国特色社会主义制度优势，为国家现代化建设提供持久的动力，这是实践的要求，也是人民的期望。习近平指出："全面深化改革，关系党和人民事业前途命运，关系党的执政基础和执政地位。在整个社会主义现代化进程中，我们都要高举改革开放的旗帜，绝不能有丝毫动摇。"① "面对未来，要破解发展面临的各种难题、化解来自各方面的风险和挑战，推动经济社会持续健康发展，除了深化改革开放，别无他途。"② 他还明确强调，全党要坚定改革信心，凝聚社会共识，以更大的政治勇气和智慧、更有力的措施和办法，协调推进经济、政治、文化、社会、生态等各方面体制改革，积极回应广大人民群众对深化改革开放的强烈呼声和殷切期待。习近平总书记系列重要讲话中所表达的坚持改革开放不动摇、不止步的决心和意志，进一步增强了全党推进改革开放的责任感、紧迫感，也进一步增强了全党推进改革开放的勇气和信心。

习近平总书记系列讲话，也始终贯穿着解放思想、实事求是的科学精神。解放思想，实事求是，是党的思想路线的本质要求。坚持解放思想、实事求是，是我们党在新时期不断增强理论创造力的决定性因素，也是建设和发展中国特色社会主义必须坚持的思想原则。在坚持和运用马克思主义解决中国问题的过程中，我们党形成了一切从实际出发，理论联系实际，实事求是，在实践中检验真理和发展真理的思想路线，并进而集中提炼出解放思想、实事求是这一马克思主义的精髓。解放思想、实事求是，作为一种富有中国气派的理论概括，精辟地反映了马克思主义的精神实质，体现了马克思主义的科学性、实践性，也表现了中国共产党人对马克思主义运用的鲜活性。正是坚持以解放思想为先导，以实事求是为基础，我们党的理论才跟上了时代的步伐，适应了实践的要求，并引导全党不断

---

① 《习近平关于全面深化改革论述摘编》，中央文献出版社 2014 年版，第 9—10 页。

② 同上书，第 10 页。

研究新情况、总结新经验、解决新问题。既坚持了马克思主义基本原理，又不从本本、概念和抽象的原则出发，紧密结合新的时代条件、立足新的实践基础，赋予了马克思主义新的鲜活力量。我们党对世界发展趋势的判断，对我国经济社会发展阶段性特征的把握，对社会主义历史经验的总结，对中国特色社会主义的拓展，都是在解放思想、实事求是的基础上实现的。可以说，中国特色社会主义理论体系的形成和发展过程，很大程度上也是解放思想、实事求是的过程。习近平明确强调，在深化改革开放、推进事业发展的过程中，各级领导干部要继续解放思想、坚持实事求是。他指出，冲破思想观念的障碍、突破利益固化的藩篱，解放思想是首要的。"在深化改革问题上，一些思想观念障碍往往不是来自体制外而是来自体制内。思想不解放，我们就很难看清各种利益固化的症结所在，很难找准突破的方向和着力点，很难拿出创造性的改革举措。因此，一定要有自我革新的勇气和胸怀，跳出条条框框限制，克服部门利益掣肘，以积极主动精神研究和提出改革举措。"①

习近平指出，客观实际是不断发展变化的，我们对客观事物及其规律的认识是不断深化的，实事求是永无止境，解放思想也永无止境。坚持解放思想，开拓进取，这是坚持实事求是的内在要求。坚持解放思想、实事求是，就是要求我们的思想认识符合客观实际，冲破落后的传统观念和主观偏见的束缚，改变因循守旧、不接受新事物的精神状态，与时俱进地把我们的事业和各项工作不断推向前进。习近平总书记对中国特色社会主义发展过程中各种问题的分析，对一些重大问题的认识和说明，本身就是坚持解放思想、实事求是科学精神的实际体现。把握了解放思想、实事求是这个精髓，才能把握好习近平总书记系列重要讲话精神同邓小平理论、"三个代表"重要思想和科学发展观的内在联系。对我们党和国家来说，解放思想创造了历史，也必将开辟未来；实事求是带来了事业兴盛，也必将筑造新的辉煌。在推进中国特色社会主义事业的过程中，深入学习贯彻习近平总书记系列讲话精神，进一步坚持解放思想、实事求是，不断研究和解决改革发展中的新问题，在认识规律、把握规律、运用规律上下功夫，才能使我们的事业获得更大的发展，使我们的各项工作能够经得起实践、历史和群众的检验。

---

① 《习近平关于全面深化改革论述摘编》，中央文献出版社 2014 年版，第 139 页。

三　马克思主义的思想根基与中华文化的底蕴

习近平总书记的系列讲话，坚持运用马克思主义来思考和解答中国问题，同时也吸纳中华文化中的思想精华。既体现了对马克思主义的坚持和发展，也体现了马克思主义与中华文化的融合和贯通。这不仅使其思想观点有着坚实的理论基础，也有着深厚的中华文化底蕴。

中国共产党是以马克思主义立党治国的政党，坚持和发展马克思主义是不可动摇的原则。马克思主义主要包括马克思主义的立场、观点和方法，这就是历史唯物主义和辩证唯物主义；也包括基本原理，也就是反映历史要求和社会发展规律的一系列相互联系的理论观点。这些内容构成马克思主义政党全部理论和实践的思想基础及学理支撑。马克思主义提供的世界观和方法论，是我们认识世界和改造世界的根本指导。马克思主义提供的基本原理，是我们认识人类社会发展规律、推进社会进步的根本遵循。马克思主义的历史作用，不仅在于用来认识世界和解释世界，还在于用来改造社会、促进社会的发展。只有把马克思主义运用到解决实际问题中，针对新的问题，作出新的理论概括，指导实践的发展，才能体现出坚持和发展马克思主义的实际意义。有马克思主义的指导，是我们共产党人认识世界和改造世界的一大优势。但是，如果不能以科学的态度对待马克思主义，把马克思主义当作教条，就会走向反面，不仅起不了指导作用，还会束缚人们的思想，甚至会产生灾难性的后果。如果抛弃了马克思主义，也就等于宣告自身命运的结束。及时回答实践提出的新问题，为实践提供科学指导，是我们坚持和发展马克思主义的根本目的。"老祖宗"不能丢，还要不断讲新话，这是我们党坚持和发展马克思主义的基本要求。邓小平多次重申，我们要坚持马克思主义，但马克思主义必须是同中国实际相结合的马克思主义。他说："马克思主义理论从来不是教条，而是行动的指南。它要求人们根据它的基本原则和基本方法，不断结合变化着的实际，探索解决新问题的答案，从而也发展马克思主义理论本身。"[1] 有了这样的经验和认识，才有了马克思主义在当代中国的科学运用，才有了马克思主义中国化理论成

---

[1] 《邓小平文选》（第3卷），人民出版社1993年版，第116页。

果的相继产生。习近平也指出："马克思主义必定随着时代、实践和科学的发展而不断发展，不可能一成不变，社会主义从来都是在开拓中前进的。坚持马克思主义，坚持社会主义，一定要有发展的观点。"① 以我们正在做的事情为中心，着眼于马克思主义理论的运用，用发展着的马克思主义指导新的实践，这是我们党坚持和发展马克思主义的重要经验，同时也是实际体现。

习近平总书记系列讲话中所提出和阐释的许多重要思想观点，都贯穿着马克思主义的立场、观点和方法，体现着马克思主义的基本原则，也反映着马克思主义的价值追求。如讲话中强调，要进一步解放思想，解放和发展生产力，解放和增强社会活力，让一切创造源泉充分涌流，一切创造活力竞相迸发；要把人民放在心中的最高位置，人民对美好生活的向往就是我们的奋斗目标；要坚持人民主体地位，发挥人民群众在全面深化改革中的作用；要坚持以经济建设为中心，在经济不断发展的基础上，协调推进政治建设、文化建设、社会建设、生态文明建设以及其他各方面建设；要处理好活力和有序的关系，社会发展需要充满活力，但这种活力又必须是有序活动的；要有坚如磐石的精神和信仰力量，也要有支撑这种精神和信仰的强大物质力量；既要看到有利条件和积极因素，也要看到各种困难和严峻挑战，始终保持清醒头脑，及时防范和化解各种风险；要客观认识当代中国和外部世界，正确认识和积极顺应中国和世界发展大势，坚持从大局出发考虑问题，更好地统筹国内和国外两个大局；要牢固树立保护生态环境就是保护生产力、改善生态环境就是发展生产力的理念，更加自觉地推动绿色发展、循环发展、低碳发展；要坚持以经济体制改革为主轴，努力在重要领域和关键环节改革上取得新突破，以此牵引和带动其他领域改革，使各方面改革协同推进、形成合力；要善于运用底线思维的方法，从坏处准备，争取最好的结果，从而守住底线，防患于未然；要把最高纲领和最低纲领统一起来，把远大理想和共同理想统一起来，树立坚定的共产主义理想和中国特色社会主义共同理想；要在加强制度建设的过程中，把培育和弘扬社会主义核心价值观作为凝神聚气、强基固本的基础工程，等等。这些新的思想观点，在本质上都体现着对马克思主义的坚持和发

---

① 习近平：《毫不动摇坚持和发展中国特色社会主义在实践中不断有所发现有所创造有所前进》，《人民日报》2013年1月6日。

展。正因为如此，习近平总书记系列讲话与中国特色社会主义理论体系才有了一脉相承、与时俱进的内在联系，并直接体现了对中国特色社会主义理论体系的丰富和发展。

习近平总书记系列讲话以建设和发展中国特色社会主义为主题，以全面建成小康社会、实现社会主义现代化和中华民族的伟大复兴为目标，这其中也必然包含着中华民族的思想情感，其许多思想观点都带有中华文化的基因，有中华文化的深刻烙印。每一个国家和民族都有自己的文化传统和民族精神，都愿意用自己熟悉的语言和风格反映自己的情感和追求。可以说，人类社会的一切活动，在不同的国家、不同的民族，总是渗透着不同文化传统和民族精神，体现着民族的特色。在中国这样一个有着悠久历史和文化传统的国家，要使马克思主义根植于人们的思想深处，成为社会发展和进步的主导，就要使其不断吸纳中华文化的精华，融合中华民族的精神追求和思维方式。马克思主义中国化的过程，实际上也是马克思主义与中华文化交汇的过程。中华文化不仅积累知识，也传承思想道德、价值观念和思维方式。习近平指出："中华文化源远流长，积淀着中华民族最深层的精神追求，代表着中华民族独特的精神标识，为中华民族生生不息、发展壮大提供了丰厚滋养。"① 在数千年的历史进程中，中华民族形成了以爱国主义为核心，追求团结统一、和谐相处、艰苦创业、自强不息的文化精神。这是我们国家宝贵的精神财富，也是我们民族奋进崛起的精神源泉。这些文化精神，也为中国特色社会主义提供着文化底蕴和精神营养。我们党的理论之所以能够持久地影响或引领社会发展，除了有自身的逻辑力量和对社会问题的解答程度，还在于它与中华文化的融合和贯通。

习近平不仅强调要加强对中华优秀传统文化的挖掘和阐发，努力展示中华文化独特魅力，他的系列讲话中也直接体现了对中华文化精华的传承和彰显。比如，他用"天行健，君子以自强不息"的思想，来激励人们不断改革进取；他引用"大鹏之动，非一羽之轻也；骐骥之速，非一足之力也"的说法，来强调中国的快速发展、中国梦的实现要依靠亿万人民的力量；他用"艰难困苦，玉汝于成"和"多难兴邦，殷忧启圣"的词语，来说明人世间没有一帆风顺的事业，任何一个国家、一个民族的发展，都会

① 习近平：《把培养和弘扬社会主义核心价值观作为凝魂聚气强基固本的基础工程》，《人民日报》2014年2月26日。

跌宕起伏甚至充满曲折；他用"明者因时而变，知者随事而制"的名言，来强调社会发展进步要不断摒弃不合时宜的旧观念，推进体制和机制的创新；他用"不谋全局者，不足谋一域"的词句，来强调领导者要有大局意识，从全局看问题；他用"国虽大，好战必亡"的箴言以及"以和为贵""和而不同"的理念，来传达中国共产党和中国人民维护世界和平、促进共同发展的主张；他用"国无德不兴，人无德不立"的常言，来强调加强全社会的思想道德建设，激发人们形成善良的道德意愿、道德情感的重要性；他用"善禁者，先禁其身而后人"的话语，来要求各级领导干部要以身作则、率先垂范；他用"物必先腐，而后虫生"和"蠹众而木折，隙大而墙坏"的道理，来阐释反腐倡廉的意义；他用"孝悌忠信""礼义廉耻""仁者爱人""与人为善""天人合一""道法自然""自强不息"等这样一些人们耳熟能详的话语，来阐明中国人看待社会与人生的价值观念，等等。这样的表达方式，使其思想观点和中华文化中的思想精华相融合，同民族精神相贯通，不仅更益于人们理解和接受，也产生更强的影响力和感染力。这也是马克思主义扎根中华文化沃土并富有无限生命力的生动体现。

中国特色社会主义理论体系的新发展
——习近平总书记系列重要讲话学习体会

裴长洪　李程骅

党的十八大标志着中国特色社会主义伟大事业进入了一个新的历史阶段，新的历史阶段呼唤新的马克思主义中国化理论来引领方向和指导实践。十八大以来的习近平总书记系列重要讲话，深刻回答了新的历史阶段党和国家发展一系列重大理论和实践问题，体现了中国特色社会主义理论和实践的最新成果，升华了我党对中国特色社会主义和马克思主义执政党建设规律的认识，是马克思主义中国化理论的新深化、新成果。深刻领会习近平总书记系列讲话精神的丰富内涵，领会讲话提出的新思想、新观点，对全党、全国人民增强走中国特色社会主义道路的自觉性、坚定性，进一步激发全社会发展动力和发展活力，促进经济社会全面协调可持续发展，具有十分重要的理论意义和实践意义。

一　新的历史阶段呼唤马克思主义中国化理论新成果

1. 新的发展阶段需要新的经济建设思路

党的十八大报告指出，我们党领导的中国特色社会主义伟大事业进入全面建成小康社会的决定性阶段。我国改革开放以来取得的伟大成就，证明了中国特色社会主义理论体系是我们事业的科学指南。从发展的国际大环境看，尽管国际金融危机导致国际形势的逆转、世界力量对比发生变化，形势越发有利于我，但国家、地区之间核心竞争优势的重构，使我们面临一系列新的挑战。十八大以来，习近平总书记的系列讲话始终强调，解放和发展生产力是建设中国特色社会主义的根本任务，发展是解决中国一切问题的金钥匙，是解决所有问题的关键。必须坚持以经济建设为中心，在经济不断发展的基础上，协调推进政治建设、文化建设、社会建设、生态文明建设以及其他方面建设。为此，在围绕以经济建设为中心、立足提高质量和效益、推动经济持续健康发展的一系列论述，充分体现出善于把握大势、抢抓机遇、稳中求进、主动调控和深化改革开放的战略思维和掌控能力。

就国内经济大势和所处的阶段，以习近平为总书记的党中央作出了"经济增长速度换挡期、结构调整阵痛期、前期刺激政策消化期"三期叠加的重要论断。充分认识和理解这一重大判断，是促进经济理论研究、正确处理现实经济生活中各种矛盾的基本前提。正是基于上述对大势的把握与战略判断，我们就很容易理解在十八大以来的党和国家的重要文献中，关于经济工作的指导思想，为何不再有"快"字的表述了。当经济增长速度进入"换挡期"后，意味着我国经济到了从高速换挡到中高速的发展时期，结构调整成为最迫切的事情，这是一种高度战略把握下的理性选择。习近平在多个重要场合强调：中国经济不可能也不必要保持超高速，一味维持超高速带来的资源、能源、环境压力太大，事实上是不可持续的；而说不必要追求高速增长，主要是我们在提出中长期发展目标时就充分进行了测算，实现我们确定的到2020年国内生产总值和城乡居民人均收入比2010年翻一番的目标，只要年均7%的增速就够了。因此不必要追求超高的经济增速。

从习近平总书记的系列重要讲话中，我们不难看出，自十八大以来的我国经济工作指导思想，与改革开放以来我国长期追求经济高速增长的惯性思维明显不同，那就是在立足提高质量和效益的前提下，在合理增长速度的维系下，来推动经济持续健康发展，不能再让速度掩盖深层的结构性矛盾和愈积愈多的社会风险。改革开放后我国经济发展的思路，一直突出"快"字，十六大之后，就先后有"又好又快"和"平稳较快"的提法，但到了十八大之后，则变为"持续健康发展"的提法，由更加注重经济增长的速度和规模转向更加重视经济增长的质量和效益，也就是习近平总书记强调的，增长必须是实实在在的和没有水分的增长，是有效益、有质量、可持续的增长。

因此，进入经济增长速度的"换挡期"后，中国经济发展的国内外环境更复杂、各种矛盾的累积更突出、解决各种矛盾的两难选择更明显、对解决矛盾的勇气和智慧的要求更高。这就需要党的指导思想的立足点更高更准、理论思维更具有科学性和全局性，要求马克思主义理论中国化的成果更具有时代特点和实践意义。在这个深刻背景下，习近平总书记系列重要讲话，体现出的高度战略思维和实践指引作用，是马克思主义中国化理论发展的新成果、新的里程碑。

2. 顺应经济全球化新形势和世界新格局的需要

习近平总书记对于世界大势和国际经济、政治的精准把脉，是确立党的指导思想的重要依据。他在多个场合强调，国际金融危机影响具有长期性，国际市场争夺更趋激烈，世界经济面临深度转型调整的新形势。在这个新的世界形势中，新兴经济体和中国实力的相对上升是世界形势发展的重要变量因素，发达国家需要适应这种变化，特别是世界需要适应中国的崛起和发展，中国也需要更精准地定位自己在世界中的地位和作用。针对西方发达国家，特别是美国对此的不适应以及采取的重返亚太战略，中国如何作为？这是确立党的指导思想不容回避的问题。

十八大以后，习近平总书记以国家主席的身份在国际社会的一系列活动，证明中国发挥好大国作用、发挥大国形象，有助于使世界，特别是西方发达国家适应世界形势的新变化。习近平总书记提出与美国建立新型大国关系的新理论，就是希望通过中国的努力，使中美关系更接近相互适应的新状态，是新的历史阶段我国外交理论的新发展，是我国今后处理与西方发达国家和重要国际事务的策略指南。他在多次讲话中明确提出了"世界命运共同体"的崇高理念和"合作共赢"等战略思想。在金砖国家领导人第五次会晤时明确提出了推动建设"全球发展伙伴关系"的主张。在博鳌亚洲论坛年会上，提出了"牢固树立命运共同体意识"的主张。对我国周边外交的基本方针，强调要始终坚持与邻为善、以邻为伴，坚持睦邻、安邻、富邻，突出体现亲、诚、惠、容的理念，他在重要外交场合宣布建设"丝绸之路经济带"、21世纪"海上丝绸之路"的构想，发出了筹建亚洲基础设施投资银行的倡议，推进地区基础设施互联互通建设等，都体现出这种战略思维，受到国际社会高度评价。

和平与发展仍然是世界形势的主要潮流，这仍然是十八大以后党和国家对世界形势的重要判断，因此，中国仍然处于有利于发展的重要战略机遇期。但是，习近平总书记也指出，我国参与经济全球化的国内外条件都发生了变化，中国的对外开放必须顺势而为、转变思路，大力推进改革创新，赢得在经济发展上的主动和国际竞争中的主动。中国面临的机遇，不再是简单纳入全球分工体系、扩大出口、加快投资的传统机遇，而是面临如何抓住多边、双边、区域次区域合作、我国如何大容量融入经济全球化的新机遇的问题，因此党的十八届三中全会《决定》中提出了构建开放型经济新体制，谋划了我国如何抓住国际新机遇的体制机制建设。针对中国"经济崩溃论"等各种不友好的观点，习近平总书记从容回应："支撑中国经济发展的内生因素很充分。我们对中国经济保持持续健康发展抱有信心。中国不会落入所谓中等收入国家陷阱。"在综合分析国际国内大势和环境后，他进一步指出，我国经济具备健康持续发展的基础条件，今后相当长一段时间仍将处于发展的上升期，前景十分广阔，这主要是由于工业化、信息化、城镇化、农业现代化带来的发展空间还很大，社会生产力技术雄厚，生产要素、综合优势明显，体制机制也在不断地完善，同时"两个一百年"的奋斗目标和实现中华民族伟大复兴中国梦的理想，也将给中国的经济源源不断地注入新的活力、动力。所以经过努力，我国经济增速完全有可能继续保持较高的水平。

3. 适应推进国家治理体系和治理能力现代化的需要

坚定不移地全面深化改革，完善和发展中国特色社会主义制度，推进国家治理体系和治理能力的现代化，是习近平总书记在系列讲话中反复强调的一个重大问题。习近平总书记指出，要坚持把完善和发展中国特色社会主义制度、推进国家治理体系和治理能力现代化作为全面深化改革的总目标，进一步解放思想、解放和发展社会生产力，解放和增强社会活力。国家治理体系的提出，是习近平理论的重要支点，也是马克思主义国家理论的新发展。国家治理体系包括治理主体、治理的各项制度以及治理理念和方式；治理能力包括治理手段和工具、国家工作人员的素质和工作能力、知识化、专业化水平。习近平的创新国家理论是新中国成立60多年来，特别是改革开放30多年来国家制度建设发展的需要，是回击企图让中国走西方政治发展道路、以西方模式复制国家制度的图谋的需要，也是全面深化改革进程中、全面建成小康社会的艰难行程中提高党和国家决策执行力的需要。

十八大标志着中国改革再出发，改革开放进入新的历史阶段，作为执政党不仅要有发展经济的能力，还要有"五位一体"治理现代国家的能力。在这个问题上，习近平强调，全面深化改革需要加强顶层设计和整体谋划，加强各项改革的关联性、系统性和可行性研究，统筹考虑、全面论证、科学决策。经济、政治、文化、社会、生态文明各领域改革和党的建设改革紧密联系、相互交融，任何一个领域的改革都会牵动其他领域，同时也需要其他领域改革密切配合。如果各领域改革不配套，各方面改革措施相互牵扯，全面深化改革就很难推进下去，即使勉强推进，效果也会大打折扣。推进国家治理体系和治理能力现代化，就是要适应时代变化，既改革不适应实践发展要求的体制机制、法律法规，又不断构建新的体制机制、法律法规，使各方面制度更加科学、更加完善，实现党、国家、社会各项事务治理制度化、规范化、程序化。要更加注重治理能力建设，增强按制度办事、依法办事意识，善于运用制度和法律治理国家，把各方面制度优势转化为管理国家的效能，提高党科学执政、民主执政、依法执政水平。这些要求，系统体现了推进国家治理体系和治理能力现代化的方向、路径和实施对策。

推进国家治理现代化的理念和行动，是习近平对中国特色社会主义理论与实践的重要贡献。习近平在省部级主要领导干部学习班上的讲话进一步强调国家治理体系和治理能力现代化的重要性：今天摆在我们面前的一项重大历史任务，就是推动中国特色社会主义制度更加成熟更加定型，为党和国家事业发展、为人民幸福安康、为社会和谐稳定、为国家长治久安提供一整套更完备、更稳定、更管用的制度体系。这项工程极为宏大，必须是全面的系统的改革和改进，是各领域改革和改进的联动和集成，在国家治理体系和治理能力现代化上形成总体效应、取得总体效果。我国国家治理体系需要改进和完善，但怎么改、怎么完善，我们要有主张、有定力。没有坚定的制度自信就不可能有全面深化改革的勇气。同样，离开不断改革，制度自信也不可能彻底、不可能久远。我们全面深化改革，是要使中国特色社会主义制度更好；我们说坚定制度自信，不是要故步自封，而是要不断革除体制机制弊端，让我们的制度成熟而持久。

二 提出和回答了全面建成小康社会迫切需要解决的主要问题

十八大开启了中国发展的新阶段，标志着我们党领导的中国特色伟大事业进入全面建成小康社会的决定性阶段，党领导人民开创的社会主义伟大实践已经行进到一个新的历史起点上。在党和国家事业发展的这一决定性时刻，习近平总书记的系列重要讲话，提出和回答了我国在 2020 年前后全面建成小康社会迫切需要解决的主要问题，形成了一系列富有创意的新思想、新观点和新论断，为治党治军治国理政提供了基本遵循。

1. 统一了关于改革开放前后两个阶段关系的认识问题

高举中国特色社会主义伟大旗帜，坚定不移地走中国特色社会主义道路，是我们党始终如一的政治理念。中国特色社会主义，特就特在其道路、理论体系、制度上，特就特在这三者统一于中国特色社会主义的伟大实践上。习近平总书记强调：我们党领导人民进行社会主义建设，有改革开放前和改革开放后两个历史时期，这是两个既相互联系又有重大区别的时期，但本质上都是我们党领导人民进行社会主义建设的实践探索。不能用后一个历史时期否定前一个历史时期，也不能用前一个时期否定后一个历史时期。"两个历史时期"的论述，对于我们正确认识党的历史，正本清源，凝聚共识，具有统一思想的现实意义。尽管改革开放前后两个时期有重大差别，但归根到底是一脉相承的，都是统一于探索中国特色社会主义的伟大实践。正确认识这两个时期，不仅仅是历史问题，更是重大的政治问题。牢牢把握两个历史时期的辩证统一，尊重历史而不割断历史，尊重前人而不苛求前人，更有助于坚定我们的改革开放和社会主义现代化建设的方向不动摇，既不走封闭僵化的老路，也不走改旗易帜的邪路。

十八届三中全会深化改革的《决定》，鲜明提出了推进国家治理体系和治理能力现代化的目标和实施路径问题，这就要求我们要更加注重法制在国家治理和社会管理中的作用。习近平总书记关于发展社会主义民主法制的系列讲话，深刻阐述了全面依法治国中的重大问题。改革开放以来，中国特色社会主义政治发展道路，为实现最广泛的人民民主确立了正确方向。习近平总书记强调，宪法是治国安邦的总章程，维护宪法权威，就是维护党和人民共同意志的尊严。保证宪法实施，就是保证人民根本利益的实现。同时，党领导人民制定、执行宪法和法律，党自身必须在宪法和法律范围内活动，真正做到党领导立法、保证执法、带头守法；领导干部要自觉运用法治思维和法治方式，更好地深化改革、推动发展、化解矛盾、维护稳定。这些论述和观点，进一步阐明了中国特色社会主义政治发展道路的本质要求，体现了科学执政、民主执政、依法执政的理念和方略。

改革开放开辟了一条引领中国迈向社会主义现代化的康庄大道，已经为过去 30 多年的实践所证明，而且将继续指引中国未来的前进道路。习近平总书记说，改革开放是当代中国发展进步的活力资源，是决定当代中国命运的关键一招，也是决定实现"两个一百年"奋斗目标、实现中华民族伟大复兴的关键一招。这个关键就关键在改革开放和发展了社会生产力，坚持了正确的方向。经过30多年的改革开放，我们摸着石头进入了深水区，人人都受益的"帕累托改进"已经基本实现，再进一步深化全面改革，必然面临既得利益"固化樊篱"形成的阻碍。"全面深化改革"必须应对"社会矛盾累积"的问题和风险。越来越坚固的"樊篱"在很大程度上就是改革不彻底造成的。但改革必须坚持正确的方向，不能是对社会主义制度的改弦更张，也不是回到过去的老路上去，更不是想怎么改就怎么改。对此，习近平总书记强调，改革开放只有进行时，没有完成时。改革开放是一场深刻革命，必须坚持正确方向，沿着正确道路前进。在方向问题上，我们必须头脑清醒，不断推动社会主义制度自我完善和发展，坚定不移走中国特色社会主义道路，这就表明了我们的改革是在党的领导下，在坚持中国特色社会主义道路的前提下，坚持不懈地把改革创新精神贯彻到治国理政各个环节，坚定不移地推进经济、政治、文化、社会、生态文明和党的领导各个方面的领导机制与工作机制的改革，促进现代化建设各个环节、各个方面相协调，促进生产关系与生产力、上层建筑与经济基础相协调。

2. 以社会主义核心价值观指引制度安排和政策取向

全面建成小康社会、实现中华民族伟大复兴的中国梦，需要全社会的凝聚力，这种凝聚力来自对核心价值观的认同与追求。核心价值观是一个社会主导性的价值准则，及其所追求的价值理想，具有最大限度整合各利益相关者及行为主体的积极性、主动性、创造性的作用，是构成一个民族、国家发展进步须臾不可缺失的精神支柱。党的十八大报告提出，要大力加强社会主义核心价值体系建设：倡导富强、民主、文明、和谐，倡导自由、平等、公正、法治，倡导爱国、敬业、诚信、友善，积极培育和践行社会主义核心价值观。社会主义核心价值观是当前我国社会价值观的"最大公约数"，能够引领整合多样化社会思想意识，激发广大人民群众投身改革开放事业的积极性、主动性与创造性，对解决处理好各种矛盾并存的困难问题，对促进经济持续健康发展、全面建成小康社会，将发挥重要的保证和支撑作用。因此，习近平总书记强调要让社会主义核心价值观像空气一样无处不在。

　　培育和弘扬核心价值观，有效整合社会意识，是社会系统得以正常运转、社会秩序得以有效维护的重要途径，也是国家治理体系和治理能力的重要方面。习近平总书记强调，推进国家治理体系和治理能力现代化，要大力培育和弘扬社会主义核心价值体系和核心价值观，加快构建充分反映中国特色、民族特性、时代特征的价值体系。一个国家选择什么样的治理体系，是由这个国家的历史传承、文化传统、经济社会发展水平决定的，是由这个国家的人民决定的。我国今天的国家治理体系，是在我国历史传承、文化传统、经济社会发展的基础上长期发展、渐进改进、内生性演化的结果。没有坚定的制度自信就不可能有全面深化改革的勇气，同样，离开不断改革，制度自信也不可能彻底、不可能久远。

　　社会主义核心价值观是社会主义核心价值体系的内核，体现着社会主义核心价值体系的根本性质和基本特征，反映着社会主义核心价值体系的丰富内涵和实践要求，是社会主义核心价值体系的高度凝练和集中表达。对此，习近平总书记指出，一种价值观要真正发挥作用，必须融入社会生活，让人们在实践中感知它、领悟它。要切实把社会主义核心价值观贯穿于社会生活的方方面面。要通过教育引导、舆论宣传、文化熏陶、实践养成、制度保障等，使社会主义核心价值观内化为人们的精神追求，外化为人们的自觉行动。要注意把我们所提倡的与人们日常生活紧密联系起来，在落细、落小、落实上下功夫。要按照社会主义核心价值观的基本要求，健全各行各业规章制度，完善市民公约、乡规民约、学生守则等行为准则，使社会主义核心价值观成为人们日常工作生活的基本遵循。要发挥政策导向作用，使经济、政治、文化、社会等方方面面政策都有利于社会主义核心价值观的培育。

三　指明了中国特色社会主义发展
道路的前进动力和具体途径

1. 改革创新是继续发展的前进动力

　　中国特色社会主义是当代中国进步发展的根本方向，但我国社会主义还处在初期阶段，必须以发展的观点对待马克思主义、社会主义，不断丰富中国特色社会主义的实践特色、理论特色、民族特色、时代特色。十八届三中全会通过的《决定》，以改革为主线，突出全面深化改革的新举措，系统阐述了总体思路和顶层设计，勾画了改革的路线图和时间表。习近平总书记在向全会作说明时指出，改革开放以来的历届三中全会都研究讨论深化改革问题，都是在释放一个重要信号，就是我们党将坚定不移高举改革开放的旗帜，坚定不移坚持党的十一届三中全会以来的理论和路线方针政策。十八届三中全会以全面深化改革为主要议题，勾画的改革蓝图、设计的具体路径，广泛性和深刻性前所未有，形成了改革理论和政策的一系列新突破。

从十八大到十八届三中全会，习近平总书记对改革创新的重要性进行了系统的阐述。改革开放是决定中国命运的关键一招，也是决定实现"两个一百年"奋斗目标、实现中华民族伟大复兴的关键一招。实践发展无止境，解放思想永无止境，改革开放也永无止境，停顿和倒退没有出路，改革开放只有进行时，没有完成时。《决定》据此提出了全面深化改革必须长期坚持的四条重大原则：坚持党的领导，解放思想、实事求是、与时俱进、求真务实，以人为本，正确处理改革发展稳定关系等。在指导思想和总目标方面，他明确提出把完善和发展中国特色社会主义制度，推进国家治理体系和治理能力现代化作为全面深化改革的总目标。这是因为目前我们国家治理体系和治理能力还有许多不足，必须要改革完善现有的体制机制、法律法规，同时要善于运用制度和法律来治理国家，把制度优势转化为管理的效能，提高整体的治理水平。在论述改革创新的动力源泉时，总书记强调要通过进一步解放思想、进一步解放和发展社会生产力、进一步解放和增强社会活力来培育和强化。通过不断解放思想、改革创新，让一切创造社会财富的源泉充分涌流，使中国特色社会主义制度更有效率、更能激发全体人民的积极性、主动性、创造性，更能在竞争中赢得比较优势。

2. 必须坚持社会主义市场经济改革的方向

在建设中国特色的社会主义进程中，我们经过 20 多年实践，初步建立起了社会主义市场经济体制。但是，这个体制仍存在不少问题，主要是市场秩序不规范，以不正当手段牟取经济利益的现象广泛存在；生产要素市场发展滞后，要素闲置和大量有效需求得不到满足并存；市场规则不统一，部门保护主义和地方保护主义大量存在；市场竞争不充分，阻碍优胜劣汰和结构调整，等等。这些问题不解决好，完善的社会主义市场经济体制是难以形成的。而加快完善社会主义市场经济体制，把握好经济体制改革这个重点，核心问题是处理好政府与市场的关系。为此，十八届三中全会《决定》提出了"使市场在资源配置中起决定性作用和更好发挥政府作用"的重大理论观点。这个论断是我党在理论和实践上的又一重大创新。

习近平总书记在十八届三中全会的讲话中，对这一论断进行了系统的阐明。进一步处理好政府和市场关系，实际上就是要处理好在资源配置中市场起决定性作用还是政府起决定性作用这个问题。经济发展就是要提高资源尤其是稀缺资源的配置效率，以尽可能少的资源投入生产尽可能多的产品、获得尽可能大的效益。理论和实践都证明，市场配置资源是最有效率的形式。市场决定资源配置是市场经济的一般规律，市场经济本质上就是市场决定资源配置的经济。健全社会主义市场经济体制必须遵循这条规律，着力解决市场体系不完善、政府干预过多和监管不到位问题。作出"使市场在资源配置中起决定性作用"的定位，有利于在全党全社会树立关于政府和市场关系的正确观念，有利于转变经济发展方式，有利于转变政府职能，有利于抑制消极腐败现象。从党的十四大报告提出建立社会主义市场经济体制的改革目标，到十六大和十八大的报告在"市场基础性作用"前加关键词，都是在强化市场的取向。但到了十八届三中全会，把市场在资源配置中的"基础性作用"修改为"决定性作用"，这种新表述、新定位，反映了我们党对社会主义市场经济规律的认识达到了新的高度。从发挥经济体制改革的牵引作用来看，坚持社会主义市场经济体制改革方向，也是全面深化改革的重要依托，可以有效带动各方面的体制改革行动，形成协调推进的合力，有利于加快完善社会主义市场经济体制。

3. 充分发挥经济体制改革在全面深化改革中的牵引作用

全面深化改革，要立足于我国长期处于社会主义初级阶段这个最大实际，即通过发展来解决所有的问题。以经济体制改革的新突破，牵引和带动其他领域改革，抓住了改革的关键突破点，体现了正确把握重点与全面的辩证关系，以利于在改革中统筹兼顾。习近平总书记在十八届三中全会的讲话中强调，我国仍处于并将长期处于社会主义初级阶段的基本国情没有变，人民日益增长的物质文化需要同落后的社会生产之间的矛盾这一社会主要矛盾没有变，我国是世界上最大发展中国家的国际地位没有变。这就决定了经济建设仍然是全党的中心工作。当前制约科学发展的体制机制障碍不少集中在经济领域，经济体制改革任务远远没有完成，经济体制改革的潜力还没有充分释放出来。坚持以经济建设为中心不动摇，就必须坚持以经济体制改革为重点不动摇。经济基础决定上层建筑，经济体制改革对其他方面改革具有重要影响和传导作用，重大经济体制改革的进度决定着其他方面很多体制改革的进度，具有牵一发而动全身的作用。经济体制改革是火车头，通过经济体制改革的率先突破，可以带动其他领域改革一起往前走。在全面深化改革中，坚持以经济体制改革为主轴，努力在重要领域和关键环节改革上取得新突破，以此牵引和带动其他领域改革，使各方面改革协同推进、形成合力，而不是各自为政、分散用力。这些论断和部署，体现了唯物辩证法的缜密思维和统筹推进改革行动的大智慧、大战略。

习近平总书记关于三中全会《决定》的说明，更是画龙点睛地把《决定》的灵魂和基本要点做了深刻揭示，彰显了中央决心通过解决和破除体制机制障碍来激发经济发展活力的新思路和新观念。有突破性发展的思想体现在以下十个方面：一是市场在资源配置中起决定性作用和更好发挥政府作用；二是积极发展混合所有制经济，指明了国有企业改革的主要路径，未来多数国有企业都将改革为混合所有制经济；三是把非公有制经济的地位、作用阐述得更加明确，公有制经济和非公有制经济都是社会主义市场经济的重要组成部分，都是我国经济社会发展的重要基础。公有制经济财产权不可侵犯，非公有制经济财产权同样不可侵犯；四是以国有资本改革带动国有企业改革。实行以管资本为主，建立统一的国资平台，形成专业化的国有资本运作机构，有利于实现国有资产监督管理机构从管人、管企业、管资产向管资本转变。以国资改革带动国企改革，对国企和民企都会带来新的发展机遇；五是推行负面清单的管理模式倒逼改革开放，把解决市场扭曲问题提高到一个新的水平；六是以坚持农村土地集体所有与搞活农民土地使用权为重点的土地制度改革。允许农村集体经营性建设用地出让、租赁、入股、实行与国有土地同等入市、同权同价等；七是户籍制度改革和城市基础设施引入社会资本。以社会福利和公共服务均等化、破除城市内部的二元结构，实行有区别的户籍制度改革。允许地方政府通过发债等多种方式拓宽城市建设融资渠道；八是允许民间资本设立中小银行；九是设立中国上海自由贸易试验区，为扩大开放探路，以开放促发展、促改革、促创新，成为可复制、可推广的试验；十是政府宏观调控的任务从以往提到的经济总量平衡、结构协调和生产力布局优化，扩展到形成参与国际宏观经济政策协调的机制，推动经济治理结构完善。

四　提供了新的发展实践中的理论和方法

习近平总书记的系列重要讲话始终贯穿着马克思主义哲学世界观和方法论，以宽广的政治视野、深刻的理论内涵，抓住实事求是的精髓，一切从中国的国情出发，从事物的客观规律出发，认识问题、分析问题、说明问题，由此导引出解决深化改革、解决当前复杂难题基本方法，为中国特色社会主义理论体系注入了时代精神，也为全面深化改革各项行动的实施提供了理论和方法。

1. 辩证唯物主义的新发展

实事求是，一切从实际出发是十一届三中全会以来党的思想路线，也是马克思主义认识论的基本原则。经过三十多年改革开放的成功实践，中国的发展已经从摸着石头过河的实践探索和先行阶段，逐步提高到产生许多理性认识的阶段，初步完成了从感性认识到理性认识的飞跃，未来如何用正确的理性认识指导我们的新实践，就成为马克思主义政党在思想理论上创新的重要任务。

在对全面深化改革的总任务和总目标进行战略部署的过程中，习近平总书记对总体方案、路线图、时间表以及战略目标、工作重点、优先顺序等，都进行了系统的设计和安排。既部署"过河的任务"，又指导如何解决"桥或船的问题"；既阐述战略问题，又研究战术问题。他的一系列重要讲话和论断，处处闪耀着辩证唯物主义的光辉，体现了辩证唯物主义的新发展：鞋子合不合脚，自己穿了才知道，一个国家发展的道路合不合适，只有这个国家的人民才最有发言权；摸着石头过河和加强顶层设计是辩证统一的，推进局部的阶段性改革开放要在加强顶层设计的前提下进行，加强顶层设计要在推进局部的阶段性改革开放的基础上来谋划；凡事从坏处准备，努力争取最好的结果，做到有备无患，遇事不慌，牢牢把握主动权；对改革进程中已经出现和可能出现的问题，苦难要一个一个克服，问题要一个一个解决，既敢于出招又善于应招，做到"蹄疾而步稳"。

习近平总书记的"绿水青山、金山银山"论，是用矛盾相互转化来阐述经济发展与环境保护的关系的经典例证："两座山"之间有矛盾，又辩证统一，绿水青山可以源源不断地带来金山银山，保护生态环境就是保护生产力，改善生态环境就是发展生产力。既要绿水青山也要金山银山，宁要绿水青山不要金山银山，绿水青山就是金山银山。保护生态环境和经济发展的关系是完全可以处理好的，因为两者不是矛盾的，是可以相互转化的。"绿水青山"，并非一定要以"不要金山银山"为代价，"绿水青山"可以转化为经济发展的优势，是发展绿色经济、低碳经济的巨大资本。

2. 历史唯物主义的新运用

习近平总书记关于"中国梦"的系列论述，堪称历史唯物主义运用的典范。习近平总书记在参观《复兴之路》展览时，提出了实现中华民族伟大复兴的中国梦，既生动形象地描绘了全体人民的共同理想，更深刻展示了历史唯物主义的认识论的新高度。中国梦是历史的、现实的，也是未来的，实现中国梦凝聚了几代中国人的夙愿，体现了中华民族和中国人民的整体利益，是全体中华儿女的共同期盼。我们比历史上任何时期都更接近实现中华民族伟大复兴的目标，比历史上任何时期都更有信心、更有能力实现这个目标。对中国梦的提出和论述，体现了总书记的历史洞察力，也体现了当代共产党人的责任担当意识，其强大的感染力和号召力，已经成为凝聚人心、鼓舞士气、开拓进取的高昂旋律和时代强音。

推进国家治理体系和治理能力现代化的提出，是运用马克思主义国家理论的新发展。毛泽东同志丰富和发展了马克思主义的国家学说，提出了人民民主专政的国家理论，新中国成立后，按照毛泽东同志的国家理论，中国实行了以共产党领导的、人民当家作主的国家体制和治理体系，形成了中国政治发展道路的基本方向。改革开放以后，人民民主专政的国家体制不仅没有改变，而且得到坚持和加强。但是，国家治理体系发生了许多改革和完善，国家的基本政治制度、经济制度、文化制度、社会制度、生态文明制度及党和政府的制度安排都发生了深刻的变化，国家的治理方式也得到许多发展，这些实践的新成就都为马克思主义国家理论的创新提供了实践依据和认识来源。正是在这样的基础上，十八届三中全会《决定》提出了推进国家治理体系和治理能力现代化的新思想。

3. 辩证统一改革方法的新升华

习近平总书记指出，我们党在中国这样一个有着13亿人口的大国执政，面对着十分复杂的国内外环境，肩负着繁重的执政使命，如果缺乏理论思维的有力支撑，是难以战胜各种风险和困难的，也是难以不断前进的。党的各级领导干部特别是高级干部，要原原本本学习和研读经典著作，努力把马克思主义哲学作为自己的看家本领，坚定理想信念，坚持正确政治方向，提高战略思维能力、综合决策能力、驾驭全局能力，团结带领人民不断书写改革开放历史新篇章。因此，在全面深化改革中，我们必须重点处理好重点与全面、一般与特殊、变与不变的关系。

习近平总书记的系列重要讲话深刻把握了辩证法的核心和实质，在分析问题、说明问题、解决问题等方面为我们树立了生动的样板。他娴熟运用"矛盾论"和"两点论"来论述全面把握深化改革的重大关系，处理好解放思想和实事求是、整体推进和重点突破、顶层设计和摸着石头过河的关系，胆子要大和步子要稳的关系、改革发展和稳定的关系，也为我们指出了推进全面深化改革的方法。习近平总书记强调指出，摸着石头过河，是富有中国特色、符合中国国情的改革方法。摸着石头过河，就是摸规律，从实践中获得真知。发展社会主义市场经济，不断深化改革开放，在马克思主义的经典著作里找不到，其他社会主义国家也没有经验可供借鉴，只有通过实践、认识、再实践、再认识，才能逐步取得规律性的认识。改革初期需要摸着石头过河，全面深化改革仍然需要摸着石头过河。当然，在新的历史条件下，正因为有过去不断积累的认识和经验，我们可以把摸着石头过河和加强顶层设计结合起来，以节约改革成本、减少社会震荡。摸着石头过河和加强顶层设计是辩证统一的，推进局部的阶段性改革要在加强顶层设计的前提下进行，加强顶层设计要在推进局部的阶段性改革开放的基础上来谋划。

4. 统领全面深化改革的科学方法论

推进全面深化改革，三中全会《决定》提出的很多改革任务举措，不少是马上可以实施的，也有的是原则性的、方向性的。但无论是抓紧实施的还是需要深化细化的，都需要大胆地创新实践，以习近平总书记倡导的科学的方法论来统领推进各项工作。我们认为，以科学的方法论来处理好各项重大关系，重点在以下三个方面把握好、运用好：

一是始终坚持底线思维。底线思维就是从最坏的可能性着想，在此基础上建立政策、部署工作，是毛泽东同志一贯倡导的工作方法，体现了马克思主义的唯物辩证法和科学方法论。习近平总书记多次强调要坚持这一科学的方法论，在推动经济社会可持续发展的各项工作中，在推进全面深化改革的各项行动中，坚持底线思维，未雨绸缪，加强研判，在保证大局稳定的前提下稳中求进、稳中有为。他在多个场合强调，面对错综复杂、快速变化的形势，我们要"从坏处着想，做最充分的准备，争取最好的结果，牢牢把握主动权"。"底线"思维是"安全阀""稳压器"，善用底线思维，就能以积极的态度前瞻风险、守住底线、防患未然，从而掌握改革实践的主动权。

二是要打"持久战"，不要"速胜论"。深化改革是一场新的革命，如果畏首畏尾，前怕狼后怕虎，就很难取得成功；同时深化改革又是"一个大试验"，面对复杂的国情，必须科学决策，稳中求进。从局部改革、渐进改革再到全面系统改革，从感性到理性再到实践的不断深化，仍是全面深化改革开放的基本路径和方法。习近平总书记多次强调，要把握"胆子要大和步子要稳的关系"，胆子要大，步子要稳，积小胜为大胜。全面深化改革，遇到难题不能悲观，要有"持久战"的思想，不要有"速胜论"的想法。在深化改革、作风建设中树立"持久战"的思想，就能锲而不舍，步步为营，最终积小成为大成，积小胜为大胜。

三是积极有为，敢于担当，勇于突破创新。底线思维不仅要求"思"，更要求"行"，要求主动出击去化解风险。习近平总书记的系列重要讲话，在强调稳扎稳打、步步为营、促进经济社会大局稳定的同时，还进一步指出要为全面深化改革创造条件，勇于突破创新。他指出，"稳"也好，"改"也好，是辩证统一、互为条件的，一静一动，静要有力，动要有秩序，关键是把握好这两者之间的度。我们推进各项改革，要找准突破口和切入点，及锋而试，奋勇前进，敢于"啃硬骨头"，敢于涉险滩，以更大的勇气和智慧，着力提升推进改革的方式、方法、技巧和策略，勇于担当，背水一战，冲破各种体制机制障碍，突破利益固化的藩篱，努力把全面深化改革的宏观蓝图变为现实。

制度自觉、制度自信和制度创新

——学习习近平总书记关于完善和发展
中国特色社会主义制度的重要论述

秦 宣

党的十八大强调要把制度建设摆在突出位置，充分发挥我国社会主义政治制度优越性。党的十八大以来，以习近平为总书记的党中央对制度建设给予了高度重视。作为党的总书记，他一再强调坚持党的基本路线，促进党的路线方针政策的制度化和法律化；作为国家主席，他一再强调要完善和发展中国特色社会主义制度，并将其作为全面深化改革的总目标；作为国家军委主席和党的军委主席，他一再强调要毫不动摇地坚持党对军队绝对领导的根本原则和制度，并主张推进军队制度化建设；作为党和国家最高领导人，习近平关于制度建设的论述涉及改革发展稳定、内政外交国防、治党治国治军等各方面，形成了一整套治国理政的新思路，为我们坚持和完善中国特色社会主义制度提供了理论遵循和行动指南。

一 增进制度自觉：充分认识制度建设的重要性

所谓制度自觉，就是对制度建设地位和作用的深刻认识、对制度发展和完善规律的正确把握、对建立和完善制度历史责任的主动担当。习近平在关于制度建设的一系列重要论述中，首先论述了制度建设的重要性，强调了制度自觉。党的十八届三中全会更是把"完善和发展中国特色社会主义制度，推进国家治理体系和治理能力现代化"作为全面深化改革的总目标。那么，为何习近平如此重视制度建设呢？

1. 从制度建设的理论逻辑看，治理社会主义这样全新的社会，要解决好事关党和国家长治久安的制度现代化问题古人云，"凡将立国，制度不可不察也"，"制度时，则国俗可化，而民从制"（《商君书·壹言第八》）。这表明制度建设从来就是治国理政之根本。对于社会主义这样的全新社会，到底如何实现有效的治理，在以往的世界社会主义实践中没有解决得很好。马克思恩格斯没有经历过全面治理一个社会主义国家的实践，他们关于未来社会的构想很多是预测性的；列宁在俄国十月革命后曾探索过社会主义国家的治理问题，但由于他去世较早，很多探索未能持续下去；苏联作为世界上第一个社会主义国家，在治理国家这个问题上进行了长期探索，积累了一些实践经验，但也犯过严重错误，苏联的解体恰恰说明了苏联共产党在国家治理方面的失败。

习近平强调："中国特色社会主义是由道路、理论体系、制度三位一体构成的。中国特色社会主义道路是实现途径，中国特色社会主义理论体系是行动指南，中国特色社会主义制度是根本保障，三者统一于中国特色社会主义伟大实践。这是中国特色社会主义的最鲜明特色。"① 因此，完善和发展中国特色社会主义制度、推进国家治理体系和治理能力现代化，是坚持和发展中国特色社会主义的必然要求，也是实现社会主义现代化的应有之义。

2. 从中国社会发展的历史逻辑看，始终注重制度建设是中国共产党治国理政的一条基本经验

中国共产党在全国执政以后，不断探索国家治理问题，虽然也发生了严重曲折，但在国家治理体系和治理能力上积累了丰富经验，取得了重大成果。1978 年，在开启改革开放新时代的党的十一届三中全会上，邓小平曾深刻指出："为了保障人民民主，必须加强法制。必须使民主制度化、法律化，使这种制度和法律不因领导人的改变而改变，不因领导人的看法和注意力的改变而改变。"② 从此，发展社会主义民主、健全社会主义法制成为党和国家坚定不移的基本方针。改革开放三十多年来，在党的几代中央领导集体的坚强领导下，我国政治体制改革有条不紊地推进，制度建设取得了一系列重大成绩：党政关系逐步规范化、制度化，党的领导方式和执政方式日趋完善和成熟；人民代表大会制度、中国共产党领导的多党合

---

① 习近平：《紧紧围绕坚持和发展中国特色社会主义学习宣传贯彻党的十八大精神——在十八届中共中央政治局第一次集体学习时的讲话》，人民出版社 2012 年版，第 4 页。

② 《邓小平文选》（第 2 卷），人民出版社 1994 年版，第 146 页。

作和政治协商制度、民族区域自治制度、基层民主制度等社会主义民主政治的若干制度逐步完善和发展；选举制度、干部人事制度改革取得重大进展；法律制度逐步健全和完善，依法治国方略逐步实施，中国特色社会主义法律体系正式形成。改革开放以来，制度建设不仅有力发展和保障了中国人民的政治权益、文化权益和社会权益，而且为促进经济社会全面协调发展，为保持我国政治稳定、社会和谐和民族团结提供了有力的制度保障，这同世界上一些地区和国家不断出现乱局形成了鲜明对照。实践证明，制度问题更带有根本性、全局性、稳定性、长期性的特点。

3. 从我们要实现的宏伟目标看，实现中国现代化和中华民族的伟大复兴，必须构建系统完备、科学规范、运行有效的制度体系

历史经验表明，办任何一件事情，目标确定之后，路径选择很重要，制度安排更加重要。我们要实现"两个百年"的奋斗目标，全面建成小康社会，实现中国现代化，必须构建系统完备、科学规范、运行有效的制度体系，实现国家治理体系和治理能力的现代化。习近平指出："国家治理体系和治理能力是一个国家制度和制度执行能力的集中体现。国家治理体系是在党领导下管理国家的制度体系，包括经济、政治、文化、社会、生态文明和党的建设等各领域体制机制、法律法规安排，也就是一整套紧密相连、相互协调的国家制度；国家治理能力则是运用国家制度管理社会各方面事务的能力，包括改革发展稳定、内政外交国防、治党治国治军等各个方面。国家治理体系和治理能力是一个有机整体，相辅相成，有了好的国家治理体系才能提高治理能力，提高国家治理能力才能充分发挥国家治理体系的效能。"改革开放以来，我们初步建立了中国特色社会主义的制度体系，国家治理能力也有了显著提高。实践表明，中国特色社会主义制度是特色鲜明、富有效率的，我们的国家治理体系和治理能力总体上是好的，是适应我国国情和发展要求的。但也应该看到，中国特色社会主义制度体系还不是尽善尽美、成熟定型的。同时，相比我国经济社会发展的迫切要求，相比广大人民群众的殷切期待，相比当今世界日趋激烈的国际竞争，相比实现国家长治久安，我们在国家治理体系和治理能力方面还有许多不足，有许多亟待改进的地方。因此，习近平强调："真正实现社会和谐稳定、国家长治久安，还是要靠制度，靠我们在国家治理上的高超能力，靠高素质干部队伍。我们要更好地发挥中国特色社会主义制度的优越性，必须从各个领域推

进国家治理体系和治理能力现代化。"①

4. 从现实国情看，解决我国发展中面临的一系列矛盾和问题，必须完善和发展中国特色社会主义制度

改革开放以来，中国人民的面貌、中华民族的面貌和中国共产党的面貌发生了巨大变化，中国综合国力和国际影响力显著提高。但中国处于社会主义初级阶段的基本国情、主要矛盾和中国作为世界上最大的发展中国家的国际地位仍然没有变。虽然我国仍处于可以大有作为的战略机遇期，但经济社会发展面临的矛盾和问题仍然很多。正如邓小平在晚年所言，发展起来后比没有发展问题更多。习近平指出，当前，国内外环境都在发生极为广泛而深刻的变化，我国发展面临一系列突出矛盾和挑战，前进道路上还有不少困难和问题。比如：发展中不平衡、不协调、不可持续问题依然突出，科技创新能力不强，产业结构不合理，发展方式依然粗放，城乡区域发展差距和居民收入分配差距依然较大，社会矛盾明显增多，教育、就业、社会保障、医疗、住房、生态环境、食品药品安全、安全生产、社会治安、执法司法等关系群众切身利益的问题较多，部分群众生活困难，形式主义、官僚主义、享乐主义和奢靡之风问题突出，一些领域消极腐败现象易发多发，反腐败斗争形势依然严峻，等等。着力解决我国发展面临的一系列突出矛盾和问题，必须全面深化改革，而要全面深化改革，必须有强有力的制度保障，为此，必须不断推进中国特色社会主义制度自我完善和发展。

二 树立制度自信：充分发挥中国特色社会主义的制度优势

党的十八大报告明确指出："中国特色社会主义制度，就是人民代表大会制度的根本政治制度，中国共产党领导的多党合作和政治协商制度、民族区域自治制度以及基层群众自治制度等基本政治制度，中国特色社会主义法律体系，公有制为主体、多种所有制经济共同发展的基本经济制度，以及建立在这些制度基础上的经济体制、政治体制、文化体制、社会

① 习近平：《切实把思想统一到党的十八届三中全会精神上来——在党的十八届三中全会第二次全体会议上的讲话（节选）》，《人民日报》2014年1月1日。

体制等各项具体制度。"① 这一概括表明：中国特色社会主义制度是一整套相互衔接、相互联系的制度体系，由根本制度、基本制度、具体制度以及中国特色社会主义法律体系组成。

党的十八大特别强调要坚持中国特色社会主义的道路自信、理论自信和制度自信。十八大以来，习近平在谈到制度建设时，也特别强调了制度自信问题。在谈到制度自信与全面深化改革的关系时，习近平明确指出："没有坚定的制度自信就不可能有全面深化改革的勇气，同样，离开不断改革，制度自信也不可能彻底、不可能久远。我们全面深化改革，是要使中国特色社会主义制度更好；我们说坚定制度自信，不是要固步自封，而是要不断革除体制机制弊端，让我们的制度成熟而持久。"②

1. 中国特色社会主义制度是我们党九十多年奋斗的结果，必须倍加珍惜

中国共产党是一个拥有坚定制度自信的马克思主义政党。自诞生那天起，党就把建立美好的共产主义社会制度写入自己的纲领。在 90 多年革命、建设和改革的过程中，我们党带领全国各族人民在制度建设方面完成了三件大事：一是完成了反帝反封建制度的任务，结束了中国半殖民地半封建社会的历史，扫清了中国现代化道路的障碍；二是建立了中华人民共和国，确立了社会主义基本制度，"为当代中国一切发展进步奠定了根本政治前提和制度基础"；三是从中国实际出发确立了中国特色社会主义制度体系，为中国特色社会主义事业注入了强大生机和活力。习近平指出："中国特色社会主义是在改革开放历史新时期开创的，但也是在新中国已经建立起社会主义基本制度、并进行了二十多年建设的基础上开创的。"

作为一种崭新的社会制度，中国特色社会主义制度是我们党在长期革命、建设和改革的进程中，以马克思主义为指导，立足于中国具体国情，在对共产党执政规律、社会主义建设规律、人类社会发展规律深刻把握的基础上，历经艰辛曲折，经过长期实践探索逐步建立和发展起来的，是几代中国共产党人不懈探索的伟大成果，凝聚着无数中华儿女的心血和智

---

① 胡锦涛：《坚定不移沿着中国特色社会主义道路前进　为全面建成小康社会而奋斗——在中国共产党第十八次全国代表大会上的报告》，人民出版社 2012 年版，第 12 页。

② 习近平：《完善和发展中国特色社会主义制度　推进国家治理体系和治理能力现代化》，《人民日报》2014 年 2 月 18 日。

慧。继续推进中国特色社会主义事业必须具有制度自信，必须继续发挥中国特色社会主义的制度优势。新中国成立以来，尤其是改革开放以来，我们国家的国体、根本政治体制、基本经济制度、基本政治制度和其他制度，都以国家根本法——宪法的形式确立下来，我们必须长期坚持、全面贯彻、不断发展。

2. 中国特色社会主义制度植根于中国的历史文化传统，有坚实的历史基础

习近平强调，一个国家选择什么样的治理体系，是由这个国家的历史传承、文化传统、经济社会发展水平决定的，是由这个国家的人民决定的。辛亥革命推翻封建制度之后，中国人就一直在寻找着适合中国国情的社会制度，君主立宪制、议会制、多党制、总统制都曾试过，结果均未成功。经过反复比较和深刻思考，特别是受俄国十月革命的影响，中国先进分子明确了走社会主义道路的方向。中国共产党成立后，经过三十多年的浴血奋斗，最终建立了先进的社会主义制度。习近平强调，我们今天的社会制度和各项具体管理制度，是在我国历史传承、文化传统、经济社会发展的基础上长期发展、渐进改善、内生性演化的结果。今天，我们要继续坚持和完善中国特色社会主义制度，必须增强政治定力，增强制度自信。习近平指出："我们要虚心学习借鉴人类社会创造的一切文明成果，但我们不能数典忘祖，不能照抄照搬别国的发展模式，也绝不会接受任何外国颐指气使的说教。"①

3. 中国特色社会主义制度已接受实践检验，具有其他制度难以比拟的制度优势

1987 年，邓小平曾明确指出："我们评价一个国家的政治体制、政治结构和政策是否正确，关键看三条：第一是看国家的政局是否稳定；第二是看能否增进人民的团结，改善人民的生活；第三是看生产力能否得到持续发展。"② 我们认为，这三条标准也可以作为衡量制度优势的标准。从历史与现实的比较中，我们可以清楚地看到：新中国成立以来，尤其是我国改革开放以来，中国经济社会发展之所以取得了举世瞩目的伟大成就，归

---

① 习近平：《在纪念毛泽东同志诞辰 120 周年座谈会上的讲话》，《人民日报》2013 年 12 月 27 日。

② 《邓小平文选》（第 3 卷），人民出版社 1993 年版，第 213 页。

结起来就是因为我们探索、确立并不断完善了中国特色社会主义制度。正是由于我们建立了这一制度，我们才在短短几十年时间内走完了西方发达国家几百年才走完的历史进程，才成功地应对了重大自然灾害和国际金融危机的冲击。

习近平指出："中国特色社会主义制度，坚持把根本政治制度、基本政治制度同基本经济制度以及各方面体制机制等具体制度有机结合起来，坚持把国家层面民主制度同基层民主制度有机结合起来，坚持把党的领导、人民当家作主、依法治国有机结合起来，符合我国国情，集中体现了中国特色社会主义的特点和优势，是中国发展进步的根本制度保障。"[①] 实践证明，中国特色社会主义制度体现了科学社会主义原则，符合中国社会主义初级阶段的基本国情，顺应了和平、发展、合作的时代潮流，体现了经济全球化、世界多极化的发展趋势，具有巨大的优越性和强大的生命力。

当然，我们也必须看到，虽然中国已经建立了社会主义的基本制度，为建立更加成熟、更加定型的社会制度奠定了良好的基础，但要继续治理好中国这样一个人口众多、尚处于发展中的大国，通过制度建设实现国家治理体系和治理能力的现代化，需要进行长时间的艰辛探索和艰苦努力。也正因为如此，习近平强调："今天，摆在我们面前的一项重大历史任务，就是推动中国特色社会主义制度更加成熟更加定型，为党和国家事业发展、为人民幸福安康、为社会和谐稳定、为国家长治久安提供一整套更完备、更稳定、更管用的制度体系。这项工程极为宏大，必须是全面的系统的改革和改进，是各领域改革和改进的联动和集成，在国家治理体系和治理能力现代化上形成总体效应、取得总体效果。"

三　坚持制度创新：不断推进我国社会主义制度的自我完善和发展

中国特色社会主义事业不断发展，中国特色社会主义制度也需要

---

① 习近平：《紧紧围绕坚持和发展中国特色社会主义学习宣传贯彻党的十八大精神——在十八届中共中央政治局第一次集体学习时的讲话》，人民出版社 2012 年版，第 5 页。

不断完善。1992年邓小平南方谈话中指出："恐怕再有三十年的时间，我们才会在各方面形成一整套更加成熟、更加定型的制度。"① 正是根据邓小平这一重要指示，二十多年来，我们党把制度建设放在了十分重要的位置，从十四大开始，党的历次代表大会都强调了制度建设，对制度建设作出了规划与设计。党的十八大强调："要始终把改革创新精神贯彻到治国理政各个环节，坚持社会主义市场经济的改革方向，坚持对外开放的基本国策，不断推进理论创新、制度创新、科技创新、文化创新以及其他各方面创新，不断推进我国社会主义制度自我完善和发展。"② 为了贯彻十八大精神，顺利完成邓小平提出的用30年时间使制度更加成熟、定型的历史任务，党的十八届三中全会在提出了全面深化改革总目标的同时，提出到2020年在重要领域和关键环节改革上取得决定性成果，完成本次会议提出的改革任务，形成系统完备、科学规范、运行有效的制度体系，使各方面制度更加成熟、更加定型。

1. 必须全面深化改革，把制度建设贯穿于改革的始终

习近平指出："改革开放是坚持和发展中国特色社会主义的必由之路，所以必须始终把改革创新精神贯彻到治国理政各个环节，不断推进我国社会主义制度自我完善和发展。""我们要坚持以实践基础上的理论创新推动制度创新，坚持和完善现有制度，从实际出发，及时制定一些新的制度，构建系统完备、科学规范、运行有效的制度体系，使各方面制度更加成熟更加定型，为夺取中国特色社会主义新胜利提供更加有效的制度保障。"③ 同时，习近平还强调："制度建设要可执行、可监督、可检查、可追究、可问责，还要体现法治思维、改革思维和系统思维。执行纪律、规章不能失之于宽、失之于软，使规章制度成为'稻草人'，要维护制度的严肃性和权威性，坚持制度面前人人平等，执行制度没有例外。"④ 要坚决维护制度的刚性约束力，坚决杜绝"破窗效应"，"制度一经形成，就要严格遵守，坚持制度面前人人

---

① 《邓小平文选》（第3卷），人民出版社1993年版，第372页。

② 胡锦涛：《坚定不移沿着中国特色社会主义道路前进　为全面建成小康社会而奋斗——在中国共产党第十八次全国代表大会上的报告》，人民出版社2012年版，第12页。

③ 习近平：《紧紧围绕坚持和发展中国特色社会主义学习宣传贯彻党的十八大精神——在十八届中共中央政治局第一次集体学习时的讲话》，人民出版社2012年版，第5页。

④ 《中共中央政治局常委到第一批党的群众路线教育实践活动联系点出席指导专题民主生活会》，《人民日报》2013年10月3日。

平等、执行制度没有例外"①。

2. 紧紧围绕使市场在资源配置中起决定性作用深化经济体制改革，坚持和完善基本经济制度

必须通过改革推动国有企业完善现代企业制度，增强公有制经济特别是国有经济发展活力；鼓励有条件的私营企业建立现代企业制度，不断增强经济发展微观基础的活力。必须深化财税体制改革，改进预算管理制度，完善税收制度，建立事权和支出责任相适应的制度等，加快建立现代财政制度。必须健全城乡发展一体化体制机制，整合城乡居民基本养老保险制度、基本医疗保险制度，推进城乡最低生活保障制度统筹发展。要毫不动摇坚持最严格的耕地保护制度和节约用地制度，在全面考虑土地问题复杂性的基础上，进行周密周全的制度和政策设计，统筹谋划好土地管理制度改革。

3. 紧紧围绕坚持党的领导、人民当家作主、依法治国有机统一深化政治体制改革，不断推进社会主义政治制度自我完善和发展

习近平强调，要坚持走中国特色社会主义政治发展道路，"我们要坚持党的领导、人民当家作主、依法治国有机统一，坚持人民主体地位，扩大人民民主，推进依法治国，坚持和完善人民代表大会制度的根本政治制度，中国共产党领导的多党合作和政治协商制度、民族区域自治制度以及基层群众自治制度等基本政治制度，建设服务政府、责任政府、法治政府、廉洁政府，充分调动人民积极性"②。高度重视法治中国的建设，"要以宪法为最高法律规范，继续完善以宪法为统帅的中国特色社会主义法律体系，把国家各项事业和各项工作纳入法制轨道，实行有法可依、有法必依、执法必严、违法必究，维护社会公平正义，实现国家和社会生活制度化、法制化"③。要深化司法体制改革，加快建设公正高效权威的社会主义司法制度，更好地促进社会公平正义。要积极推进协商民主广泛多层制度化发展，充分发挥我国社会主义政治制度优越性。

---

① 《习近平在党的群众路线教育实践活动工作会议上强调深入扎实开展党的群众路线教育实践活动为实现党的十八大目标任务提供坚强保证》，《人民日报》2013 年 6 月 19 日。

② 习近平：《在第十二届全国人民代表大会第一次会议上的讲话》，人民出版社 2013 年版，第 5 页。

③ 习近平：《恪守宪法原则弘扬宪法精神履行宪法使命　把全面贯彻实施宪法提高到一个新水平》，《人民日报》2012 年 12 月 5 日。

4. 紧紧围绕建设社会主义核心价值体系、社会主义文化强国深化文化体制改革，完善中国特色社会主义文化制度

习近平强调，要继续坚持走中国特色社会主义文化发展道路，深化文化体制改革，提高国家文化软实力。"要按照社会主义核心价值观的基本要求，健全各行各业规章制度，完善市民公约、乡规民约、学生守则等行为准则，使社会主义核心价值观成为人们日常工作生活的基本遵循。""要用法律来推动核心价值观建设。"① 要完善文化管理体制，建立健全现代文化市场体系，构建现代公共文化服务体系，提高文化开放水平。

5. 紧紧围绕保障和改善民生、促进社会公平正义深化社会体制改革，形成科学合理的社会管理制度

习近平强调，我们要继续加强社会建设，切实推进各项社会事业，加强和创新社会管理，使发展成果更多更公平地惠及全体人民，努力形成全体人民各尽其能、各得其所而又和谐相处的局面。习近平强调，要按照党的十八大提出的要求，"在全体人民共同奋斗、经济社会发展的基础上，加紧建设对保障社会公平正义具有重大作用的制度，逐步建立以权利公平、机会公平、规则公平为主要内容的社会公平保障体系，努力营造公平的社会环境，保证人民平等参与、平等发展权利"。

6. 紧紧围绕建设美丽中国深化生态文明体制改革，加快建立生态文明制度

习近平指出："只有实行最严格的制度、最严密的法治，才能为生态文明建设提供可靠保障。最重要的是要完善经济社会发展考核评价体系，把资源消耗、环境损害、生态效益等体现生态文明建设状况的指标纳入经济社会发展评价体系，使之成为推进生态文明建设的重要导向和约束。要建立责任追究制度，对那些不顾生态环境盲目决策、造成严重后果的人，必须追究其责任，而且应该终身追究。"②

7. 紧紧围绕提高科学执政、民主执政、依法执政水平深化党的建设制度改革

习近平提出，要建立健全党内制度体系，坚持实行民主集中制这一党

① 《习近平在中共中央政治局第十三次集体学习时强调把培育和弘扬社会主义核心价值观作为凝神聚气强基固本的基础工程》，《人民日报》2014 年 2 月 26 日。

② 《习近平在中共中央政治局第六次集体学习时强调坚持节约资源和保护环境基本国策努力走向社会主义生态文明新时代》，《人民日报》2013 年 5 月 25 日。

的根本组织制度和领导制度，"扎实推进党的工作和党的建设制度化、规范化、程序化"①。"要以法治思维和法治方法抓作风建设，实现作风建设制度化、规范化、常态化"②，"要继续全面加强惩治和预防腐败体系建设，加强反腐倡廉教育和廉政文化建设，健全权力运行制约和监督体系，加强反腐败国家立法，加强反腐倡廉党内法规制度建设，深化腐败问题多发领域和环节的改革，确保国家机关按照法定权限和程序行使权力。要加强对权力运行的制约和监督，把权力关进制度的笼子里，形成不敢腐的惩戒机制、不能腐的防范机制、不易腐的保障机制。"要"健全施政行为公开制度，保证领导干部做到位高不擅权、权重不谋私"③。

此外，习近平还就如何推进军队与国防制度化建设，如何推动国际秩序朝着更加公正合理的方向发展，为世界和平稳定提供制度保障等问题，提出了明确的要求，作出了具体的部署。

总之，党的十八大以来，习近平围绕如何完善和发展中国特色社会主义制度，如何推进国家治理体系和治理能力的现代化，发表了一系列重要讲话。这充分表明了以习近平为总书记的党中央对制度建设的高度重视，也展示了我们党治国理政的新思路。在习近平关于制度建设的一系列重要论述的指导下，我国明显加快了建章立制的步伐，涉及改革发展稳定、内政外交国防和治党治国治军方面的一系列法律法规相继颁布实施。我们相信，随着中国特色社会主义事业不断发展，随着我国制度建设的不断推进，我们的制度必将越来越成熟、越来越定型，我国社会主义制度的优越性必将进一步显现。

---

① 习近平：《认真学习党章严格遵守党章》，《人民日报》2012 年 11 月 20 日。
② 《中共中央政治局召开专门会议对照检查中央八项规定落实情况讨论研究深化改进作风举措》，《人民日报》2013 年 6 月 26 日。
③ 《习近平在十八届中央纪委二次全会上发表重要讲话强调更加科学有效地防治腐败坚定不移把反腐倡廉建设引向深入》，《人民日报》2013 年 1 月 23 日。

邓小平理论中的社会主义
制度自信思想述论

在党的事业中，探索社会主义制度是具有决定性意义的一项战略任务。制度是完成党的使命和实现党的领导的重要依赖，是运作执政权力和引领国家发展的基本支柱，同时也是不断推进社会主义建设的定力所在。邓小平的社会主义制度自信，具有深厚的思想积淀和丰富的实践基础，对新的历史条件下坚定不移地走中国特色社会主义道路有着重要的现实意义。

一　新时期邓小平对社会主义的思考

党的十五大确立了邓小平理论的指导思想地位，指出："邓小平理论坚持科学社会主义理论和实践的基本成果，抓住'什么是社会主义、怎样建设社会主义'这个根本问题，深刻揭示了社会主义的本质，把对社会主义的认识提高到新的水平。"[1] 这个论断突出了邓小平重新思考社会主义并实现创新发展的历史贡献。

1956 年党的八大后邓小平担任中共中央书记处书记，成为第一代党中央领导集体的核心成员，到 1978 年年底进入改革开放新时期的 22 年时间里，邓小平对中国社会主义建设经历的曲折有着极其深切的感受。他既作为领导人主持、参与了许多重大决策，经历了一系列历史事件和政治运动，又作为受害者被当作"走资本主义道路当权派"而受到个人政治命运的打击。社会主义建设曲折和个人命运坎坷组成的特殊阅历，成为邓小平

---

[1] 《十五大以来重要文献选编》（上），人民出版社 2000 年版，第 11 页。

重新思考社会主义的宝贵财富。

社会主义制度从理论变成实践始于俄国十月革命，苏联社会主义建设形成的模式成为国际共产主义运动的楷模，中国社会主义建设也照搬了苏联模式。应该肯定，社会主义制度在中国的建立，开辟了国家建设新阶段，在这个制度下中国社会发展取得的重大成绩和国家显示的显著进步，初步展现了社会主义的生命力。然而，一方面封闭条件下搞建设信息不灵、视野局限，缺乏发展坐标的比照，另一方面在长期"左"倾错误思想指导下，不间断的政治运动压制和破坏了生产力的发展。人们对充满阶级斗争色彩的社会主义建设逐渐产生疑惑，尤其是经历十年"文化大革命"劫难的折磨，中国被拖进了一条死胡同。历史的拐点与改革的愿望同时出现，党的十一届三中全会实现从"以阶级斗争为纲"到以经济建设为中心的转变，成为中国社会主义走自己建设道路的开端，也迎来了邓小平重新思考社会主义问题的契机。由反思实践曲折和错误的经验教训到找出"没有弄清楚"的症结，是邓小平重新认知社会主义的思维逻辑。1986 年 12月，他会见外国友人时回顾了中国搞建设经历的曲折，指出："因为有了那段经历，我们才有可能提出现行的一系列政策，特别是提出怎样建设社会主义的问题。要解决这个问题，就要弄清楚什么是社会主义以及社会主义的主要任务是什么"，"我们长期没有解决这个问题。总起来看，这主要就是不完全懂得社会主义。因此，我们提出的课题是：什么是社会主义和怎样建设社会主义。这个问题苏联也在研究，他们也没有解决"。① 他认为，虽然我们搞了几十年的社会主义，但"社会主义是什么，马克思主义是什么，过去我们并没有完全搞清楚"。② 这个话邓小平向党内外同志讲，对外国朋友也讲。邓小平说"没有弄清楚"，包含着两层意思：首先是马克思主义文本意义上的社会主义含义没有弄清楚，存在形而上学的片面性；其次是本国国情没有弄清楚，存在拘泥词句、照抄结论的教条主义。因此，世界各国社会主义建设普遍搞得不理想，出问题难以避免。

改革开放新时期，邓小平认知社会主义的思维逻辑有三个特征。第一是用排除的方法将不属于社会主义属性的东西剔除出去，如他指出，贫穷不是社会主义，封闭不是社会主义，发展太慢不是社会主义，两极分化不

① 《邓小平年谱》（下），中央文献出版社 2004 年版，第 1158 页。
② 《邓小平文选》（第 3 卷），人民出版社 1993 年版，第 137 页。

是社会主义，僵化不是社会主义，等等。第二是用肯定的方法将社会主义是什么确定下来，如他指出："在改革中，我们始终坚持两条根本原则，一是以社会主义公有制经济为主体，一是共同富裕。"① 强调四项基本原则也是对社会主义是什么的回答，最重要的是对社会主义本质作出了明确概括，使社会主义的鲜明特征得到充分显示。第三是用探索的方法将社会主义可以进行的尝试揭示出来，如他指出，计划和市场都是方法和手段，资本主义也有计划，社会主义也可以搞市场，认为多种经营方式、股市、开发区等都可以试验。邓小平始终抓住本质思考社会主义，既纠正了以往思想僵化的机械认识，又形成了别开生面的创新观点。

没有邓小平关于什么是社会主义、怎样建设社会主义问题的创新思维，就没有改革开放的起步。社会主义制度自信依靠创新思维的激发。在社会主义的重新思考中，邓小平形成了一系列新观点新结论，他提出的将发展与解放生产力相统一的思想、让一部分人一部分地区先富裕起来的非均衡发展思路、社会主义主体论观点、社会主义初级阶段理论、社会主义市场经济主张、社会主义本质概括等，从社会主义根本任务、建设道路、发展阶段、本质特征等角度，实现了对传统认知的重大突破，是对马克思主义具有时代意义的发展。

资本主义在历史进程中走在社会主义前面，当世界上第一个社会主义国家在苏联诞生时，资本主义实践在西方已经有了 270 年左右的时间。更加特殊的情况是，社会主义实践改变了马克思、恩格斯那个时代设想的发生逻辑，经济文化落后条件下生产力滞后的现实对社会主义建设造成严重的困难。从某种意义上说，无论是东欧国家、苏联还是中国，社会主义建设遭遇曲折乃至挫败，不仅是因为初始阶段的经验不足，而且也与这样的特殊情况有关。树立社会主义制度自信，需要冲破传统认知的束缚，实现理论和实践的创新。邓小平对社会主义的重新思考，为坚信社会主义打开了一扇明亮的窗户，富有创造性的思想给社会主义制度自信注入了新鲜的空气。

二　在改革开放创新实践中守护社会主义

1978 年年底党的十一届三中全会决定实施改革开放，这个果断的抉择

---

① 《邓小平文选》（第 3 卷），人民出版社 1993 年版，第 142 页。

成为决定中国命运的关键一招。作为全新的探索，改革开放的路究竟怎么走，是一个关系党、国家、民族命运和前途的根本问题。改革开放始终伴随着辨分旗帜、道路、方向的思想历程，邓小平以坚定不移的马克思主义立场对社会主义进行毫不含糊的守护，为高举旗帜、明确道路、坚持方向作出了显著的贡献。

第一，在反思社会主义建设传统模式中守护社会主义。改革开放要走一条新的路，必须从苏联模式的束缚下解放出来。邓小平对苏联模式进行了深刻的反思，有过很多的论述。文献资料表明，1956年后党中央领导人对苏联社会主义建设出现的一系列问题早就有了察觉，在向苏联学习的过程中也形成了"以苏为鉴"的意识。之所以深受影响而摆脱不了它的束缚，主要原因有两个：首先，对马克思主义的理解片面性和机械性，导致理论上没有真正弄清楚什么是社会主义、怎样建设社会主义；其次，虽然发现苏联社会主义建设发生了问题，但总是局限在政策、方法和措施层面的教训总结，而没有上升到体制模式层面加以深刻认识。改革开放后邓小平进行反思的一个重大突破，就是在体制模式层面揭示我国不能摆脱苏联影响的教训。如果说20世纪90年代后党中央领导人谈模式问题主要针对西方模式的话，那么，当时邓小平针对的则是苏联模式。邓小平认为，苏联模式即使从他们本国实践来看也不是完全适合的，别的国家照搬苏联模式就更行不通。他强调，社会主义建设没有千篇一律的模式，各国必须走适合本国国情的道路。由此可见，邓小平反思苏联模式，否定的是它不适合我国具体国情，而不是否定它的社会主义。强调这点很重要，这告诉我们，冲破苏联模式，不是要改旗易帜，改革开放绝不是要改掉社会主义制度，"中国是社会主义，要坚持这个道路"。① 从中可见邓小平对社会主义的守护。

第二，在国际共产主义运动跌入低谷时守护社会主义。观察中国改革开放实践中辨分旗帜、道路、方向的思想历程，有一个重要的背景值得重视，即社会主义实践从20世纪后半期进入了发展的曲折时期。首先是60年代中苏关系破裂，国际共产主义阵营发生思想和组织的分化；其次是80年代末90年代初发生东欧剧变和苏联解体，社会主义国家共产党执政失败的一系列事件使国际共产主义运动跌入低谷。西方掀起反社会主义的逆

---

① 《邓小平年谱》（下），中央文献出版社2004年版，第1005页。

流，一些人断言社会主义在 20 世纪诞生，也将在 20 世纪灭亡。日裔美国学者法兰西斯·福山发表《历史的终结》一文，认为苏联解体，东欧剧变，冷战的结束，标志着共产主义的终结，历史的发展只有一条路，即西方的市场经济和民主政治。在这样的背景下中国搞改革开放，面临着巨大的压力。邓小平指出："一些国家出现严重曲折，社会主义好像被削弱了，但人民经受锻炼，从中吸收教训，将促使社会主义向着更加健康的方向发展。因此，不要惊慌失措，不要认为马克思主义就消失了，就没用了，失败了。哪有这回事！"① "中国的社会主义事业不垮，世界的社会主义事业就垮不了"，"东欧、苏联的事件从反面教育了我们"，"永远丢不得祖宗，这个祖宗就是马克思主义"。② 面对国际共产主义运动跌入低谷和处于低迷的不利情势，邓小平头脑保持冷静，态度非常鲜明，语气十分坚定，捍卫了马克思主义的旗帜，对社会主义进行了毫不含糊的守护。

第三，在创新举措引起争议时守护社会主义。改革开放需要探索的勇气，一方面，探索没有百分之百成功的把握，失败的风险客观存在；另一方面，新的思路必然挑战传统，改变着人们的习惯思维。改革开放促使事物推陈出新，新情况新问题不断涌现，深刻的社会变化伴随着人们适应的过程。因此，每一项创新举措的出台，每一个变革动作的发生，都会出现一定程度的争议。如 1984 年党中央作出了经济体制改革的决定，引起各种看法。邓小平说，"因为改革是新事物，而我们的知识还不够，鼻子不通，信息不灵。这样的事情出现后，国内有人提出了疑问，更多的人是担心"，"但这也没有什么了不起"，关键是坚持走社会主义道路。③ 又如在搞私有制、个体经济和引进外资问题上，人们的认识分歧很大，邓小平指出："我们欢迎外商到中国投资，允许一些个体经济存在，不会影响走社会主义道路。"④ 再如让一部分人一部分地区先富裕起来的政策也有争议，邓小平解除人们的疑虑，强调目的是要实现共同富裕的社会主义本质，等等。这些充分说明了邓小平思想解放中对社会主义的守护，它既以创新思维解除了争议的疑惑，又以坚定原则捍卫了马克思主义的立场。

历史地看，中国选择社会主义从来就不是一帆风顺的。从它的思想传

---

① 《邓小平文选》（第 3 卷），人民出版社 1993 年版，第 383 页。
② 《邓小平年谱》（下），中央文献出版社 2004 年版，第 1332 页。
③ 同上书，第 1045 页。
④ 同上书，第 1076 页。

播到成为革命实践的一面旗帜，从新民主主义到社会主义的转变，从遭遇曲折到拨乱反正，从照搬苏联模式到探索自己的道路，争议伴随整个历史过程。邓小平自年轻时赴法留学至生命最后一刻，是始终参与这个历史过程的实践者，具有社会主义的坚定理念。改革开放新时期，他一再指出，"历史告诉我们，中国走资本主义道路不行，中国除了走社会主义道路没有别的路可走"①，"中国只能走社会主义道路"②，"我们不会容忍有的人反对社会主义"③。这个鲜明立场是邓小平守护社会主义的力量所在。

三　成熟和定型社会主义制度的预期

制度的成熟和定型需要经历一个长久的过程。中国特色社会主义制度成熟和定型于改革开放新时期，但其生长则伴随着我国社会主义建设实践的整个过程。认识中国特色社会主义制度的成熟和定型，不能割断历史，改革开放前后两个历史时期是社会主义制度生长"渐进改进"（习近平语）的统一。

中国社会主义制度正式确立于 1956 年，但其根基早就有了铺垫。以人民代表大会制度而言，毛泽东和党中央在新民主主义革命时期就明确它是体现人民当家作主的政权组织形式，而多党合作和政治协商制度实践于中华人民共和国筹建时期，民族区域自治制度也在 50 年代初基本成型。当生产资料所有制改造完成，公有制的实现使社会主义制度从经济基础上达到完整，由此开始的全面建设社会主义的历史过程，伴随着制度完善和发展的过程。

政治运作中，制度是一种体系性的架构，它由复杂的系统构成。党的十八大报告阐述中国特色社会主义制度，包括了人民代表大会制度的根本政治制度，中国共产党领导的多党合作和政治协商制度、民族区域自治制度以及基层群众自治制度等基本政治制度，中国特色社会主义法律体系，公有制为主体、多种所有制经济共同发展的基本经济制度，以及建立在这些制度基础上的经济体制、政治体制、文化体制、社会体制等各项具体制

---

① 《邓小平文选》（第 3 卷），人民出版社 1993 年版，第 206 页。
② 同上书，第 207 页。
③ 同上书，第 208 页。

度，可见制度具有属性规定、层次摆位、运作保障和执行机制等复合体征。作为体系性架构，制度需要在各种资源配置中不断地进行社会适应性的调试、纠偏、修补和整合。必须强调，这种社会适应性决定着制度的内生性规律，如习近平所说是"内生演化的结果"。它绝不可能靠植入外来制度替代内生制度来寻求社会适应性，任何搬用别国发展模式的主张都只能加剧适应社会的张力，导致破坏制度内生性规律的紊乱。

1957年毛泽东在《关于正确处理人民内部矛盾的问题》一文中形成了一个十分重要的思想，他指出：社会主义社会基本的矛盾与资本主义社会有本质的不同，社会主义制度一旦建立起来后，经济基础与上层建筑、生产力与生产关系的矛盾可以通过制度本身加以调节，不再是资本主义那种极端冲突、不可调和的对立关系了。"但是，它又还很不完善，这些不完善的方面和生产力的发展又是相矛盾的"，[①]"这就是说，我们的社会主义制度还需要有一个继续建立和巩固的过程"。[②] 这个思想的深刻之处在于揭示了社会主义建设实践必须谋求制度调整的任务。在中国，社会主义制度内生性规律发生于历史选择和人民选择的基础，验证于促进和发展生产力的现实，深深地扎根于中国这块土地上。但是，社会主义制度建立不能成为高枕无忧的资本，一成不变必然使制度僵硬而产生桎梏的负面功能。制度运作存在很多状况，它可能虚置空转，可能脱节失灵，可能执行不力，可能规范不够，可能操作失序，可能衔接不好，等等。总之，制度成熟既需要发展过程的时间打磨，又需要不断完善的实践努力。

邓小平从新时期一开始就把改革开放与中国特色社会主义道路联系在一起，希望通过不断探索使我国的制度更加成熟完善。从推动经济体制改革到社会主义市场经济体制的形成，从促进政治体制改革到社会主义民主政治的发展，从调整行政机构到政府职能的变化，邓小平的心里存有一个中国特色社会主义制度定型的预期。1982年3月，他曾指出："我们要不断研究新情况、解决新问题、寻找新办法、制定新制度，使整个国家的各种体制越来越完善，保证社会主义现代化建设能够顺利进行。"[③] 邓小平始终在考虑制度建设问题，强调制度具有全局性、根本性、长期性，主张党

① 《毛泽东文集》（第7卷），人民出版社1999年版，第215页。
② 同上书，第216页。
③ 《邓小平年谱》（下），中央文献出版社2004年版，第810页。

的领导和政府的作为都必须纳入法制的制度化轨道。从某种意义上说，改革开放的过程就是制度完善、体制创新的成熟过程，制度定型是改革开放的一个目标。邓小平的战略意识中对此有清晰的体现。1992 年在邓小平视察南方的谈话中说："恐怕再有三十年的时间，我们才会在各方面形成一整套更加成熟、更加定型的制度。在这个制度下的方针、政策，也将更加定型化。"① 这样的预期重要之处不是 30 年的时间框定，而是制度定型目标的战略预期，它构成邓小平对改革开放过程进行战略设计的重要内容。

四　社会主义制度自信与当代中国发展

2014 年 2 月 17 日，习近平在省部级主要领导干部学习贯彻十八届三中全会精神全面深化改革专题研讨班开班式的讲话中指出："没有坚定的制度自信就不可能有全面深化改革的勇气，同样，离开不断改革，制度自信也不可能彻底、不可能久远。我们全面深化改革，是要使中国特色社会主义制度更好；我们说坚定制度自信，不是要固步自封，而是要不断革除体制机制弊端，让我们的制度成熟而持久。"这段揭示社会主义制度自信与全面深化改革关系的论述告诉我们，自信不是盲目的，坚定自信需要全面深化改革中社会主义制度的进一步完善和成熟。

邓小平的社会主义制度自信为我们树立了榜样。他在不同的场合从多个方面反复强调社会主义制度的优越性，指出，"社会主义比资本主义优越不只是名词好听，而是生产力发展速度要超过资本主义"，② "我们是社会主义国家，社会主义应该是生产力发展比较快的制度"，③ "我们是社会主义国家，社会主义制度优越性的根本表现，就是能够允许社会生产力以旧社会所没有的速度迅速发展，使人民不断增长的物质文化生活需要能够逐步得到满足"。④ 他指出，中国虽然现在落后于西方，但决不能以此否定社会主义制度的优越性，"这不是社会主义制度造成的，从根本上说，是解放以前的历史造成的，是帝国主义和封建主义造成的。社会主义革命已

---

① 《邓小平文选》（第 3 卷），人民出版社 1993 年版，第 372 页。
② 《邓小平年谱》（下），中央文献出版社 2004 年版，第 876 页。
③ 同上书，第 981 页。
④ 《邓小平文选》（第 2 卷），人民出版社 1994 年版，第 128 页。

经使我国大大缩短了同发达资本主义国家在经济发展方面的差距"。① 他指出，"社会主义的经济是以公有制为基础的，生产是为了最大限度地满足人民的物质、文化需要，而不是为了剥削。由于社会主义制度的这些特点，我国人民能有共同的政治经济社会理想、共同的道德标准。以上这些，资本主义社会永远不可能有"。② 他指出，社会主义具有发展民主政治的制度优势，"在政治上创造比资本主义国家的民主更高更切实的民主，并且造就比这些国家更多更优秀的人才"，③ "民主集中制也是我们的优越性。这种制度更利于团结人民，比西方的民主好得多"。④ 他指出，"我们是社会主义制度，收入是全体劳动人民共享"，⑤ 因此可以最大限度地团结广大人民群众共同奋斗，"只要我们充分发挥社会主义制度的优越性，把力量统一地合理地组织起来，人数少，也可以比资本主义国家同等数量的人办更多的事，取得更大的成就"，⑥ "社会主义同资本主义比较，它的优越性就在于能够做到全国一盘棋，集中力量，保证重点"。⑦ 邓小平对一位美国作家说，"我相信，现在的制度如果搞得好，在某些方面加以适当改革，我们这个制度比你们那个制度做起事来要便利得多"；⑧ 他指出，"社会主义制度总比弱肉强食、损人利己的资本主义制度好得多。我们的制度将一天天完善起来，它将吸收我们可以从世界各国吸收的进步因素，成为世界上最好的制度"，"对社会主义丧失信心，认为社会主义不如资本主义，这种思想是完全错误的"。⑨ 以上这些论述展现了邓小平对社会主义制度充满自信，是全面深化改革中战胜各种困难的宝贵精神财富。

当代中国发展机遇与挑战并存。一方面，改革开放取得的巨大成就、积累的丰富经验、奠定的国力基础、形成的发展道路、开创的建设格局，为坚定社会主义制度自信提供了有利的条件；另一方面，深水区的暗礁、涉险滩的风险、啃硬骨头的艰巨、社会矛盾的复杂、资源瓶颈的困难、利

---

① 《邓小平文选》（第 2 卷），人民出版社 1994 年版，第 166—167 页。
② 同上书，第 167 页。
③ 同上书，第 322 页。
④ 《邓小平文选》（第 3 卷），人民出版社 1993 年版，第 257 页。
⑤ 《邓小平年谱》（上），中央文献出版社 2004 年版，第 633 页。
⑥ 《邓小平文选》（第 2 卷），人民出版社 1994 年版，第 52 页。
⑦ 《邓小平文选》（第 3 卷），人民出版社 1993 年版，第 16 页。
⑧ 《邓小平年谱》（上），中央文献出版社 2004 年版，第 438 页。
⑨ 《邓小平文选》（第 2 卷），人民出版社 1994 年版，第 337 页。

益固化的藩篱、体制机制上的痼疾，给增强社会主义制度自信带来了难解的纠结。2013 年 7 月 21—23 日习近平在湖北调研期间强调："应对当前我国发展面临的一系列矛盾和挑战，关键在于全面深化改革。"① 党的十八届三中全会以全面深化改革为主题，提出了"完善和发展中国特色社会主义制度，推进国家治理体系和治理能力现代化"的总目标，向党和人民发出了新的动员令。

现实告诉我们，当代中国社会的发展除了全面深化改革没有其他的路可以选择。必须指出，当代中国面临的诸多发展问题虽然是在改革开放过程中发生的，但绝不能认为是改革开放造成的。如果机械地将现实存在的收入差距扩大、腐败现象严重等问题归结为实施了改革开放，那完全是错误的。改革开放这一招决定了中国命运，如果不实施改革开放，中国将落到什么样的境地是不难想象的。改革开放过程中发生的是新问题，问题倒逼改革，改革推动发展，全面深化改革是进一步发展的内在要求。党中央强调，既不能走封闭僵化的老路，也绝不走改旗易帜的邪路，坚定不移地走中国特色社会主义道路，是全面深化改革的方向保证。全面深化改革需要定力，这个定力就是社会主义制度自信。

党的十八大要求全党坚定中国特色社会主义道路、理论、制度自信，这"三个自信"紧密联系在一起，相辅相成。中国特色社会主义制度在全面深化改革过程中完善和发展，改革在中国特色社会主义制度完善和发展过程中全面深化，"三个自信"缺一不可。"中国特色社会主义道路是实现途径，中国特色社会主义理论体系是行动指南，中国特色社会主义制度是根本保障，三者统一于中国特色社会主义伟大实践，这是党领导人民在建设社会主义长期实践中形成的最鲜明特色。"② "三个自信"的逻辑关系建立在道路、理论、制度的内在联系之中。道路是方向，理论是指导，制度是支撑，"对一个国家而言，道路选择和理论创新，都要靠制度来保障；道路自信和理论自信，也必然体现为制度自信"。③ 社会主义制度自信确立于历史，来自于现实，更要验证于将来。邓小平曾指出，证明社会主义优

---

① 《习近平在湖北考察改革发展工作》，《人民日报》2013 年 7 月 24 日。
② 胡锦涛：《坚定不移沿着中国特色社会主义道路前进　为全面建成小康社会而奋斗——在中国共产党第十八次全国代表大会上的报告》，2012 年 11 月 8 日。
③ 本报评论员：《走自己的路，坚定制度自信——三论学习贯彻习近平在省部级专题研讨班重要讲话》，《人民日报》2014 年 2 月 21 日。

越性，"要用两代人、三代人，甚至四代人来实现这个目标"，① 这就揭示了坚定社会主义制度自信的长期性。他还说："我们有自己的信念，我们希望永远保持社会主义制度，我们正在用这样的信念教育我们的后代。"② 新的历史条件下，中国改革开放迈上了新的征程，邓小平的社会主义制度自信留给我们的思想财富，是党领导人民攻坚克难，实现中华民族伟大复兴和社会主义现代化的强大精神力量。

---

① 《邓小平文选》（第3卷），人民出版社1993年版，第256页。
② 《邓小平年谱》（上），中央文献出版社2004年版，第567页。

从制度选择到制度自信:中国特色
社会主义制度的生成逻辑

王成礼

中国特色社会主义制度有两层基本含义:一是"社会主义制度",这是中国特色社会主义制度的本质属性,它是以科学社会主义基本原则为指导建立起来的制度,与我国历史上一切剥削制度和资本主义制度有着本质区别,主要表现为人民当家做主的社会主义民主政治制度、公有制和按劳分配为主体的社会主义经济制度;二是"中国特色制度",是指社会主义制度建立以来特别是改革开放以来,在党的领导下通过不断制度创新所逐步形成的符合中国国情、具有中国特色或"气派"的制度。"社会主义制度"与"中国特色制度"有机结合,印证着近代以来中国人民从制度选择到制度自信的艰难探索历程。

一 社会主义制度选择:契合中国
国情的制度设计与制度安排

一个国家如何进行制度选择、制度设计与制度安排,是由这个国家的性质、基本国情与历史文化传统决定的。什么样制度才能真正实现中华民族的独立与富强的"中国梦"。近代以来中国人民为之进行了不屈不挠的探索,中国特色社会主义制度凝聚着无数仁人志士为之奋斗的心血,是中国共产党创造性地将马克思主义基本理论与中国革命和建设实践相结合的产物,是历史的选择、人民的期盼。

1. 中国社会主义制度的合法性选择

1840 年的鸦片战争轰开了中国古老坚固的大门,迫使中华民族这个有着悠久历史文明的国度陷入备受欺凌的屈辱历史。选择新的制度替代落后的旧制度，实现中华民族的独立与富强就成为近代以来无数仁人志士探索和实践的主题。

要选择什么样的制度来替代旧中国半殖民地半封建的社会制度？一方面这种制度应具有强大的凝聚功能，能够广泛而有效地动员全社会的力量，迅速实现中华民族的独立与富强；另一方面这种制度应具有超强的包容性、融合力，不仅能兼容中国制度传统或制度惯性及吸纳世界各国的优秀制度文化精髓，而且能够防范各种外来不良因素的干扰，始终保持均衡的运行机制。

实际上，近代以来中国社会各阶级和阶层都在为这样的制度进行不断的设计与安排。1851 年洪秀全领导农民起义，建立"太平天国"，颁布《天朝田亩制度》《资政新篇》等施政纲领，在近代中国历史上最先提出了改造社会的基本方案，这种以农民阶级的理想社会替代封建制度的设计，最初曾经发挥过强大的号召力，但终因其带有浓厚宗教色彩的"天国梦想"而宣告破灭。此后，康有为、梁启超掀起的资产阶级改良运动和孙中山领导的资产阶级革命运动，都试图用资本主义制度来变革中国社会的旧制度，实现中华民族独立与富强的"中国梦"，但资本主义制度本质上对人民的蔑视，丧失了其号召民众反对封建制度的能力，终被国民所抛弃。

不管怎样，这三大救亡运动，在制度设计与制度安排上，都体现出各个阶级和阶层独特的个性和鲜明的时代特点，同时体现了历史发展的逻辑递进关系的共同特征——选择新制度改造旧制度，实现中华民族独立与富强。这些不断试错式的制度选择过程，尽管付出了沉重甚至是血的代价，但终归为后来无产阶级进行正确制度选择提供了宝贵的经验教训。

在 1917 年十月革命以前，近代中国制度的选择只有两种基本方式：一种选择是封建统治阶级所进行的诱致性制度变迁，在制度点滴改良的基础上保留封建社会的根本制度，如洋务运动、维新变法与清末"新政"等，这种方式显然不会从根本上改变近代旧中国半殖民地、半封建社会性质；另一种选择就是采取强制性制度选择，即通过革命手段，打碎旧的封建制度，建立崭新的制度，在当时最先进的制度设计当然是资本主义制度，中国资产阶级两次运动的失败，宣告了资本主义制度选择的破灭。此时的中国已经没有可供制度选择的余地，历史发展的必然性是由偶然性构成的。正当中国人民茫茫不知所从之时，北方的俄国爆发了震撼世界的十月革命，宣告人类历史新纪元的来临。十月革命特别是苏维埃社会主义制度的建立犹如黑暗中闪亮耀眼的灯光，给中国人民带来希望。"走俄国人的路——这就是结论"①，这是中国人民历经挫折和失败得出的正确结论。以李大钊为代表的先进知识分子开始学习、理解、领悟、传播马克思主义和社会主义学说，中国应当"走俄国的道路""建立社会主义国家"已成为当时中国知识分子的共同愿景。1921年中国共产党的成立，标志着中国共产党开始旗帜鲜明地把实现共产主义制度作为自己的奋斗目标。从此在这面旗帜下，凝聚着一大批中共党员及紧跟其后南征北战的成千上万的革命队伍，为实现中华民族的独立、社会主义制度的建立奠定了强大的阶级基础。

如何建立社会主义制度，毛泽东提出了"两步走"战略："第一步，改变这个殖民地、半殖民地、半封建的社会形态，使之变成一个独立的民主主义的社会。第二步，使革命向前发展，建立一个社会主义的社会。"②毛泽东指出了"两步走"战略之间的关系："民主主义革命是社会主义革命的必要准备，社会主义革命是民主主义革命的必然趋势。而一切共产主义者的最后目的，则是在于力争社会主义社会和共产主义社会的最后的完成。"③ 在这里毛泽东非常明确地指出了中国新民主主义革命的前途是社会主义。1949年中华人民共和国成立，宣告了新民主主义革命的结束，社会主义革命的开始。在这个过渡时期，社会主义因素与资本主义因素共存并较量，中华民族面临着社会主义制度与资本主义制度的两种选择，但中国共产党凭借强大的国家政权力量，进行新中国成立初期的镇压反革命、抗美援朝、"三反五反"运动、土地改革运动及1953年开始的社会主义三大改造，使社会主义因素不断地增长并逐渐成为主导性因素，社会主义制度建立已成为不可逆转的趋势。与此同时，苏联社会主义制度的成功经验及大力支持，使得社会主义制度在中国建立起来，"为当代中国一切发展进步奠定了根本政治前提和制度基础"④。

2. 社会主义制度的"自我完善"与"中国特色社会主义制度"的逐

---

① 《毛泽东选集》（第4卷），人民出版社1991年版，第1471页。
② 《毛泽东选集》（第2卷），人民出版社1991年版，第666页。
③ 同上书，第651—652页。
④ 胡锦涛：《高举中国特色社会主义伟大旗帜　为夺取全面建设小康社会新胜利而奋斗》，人民出版社2007年版，第6页。

步确立

中国共产党领导人民，在完成对社会主义"基本制度选择"之后，便开始了社会主义建设的艰难探索。毛泽东认为，中国可以而且应当找出一条有别于苏联、符合中国国情的社会主义建设道路。1956 年 4 月，毛泽东在中央政治局扩大会议上作出的《论十大关系》报告，成为社会主义建设探索的先声；1957 年 6 月，毛泽东发表了《关于正确处理人民内部矛盾问题》一文成为社会主义建设探索中的最新成果。在这些文章中，关于社会主义制度建设成为毛泽东关注的重要话题，尤其是他最先提出了社会主义制度"自我完善"理论。毛泽东从两个层面阐述了社会主义制度"自我完善"的思想：一是社会主义制度主要包括政治上的人民民主制度、经济上的生产资料全民所有制等基本制度，这些制度优于旧的制度，同资本主义制度也有着本质的区别，社会主义制度优越于旧社会制度的最深刻根源在于社会主义生产关系和上层建筑同生产力之间的基本适合，能够促进社会生产力发展，所以社会主义制度相比较而言是"完善"的制度。二是社会主义制度也存在"不完善"的方面，"这些不完善的方面和生产力的发展又是相矛盾的"①。因此，社会主义制度必然要经历从"不完善"到"完善"的过程，其根本目的在于发展社会主义生产力。实际上，毛泽东在这里讲的"完善"是指社会主义基本制度，"不完善"是指社会主义具体制度，即基本制度的运行体制或制度设计。非常遗憾的是毛泽东并没有完全区别"基本制度"与"具体制度"之间的关系，没有看到"具体制度"对"基本制度"的影响与反作用。不可否认社会主义基本制度具有强大的生命力与发展前途，"但如果这种基本制度借以实现的形式——各种具体体制和运行机制——违背社会主义基本制度的根本要求时，就会严重阻碍生产力的发展，这样社会主义制度的优越性就很难发挥出来"②。正因为如此，毛泽东没有明确区分两者之间的关系，在解决两种"制度"的方式上，采取"一刀切"，统一用阶级斗争的方式加以解决，结果阻滞了社会主义制度逐步完善的进程。

党的十一届三中全会以来，中国社会主义改革的总设计师邓小平提出了

---

① 《毛泽东著作选读》下册，人民出版社 1986 年版，第 768 页。

② 阎树群：《中国特色社会主义制度的理论探索》，陕西师范大学出版总社 2012 年版，第 39 页。

如何建设、巩固与发展社会主义的命题,并从制度创新入手逐步深化社会主义改革。在这个问题上,邓小平继承了毛泽东关于社会主义制度自我完善思想,在明确区分"基本制度"与"具体制度"基础上,提出了"改革是社会主义制度的自我完善"的科学命题。邓小平认为,"我们建立的社会主义制度是个好制度,必须支持"①,而"社会主义制度并不等于建设社会主义的具体做法"②。显然,这里所说的"制度"是社会主义基本制度,而"具体做法"则是指社会主义基本制度所规定的具体制度、体制或运行机制。也就是说社会主义制度改革的前提条件,必须坚持和巩固社会主义基本制度,绝不能改变社会主义制度的性质。但社会主义基本制度规定的具体制度、体制或运行机制,还存在着不完善的方面,需要通过"改革"的方式加以解决。这样,邓小平解决了"社会主义制度自我完善"命题中"坚持"与"完善"的关系,在此后三十多年的改革过程中,中国共产党始终坚持这一基本原则,并逐步确立了中国特色社会主义制度。

可以说,中国特色社会主义制度凝聚着无数仁人志士探索中华民族独立与富强的心血。正如胡锦涛同志在建党九十周年大会上所讲:"经过90年的奋斗、创造、积累,党和人民必须倍加珍惜、长期坚持、不断发展的成就是:开辟了中国特色社会主义道路,形成了中国特色社会主义理论体系,确立了中国特色社会主义制度。"③

二 中国特色社会主义制度使社会主义潜能得到充分释放,社会主义独特优势得到极大展现,社会主义表现出前所未有的制度自信

中国特色社会主义制度,一方面不同于传统社会主义国家的中央集权制④,尽管这种体制有极强的整合能力,但整合能力有余,竞争活力不够;另一方面也有别于当代资本主义"分权"与"制衡",因为这种制度竞争

---

① 《邓小平文选》(第3卷),人民出版社1994年版,第116页。

② 《邓小平文选》(第2卷),人民出版社1994年版,第250页。

③ 胡锦涛:《高举中国特色社会主义伟大旗帜 为夺取全面建设小康社会新胜利而奋斗》,人民出版社2007年版,第3页。

④ 我国的社会主义应以1978年党的十一届三中全会为界,划分为中国传统社会主义和中国现代社会主义两个阶段。其中中国现代社会主义阶段实际上就是通常所说的"中国特色社会主义"。

活力充分,但整合能力欠缺。中国特色社会主义制度立足于中国国情,在尊重客观规律及吸收人类文明优秀成果的基础上,通过不断制度创新,打破了传统社会主义制度禁锢与西方制度主导的神话,以其独特方式,使社会主义潜能得到充分的释放,社会主义优势得到极大展现。

1. 公平与效率的平衡优势

公平与效率是人类社会的两个最基本价值,如何使公平与效率得到均衡发展,促进社会的和谐与稳定,是社会主义的本质要求。改革以来,为实现公平与效率的均衡发展,党在不同时期,制度创新表现出不同的特点。在改革之初,针对贫穷落后的中国现状,制度创新是在效率优先、兼顾公平的价值引导下进行的,其目的是使中国人民迅速摆脱贫穷落后的现状。但邓小平并没有忘记公平与效率均衡发展的问题。邓小平关于社会主义本质即"解放生产力、发展生产力、消灭剥削、消除两极分化、最终达到共同富裕"的科学命题,就蕴含着社会主义公平与效率均衡发展的基本价值诉求:一方面,社会主义要解放和发展生产力,也就意味着提高生产效率;另一方面,在社会主义制度下,劳动人民摆脱了受剥削、受压迫的不公平地位,成为国家的主人,实现"共同富裕"是社会主义公平最集中的体现。随着改革的深入,针对公平与效率关系的失衡,江泽民同志强调:"兼顾效率与公平。运用包括市场在内的各种调节手段,既鼓励先进,促进效率,合理拉开收入差距,又防止两极分化,逐步实现共同富裕"[①];胡锦涛总结国内外经验,提出了科学发展观这一重大战略思想。在处理公平与效率问题上有了新的思路,提出"妥善处理效率和公平的关系,更加注重社会公平"的科学论断[②]。为了实现公平与效率的均衡发展,党中央与中国政府采取了一系列的政治、经济、文化、社会的制度设计与制度安排。尽管目前我国还存在着许多不公平、不公正的现象,相信只要我们进行不断的制度创新,就一定会实现公平与效率的均衡发展。

2. 发展与稳定的协调优势

发展优势,即中国特色社会主义制度完全契合中国国情,能够解放和发展生产力,推动整个社会的全面进步。"发展才是硬道理""发展是党执

---

① 《江泽民文选》(第1卷),人民出版社2006年版,第227页。

② 中共中央文献研究室:《十六大以来重要文献选编》(中),中央文献出版社2006年版,第602页。

政兴国的第一要务",社会主义首要任务就是解放和发展生产力,但怎样发展、如何发展生产力,不同的国家、不同的民族,所走的道路不同、采取的方式迥异。改革开放以来,中国共产党创造性地将社会主义与市场经济结合起来,逐步形成了具有中国特色社会主义市场经济体制,在此基础上,不断推进政治体制创新、文化体制创新与社会体制创新,使中国特色社会主义制度更加完善、更加充满生机与活力。在任何制度创新过程中,社会结构的变化必然导致不同群体利益的再调整或再分配,不同利益群体之间的矛盾也随之日益加剧,成为影响社会稳定的重要因素,最终阻滞社会的发展与进步。因此,正确处理发展与稳定的关系,一直是党中央在改革过程中确定的重大战略部署。在制定这个重大战略部署时,始终把制度设计与制度安排放在非常突出的位置,不仅谋划经济体制改革,而且统筹好经济体制改革和政治体制、文化体制、社会管理体制、教育体制改革的关系。这些措施既保证了中国社会经济的高速发展、综合国力大幅度提升、人民生活水平普遍提高,又保证了社会的长久稳定与和谐。

3. 凝聚与动员的整合优势

中国特色社会主义制度具有极强的凝聚能力。全国人民代表大会制度具有真正的人民性及广泛的代表性,能够凝聚全国各族人民的力量参加社会主义现代化建设,而基层民主自治制度又能让广大人民群众享有广泛地管理国家和社会事务的民主权利;中国共产党领导的多党合作制度和政治协商制度以及"长期共存、互相监督、肝胆相照、荣辱与共"方针的实行,能够凝聚各民主党派及无党派人士参政、议政的能力;民族区域自治制度和民族平等、民族团结与各民族共同繁荣方针政策的实行,建立了各民族之间共同发展的新型关系;公有制为主体多种所有制经济成分并存和按劳分配为主体多种要素分配方式并存的基本经济制度,成为凝聚力量的经济基础和物质保障;以马克思主义为指导思想的文化制度,具有指明方向、凝聚人心的力量。总之,中国特色社会主义制度能够有效地将全国各阶层、各党派、各民族的积极性、主动性及创新性凝聚起来共同为社会主义现代化建设服务。

动员力是一个国家凝聚力的表现,动员力要以凝聚力为基础,没有凝聚力,就没有动员力。动员力是一个国家和民族应对处理特殊事件的动员力量,是综合国力的体现,其中制度设计与制度安排的科学性及功能作用是非常重要的因素。实践证明,中国特色社会主义制度具有强大的动员力量和应对复杂多变的事件能力。

当然中国特色社会主义制度优势在许多方面得到了全面展示，胡锦涛在"五个有利于"中讲到了中国特色社会主义制度优势，即"有利于保持党和国家活力、调动广大人民群众和社会各方面的积极性、主动性、创造性，有利于解放和发展社会生产力、推动经济社会全面发展，有利于维护和促进社会公平正义、实现全体人民共同富裕，有利于集中力量办大事、有效应对前进道路上的各种风险挑战，有利于维护民族团结、社会稳定、国家统一"。这是新时期对中国特色社会主义制度优势的科学概括和经验总结，是中国特色社会主义制度自信的具体体现。

三　我国社会主义制度变革中，采取了政府主导型渐进式制度创新模式，既坚守了社会主义基本制度，又创新出符合中国国情、独具中国特色或中国"气派"的具体制度

马克思主义与新制度主义都认为，制度演进（新制度主义称为制度变迁）有两种基本形式：一是制度替代，即以新的制度全面取代旧的制度，是对旧制度的根本否定，其表现为强制性制度变迁。二是制度创新，这既不是对旧制度的简单抛弃，也不是对旧制度的全盘肯定，而是通过制度变革，在旧制度基础上发展成新制度。依此观点，在社会领域，制度演进同样有两种基本形式：一是社会制度替代，就是整个社会制度发生根本性改变，其特点是社会制度性质的彻底颠覆，统治阶层及其执掌政权的代表力量的完全更换。二是社会制度创新，是在维护既定统治阶层及其所代表群体利益的前提下进行社会制度变革，是社会制度的自我完善和发展。

我国社会主义制度演进只能是制度创新，绝不是制度替换。1956年我国社会主义制度的确立，是我国社会制度最伟大、最深刻的变革，是对旧中国半殖民地、半封建社会制度的根本否定。它代表了最广大人民群众的根本利益，能够大力发展社会生产力，是符合中国国情的制度设计与制度安排，是其他任何制度无法替代的。显然，我国社会主义制度演进主要是对不适应生产力发展要求的经济、政治、文化体制或运行机制进行变革。因此，我国的制度演进，只能通过制度创新来实现，即在坚持社会主义原

则的前提下进行制度创新。

根据制度创新的国际经验及学界的理论观点，制度创新有两种方式：一是依据制度创新主体划分，可分为政府主导型与市场主导型。政府主导型制度创新，是指制度创新的主体是政府，政府是制度创新的组织者、发动者、设计者、实施者，主要通过路线、方针、政策及法律措施来确定制度设计与制度安排的方向、方式、程序，向社会提供优质的制度产品。市场主导型制度创新，即制度创新的主体是市场，主要是在市场竞争及价值规律的作用下，引发制度变革与制度形成，政府在此基础上进行制度确认或制度安排，制度创新的主导力量是市场而不是政府。二是依据制度创新的速度上的快慢，可分为渐进式制度创新与激进式制度创新。渐进式制度创新，是指制度创新在速度上缓慢进行、在数量上持续量的积累过程，最终达到目标制度的完善与形成。激进式制度创新，又称制度创新"休克疗法"，是指制度创新在速度上迅速而果断的行动，一步到位的制度安排。

改革开放三十多年来，我国采取政府主导型渐进式的制度创新模式①，这种制度创新模式，在主体上是政府主导，在速度上缓慢进行，政府主导是渐进式的基础，渐进式是政府主导制度创新的运行方式，两者的有机结合，共同推动了中国特色社会主义制度的形成。

1. 政府主导型渐进式制度创新模式，保证了制度创新中的社会主义原则与制度生成

既然改革（或制度创新）是社会主义制度的自我完善，那么制度创新的首要条件就要坚定社会主义原则不动摇。因此，社会主义的领导力量即执政的中国共产党及其领导的政府必然要牢牢把握制度创新的领导权，根据制度创新意愿和能力来决定制度创新的内容和方向。新中国成立以来，中国共产党及其领导的政府不仅在政治力量的对比中处于绝对优势地位，

---

① 制度变迁"二元并存论"，参见林毅夫《关于制度变迁的经济学理论：诱致性变迁与强制性变迁》，载科斯、阿尔钦、诺斯《财产权利与制度变迁：产权学派与新制度学派译文集》，刘守英译，上海三联书店1994年版；制度变迁"三阶段论"，参见杨瑞龙《我国制度变迁方式转换的三阶段论：兼论地方政府的制度创新行为》，《经济研究》1998年第1期；《制度变迁"角色转换说"》，参见黄少安《制度变迁主体角色转换假说及其对中国制度变革的解释：兼评杨瑞龙的"中间扩散型假说"和"三阶段论"》，《经济研究》1999年第1期；《制度变迁"多元并存、渐进转换说"》，参见金祥荣《多种制度变迁方式并存和渐进转换的改革道路："温州模式"及浙江改革经验》，《浙江大学学报》（人文社会科学版）2000年第4期。这些学者尽管观点不同，但他们都认为我国制度变迁方式是政府主导型制度变迁。

在政府之外几乎没有力量和制度渠道使政府分权，并且它拥有较多的资源和权力，能够通过行政、经济、法律等各种手段约束整个社会主体的行为，政府强大的行政力量为制度创新扫清了障碍。无疑，政府主导型渐进式制度创新，是中国社会主义制度变革中的必然选择。

政府主导型渐进式制度创新是指政府主要通过路线、方针、政策、法律、法规及行政命令等手段确定制度创新的方向、原则、步骤、重点、难点。党的十三大确立"一个中心，两个基本点"基本路线，规范了中国制度创新的总体方向、原则和任务，在此基础上，进行制度创新的战略布局。我国的制度创新首先从经济体制入手，中央政府先后做出三次经济体制改革决定，即党的十二届三中全会的《中共中央关于经济体制改革的决定》、党的十四届三中全会的《关于建立社会主义市场经济若干问题的决定》与党的十六届三中全会的《中共中央关于完善社会主义市场经济体制若干问题的决定》。这三次经济体制改革的重大决定促成了中国特色社会主义市场经济的运行机制、公有制为主体多种所有制并存的经济制度、按劳分配为主体多种分配方式并存的分配制度。在政治制度创新上，从党的十四大开始对政治体制进行全方位、多层面的改革；党的十五大提出了依法治国的方略；党的十六届四中全会的《中共中央关于加强党的执政能力的决定》中提出了科学执政、民主执政、依法执政；党的十七大提出了推进社会主义民主政治制度化、规范化、程序化思路。在此基础上，中国特色社会主义的根本政治制度和基本政治制度进一步完善，以宪法为统帅的中国特色社会主义法律体系基本形成。在文化制度创新上，通过文化体制创新，引导经济体制与政治体制创新，党和中央政府确定了一系列文化体制创新的战略部署：党的十二届六中全会的《中共中央关于社会主义精神文明建设的指导方针的决定》、党的十四届六中全会的《中共中央关于加强社会主义精神文明建设若干问题的决议》、党的十五大关于社会主义文化建设的纲领性文件、党的十六大提出的文化体制改革的方向和目标、党的十六届六中全会提出的中国特色社会主义核心价值观、党的十七大提出的"文化内容形式、体制机制、传播手段创新"。这些创新形成了马克思主义意识形态指导地位的支撑力量，确立了中国制度创新的价值根基和精神支持。

2. 渐进式制度创新，是中国制度变革的战略选择，是推进中国特色社会主义制度生成的基本方式

早在改革之初，党中央就确立了中国改革要遵循在党的领导下，有计划、

有领导、积极而又稳妥地进行的原则。随着改革的不断深入，党中央又反复强调"要正确地处理好改革、发展和稳定三者之间的关系"，尤其强调"稳定是压倒一切"的改革理念。这些原则与理念成为中国渐进式制度创新的理论来源。具体表现在制度创新的内容及方向选择上，采取先易后难、先改增量后改存量、先体制外后体制内、先非国有部门后国有部门的改革次序和改革重点①。在制度创新的程序设计上，通过制度试验，在不断"试错"的过程中推动制度创新②。因为，制度创新主体或设计者的理性是有限的，都会遇到信息不足的难题，难以预见制度实施过程中的全部问题，所以制度创新结果具有不确定性，因此，中国的改革者在进行制度创新或制度安排之前，一般先在某些地区或部门进行制度试验，通过不断地"试错"、修正和调适，使制度趋于完善，然后推向全国。以制度试点作为制度变迁的重要环节，能够规避整体性制度变迁所面临的全面制度失败的风险，使制度变迁过程具有可控性和稳定性，也可以节约制度创新和实施的成本③。

政府主导型渐进式制度创新模式，既符合制度演进的一般规律，也完全适应中国的基本国情。但必须明确的是，政府主导型渐进式制度创新模式，绝不是一劳永逸、固定不变的，随着中国特色社会主义制度的形成，这一模式将会逐步被市场主导型制度创新模式所取代，但这要有个过程，不能操之过急。

四　坚定中国特色社会主义制度自信，绝不是制度自恋，甚至狂妄自大，需要在制度创新中不断丰富、完善和发展，最终推动中国特色社会主义制度的形成

中华民族伟大复兴及"中国梦"的实现，在很大程度上取决于对中国特色社会主义制度的自信。这种自信，一方面体现在中国特色社会主义制

---

① 参见樊纲《渐进与激进：制度变革的若干理论问题》，《经济学动态》1994 年第 9 期；林毅夫、蔡昉、李周《中国的奇迹：发展战略与经济改革》，上海人民出版社 1994 年版，第 246—255 页。

② 萧功秦：《从发展政治学看中国转型体制》，《浙江学刊》2005 年第 5 期。

③ 虞崇胜、叶长茂：《改革开放 30 年中国渐进式政治制度创新的基本特点》，《江汉论坛》2008 年第 11 期。

度本身的科学性、系统性、适应性所表现出来的强大生命力；另一方面体现在中国特色社会主义制度以人为本的价值理念所表现出来的深厚群众基础，得到最广大人民群众的认可和支持。但是制度的确立，并非意味着制度的成熟和定型，中国特色社会主义制度需要在实践中不断完善和发展。在这个问题上，笔者想表达三个观点。

1. 中国特色社会主义制度尚未定型

关于中国特色社会主义制度形成问题，1992 年，邓小平在南方谈话时就指出："恐怕再有三十年的时间，我们才会在各方面形成一整套更加成熟、更加定型的制度。"在同年党的十四大上，江泽民指出："再经过二十年的努力，到建党一百周年的时候，我们将在各方面形成一整套更加成熟更加定型的制度。"2008 年，胡锦涛在十七届中央政治局第三次集体学习时讲道："要着力推进经济、政治、文化、社会等领域各项改革成果的制度化，形成一整套同建设社会主义市场经济、社会主义民主政治、社会主义先进文化、社会主义和谐社会相适应的更加成熟、更加定型的制度，为建设富强民主文明和谐的社会主义现代化国家不断提供有效制度保障。"2012 年 12 月，中共中央总书记习近平在十八届中央政治局第一次集体学习时讲道："应该看到，中国特色社会主义制度是特色鲜明、富有效率的，但还不是尽善尽美、成熟定型的。"

根据中央领导人的谈话及中央文件精神，中国特色社会主义制度尚未成熟、尚未定型的理由有三：一是从时间上推算，邓小平提到的"三十年"，江泽民提出的"建党一百周年"，都是到 2020 年中国特色社会主义制度才能逐步"成熟、定型"；胡锦涛在党的十八大报告中提出了同样的时间表："我们要确保到二〇二〇年实现全面建成小康社会宏伟目标"，其中一个重要目标就是"依法治国基本方略全面落实，法治政府基本建成，司法公信力不断提高，人权得到切实尊重和保障"。十八大报告是第一次在党的报告中提出到 2020 年基本建成法治政府的时间表和路线图。二是从中央文献的文字表述上看，胡锦涛在纪念中国共产党成立 90 周年大会上提出的"中国特色社会主义制度确立"的表述中，用的是"确立"，而不是"建立"或"建成"。显然"确立"表达是的一种制度建设的"目标"与"方向"，而不是形成。三是从内容上看，中国特色社会主义制度体系尚不完善、制度化理念尚未形成、制度运行机制尚不完备，这些都表明中国特色社会主义制度还不成熟、不定型。

2. 中国模式尚未形成

近年来，"中国模式"已成为热门话题，有学者尤其是西方学者大谈"中国模式"，而另一些学者主要是中国学者怀疑甚至反对使用"中国模式"，认为"中国模式"反映部分国民安于既得利益、不愿改革，尤其不愿政治体制改革，其要害是维持现状，否定继续改革，离开"中国特色社会主义道路"谈"中国模式"，几乎必会掉进"左"倾极端主义陷阱①。笔者认为：第一，模式是客观存在的，大到民族国家，小到单位个体，都有自己的文化传统、价值观念、制度安排及运行方式，其中制度起着核心或决定性作用。因为，通过制度可以确定行为目标，通过制度规范权利义务，通过制度规制行为方式，通过制度整合价值观念，每个民族国家或单位个体都有自己的行为模式。第二，谈"中国模式"并非必然导致"否定继续改革"。实际上"中国模式"的内涵与外延随着社会主义改革的深入，也在不断变化之中，"固定的模式是没有，也不可能有"②，但不能因为"中国模式"处在不断变化之中，就断然否定其客观存在性。第三，"中国模式"尚未形成，因为中国特色社会主义制度在"中国模式"中起着核心和决定性作用，中国特色社会主义制度还不成熟、不定型，"中国模式"当然也未形成。具体地说，"中国模式"只有到2020年随着中国特色社会主义制度成熟与定型才能最终形成。

3. 政府主导型渐进式制度创新方式尚未转换

中国特色社会主义制度的确立，政府主导型渐进式制度创新无疑发挥了重要的作用，但因"统治者的偏好和有限理性、意识形态刚性、官僚政治、集团利益冲突和社会科学知识的局限性"③，政府主导型渐进式制度创新存在着自身无法克服的缺陷，如宏观制度创新的主体职能与权力集中于政府，立法机构将相关法律的立法权转接于政府，政府集决策、立法、执法于一身，必然导致政府权力过大、大量"寻租行为"与"黑幕交易"产生。克服政府主导型渐进式制度创新缺陷的最有效路径就是改变"主角"进行"角色"转换，即随着社会主义市场经济的成熟，政府主导型渐进式制度创新让位于市场主导型制度创新。但这种转换需要一个转换期，因为

---

① 童之伟：《"中国模式"之法学批判》，《法学》2012 年第 12 期。
② 《邓小平文选》（第 3 卷），人民出版社 1993 年版，第 292 页。
③ 科斯、阿尔钦、诺斯：《财产权利与制度变迁：产权学派与新制度学派译文集》，刘守英译，上海三联书店 1994 年版，第 179、381 页。

"主角"的转换要契合中国改革的进程或行进规律，政府主导型渐进式制度创新存在着缺陷，市场主导型制度创新也同样存在自身无法克服的缺陷，要进行平稳过渡，克服转换中的"障碍"，需要时日。再者，我国改革现在已经进入"深水区"，制度变革必然触动各方既得利益，遭到利益集团的阻碍，如果没有"壮士断腕"的决心，付出巨大的代价，改革很难继续进行，这更需要政府采取强制性制度供给，实现资源优化配置。所以，政府主导型渐进式制度创新仍然是目前我国改革的优选方式。

总之，中国特色社会主义制度是马克思主义中国化的产物，是制度创新的必然结果，制度选择、制度创新、制度自信的历史演进过程，显示出中国特色社会主义制度的科学性、适应性及强大生命力，我们要坚定中国特色社会主义制度自信，并将制度自信、理论自信与道路自信有机结合在一起，共同推动中华民族的伟大复兴和"中国梦"的最终实现。

邓小平与中国特色社会主义道路、理论体系和制度

雷 云

坚持中国特色社会主义，是在当代中国历史条件下我们党的基本理论和基本实践的永恒主题，也是全国各族人民的最大愿望和最高利益。而中国特色社会主义的主要开创者是邓小平，我们研究邓小平，解读邓小平，纪念邓小平，不能不首先紧紧把握邓小平与中国特色社会主义的关系这一核心问题。

一 邓小平与中国特色社会主义道路

党的十八大报告指出：道路关乎党的命脉，关乎国家前途、民族命运、人民幸福。其后习近平又指出："道路问题是关系党的事业兴衰成败第一位的问题，道路就是党的生命。"① 邓小平正是在新时期伊始面临中国往何处去的关键抉择的关键时刻，深刻思考和正确处理道路问题的第一人。

（一）勇敢提出"甚至于包括什么叫社会主义这个问题也要解放思想"

20 世纪七八十年代经过真理标准问题大讨论后，邓小平带领全党进行全面拨乱反正。他面对"文化大革命"掀起的极左思潮余波未平、毛泽东逝世后"两个凡是"新枷锁犹在、全党思想处于僵化半僵化状态、贯彻落实十一届三中全会路线障碍重重的严峻形势，一再强调首要的是大大解放

---

① 《习近平在新进中央委员会的委员、候补委员学习贯彻党的十八大精神研讨班开班式上的讲话》，《人民日报》2013 年 1 月 6 日。

思想，不然中国就没有希望。他深刻总结了新中国成立以来的历史经验，认为能否对社会主义进行正确理解是全部问题的症结所在，于是在 1980 年 4 月的一次谈话中指出：“不解放思想不行，甚至于包括什么叫社会主义这个问题也要解放思想。”① 邓小平敢于作出这一论断，表明他具有深邃的远见卓识，非凡的政治胆魄，巨大的理论勇气，科学的求实精神。

其实早在 70 年代中期，他在复出后实行全面整顿发表的大量讲话中，已蕴含了重新探索什么是社会主义的思想。粉碎“四人帮”后至十一届三中全会前夕，他就怎样完整准确理解毛泽东思想，怎样认识科技教育工作、知识分子作用和实行改革开放政策等问题发表的意见，进一步表达了这一思想。十一届三中全会后他的系列讲话，特别是关于加强民主法制建设、允许一部分人和一部分地区先富起来、社会主义也可以搞市场经济、生产力方面的革命是最根本的革命、社会主义首先要发展生产力等问题的论述，更是十分清楚地在重新解释什么是社会主义。尤为重要的是，他在 1980 年提出一个著名论点：“社会主义制度并不等于建设社会主义的具体做法。”② 1981 年十一届六中全会历史问题决议，据此把社会主义的基本制度与具体制度即各种体制区分开来，明确表述了既要坚持基本制度，又要革除体制弊端的改革思想，这是探索什么是社会主义迈出的重大一步。及至 1985 年 4 月，邓小平同外宾谈话时明确概括了“什么是社会主义，如何建设社会主义”这个主题，指出“我们的经验教训有许多条，最重要的一条，就是要搞清楚这个问题”③。所有这些，为开辟中国特色社会主义道路奠定了思想理论基础。

（二）反复强调实事求是、从实际出发走中国式发展道路

强调实事求是、从实际出发是邓小平在拨乱反正重新确立马克思主义思想路线之后的必然逻辑，体现了他作为“实事求是派”的思想特质和政治品格。

邓小平在 1979 年的《坚持四项基本原则》讲话中说：“过去搞民主革命，要适合中国情况，走毛泽东同志开辟的农村包围城市的道路。现在搞

---

① 《邓小平文选》（第 2 卷），人民出版社 1994 年版，第 312 页。
② 同上书，第 250 页。
③ 《邓小平文选》（第 3 卷），人民出版社 1993 年版，第 116 页。

建设，也要适合中国情况，走出一条中国式的现代化道路。"① 邓小平在总结新中国成立三十年来搞社会主义建设的经验时指出，第一，不要离开现实和超越阶段采取一些"左"的办法，这样是搞不成社会主义的。我们过去就是吃了"左"的亏。第二，不管你搞什么，一定要有利于发展生产力。在这里，他首次把过去的"左"归结为超越阶段，也就是不从实际出发，违反实事求是的原则；首次提出以生产力为标准的观点，把是否有利于发展生产力作为检验党的路线方针政策的客观依据，作为衡量是否真的搞了社会主义的主要尺度。这就直接为开辟中国特色社会主义道路提供了历史佐证和理论支撑。

（三）明确作出"走自己的道路，建设有中国特色的社会主义"重大论断

经过近四年的不断思想酝酿和实践探索，邓小平在 1982 年《中国共产党第十二次全国代表大会开幕词》中指出："把马克思主义的普遍真理同我国的具体实际结合起来，走自己的道路，建设有中国特色的社会主义，这就是我们总结长期历史经验得出的基本结论。"② 这一重大论断，把他多年来关于社会主义建设道路的思想发挥到极致，具有划时代的意义。"有中国特色的社会主义"一词本身就是了不起的重大创新，凝结着对历史经验的严肃反思，对形势潮流的科学判断，对中国何去何从的明智抉择。从此，建设有中国特色的社会主义，成为我国现代化建设和改革开放的总目标、总方向、总道路，即总的指导思想。

十二大以后邓小平又多次说过：什么叫社会主义？什么叫马克思主义？我们过去对这个问题的认识不是完全清醒的，没有完全搞清楚。但现在清醒和清楚了：马克思主义必须是同中国实际相结合的马克思主义，社会主义必须是切合中国实际的有中国特色的社会主义。他的大量著述，几乎都是围绕这个问题展开的。1985 年他在党的全国代表会议上说："我们已经开始找到了一条建设有中国特色的社会主义的路子。"③ 1987 年十三大宣布：我们党"开始找到一条建设有中国特色的社会主义的道路"，并

---

① 《邓小平文选》（第 2 卷），人民出版社 1994 年版，第 163 页。
② 《邓小平文选》（第 3 卷），人民出版社 1993 年版，第 3 页。
③ 同上书，第 142 页。

指出有中国特色的社会主义"是扎根于当代中国的科学社会主义","是指引我们事业前进的伟大旗帜"①。

二 邓小平与中国特色社会主义理论体系

邓小平与中国特色社会主义理论体系的关系,实质是邓小平理论与这一理论体系的关系。邓小平理论就是建设有中国特色社会主义的理论,是形成这一理论体系的前提和基础,并且是它的原创部分和核心内容。

(一)邓小平是建设有中国特色社会主义理论的创立者

邓小平理论是在和平与发展成为时代主题的历史条件下,在我国改革开放和社会主义现代化建设实践过程中,在总结国内国际社会主义兴衰成败经验教训基础上形成的。1981年十一届六中全会历史决议,把三中全会以来已逐步确立的一条适合我国国情的社会主义现代化建设的正确道路,概括为十个主要点,实际上是对邓小平理论勾画的初始形态和框架草图,为邓小平在十二大上正式提出"建设有中国特色的社会主义"重大命题作了有力铺垫。十三大从理论上对十一届三中全会以来九年间的实践经验作了系统总结,提出"建设有中国特色的社会主义理论"的概念,把它的要义概括为十二个观点,由此构成了这一理论的轮廓,意味着邓小平理论开始系统化或基本形成。十四大提出了"邓小平同志建设有中国特色社会主义的理论"新概念,把邓小平的名字与建设有中国特色社会主义的理论连在一起,并从九个方面概括了它的主要内容,特别是吸纳了邓小平南方谈话提出的关于社会主义本质、社会主义市场经济、"三个有利于"标准等最重要论断,从而使之更为完整、系统和严谨,标志着邓小平理论已成为一个科学思想体系。它第一次比较系统地初步回答了在中国这样经济文化落后的国家如何建设、巩固和发展社会主义的一系列重大问题,用新的思想、观点继承和发展了马克思主义。十五大进而把这一理论正式命名为"邓小平理论",开宗明义地宣布旗帜问题至关重要,坚持十一届三中全会以来的路线不动摇,就是高举邓小平理论的旗帜不动摇。

---

① 中共中央文献研究室:《十三大以来重要文献选编》(上),人民出版社1991年版,第55—56页。

简而言之，邓小平理论的真谛是首次初步系统地回答了"什么是社会主义、怎样建设社会主义"这个基本问题。十五大报告指出，它是马列主义同中国实际相结合过程中第二次飞跃的理论成果，是毛泽东思想的继承和发展，是当代中国的马克思主义，是马克思主义在中国发展的新阶段。

（二）中国特色社会主义理论体系是由邓小平理论、"三个代表"重要思想和科学发展观构成的统一体

邓小平理论不是教条而是行动的指南，它必将随着实践的向前发展而与时俱进。十五大报告指出，邓小平理论既是贯通各个领域、涵盖各个方面的比较完善的科学体系，又是需要从各方面进一步丰富发展的科学体系。"三个代表"重要思想创造性地回答了"建设什么样的党、怎样建设党"的基本问题，是在邓小平理论基础上对"什么是社会主义、怎样建设社会主义"这一基本问题的进一步回答，发展了邓小平理论。科学发展观，回答了"实现什么样的发展、怎样发展"的基本问题，实质也是在邓小平理论的基础上，对"什么是社会主义、怎样建设社会主义"这一基本问题的进一步回答，又充实丰富了邓小平理论。

邓小平理论、"三个代表"重要思想、科学发展观，是改革开放以来形成的前后相继、相互联系、相辅相成的三个理论成果，构成完整的统一体，十七大把它们统一起来合称为中国特色社会主义理论体系，指出它是马克思主义中国化的最新成果，是我们党必须长期坚持的指导思想。

（三）邓小平理论是中国特色社会主义理论体系的基础和核心

中国特色社会主义理论体系博大精深，内容丰富，最主要的有：一是关于思想路线的理论；二是关于社会主义初级阶段和党的基本路线的理论；三是关于社会主义的本质、任务和生产力标准、"三个有利于"标准的理论；四是关于改革开放和社会主义市场经济的理论；五是关于社会主义民主法治的理论；六是关于社会主义精神文明和核心价值体系的理论；七是关于社会主义和谐社会的理论；八是关于科学发展的理论；九是关于"一国两制"和外交战略的理论；十是关于执政党建设的理论。我们姑且称之为十大理论。

邓小平理论是中国特色社会主义理论体系的基础和核心。第一，这一体系是以回答"什么是社会主义、怎样建设社会主义"这个基本问题为主

旨和中心的，而正是邓小平理论，首次比较系统地初步作出了回答。"三个代表"重要思想和科学发展观，是我们党在持续实践探索中的重大理论创新，但邓小平理论具有原创性，说到底它们是在邓小平理论对这个基本问题初步回答基础上所作的进一步回答，都是对邓小平理论的继承和发展。由于改革是当代中国最鲜明的特色，与中国特色社会主义融为一体，在这些回答中自然包括从不同维度和不同程度上对何为改革、如何改革的回答。然而我们还要看到十八大后习近平系列重要讲话和十八届三中全会通过的《中共中央关于全面深化改革若干重大问题的决定》，在原有基础上形成了改革理论和政策的一系列新的重大突破，实际上已清晰地勾画出第四个基本问题，即"进行什么样的改革、怎样改革"，是继回答"什么是社会主义、怎样建设社会主义""建设什么样的党、怎样建设党""实现什么样的发展、怎样发展"三个基本问题之后，比较集中而系统地对这第四个基本问题的进一步回答。这一回答仍属于"什么是社会主义、怎样建设社会主义"的大范畴，同时具有在新的历史条件下深刻反映新的社会呼声、社会诉求、社会期盼和探索新的发展目标、发展途径、发展规律的新特点和新内涵，是科学指导中国式改革的新理论，是对邓小平理论的再次继承和发展，成为中国特色社会主义理论体系一个新的有机组成部分，使马克思主义中国化又进入一个新境界。第二，从理论内容上看，上述十大理论中的大部分是邓小平率先提出、阐发和予以系统化的，早已由十四大报告把它们列入"邓小平同志建设有中国特色社会主义的理论"主要内容之中。第三，"什么是社会主义、怎样建设社会主义"不仅是一个基本问题，更是一个总问题。举凡我们党在改革开放新时期、在整个社会主义初级阶段的一切理论和实践探索，都是围绕着这个问题来进行，服从和服务于回答这个总问题的，其总答案一言以蔽之就是搞中国特色社会主义。随着形势和条件的不断发展而实现的一切理论和实践创新，都是从不同层面、不同角度回答这个总问题的，都是对这个总问题的继续深入展开；也都是这个总答案的具体化，都是这个总答案的一部分。

三 邓小平与中国特色社会主义制度

中国特色社会主义制度，是由根本政治制度、基本政治制度、中国特色社会主义法律体系、基本经济制度，以及建立在根本和基本制度基础上的各项具体制度即体制所构成的一套相互衔接、相互联系的制度体系。其中有些早在 20 世纪 50 年代就确立了，本已具有中国特点，在改革开放时期不断完善，被赋予更多的中国特色；有些则是在改革开放以后，按中国特色社会主义总要求新建立起来的。这里仅就后者从经济和政治领域简要说明它们与邓小平的关系。

（一）邓小平指导推进了我国现阶段基本经济制度的确立

20 世纪 50 年代经过三大改造，形成社会主义公有制占 99% 的所有制结构，余下的 1% 的个人所有制主要是农民的小块自留地，其地位和作用之微小甚至可以忽略不计。正如邓小平所说："有些地方养三只鸭子就是社会主义，养五只鸭子就是资本主义，怪得很！"① 那是把"反对自发资本主义倾向""割资本主义尾巴""消灭资本主义残余"，当作两条道路斗争的一个重要内容，结果是生产力发展不起来，社会主义制度优越性难以发挥。70 年代末邓小平在深刻反思中重新认识什么是社会主义、什么是资本主义，确认利用资本主义建设社会主义、让个体经济有一席之地本是列宁主义的一个重要观点，是社会主义起始阶段的应有之义，作出了对内搞活对外开放的重大决策。

邓小平就这一决策发表了大量相关讲话，指出对内搞活就是改革，但改革也是开放，开放也是改革，改革开放是决定中国命运的关键。而所谓对内搞活，实质就是在坚持公有制为主体的前提下允许个私经济的存在和发展，还要搞一点"三资"企业。据此，我们党不断调整和完善所有制结构，使之符合现阶段的实际和发展生产力的要求。到 1997 年，十五大正式宣布"公有制为主体、多种所有制经济共同发展，是我国社会主义初级阶段的一项基本经济制度"，强调"这一制度的确立，是由社会主义性质和初级阶段国情决定的"，"一切符合'三个有利于'的所有制形式都可以而且应该用来为社会主义服务"②。这一基本经济制度，既根本区别于西方的私有化，也不同于苏联式和我国过去的单一公有制，具有鲜明的当代中国特色，它是在邓小平改革开放思想直接指导下确立起来的。

---

① 《邓小平年谱》（上），人民出版社 2004 年版，第 261 页。
② 中共中央文献研究室：《十五大以来重要文献选编》（上），人民出版社 2000 年版，第 20 页。

(二) 邓小平指导推进了我国社会主义市场经济体制的形成

经济改革的首要任务是确立符合中国实际的基本经济制度，关键是建立符合中国实际的经济体制。这两者是相互联系、相互制约的：经济制度决定经济体制的根本性质，经济体制是适应经济制度的必然要求。我国经济体制改革确定什么样的目标模式，是一个全局性的重大问题，其核心是正确处理计划与市场的关系。传统观念认为市场经济是资本主义特有的东西，计划经济是社会主义的基本特征之一，在这一观念支配下，我国过去在一个长时期内实行了计划经济体制。这种体制在新中国成立初期有其必然性、合理性和积极作用，但也日益暴露出过分集中、统得太死、缺乏活力、效率低下等严重弊端，是一种不利于生产力发展的僵化模式，于是十一届三中全会以后在逐步调整所有制结构的同时，改变原有经济体制的问题也被提上了议事日程，但受"姓社姓资"思维定式的束缚，犹豫徘徊，趑趄不前。1979 年 11 月邓小平有针对性地指出："说市场经济只存在于资本主义社会，只有资本主义的市场经济，这肯定是不正确的。社会主义为什么不可以搞市场经济，这个不能说是资本主义。"① 此后他又多次讲了类似观点。可是十多年过去了，"左"的干扰导致在这个问题上"姓氏"之争依然不断，举步维艰，以至于他在 1992 年春的南方谈话中再次斩钉截铁地指出："计划多一点还是市场多一点，不是社会主义与资本主义的本质区别。……计划和市场都是经济手段。"② 这一把计划和市场从社会制度基本属性中剥离出来当作经济手段使用的科学论断，使全党全国人民的思想再次获得大解放从而基本达成共识，同年 10 月的十四大报告终于明确宣布：我国经济体制改革的目标是建立社会主义市场经济体制。十四大以来直至 2013 年十八届三中全会，我们党一再重申"坚持社会主义市场经济改革方向"。

社会主义市场经济体制把社会主义基本制度与现代市场经济结合起来，既具有一般市场经济的共同性，又体现了中国市场经济的特殊性；既区别于高度集中的计划经济，又不同于自由放任的市场经济。建立这一经济体制，是马克思主义和社会主义发展史上的空前创举，其生命力已为我

① 《邓小平文选》（第 2 卷），人民出版社 1994 年版，第 236 页。
② 《邓小平文选》（第 3 卷），人民出版社 1993 年版，第 373 页。

国二十多年来全面改革开放、经济社会发展的巨大成就所证明。

（三）邓小平指导推进了我国民主的制度化法律化和各项政治体制的改革

早在十一届三中全会前夕的中央工作会议上，邓小平就针对"文化大革命"践踏民主、无法无天造成的严重恶果指出特别需要强调民主，而为了保障民主，必须加强法制，使民主制度化、法律化，使这种制度和法律不因领导人及其看法和注意力的改变而改变。现在的问题是法律很不完善，应该集中力量制定各种必要的法律，要做到有法可依，有法必依，执法必严，违法必究。他还说，国有国法，党要有党规党纪，否则国法就很难保障。1979 年他在《坚持四项基本原则》中进而作出"没有民主就没有社会主义，就没有社会主义的现代化"的著名论断，并说明中国人民所需要的只能是社会主义民主或称人民民主，而不是资产阶级的个人主义的民主。① 1980 年，他又作了《党和国家领导制度的改革》重要讲话，指出在党和国家现行的一些制度中，存在不少弊端，比如官僚主义、权力过分集中、家长制、干部领导职务终身制等现象；我们过去发生的各种错误，固然与某些领导人的思想、作风有关，但是组织制度、工作制度方面的问题更重要。制度问题更带有根本性、全局性、稳定性和长期性，关系到党和国家是否会改变颜色。随着经济体制改革的深入推进，他在 1986 年强调要改革政治体制，目标是三条：一是始终保持党和国家的活力，二是克服官僚主义提高工作效率，三是调动基层和人民的积极性。

邓小平这些精辟论述和重要论断，对党和国家推进政治体制改革，完善领导制度、组织制度、工作制度，创建一系列相关的符合我国国情、党情、社情、民情的民主政治制度、党的建设制度，构建中国特色社会主义法律体系，产生了极其深刻的影响，发挥了纲领性的指导作用。

结　语

综上所述，邓小平是中国特色社会主义道路的开辟者，中国特色社会主义理论体系的主创者，中国特色社会主义制度的推进者。中国特色社会

---

① 《邓小平文选》（第 2 卷），人民出版社 1994 年版，第 168、175 页。

主义事业与邓小平的名字分不开。今天，我们正在按照十八大提出的"两个一百年"宏伟目标努力奋斗，按照十八届三中全会的精神全面深化改革，中国特色社会主义建设进入一个新阶段，处在一个新的历史起点上。在这样的重要关头纪念邓小平，缅怀邓小平的丰功伟绩，最根本的是要在以习近平为总书记的党中央正确领导下，毫不动摇地继续高举中国特色社会主义旗帜，通过全面深化改革，坚持并进一步拓展中国特色社会主义道路，坚持并进一步丰富中国特色社会主义理论体系，坚持并进一步完善中国特色社会主义制度，把中国特色社会主义伟大事业不断推向前进。

中国特色社会主义的鲜明特质和世界意义

邓纯东

科学社会主义是马克思主义的重要组成部分。新中国成立后特别是改革开放以来，我们党紧紧依靠人民，把科学社会主义基本原则同我国实际和时代特征有机结合起来，开创和发展了中国特色社会主义。党的十八大以来，以习近平同志为总书记的党中央坚持和发展中国特色社会主义，进一步彰显了中国特色社会主义道路自信、理论自信、制度自信。在不断探索实践的过程中，中国特色社会主义日益体现出鲜明特质和世界意义。

中国特色社会主义道路的成功探索，丰富了发展中国家实现现代化的方式和路径

中国特色社会主义道路的成功探索，深刻改变了中国人民的面貌、社会主义中国的面貌、中国共产党的面貌，不仅使我国大踏步赶上时代进步潮流，而且丰富了发展中国家实现现代化的方式和路径。

道路关乎党的命脉，关乎国家前途、民族命运、人民幸福。党的十一届三中全会以来，我们党坚持科学社会主义基本原则，坚持解放思想、实事求是、与时俱进、求真务实，既不走封闭僵化的老路，也不走改旗易帜的邪路，而是走出一条具有中国特色的社会主义发展道路。这条道路，就是在中国共产党领导下，立足基本国情，以经济建设为中心，坚持四项基本原则，坚持改革开放，解放和发展社会生产力，建设社会主义市场经济、社会主义民主政治、社会主义先进文化、社会主义和谐社会、社会主义生态文明，促进人的全面发展，逐步实现全体人民共同富裕，建设富强民主文明和谐的社会主义现代化国家。中国特色社会主义道路是中国共产党和中国人民依靠自身智慧和力量走出来的，独立自主是其鲜明特征。正

如邓小平同志指出的："把马克思主义的普遍真理同我国的具体实际结合起来，走自己的道路，建设有中国特色的社会主义，这就是我们总结长期历史经验得出的基本结论。"我国用短短30多年时间走过了西方发达国家两三百年走过的现代化进程。取得如此巨大的发展成就，不能简单归因于集中爆发的"自然推动力"，也不能简单归因于复制他国模式或搭西方发达国家的"便车"，关键在于顺应时代潮流、坚持独立自主，走符合我国国情、具有中国特色的发展道路。近代以来，西方资本主义生产方式成为先进与发达的"化身"。西方的成功为人类文明发展做出贡献，同时使其自身表现出根深蒂固的文明优越感。少数发达资本主义国家总爱对一些发展中国家指手画脚，总觉得自己所走的道路才是唯一正确的道路。同时，历史的阴影和现实的困惑也一直在消磨着一些发展中国家的民族自尊心和民族自信心，使其存在对西方发展模式的"路径依赖"。近些年来，一些发展中国家盲目照抄照搬西方经验和模式，其结果不是"水土不服"，就是引发国内动荡，使自己陷入混乱局面。中国特色社会主义道路的成功探索，对这些因简单复制西方发展道路、发展模式而陷入"现代化困境"的发展中国家来说，无疑具有启示借鉴意义。

中国特色社会主义理论体系的坚持和发展，彰显了马克思主义在当代的强大生命力

中国特色社会主义理论体系是坚持和发展中国特色社会主义的科学指南。它是我们党运用马克思主义立场观点方法、在解决我国现实问题中形成和丰富发展起来的，彰显了马克思主义在当代的强大生命力。

改革开放以来，我们党面临的历史课题主要是建设什么样的社会主义、怎样建设社会主义，建设什么样的党、怎样建党，实现什么样的发展、怎样发展等。我们党在坚持把马克思主义基本原理同我国实际和时代特征相结合过程中，形成并丰富发展了中国特色社会主义理论体系。这一理论体系，是包括邓小平理论、"三个代表"重要思想、科学发展观在内的科学理论体系。党的十八大以来，以习近平同志为总书记的党中央坚持和发展中国特色社会主义，对实现中华民族伟大复兴的中国梦、全面深化改革开放、推动科学发展、推进社会主义民主政治建设和依法治国、宣传思想工作以及国际关系和我国外交战略、党的建设等提出了一系列新思

想、新观点、新论断，进一步丰富和发展了中国特色社会主义理论体系。

中国特色社会主义理论体系具有开放包容、与时俱进的鲜明特征。开放包容是马克思主义的科学特质，与时俱进是马克思主义的理论品格。马克思主义的形成和发展吸收借鉴了人类众多理论成果和实践经验，尤其是德国古典哲学、英国古典政治经济学和法国空想社会主义的合理成分。同时，马克思主义也随着时代变迁和实践探索而不断创新发展。邓小平理论、"三个代表"重要思想、科学发展观和习近平同志的一系列新思想、新观点、新论断是在改革开放不同时期、不同阶段实践中产生的，它们在理论主题、思想基础、政治理想、根本立场上一脉相承，同时又根据新的实践，借鉴各国治国理政有益经验，科学回答了我国面临的新课题，做出了各自独特的理论贡献，体现了开放包容、与时俱进的鲜明特征，彰显了马克思主义在当代的强大生命力。中国特色社会主义理论体系的形成和丰富发展，为当今世界各国克服意识形态的傲慢与偏见，吸收借鉴人类社会创造的一切文明成果，促进自身发展与交流、合作、共赢，提供了样板。

中国特色社会主义制度的比较优势，引发了西方的制度反思和改革呼吁

中国特色社会主义制度的形成、完善和发展，是在中国特色社会主义理论体系指导下进行的。在实践过程中，中国特色社会主义制度体现了社会主义优越性，同时引发西方的制度反思和改革呼吁。

新中国成立后，我们党团结带领人民建立起社会主义制度，为当代中国一切发展进步奠定了根本政治前提和制度基础。改革开放以来，我们党积极稳妥地推进社会主义制度的自我完善和发展，促进了中国特色社会主义制度的成熟和定型。中国特色社会主义制度，包括人民代表大会制度的根本政治制度，中国共产党领导的多党合作和政治协商制度、民族区域自治制度以及基层群众自治制度等基本政治制度，中国特色社会主义法律体系，公有制为主体、多种所有制经济共同发展的基本经济制度，以及建立在这些制度基础上的经济体制、政治体制、文化体制、社会体制等各项具体制度。中国特色社会主义制度既将马克思主义对社会主义制度的基本设想变为现实，又根据我国国情进行了实事求是的探索创新，体现了自身的智慧和比较优势。

中国特色社会主义制度的鲜明特征，主要表现在保证人民当家作主、协调国家机关高效运转、凝聚各族人民力量。人民当家作主，就是坚持人民民主，只有发扬充分的人民民主，才能保证决策的科学性，体现最大多数人的利益和需要，从而凝聚起最大多数人的力量；协调国家机关高效运转，就是坚持中国共产党领导的多党合作和政治协商制度，与最广大人民达成共识，达成最大公约数，保证国家政令畅通；凝聚各族人民力量，就是具有强大动员力量，能够全国一盘棋，集中力量办大事，充分调动广大人民群众的积极性，为大多数人谋利益。中国特色社会主义制度所呈现的民主和集中有机统一、高效运转、集中力量办大事等优势，引发了西方有识之士的制度反思和改革呼吁。美国《福布斯》杂志网站《领会来自中国的启示》一文写道，"或许我们可从中国人那里学习集体努力的力量：不同的个人和组织携手为一个共同目标努力，齐心协力致力于经济发展"。《纽约时报》专栏作家弗里德曼在文章中指出："当现实有需要的时候，中国领导人可以修订法律法规、制定新的标准，改进基础设施，促进国家的长期战略发展。这些议题在西方国家的讨论和执行，需要花几年甚至几十年的时间。"弗里德曼因此提出了"做一天中国"的呼吁。

林无静树，川无停流。实践发展没有终点，理论创新不会停顿。可以肯定，中国特色社会主义必将适应时代、实践和科学的发展，博采众长，不断向前，在造福中国的同时为世界做出更大贡献。

中国特色社会主义总布局：
"五大建设"

中国特色社会主义事业总体
布局演变的逻辑与意义

梁树发

党的十六大以来，在全面建设小康社会进程中，在科学发展观的指导下，党中央提出了中国特色社会主义事业总体布局的概念和理论，其中包含三位一体、四位一体的概念和理论。党的十八大又提出中国特色社会主义事业总体布局五位一体的概念和理论。这是我们党对中国特色社会主义理论体系的丰富和发展，它对中国特色社会主义实践具有直接的指导意义。如何理解中国特色社会主义事业总体布局，如何理解这个布局从三位一体到四位一体、五位一体发展的逻辑与意义，是理论工作者面临的重要课题。本文是对这个总体布局的初步理解。

一 总体布局的演变

第一，从二位一体到三位一体。在中国特色社会主义事业总体布局概念提出以前，没有总体布局这个概念，也没有关于这个布局的三位一体、四位一体的提法，更没有二位一体的提法。中国特色社会主义事业总体布局的三位一体，指的是经济建设、政治建设、文化建设的统一。所谓四位一体，是在经济建设、政治建设、文化建设之外增加了社会建设。它是经济建设、政治建设、文化建设、社会建设的统一。二位一体的提法至今还没有。所谓二位一体，是指经济与社会的协调发展，也是指物质文明与精神文明的统一。二位一体，不是作为确定的提法、概念被提出来的，也不具有一定时期的中国特色社会主义事业总体布局的意义，但它的确是我们党关于中国特色社会主义事业发展或中国社会主义现代化建设的总体思路。1982年9月1日，胡耀邦在党的十二大所作的政治报告中，曾经明确地把在建设高度物质文明的同时，努力建设高度的社会主义精神文明，作为"建设社会主义的一个战略方针问题"提出①。直到现在，这个战略方针也没有改变。三位一体虽然可以被看作二位一体的逻辑延伸，但是，这不能被看作"战略方针"转变为"总体布局"。"总体布局"始于三位一体。

三位一体概念同四位一体概念是同时出现的，也是与"中国特色社会主义事业总体布局"概念一同出现的。这三个概念同时出现在胡锦涛于2005年2月19日在省部级主要领导干部提高构建社会主义和谐社会能力专题研讨班上的讲话中，集中出现在以下论述中："随着我国经济社会的不断发展，中国特色社会主义事业的总体布局，更加明确地由社会主义经济建设、政治建设、文化建设三位一体发展为社会主义经济建设、政治建设、文化建设、社会建设四位一体。"但这并不表明三位一体的实践或事实只是从此时才开始，作为概念它与四位一体一同出现，而作为事实它比四位一体则要早。后者是对前者的发展。还应指出，作为中国特色社会主义经济、政治、文化三个方面协调发展的三位一体思想的形成，实际上早于作为中国特色社会主义事业总体布局的三位一体的认识。邓小平在党的十二大所作的开幕词中，正是从"党在经济、政治、文化等各方面的工作"的角度说明十一届三中全会以来我们恢复了正确的政策②。经济建设是个基本概念，比政治建设、文化建设概念出现得要早。改革开放前，例如在党的十一大的政治报告中，就已经出现经济建设概念③。文化建设概念最初的含义比较狭窄，不具有与经济建设、政治建设并列的那种全面意义。它是社会主义精神文明建设两个方面的内容之一。社会主义精神文明建设一方面是文化建设，另一方面是思想建设④，文化建设相对于思想建设而言。江泽民在党的十五大所作的政治报告中，提出了"什么是社会主义初级阶段有中国特色社会主义的经济、政治和文化，怎样建设这样的经济、政治和文化"的问题⑤，我们从中可以看到现在意义上的文化建设思想和其中蕴含的经济建设、政治建设、文化建设三位一体思想，但"经济

① 《中国共产党第十二次全国代表大会文件汇编》，人民出版社1982年版，第28页。
② 同上书，第2页。
③ 《中国共产党第十一次全国代表大会文件汇编》，人民出版社1977年版，第51页。
④ 《中国共产党第十二次全国代表大会文件汇编》，人民出版社1982年版，第32页。
⑤ 《中国共产党第十五次全国代表大会文件汇编》，人民出版社1997年版，第19页。

建设、政治建设、文化建设"这种特定表述形式还未出现。在党的十六大政治报告中，文化建设概念不仅已经出现，而且具有与经济建设、政治建设并列的、全面的和相对独立的意义。

政治建设概念比文化建设概念提出得要晚些。在1994年9月28日通过的《中共中央关于加强党的建设几个重大问题的决定》中首次见到"政治建设"的提法，但它是一个与思想建设、理论建设、组织建设、作风建设并列提到的从属于党的建设概念的一个具体概念，而不是构成三位一体或四位一体的那种具有广泛社会意义的政治建设。三位一体意义上的同经济建设、文化建设并列的政治建设，即经济建设、政治建设、文化建设三位一体的规范表述形式，据考察，最早见于中共中央2001年9月20日发布的《公民道德建设实施纲要》（以下简称《纲要》）。《纲要》指出："集体主义作为公民道德建设的原则，是社会主义经济、政治和文化建设的必然要求。"① 2002年11月8日，江泽民在党的十六大政治报告的第四、第五、第六部分分别谈了经济建设和经济体制改革、政治建设和政治体制改革、文化建设和文化体制改革②。经济建设、政治建设、文化建设概念前后相续，形成一种规范性的表述形式。2004年9月19日，党的十六届四中全会通过的《中共中央关于加强党的执政能力建设的决定》，则明确提出"把推进经济建设同推进政治建设、文化建设统一起来，促进社会全面进步和人的全面发展"③，表达了明确的三位一体思想。这里可以提出这样一个问题，即能不能说我们当初坚持二位一体的建设的总体思路，而没有提出三位一体的总体布局，是因为社会的政治方面的矛盾和问题还没有出现，从而决定了我们党还没有可能提出政治建设方面的任务？答案是否定的。在客观上，社会的政治方面的矛盾表现实际上同经济方面、思想文化方面的矛盾表现同样激烈，甚至更为激烈，因而政治建设的任务同经济建设的任务、文化建设的任务可以说同样迫切。所以，中央在改革开放之初就提出民主政治建设任务④，只是这个任务还没有与经济建设、精

---

① 《十五大以来重要文献选编》（下），人民出版社2003年版，第1984页。

② 江泽民：《全面建设小康社会开创中国特色社会主义事业新局面》，人民出版社2002年版，第21、31、38页。

③ 《中共中央关于加强党的执政能力建设的决定》，人民出版社2004年版，第10页。

④ 参见《中国共产党第十二次全国代表大会文件汇编》，人民出版社1982年版，第36—37页；《中国共产党第十三次全国代表大会文件汇编》，人民出版社1987年版，第35页。

神文明建设并列提出，没有与经济发展和社会全面发展并列提出。原因是思想方面的，即我们关于中国特色社会主义建设、中国社会主义现代化建设的总的思路还是二位一体的，在中国特色社会主义建设实践的指导上还没有形成明确的"总体布局"思想。

第二，从三位一体到四位一体。2005 年 2 月 19 日，胡锦涛在省部级主要领导干部提高构建社会主义和谐社会能力专题研讨班上的讲话，对社会主义社会建设理论的内容、意义和思想渊源作了系统阐述，指出我们党明确提出构建社会主义和谐社会，表明"随着我国经济社会的不断发展，中国特色社会主义事业的总体布局，更加明确地由社会主义经济建设、政治建设、文化建设三位一体发展为社会主义经济建设、政治建设、文化建设、社会建设四位一体"。这里，第一次出现中国特色社会主义事业总体布局概念和三位一体、四位一体概念。2006 年 10 月 11 日，党的十六届六中全会通过的《中共中央关于构建社会主义和谐社会若干重大问题的决定》，进一步强调"推动社会建设与经济建设、政治建设、文化建设协调发展"[1]。党的十七大号召全党和全国人民高举中国特色社会主义伟大旗帜，为夺取全面建设小康社会新胜利而奋斗。胡锦涛在政治报告中谈到了实现全面建设小康社会奋斗目标的新要求。他把经济建设、政治建设、文化建设、社会建设看作中国特色社会主义的"基本目标和基本政策构成的基本纲领"，并根据这个新要求对如何坚持中国特色社会主义经济建设、政治建设、文化建设、社会建设进行了专门阐述[2]。社会建设是个新概念，产生于经济建设、政治建设、文化建设之后。同上面关于对社会生活中政治方面的矛盾和问题，以及政治建设任务提出的意义的认识一样，这里还可提出：以上概念演变是不是说明关于经济、政治、文化生活之外的社会（狭义）生活中的矛盾和问题，一定是出现在经济的、政治的、文化的生活领域之外呢？实际的社会建设的任务产生于经济建设、政治建设、文化建设之后呢？回答也是否定的。在一定时期的社会生活领域的矛盾和问题发生的普遍性、深刻性和激烈程度可能不如经济、政治和思想文化领域，问题解决的要求不像经济、政治、文化领域来得那么迫切，但是，矛盾和

---

① 《中共中央关于构建社会主义和谐社会若干重大问题的决定》，人民出版社 2006 年版，第 5 页。

② 胡锦涛：《高举中国特色社会主义伟大旗帜　为夺取全面建设小康社会新胜利而奋斗》，人民出版社 2007 年版，第 19—20 页。

问题以及根据这个矛盾和问题提出的解决任务则是存在的。改革开放以来，我们党始终重视社会建设领域的问题，重视社会事业的发展。党的十二大明确提出："不断满足人民日益增长的物质文化需要是社会主义生产和建设的根本目的。'一要吃饭，二要建设'，是指导我国经济工作的一项基本原则。"① 1994 年 10 月，中央召开第一次全国社会发展工作会议②，1995 年 5 月，中共中央和国务院作出的关于加速科学技术进步的决定中，又特别谈到推动人口、资源、环境、医药卫生等重点社会发展领域的科技进步问题③。2000 年 5 月，中央还专门召开关于进一步完善社会保障体系的座谈会，时任国务院总理的朱镕基发表《加快完善社会保障体系建设，切实保证国家长治久安》的讲话。应该承认，中央提出以社会建设为新内容的四位一体总体布局思想，根据就在于在改革开放和社会发展的实践中，经济、政治、文化以外的社会生活领域的矛盾和问题大量涌现乃至激化，决定了党和政府在思想上、理论上和指导建设与发展的总体思路上，越来越关注社会生活领域，具有"政治、经济、社会、文化生活"④ 的全方位视野。

第三，从四位一体到五位一体。中国特色社会主义总体布局的五位一体的思想是党的十八大明确提出的。胡锦涛在党的十八大政治报告中指出："建设中国特色社会主义，总依据是社会主义初级阶段，总布局是五位一体，总任务是实现社会主义现代化和中华民族伟大复兴。"⑤ 五位一体指的是经济建设、政治建设、文化建设、社会建设、生态文明建设的统一。在原来四位一体的基础上，增加了生态文明建设。这个转换比从三位一体到四位一体的转换来得自然。这是因为，一方面解决了由三位一体发展为四位一体的思维转向（将在后面专门说明），另一方面是由于现实中生态环境问题凸显。这一转换与发展的结果，既强化了作为三位一体转换为四位一体的思想基础的现实性思维，也使中国特色社会主义事业总体布局更加完善。

① 《中国共产党第十二次全国代表大会文件汇编》，人民出版社 1982 年版，第 21 页。

② 《十四大以来重要文献选编》（中），人民出版社 1987 年版，第 997 页。

③ 同上书，第 1351 页。

④ 《十五大以来重要文献选编》（中），人民出版社 2001 年版，第 1229 页。

⑤ 胡锦涛：《坚定不移沿着中国特色社会主义道路前进　为全面建成小康社会而奋斗》，人民出版社 2012 年版，第 9、13 页。

二 关于几个问题的认识

第一，关于总体布局概念。"中国特色社会主义事业总体布局"这个概念有其合理性和实际价值。在这个概念提出之前，与"总体布局"含义相近的概念有"纲领""战略方针""总任务""战略部署""关系全局的主要任务""基本纲领"等。这些概念与总体布局概念比较起来，不是显得过于笼统，意义不够明确，就是显得意义过于狭窄（如"关系全局的主要任务"）。本文中用"总体思路"表达在"总体布局"概念形成之前与之相近的内容和意义，但也认为这个概念不够确定、具体，表达不出"总体布局"概念具有的确切含义。与上述"含义相近的概念"比较，"总体布局"的意义，主要不在于"总体"，而在于"布局"。中国特色社会主义事业当然是总体性的事业，这个事业如何开展，如何实现它的战略目标或"总任务"，不能停留于目标的设定和任务的提出，而要在目标的实现上下功夫，要有谋划、有布局。"布局"不仅更接近于目标实现的实践环节，而且它直接是目标实现的实际战略部署和行动步骤，因而含义更加明确、具体。现在，理论上有了中国特色社会主义事业五位一体"总布局"，并且与社会主义初级阶段这个"总依据"，与实现社会主义现代化和中华民族伟大复兴的"总任务"联系起来，一个完整的中国特色社会主义建设事业与发展的总体画面就形成了，中国特色社会主义理论体系也就更加充实和完善起来。

第二，关于三位一体的意义。经济建设、政治建设、文化建设三位一体的表述形式具有普遍性、一般性。它的现实基础是社会生活领域的三大基本现象或人的活动的三种基本形式，因而在理论上，经济、政治、文化被认为是社会结构的基本要素，其一定的关系构成一定的社会形态。经济、政治、文化概念，从功能上来说，对社会结构、社会形态的说明仍然是有效的，它们是社会结构、社会形态理论的基本概念。它们对于人的活动的说明也仍然是有效的，经济活动、政治活动、文化活动是人的基本社会活动。正因为如此，经济、政治、文化的三位一体思维一直是关于社会生活、社会结构、社会形态分析和实践观察的基本方法，以至于成为人们分析与观察社会的习惯性方法。但是，在生动的和变化着的现实生活面前，这种方法也在一定程度上限制了人们的认识和思维。就中国特色社会主义事业发展现实来说，三位一体仍然是基本的，但在变化了的现实和新的任务面前，它不再具有"总体布局"的意义。无论是作为事实，还是作为一种思维方法，它的被超越是必然的。

第三，三位一体发展为四位一体是思维方式的创新。四位一体的呈现，表明了我们关于总体布局的思维基础发生了转变。它是打破、超越关于社会观察的传统"社会结构"思维的结果。经济建设、政治建设、文化建设和社会建设的四位一体，是中国特色社会主义事业总体布局的结构，这种结构作为思维结果首先来自对实际社会生活过程的分析，而不是对社会结构的分析。作为思维行动的社会结构分析，太容易使人们陷入那种既定的惯常的三位一体分析模式，因而不可能发现处于经济、政治、文化之外的社会（狭义）生活领域，它的矛盾和问题，它的建设在总体的社会建设中的意义。而一旦人们不是首先从社会结构入手，而是从实际社会生活过程入手，在今天这样发展中的特定时期的社会情势下，就不可能不发现那以民生问题为核心的社会生活问题，发现社会建设的意义。社会建设概念和社会建设理论的思维创新意义，在于它打破了一种严格按照社会结构思维对现实社会生活过程的观察和描述，回到一种从社会生活实际出发观察社会生活的唯物辩证思维上来。它在坚持关于社会生活过程的经济、政治和文化内容的认识的同时，给予实际社会生活过程的其他方面以认识和概括性表达。社会建设概念、理论的直接意义在于，它对于经济、政治、文化以外的更加广泛和接近人民生活实际的领域给予关注，并为社会在这一领域的实践、生活提供可能的科学的指导。

第四，关于五位一体的意义。五位一体的思维基础仍然是四位一体的思维基础：既是现实的，又是动态的。其意义表现在以下两个方面：（1）我们的关注点，即我们的理论、发展战略和事业布局回到了人的活动的基础方面——自然。生态环境是我们生活、活动的自然基础，对经济、政治、文化和社会生活的一切方面具有广泛的和深刻的影响。生态环境出现问题，不仅制约我们的发展，而且威胁到我们的生存。人类社会的文明与进步不能以人的生存与生活环境的破坏为代价。生态文明建设概念，表达了一种历史—自然观，即把自然加入文明范畴，把自然与人、自然与社会统一起来，由人与自然的对立转到人与自然的和谐；这个概念还表达了这样一种转变，即从过去为了最大限度地从自然资源中获取效益而不惜以牺牲环境为代价的那样一种传统的破坏性态度，转变为一种不仅保护而且积极建设的实践辩证法和环境伦理。（2）它彰显了二位一体的关于发展的总体思路的意义，即社会与自然协调发展、物质文明与精神文明协调发展、经济与社会协调发展的科学发展观的意义。我们承认，从二位一体到三位一体、四位一体、五位一体的发展，是关于中国特色社会主义建设事业总体思路和总体布局认识的深化，是一种进步。但二位一体并不因此失去其意义。它是一种具有世界观高度的认识，具有本体论意义。在物质与精神的关系、自然与社会的关系、经济发展与社会发展的关系等根本问题上，我们当然要超越那种把物质与精神、自然与社会、经济发展与社会发展对立起来的旧唯物主义，坚持基于主体性充分发挥的实践的辩证的历史观。但是，五位一体总体布局的提出，特别是生态文明建设要求的提出，给予我们一次检讨那种忽视自然界的客观规律性、人的主体性过度发挥的历史—自然观或实践—自然观的机会。

第五，关于总体布局发展的实质。从三位一体到四位一体再到五位一体的发展，是中国特色社会主义建设总体布局由社会结构或社会生活的基本方面向更广泛的方面扩展的过程。包括教育、就业、分配、医疗卫生、社会保障和社会管理在内的社会建设及生态文明建设被纳入总体布局，同经济、政治、文化这些社会结构与生活的基本方面一样得到关注和投入，甚至在一定时期得到超出这些基本方面的特别的关注与投入，是贯彻落实科学发展观的结果。但是，这样一个发展、转变的过程和事实的实质是什么呢？就是社会全面发展问题，也是社会协调发展问题。两者是一致的。只有经济发展，而没有政治、文化发展，不是全面发展和协调发展；只有经济、政治、文化发展，而人民生活不能得到相应改善、提高，群众生活没有保证，社会不稳定，这既不是社会全面发展，也不是社会协调发展。如果经济发展了，生态环境却被破坏了，人民生活质量下降了，甚至人的生存受到自然环境恶化的威胁，那么经济发展的意义何在？所以，中国特色社会主义事业总体布局发展、转变的逻辑实质在于，以人的自由全面发展为最终目的的社会全面协调发展，亦即科学发展。

第六，总体布局的历史性、辩证性。中国特色社会主义事业总体布局，无论是它的三位一体，还是四位一体、五位一体，都有一个形成过程，都不是在一定时期突然出现的。每一形态的总体布局都有一个时间或长或短的形成过程。决定其形成的基本根据是社会生活过程的变化和实践的发展，思想根据是我们的观念和思维方式的变化。因此我们必须以历史的观点认识每一形态的总体布局。正是因为总体布局形成与发展的根据在于人的现实生活过程的变化和实践的发展，在于中国特色社会主义事业的发展，所以，我们也就不能把任何一个具体形态的总体布局看作最后的、不变的，看作一个封闭的体系，而应该把它们看作一个不断发展的开放体系。还有，关于总体布局中的经济建设、政治建设、文化建设、社会建设、生态文明建设之间的关系，我们应该如何理解？按照现有表述形式，它们是否依次是第一、第二、第三、第四、第五的关系？按照历史唯物主义基本原理，从经济到政治和文化的关系是一般的基本的关系。经济是基础，它决定一定的政治和文化。经济对社会（狭义）的关系，一般说来也是经济决定社会，经济建设是社会建设的基础。那么，经济对生态环境是否也具有像对政治、文化、社会一样的决定关系呢？不能这么简单地认为。经济与生态环境的关系，与其说经济决定生态环境，不如说是生态环境决定经济。但总的来说，它们不具有那种严格的决定论的关系。它们之间的关系是辩证的。谁决定谁是不确定的，实际的关系应该根据具体的历史条件而定。这实际上涉及现实生活中它们之间的关系状况，即人们在现实实践中对于经济、政治、文化、社会、生态之间的关系的处理。在现实生活中，它们的关系表现为某种辩证性。以经济建设为中心，是党的基本路线的规定，它的首要地位是不变的。在实际生活和实际工作中，政治建设、文化建设、社会建设、生态文明建设之间的关系，则要按照实际生活过程中社会矛盾运动的具体状况来理解和处理，而不能严格地按照它们之间的逻辑关系和它们被提出的时间先后来理解和处理。哪一方面的矛盾和问题是主要的，哪一个问题的解决就是首位的。当然，在一般情况下，它们中的每一个方面都是不可忽略的。就目前而言，笔者以为，在经济发展的前提下，解决以民生问题为核心的社会问题和生态环境问题是最迫切的，是应该放到除经济以外的优先地位的，这也正是中国特色社会主义事业总体布局由四位一体发展为五位一体的现实性、合理性所在。

参考文献

［1］《马克思恩格斯选集》第1、2卷，人民出版社1995年版。

［2］《列宁选集》第1卷，人民出版社1995年版。

［3］《江泽民文选》（第1卷），人民出版社2006年版。

［4］《中共中央关于加强党的执政能力建设的决定》，人民出版社

2004 年版。

[5]《中共中央关于构建社会主义和谐社会若干重大问题的决定》，人民出版社 2006 年版。

全面准确理解市场与政府的关系

刘国光　程恩富

　　党的十八届三中全会是在我国进入全面建成小康社会决定性阶段召开的一次十分重要的会议，对全面深化改革进行了全面部署，突出体现了改革的系统性、整体性、协同性，是全面深化改革的又一次总部署、总动员，具有里程碑意义，是新的历史起点上全面推进中国特色社会主义伟大事业的行动纲领。全会通过的《中共中央关于全面深化改革若干重大问题的决定》（以下简称《决定》）指出："经济体制改革是全面深化改革的重点，核心问题是处理好政府和市场的关系，使市场在资源配置中起决定性作用和更好发挥政府的作用。"[①] 对此，要进行全面准确理解。

一　如何理解"使市场在资源配置中起决定性作用"

　　党的十四大报告指出："我国经济体制改革的目标是建立社会主义市场经济体制"，并强调"我们要建立的社会主义市场经济体制，就是要使市场在社会主义国家宏观调控下对资源配置起基础性作用"。[②] 随后党的文献中一直强调市场在资源配置中起"基础性作用"，而《决定》将"基础性作用"改为"决定性作用"，强调"使市场在资源配置中起决定性作用和更好发挥政府的作用"，对于这一提法应当如何理解？

　　刘国光：《决定》说得不错："市场决定资源配置是市场经济的一般规律"，这也就是市场价值规律。但是社会主义经济决定资源配置的就不是市场价值规律，而是有计划按比例发展规律。马克思主义认为，在共同的

---

①　《中共中央关于全面深化改革若干重大问题的决定》，《人民日报》2013 年 11 月 16 日。
②　《十四大以来重要文献选编》（上），人民出版社 1996 年版，第 19 页。

社会生产中，国民经济要实行有计划按比例的发展。马克思说过："时间的节约，以及劳动时间在不同的生产部门之间有计划的分配，在共同生产的基础上仍然是首要的经济规律。这甚至在更加高得多的程度上成为规律。然而，这同用劳动时间计量交换价值（劳动或劳动产品）有本质[I—28] 区别。"① 这说明，劳动时间按比例在各生产部门之间的分配，和劳动时间在利用中的节约，是集体化经济的第一经济规律。劳动时间包括活劳动时间和物化劳动时间，意味着人力资源和物质资源，其意思就是有计划按比例地分配和节约资源，是社会化生产要遵循的首要经济规律。有计划按比例发展就是人们自觉安排的持续、稳定、协调发展，它不等同于传统的行政指令性的计划经济，更不是某些人贬称的"命令经济"。改革后，我们革除传统计划经济的弊病，适应社会主义初级阶段的国情，建立了社会主义市场经济体制，尊重市场价值规律，但是不能丢掉公有制下有计划按比例发展的经济规律。

在社会主义初级阶段，社会主义经济容纳市场经济，成为社会主义的市场经济，而不是什么纯粹的市场经济，或者其他性质的市场经济。这样的社会主义市场经济就不能只受一个市场价值规律的支配，而必须在市场价值规律起作用的同时，受"有计划按比例发展规律"的支配。所以，《决定》所说的"市场决定资源配置是市场经济的一般规律"，单就市场经济来说，是绝对正确的；下面接着说"健全社会主义市场经济体制必须遵循这条规律"，② 也是对的，但是说得不够完整，因为社会主义市场经济要遵守的不仅是市场价值规律，这不是社会主义市场经济唯一的规律。社会主义市场经济还要遵守有计划按比例发展规律。这就是在社会主义市场经济中，计划和市场、自觉的调节和自发的调节、"看得见的手"和"看不见的手"都要用的理论根据。

程恩富：2013 年，习近平在"两会"的讲话中强调"两个更"：更加尊重市场规律，更好发挥政府作用。在党的十八届三中全会上，他强调使市场在资源配置中起决定性作用和更好发挥政府作用，并明确指出："我国实行的是社会主义市场经济体制，我们仍然要坚持发挥我国社会主义制度的优越性、发挥党和政府的积极作用。市场在资源配置中起决定性作

---

① 《马克思恩格斯文集》（第8卷），人民出版社 2009 年版，第67页。
② 《中共中央关于全面深化改革若干重大问题的决定》，《人民日报》2013 年 11 月 16 日。

用，并不是起全部作用。"① 为了实现两个百年目标，我国的经济发展既要着眼于进一步激发改革活力，增强人民群众对于改革的参与性；也要着眼于进一步提高宏观调控水平，提高政府效率和效能。发挥"两个作用"，不仅直接关系到促发展、转方式、调结构（产能过剩）、稳速度、增效益，也直接关系到完全的竞争性市场机制能否真正解决高房价、高药价、乱涨价、低福利、贫富分化、就业困难、食药品安全、行贿受贿严重、劳资冲突频发、教育和城镇化的质量不高等民生领域的迫切问题。提出双重调节思想的重要意义在于，今后需要将市场决定性作用和更好发挥政府作用看作一个有机的整体。既要用市场调节的优良功能去抑制"国家调节失灵"，又要用国家调节的优良功能来纠正"市场调节失灵"，从而形成高效市场（强市场）和高效政府（强政府）的"双高"或"双强"格局。这样，既有利于发挥社会主义国家的良性调节功能，同时在顶层设计层面避免踏入新自由主义陷阱和金融经济危机风险。

二 如何理解"更好发挥政府的作用"

《决定》提出"使市场在资源配置中起决定性作用和更好发挥政府的作用"，并要求"健全宏观调控体系"。如何理解？

刘国光：社会主义市场经济的改革方向，本身就是经济和政治的统一。我们的改革是要建立"社会主义市场经济"，不是单纯的市场经济，而是"社会主义 + 或 × 市场经济"。"社会主义市场经济"是一个完整的概念，是不容割裂的有机统一体。党的十四大报告第一次提出社会主义市场经济的改革目标时，就明确在"市场经济"一词的前面加上一个前置词"社会主义"，还有一个前提条件，就是"在国家宏观调控下"，让市场在资源配置中发挥重要作用。资源配置有宏观、微观不同层次，还有许多不同领域的资源配置。在资源配置的微观层次，即多种资源在各个市场主体之间的配置，市场价值规律可以通过供求变动和竞争机制促进效率，发挥非常重要的作用，也可以说是"决定性"的作用。但是在资源配置的宏观层次，如供需总量的综合平衡、部门和地区的比例结构、自然资源和环境

① 习近平：《关于〈中共中央关于全面深化改革若干重大问题的决定〉的说明》，《人民日报》2013 年 11 月 16 日。

的保护、社会分配公平等方面，以及涉及国家社会安全、民生福利（住房、教育、医疗）等领域的资源配置，就不能完全依靠市场来调节，更不用说"决定"了。市场机制会在这些宏观领域存在很多缺陷和不足，需要国家干预、政府管理、计划调节来矫正、约束和补充市场的行为，用"看得见的手"来弥补"看不见的手"的缺陷。

邓小平在提出社会主义也可以搞市场经济的时候，从来没有否定计划，一再说计划和市场都是手段、都可以用。党的十四大报告中说到"市场在社会主义国家宏观调控下对资源配置起基础性作用"的时候，特别指出"国家计划是宏观调控的重要手段之一"。① 党的十四大召开前，当时江泽民就提醒我们："有计划的商品经济，就是有计划的市场经济。社会主义经济从一开始就是有计划的，这在人们的脑子里和认识上，一直是很清楚的，不会因为提法中不出现'有计划'三个字，就发生是不是取消了计划性的疑问。"② 这些都是肯定在社会主义市场经济体制下计划和市场两种资源配置的手段都要用。但是以后，由于新自由主义经济思想的影响，逐渐出现了突出市场、淡化计划的倾向。有人认为，我们现在搞市场化改革，"计划"不值得一提。"'十一五'计划"改成"'十一五'规划"，一字之差，就大作文章，欢呼离计划经济更远了，离市场经济更近了，"计划"好像成了一个禁区。但是，党的十七大报告还提出"发挥国家发展规划、计划、产业政策在宏观调控中的导向作用"。③ 十八届三中全会通过的《决定》在"使市场在资源配置中起决定性作用"的后面，跟着"更好发挥政府的作用"。虽然没有提"国家计划的导向"的字样，但保留了"健全以国家发展战略和规划为导向、以财政政策和货币政策为主要手段的宏观调控体系"，④ 其实也表达了"计划导向"的意思，只是回避了"计划"二字。这是颇值得玩味的。笔者以为，应当切实做到如《决定》所言的"宏观调控体系"，要"以国家发展战略和规划为导向"。

值得注意的是，习近平总书记在《关于〈中共中央关于全面深化改革若干重大问题的决定〉的说明》中指出："市场在资源配置中起决定性作

---

① 《十四大以来重要文献选编》（上），人民出版社 1996 年版，第 19 页。
② 《江泽民文选》（第 1 卷），人民出版社 2006 年版，第 202 页。
③ 胡锦涛：《高举中国特色社会主义伟大旗帜　为夺取全面建设小康社会新胜利而奋斗》，人民出版社 2007 年版，第 27 页。
④ 《中共中央关于全面深化改革若干重大问题的决定》，《人民日报》2013 年 11 月 16 日。

用，并不是起全部作用。"① 可见，市场的"决定性作用"是有限制的。根据这个精神，《决定》在提出市场的"决定性作用"的同时，也强调了政府和国家计划的作用。就是说政府和国家计划要在资源配置中起导向性作用。这样，市场与政府、市场与计划的"双重调节作用"的思想就凸显出来了。"双重调节作用"是程恩富最近对《决定》中有关市场与政府关系问题的一个提法，② 颇有道理。

那么，在资源配置的调节中，市场和政府或计划，怎么分工？笔者认为，可按照资源配置的微观层次和宏观层次划分市场与政府或计划的功能。市场在资源配置中起决定性作用，应该限制在微观层次。而政府职能如行政审批等的缩减，也主要在微观领域。至于宏观层次上的资源配置问题，政府要加强调控和管理，不能让市场这只"看不见的手"盲目操纵，自发"决定"。当然，对市场提供服务、实施监管、做"守夜人"的责任，政府责无旁贷。

程恩富：的确如此。早在 1991 年，我就提出构建"以市场调节为基础、以国家调节为主导"的新型调节机制。③ 当时我指出，市场调节的优势功能确立了它在社会主义经济调节体系中的基础性地位，同时其固有的功能欠缺又导致国家调节的必然出现；国家调节的良性功能确立了它在社会主义经济调节体系中的主导性地位。同时，其不可完全避免的功能弱点，又决定了必然要以市场调节为基础。从理论上搞清楚市场调节与国家调节结合的特性，目的在具体构造两者结合的状态时，防止调节系统的功能性错位，加强功能性互补；减少调节系统的负熵值，增强协同正效应；缩小调节系统的机制背反性，扩展机制一致性。

例如，关于住房问题，在几年前有一种错误的舆论只说住房商品化或市场化，而不提社会保障房。住房问题走向市场应该是市场的主体说了算。但作为市场主体重要部分的购买方或消费者，能说了算吗？如果开发商大都是私营企业主的话，实际上是私有的大开发商说了算。在国外是私人垄断资本家说了算。为什么新自由主义都说管得最少的政府是最好的政

① 习近平：《关于〈中共中央关于全面深化改革若干重大问题的决定〉的说明》，《人民日报》2013 年 11 月 16 日。

② 程恩富：《习近平的十大经济战略思想》（上），《人民论坛》2013 年第 12 期。

③ 程恩富：《构建"以市场调节为基础、以国家调节为主导"的新型调节机制》，《财经研究》1991 年第 5 期。

府呢？因为如果政府不管，就是垄断资本家来管。一般的消费者能管住房价和物价吗？那谁管？如果国有企业不管，国家政府不管，实际上是少数非公大企业及其投资者说了算。就像新自由主义渲染的"国家不要与民争利"一样，这个"民"是指私人、大私有者，难道真的还会是指广大劳动人民？就财富和收入分配来讲，如果国家不管，那当然主要是非公企业家说了算。

五六年前，珠三角地区出现民工荒，民工荒的实质是什么？有人说这说明中国劳动力总量供不应求，这个研判可能和事实不符。中国将近 14 亿人，劳动力总和相当于欧盟国家的总和，它们的 GDP 加起来比我国多得多，我国的劳动力总量难道会供不应求吗？事实上是珠三角地区农民工和一般职工的收入和福利长期得不到正常的增长，以及劳动时间较长和劳动环境不佳等因素造成的。在劳动强度大，劳动条件改进不大，而收入和福利增长不快的状况下，这些职工和某些技工就不愿意在珠三角地区工作，自然就出现了民工荒。当然，其他个别现象也有，像技术不配套、需要的技工找不到等，这些可以通过培训和教育来解决。所以，出现民工荒现象的主次原因要分清。而改变这个格局，就需要政府进行调节。

事实上，没有一个国家是没有宏观调控的，只是力度大小和方式不完全相同而已。作为一个发展中的社会主义大国，中国如果要想实现跨越式发展和发挥后发优势，国家调节的力度自然要比西方国家大一些。当然，国家应该在廉洁、廉价、民主、依法、高效的基础上加以调节。应该建立一个小而强的政府，机构人数是少的、小的，功能是强的，实现"强市场、强政府"的双强功能。其中，政府的很多决策必须经过民主程序，要广泛听取不同的意见。比如，华北地区的雾霾问题，就需要政府强有力的调节。2013 年 2 月，中国工程院院士石元春在《科技日报》上发表文章，用数据分析出关于北京等周边地区为什么会出现雾霾问题，明确指出雾霾问题的解决障碍就在于决策层，当时政府没有落实有关生物能源的立法，没有大力发展生物能源，而是继续大规模地生产和使用煤炭，加之汽车工业的大规模发展等因素，才导致如今非常严重的雾霾问题。这表明，并不是要不要国家调节，而是应该要什么样的国家调节。如果政府没有依法行政，又不发扬民主，不听取各种意见，政府的调控肯定会出现问题。因此，要具体情况具体分析，建立一个"以市场调节为基础、国家调节为主导"的双重功能性调节机制。

三 如何看待市场与政府关系的种种误读

有些学者在解读市场与政府的关系时，只提出更加尊重市场规律，要实行市场化改革，要建立竞争性市场机制和体制，而不提改进和加强宏观调控，不提要建立一个有国家调控体系的竞争性市场机制；有的学者虽然也提发挥政府的作用，但仅仅将政府的作用局限于"为市场主体服务、创造良好的环境"上面。我们如何看待这种现象？

刘国光：这涉及经济建设与意识形态工作的辩证关系。从经济建设与意识形态工作的辩证关系谈起。2013 年 8 月 19 日，习近平在全国宣传思想工作会议上指出："经济建设是党的中心工作，意识形态工作是党的一项极端重要的工作。"① 这句话高屋建瓴地阐释了经济建设与意识形态工作的辩证关系。简言之，经济建设工作为意识形态工作创造物质基础，只有经济建设这个中心工作做好了，意识形态工作才会有坚实的物质基础；反过来，意识形态工作做好了，可以为经济建设这个中心工作保驾护航，保证经济建设持续、快速、健康发展。

按照历史唯物主义基本原理，经济基础决定上层建筑，上层建筑是指建立在一定社会经济基础上的社会意识形态以及与它相适应的政治、法律制度和设施，而上层建筑也会反作用于经济基础。当然，这也包括意识形态会反作用于经济基础。

在阶级社会，包括在社会主义初级阶段，意识形态具有鲜明的阶级性。资本主义经济基础决定资本主义的意识形态，社会主义经济基础决定社会主义的意识形态。代表先进阶级利益的意识形态对社会的经济发展起促进作用，代表反动阶级利益的意识形态对社会的经济发展起阻碍作用。毛泽东曾指出："凡是要推翻一个政权，总要先造成舆论，总要先做意识形态方面的工作，革命的阶级是这样，反革命的阶级也会是这样。"② 龚自珍说过："灭人之国，必先去其史。"③ 苏联的解体就是鲜明

---

① 习近平：《胸怀大局把握大势着眼大事努力把宣传思想工作做得更好》，《人民日报》2013年 8 月 21 日。

② 《建国以来毛泽东文稿》（第 10 册），中央文献出版社 1996 年版，第 194 页。

③ 龚自珍：《古史钩沉论》，《龚自珍全集》，上海人民出版社 1975 年版，第 23 页。

的事例。当今一些丑化革命领袖、否定改革开放前30年、抹黑公有制经济和国有企业的言论，其终极意图在于颠覆共产党的领导、改变社会主义经济制度，是十分明显的。对此我们应当提高警惕，深刻认识到意识形态工作的重要性、长期性、复杂性，巩固马克思主义在意识形态领域的指导地位。

经济建设与意识形态工作不都是两种完全平行的领域，某些意识形态与经济工作有着密切的交叉关系。意识形态深入到经济工作之中，经济工作本身也蕴含着意识形态因素，如经济建设的指导思想本身就属于意识形态的范畴。

当前，在意识形态领域流行的错误思潮与观点中，西方宪政民主、普世价值、历史虚无主义、公民社会等，属于政治、文化、社会领域，与经济领域的关系不是直接的。而新自由主义则属于经济领域中的思潮，在各种思潮中居于很重要的地位。新自由主义经济理论的核心观点，如"经济人"假设、追逐私利的人性论、私有制永恒论、市场原教旨主义、政府职能最小化（"守夜人"）等，在我国经济界、理论界广泛传播，对我国经济改革和经济发展施加相当大的影响。可以说，当前我国经济领域存在着中国特色社会主义和新自由主义思想的斗争，这个斗争是经济领域中的意识形态斗争。这个斗争直接关系到经济建设的成败得失和中国特色社会主义的前途命运，关系到改革向何处去的问题，即是走完全自由化的市场经济道路，还是走中国特色的社会主义市场经济道路？对此，党的十八大明确作出了回答："既不走封闭僵化的老路、也不走改旗易帜的邪路。中国特色社会主义道路，中国特色社会主义理论体系，中国特色社会主义制度，是党和人民九十多年奋斗、创造、积累的根本成就，必须倍加珍惜、始终坚持、不断发展。"①

程恩富：新自由主义的经济模式，其理论和政策上主张经济的非调控化、私有、经济完全自由化、福利个人化，是国际大垄断资产阶级的一种经济意识形态。当前，新自由主义深陷危机之中，在世界上已经臭名昭著。但是，由于中国社会主义初级阶段的基本经济制度具有巨大优势，我

---

① 胡锦涛：《坚定不移沿着中国特色社会主义道路前进　为全面建成小康社会而奋斗》，人民出版社2012年版，第12页。

国受西方危机的影响还不是很严重，因而有不少人对于新自由主义的危害还认识得不够。他们在研究中国经济问题、改革问题的时候，总是把新自由主义的流派当作分析的框架来解决中国经济社会发展中的问题，于是，私有化、市场经济万能、反对宏观调控等主张蔓延开来。新自由主义对所有制等经济方面的改革造成思想混乱，中国经济领域中出现的某些问题，是与这种思潮的影响密切相关的。例如，有人公开大讲特讲，说中国的国家宏观调控太多，国有企业太多，要像美国那样才对。还说，国企不要与民企竞争，国有企业只是拾遗补阙的。这是垄断资产阶级典型的口号，这种观点所说的那个"民"不是人民，是私营业主和大资本家，尤其是大的垄断寡头。西方资产阶级执政党以及他们的理论家就持这样的观点。这些国家以私有制为主体，国有经济是为私有经济服务的。平时如果某个行业是亏损的，或者投资收益比较低，私人不能干，国家就去干。干了盈利了，再卖给私人。什么叫资产阶级政府？什么叫人民政府？在国企问题上就是最典型的区别。人民政府允许私有制部分发展，按照邓小平的讲法是为了巩固公有制，而资产阶级政府是为了巩固私有制才发展一点国有制，两者性质是根本不一样的。

以"市场决定作用论"为例，中国特色社会主义的"市场决定作用论"与中外新自由主义的"市场决定作用论"有着天壤之别。前者有下列五个特点：一是与国家宏观调控和微观规制并存；二是限于一般资源的短期配置，而非地下资源等特殊资源和一般资源的长期配置；三是文化、教育等某些非物质资源配置，只是引进适合本领域的市场机制，而非市场决定；四是公有制为主体、国有经济为主导，并体现在市场经济体系和市场活动中；五是在财富和收入分配领域由市场和政府各自发挥应有的调节作用，国民收入初次分配中市场作用大些，再分配中政府作用大些。这根本不是某些中外新自由主义的市场决定作用论者所说的中国仍在搞"半统制经济""权贵资本主义"和"国家资本主义"，也不是宣扬不要国家调控的竞争性市场机制的所谓"现代市场经济体制"，更不是搞市场原教旨主义和"唯市场化"改革，规避必要的政府宏观调控和微观规制。改革以来，在稀土、煤炭和住房等某些领域，其开放和国内外交易问题上，都曾经实行过不同程度的新自由主义的市场决定论政策，结果损国损民，近几年正在积极纠正。

四　如何看待海内外对中国政治经济形势的评价

现在海内外对中国政治经济形势有一种流行的说法，叫"经右政左"，即经济上更加趋于自由化、市场化，放开更多管制领域；同时政治上更加趋于威权化，高举马克思列宁主义、毛泽东思想的旗帜，收紧对意识形态的控制。我们应当如何看待海内外对中国政治经济形势的评价？

刘国光："经右政左"的论调，似乎认为我国在经济领域上偏"右"，而在政治和意识形态领域偏左。好像左右双方对此都有议论，角度不同，好恶各异。

姑且不论"经右政左"说法的是非，从理论上讲，这是一对矛盾的概念。按照历史唯物主义的基本原理，政治、意识形态与上层建筑是由经济基础决定的。如果上层建筑与经济基础的方向一致，就可以巩固经济基础；如果上层建筑与经济基础偏离，那么就会使经济基础发生变异，原来的上层建筑也会有坍塌之虞。

"经右政左"的风险，可能会导致社会分裂，所以这种局面难以长久持续。社会主义经济如果长期受到西方新自由主义经济思想的侵蚀，使自由化、私有化倾向不断上升，计划化、公有经济为主体的倾向不断下降，社会主义经济基础最终就要变质，变成与社会主义意识形态和上层建筑不相容的东西。而随着私有经济的发展，资产阶级力量壮大，其思想影响也扩大，迟早他们会提出分权甚至掌权的要求，那时即使在政治思想上坚持科学社会主义，恐怕终究难以为继。这是由经济基础决定上层建筑决定的，不以人的意志为转移。

改革开放以来，我们逐步建立社会主义市场经济体制。按照党的十八届三中全会的说法，政治上"必须高举中国特色社会主义伟大旗帜，以马克思列宁主义、毛泽东思想、邓小平理论、'三个代表'重要思想、科学发展观为指导"，[①] 在经济上"坚持社会主义市场经济改革方向"。[②] 这就是说，政治上要高举马克思列宁主义、毛泽东思想、邓小平理论、"三个代表"重要思想、科学发展观；经济上既要"市场经济"，又要"社会主

① 《中共中央关于全面深化改革若干重大问题的决定》，《人民日报》2013 年 11 月 16 日。
② 同上。

义"。政治上、经济上两边都摆正了，这就与所谓的"经右政左"的说法划清了界限。

我们必须以马克思主义的理论观点，而不能以哈耶克之流的自由主义观点来理解社会主义市场经济中市场与政府、市场与计划的关系，这样我们就能掌握好中国改革航船的舵盘，驶向实现中国梦的美好未来。

邓小平社会主义市场经济理论的丰富内涵及重大贡献

魏礼群

邓小平作为伟大的马克思主义者、中国社会主义改革开放和现代化建设的总设计师，以巨大的政治智慧和理论勇气，创立了中国特色社会主义理论，在这一科学理论体系的宝库中，社会主义市场经济理论是极具创新意义、极具重大作用的重要部分。重温邓小平同志创立的社会主义市场经济理论的丰富内涵，回顾我国实行社会主义市场经济改革取得的巨大成就，对于在新的历史条件下更好地推进全面深化改革、发展中国特色社会主义事业，有着极为重要的现实意义和深远意义。

一 邓小平社会主义市场经济理论的丰富内涵

邓小平关于社会主义市场经济的理论，是对马克思主义基本原理的丰富和发展，为马克思主义理论宝库增添了崭新的内容。这一重大理论围绕着市场作用、计划与市场、社会主义与市场经济的关系等社会主义现代化建设中一系列重要问题，形成了诸多相互联系的重大思想和观点，构成了系统完备、内涵丰富的理论体系，其基本内容包括以下方面：

（一）社会主义可以实行市场经济

长期以来，传统观念认为，市场经济是资本主义特有的经济形式，计划经济是社会主义的基本特征。邓小平突破传统的观念和模式，早在1979年11月26日，他在会见美国大不列颠百科全书出版公司编委会副主席吉布尔和加拿大麦吉尔大学东亚研究所主席林达光等人时说："说市场经济只存在于资本主义社会，只有资本主义的市场经济，这肯定是不正确的。

社会主义为什么不可以搞市场经济，这个不能说是资本主义。"① 这是邓小平对社会主义也可以搞市场经济的最早论述。尽管当时还是讲计划经济为主，但毕竟把市场经济同社会主义联系了起来，肯定了市场经济在社会主义制度下存在的必要性，这对于理论探索和改革进程起到了极为重要的推动作用。

1992 年年初，邓小平在南方谈话时，明确而系统地表达了他长期以来形成的对计划经济和市场经济的看法，指出："计划多一点还是市场多一点，不是社会主义与资本主义的本质区别。计划经济不等于社会主义，资本主义也有计划，市场经济不等于资本主义，社会主义也有市场。计划和市场都是经济手段。"② "不要以为，一说计划经济就是社会主义，一说市场经济就是资本主义。"③ 这个精辟论断，从根本上解除了把计划经济和市场经济看作属于社会基本制度范畴的思想束缚，从而为我们党决定实行社会主义市场经济，奠定了思想和理论基础。

（二）计划和市场都得要，并做到有机结合

1982 年，邓小平指出："社会主义同资本主义比较，它的优越性就在于能做到全国一盘棋，集中力量，保证重点。缺点在于市场运用得不好，经济搞得不活。计划和市场的关系问题如何解决？解决得好，对经济的发展就很有利，解决不好，就会糟。"④ 他后来又提道："实际工作中，在调整时期，我们可以加强或者多一点计划性，而在另一个时候多一点市场调节，搞得更灵活一些。"⑤ 在实行社会主义市场经济中，计划与市场两种手段相结合的范围、程度和形式，在不同时期、不同领域和不同地区可以有所不同。1985 年 10 月，邓小平在会见美国高级企业家代表团、回答美国时代公司总编辑格隆瓦尔德的提问时指出："多年的实践证明，在某种意义上说，只搞计划经济会束缚生产力的发展，把计划经济和市场经济结合起来，就能解放生产力，加速经济发展。"⑥ 在邓小平看来，计划和市场对

① 《邓小平文选》（第 2 卷），人民出版社 1994 年版，第 236 页。
② 《邓小平文选》（第 3 卷），人民出版社 1993 年版，第 373 页。
③ 同上书，第 367 页。
④ 中共中央文献研究室：《邓小平思想年谱》，中央文献出版社 1998 年版，第 223 页。
⑤ 《邓小平文选》（第 3 卷），人民出版社 1993 年版，第 306 页。
⑥ 同上书，第 148 页。

经济活动的调节各具优势，又各有不足。两种手段的有机结合，可以做到优势互补，扬长避短。1990 年 12 月，邓小平在一次谈话中又强调："社会主义也有市场经济，资本主义也有计划控制。……不要以为搞点市场经济就是资本主义道路，没有那么回事。计划和市场都得要。"① 社会主义市场经济，既可以发挥市场配置资源有效的重要作用，又可以发挥计划宏观调控导向的重要作用，应当把计划和市场有机地结合起来。

（三）实行社会主义市场经济体制

传统的社会主义经济体制是以高度集中的计划经济为特征的，党的十二届三中全会通过的《中共中央关于经济体制改革的决定》，突破了把社会主义和商品经济对立起来的传统观念，第一次肯定了社会主义经济是商品经济。这个决定受到了邓小平的高度评价，认为是写出了一部马克思主义基本原理和中国社会主义实践相结合的政治经济学。1992 年年初，邓小平在南方谈话中进一步阐述社会主义也可以实行市场经济的思想。党的十四大召开前夕，在研究确立一个什么样的经济体制改革目标时，邓小平明确表示赞成使用"社会主义市场经济体制"这个提法。② 根据这一意见，党的十四大明确提出，我国经济体制改革的目标是建立社会主义市场经济体制，十四届三中全会又通过了《中共中央关于建立社会主义市场经济体制若干问题的决定》（以下简称《决定》），这个《决定》成为我国实行社会主义市场经济体制改革的重要行动纲领。

（四）正确处理市场作用和宏观调控的关系

实行社会主义市场经济，要发挥市场作用的长处，也要防止市场作用的弱点和消极方面，同时要发挥宏观调控的作用。邓小平认为，"不搞市场，连世界上的信息都不知道，是自甘落后"。要使我国经济富有活力和效率，必须充分发挥市场机制的作用。邓小平强调，实行社会主义市场经济也要有计划控制，加强宏观管理。"中央要有权威。""宏观管理要体现在中央说话能够算数。"不能搞"你有政策我有对策"，"中央定了措施，各地方、各部门就要坚决执行，不但要迅速，而且要很有力"。邓小平还

---

① 《邓小平文选》（第 3 卷），人民出版社 1993 年版，第 364 页。
② 中共中央文献研究室：《邓小平年谱（1975—1997 年）》（下），中央文献出版社 2004 年版，第 1347 页。

多次指出，要适应新的形势，采用新的办法加强宏观管理。他说："我们讲中央权威，宏观控制，深化综合改革，都是在这样的新的条件下提出来的。过去我们是穷管，现在不同了，是走向小康社会的宏观管理。不能再搬用过去困难时期那些办法了。现在中央说话，中央行使权力，是在大的问题上，在方向问题上。"① 这些都清楚地表明，邓小平把充分发挥市场机制作用和加强宏观调控都作为社会主义市场经济的基本要求，二者缺一不可，绝不能把它们割裂开来，甚至对立起来。

以上可以看出，邓小平关于社会主义市场经济的理论是一个完整的科学体系，这些深刻论述为建立和完善社会主义市场经济体制、建设和发展中国特色社会主义事业奠定了重大理论基础。近 20 年来，随着改革开放和现代化事业的不断发展，邓小平社会主义市场经济理论也在伟大的实践中不断得到丰富和发展。

二 邓小平社会主义市场经济理论的主要依据

邓小平关于社会主义市场经济的理论，是对马克思列宁主义、毛泽东思想的继承和发展，是着眼于建设中国特色社会主义、立足于当代中国实际、总结国内外经验教训的重大成果。

（一）邓小平社会主义市场经济理论是深刻认识中国基本国情的重大成果

邓小平早在 1979 年就指出：要使中国实现现代化，至少有两个重要特点是必须看到的：一个是底子薄，一个是人口多，耕地少。1980 年 4 月，他又强调："中国是一个大国，又是一个穷国"，"不要离开现实和超越阶段采取一些'左'的办法。"② 我国正处在社会主义初级阶段，人口多，底子薄，人均资源少，社会生产力水平低，进行社会主义现代化建设，"一切要从这个基本国情出发"。中国要在这样特殊的国情中去实现工业化和经济的社会化、市场化、现代化，必须充分利用市场这个手段和市场经济这种形式来大力发展经济。这是中国历史发展进程的一个必然选择。

① 《邓小平文选》（第 2 卷），人民出版社 1994 年版，第 278 页。
② 同上书，第 312 页。

（二）邓小平社会主义市场经济理论是科学认识社会主义本质和根本任务的重大成果

长期以来，传统观点脱离生产力抽象地谈社会主义。邓小平反对对科学社会主义作教条式的理解，他明确提出："社会主义和市场经济之间不存在根本性矛盾。问题是用什么方法才能有效地发展生产力。""社会主义的本质，是解放生产力，发展生产力，消灭剥削，消除两极分化，最终达到共同富裕。"[①] 关于社会主义的任务，邓小平认为，"社会主义的任务很多，但根本一条就是发展生产力"[②]，社会主义阶段的最根本任务就是发展生产力。只要按照"三个有利于"标准，即有利于发展社会主义社会的生产力，有利于增强社会主义国家的综合国力，有利于提高人民群众的生活水平，各种方法和手段都可以利用。计划和市场两者"都是方法""都是手段"，当然都可以用来发展社会主义经济。

（三）邓小平社会主义市场经济理论是全面总结中国社会主义建设正反经验教训的重大成果

新中国成立以后的一个较长时期，我国在完成社会主义改造、建立社会主义制度、开展经济建设等方面取得很大成就，但是，社会主义制度优越性没有得到应有的发挥，一个重要原因就是形成了一种同社会生产力发展要求不相适应的计划经济体制，严重束缚和影响了广大企业和人民群众的积极性、主动性和创造性。邓小平说："不改革就没有出路，旧的那一套经过几十年的实践证明是不成功的。"实行改革开放以后，市场作用范围逐步扩大，市场作用发挥比较充分的地方，经济活力就比较强，发展态势也比较好。这是多年经济体制改革的进展和成效，为中国实行社会主义市场经济提供了实践基础。

（四）邓小平社会主义市场经济理论是充分吸收和借鉴国际上有益做法的重大成果

世界上发展市场经济已有几百年的历史，一些发达国家实行市场经济

---

① 《邓小平文选》（第 3 卷），人民出版社 1993 年版，第 373 页。
② 同上。

实现了现代化，创造和积累了大量物质财富。实践证明，市场经济是进行资源配置的有效方式。邓小平提出："必须大胆吸收和借鉴人类社会创造的一切文明成果，吸收和借鉴当今世界各国包括资本主义发达国家的一切反映现代社会化生产规律的先进经营方式和管理方法。"[①] 这就是大胆吸收和借鉴利用市场经济加快我国发展。

三 实行社会主义市场经济取得历史性的巨大成功

邓小平社会主义市场经济理论有力地指导着我国改革开放和社会主义现代化建设的历史进程，做出了特殊的重大贡献。30多年来，我们始终坚持实行社会主义市场经济的理论和实践，坚定不移地推进改革开放伟大事业，充分地调动了亿万人民的积极性、创造性，使我国成功地实现了从高度集中的计划经济体制到充满生机活力的社会主义市场经济体制、从封闭半封闭到全方位开放的伟大历史转折，极大地解放和发展了社会生产力，一个面向现代化、面向世界、面向未来的社会主义中国巍然屹立在世界东方。

（一）社会主义市场经济体制基本确立

主要表现在：一是社会主义初级阶段基本经济制度已经确立。所有制结构从全民所有制和集体所有制经济占绝对优势，到逐步形成以公有制为主体、多种所有制经济共同发展的格局。毫不动摇地巩固和发展了公有制经济，积极推行公有制多种实现形式，通过深化改革增强了国有经济的活力、控制力、影响力；毫不动摇地鼓励、支持和引导个体、私营等非公有制经济发展，非公有制经济的比重大为提高。2013年，非公有制经济对国民生产总值的贡献率已超过60%。在收入分配领域，打破了平均主义"大锅饭"，建立起以按劳分配为主体、多种分配方式并存，实行劳动、资本、技术、管理等生产要素按贡献参与分配的制度。二是企业微观经济主体活力显著增强。大多数国有企业实行了股份制改造，现代企业制度逐步建立，转换经营机制，成为自主经营、自负盈亏、自担风险的市场竞争主

---

① 《邓小平文选》（第3卷），人民出版社1993年版，第373页。

体。扩大市场准入，创造公平竞争的市场环境，使非公有制企业快速发展。三是现代市场体系逐步建立。市场在资源配置中作用越来越大。持续推进价格体系改革，基本建立起以市场决定价格为主的机制。全国统一的消费品和生产资料市场已经建立，劳动、土地、资本、技术等生产要素市场得到迅速发展。四是全方位对外开放格局已经形成。坚持实施互利共赢的开放战略，打开国门搞建设，充分发挥两种资源、两个市场的作用，积极扩大进出口贸易，不断吸收外商投资，努力发展对外投资，形成了全方位、宽领域、多层次的对外开放格局。开放型经济水平不断提升，中国市场成为世界市场的重要组成部分。五是宏观调控体系不断完善。通过持续深化计划、财政、金融、投资等方面的改革，实现了宏观调控由直接调控向间接调控为主的转变，主要运用经济、法律手段并辅之以必要的行政手段，促进经济总量平衡和结构调整，推动经济与社会协调发展，基本形成了市场经济和开放条件下较为健全的宏观调控体系。随着社会主义市场经济体制的逐步建立，也有力地推动了政治体制、文化体制、社会体制、生态文明建设体制等各方面体制改革，中国特色社会主义制度不断完善和发展。

（二）社会主义现代化建设成就斐然

建立和完善社会主义市场经济体制，极大激发了经济社会发展蕴藏的巨大潜力，我国在经济、政治、文化、社会、生态文明建设各个领域、各个方面都取得了巨大进步，综合国力大幅度跃升，人民生活大为改善，国际地位和影响力显著提高。改革开放 36 年来，国民经济保持了高速增长，经济总量跃居世界第二位，创造了世界经济史上无与伦比的奇迹。2013 年，全国国民生产总值达 56.9 万亿元，人均国民生产总值超过 6000 美元，进入中等收入国家。我国已成为全球第一大贸易国、第二大吸引外资国和重要的资本输出国，外汇储备世界第一，进出口总额突破 4 万亿美元。财政收入从 1978 年的 1100 亿元增加到 2013 年的 12.9 万亿元，国家经济调控能力显著增强。交通、能源、电信、水利等基础设施长足发展，门类齐全的现代工业体系基本建立，钢铁、煤炭、水泥、棉布等 200 多种重要工业品产量稳居世界第一位。高科技产业蓬勃兴起，创新型国家建设方兴未艾，取得一大批具有自主知识产权的科技成果。服务业比重明显提高，国民经济和社会信息化水平不断提升。

城乡面貌大为改观，城镇化率接近52%。人民生活大幅度改善，用占世界7%的耕地解决了世界1/5人口的吃饭问题，使近5亿人口摆脱了贫困。全国人均寿命由1978年的68岁提高到2013年的76岁。实行社会主义市场经济体制也大大推动了其他领域发展，民主法治、文化教育、社会建设、生态文明等各项事业蓬勃发展。这些成就，充分展现了实行社会主义市场经济的强大力量，也充分证明建立社会主义市场经济体制的改革是完全正确的。

四　继续推进社会主义市场经济方向的改革

伟大的实践产生伟大的理论，实践发展永无止境，理论创新永无止境，改革开放永无止境。面对新形势新任务，以习近平同志为总书记的党中央继承发展邓小平社会主义市场经济理论，在党的十八届三中全会上作出了全面深化改革的决定，特别强调坚持社会主义市场经济改革方向，按照"使市场在资源配置中起决定性作用和更好发挥政府作用"的要求，全面深化改革特别是经济体制的改革。我们要全面、准确、完整地学习领会和贯彻落实邓小平社会主义市场经济理论，全面、准确、完整地学习领会和贯彻落实党的十八大和十八届三中全会决定精神，坚定不移地推进各方面改革，特别是要全面深化经济体制改革和行政体制改革。

（一）正确发挥市场作用和政府作用

正确认识和处理市场和政府的关系，一直是贯穿我国改革开放进程的重大课题。党的十八届三中全会提出："经济体制改革是全面深化改革的重点，核心问题是处理好政府和市场的关系，使市场在资源配置中起决定性作用和更好发挥政府作用。"这既是对我国过去改革发展历史经验的高度概括，也是对邓小平社会主义市场经济理论的继承和发展，为今后进一步处理好市场和政府关系、深化以经济体制改革为重点的全面改革确定了方向。

坚持社会主义市场经济的改革，需要正确认识市场与政府两者的功能与长处，以及两者的缺陷与不足。事实证明，市场是配置资源最有效率的机制，是发展社会生产力和实现现代化的必然途径。市场决定资源配置是市场经济的一般规律，市场经济本质上就是市场决定资源配置的经济。"使市场在资源配置中起决定性作用"，其实质就是让价值规律、竞争规律和供求规律等市场经济规律在资源配置中起决定性作用，这有利于推动我国经济发展更有活力、更有效率和更有效益。同时也要看到，市场调节有着某些自发性、盲目性、局限性和事后性等特点，不能把所有资源配置统统交给市场，不能使全部社会经济活动市场化。

政府作为公共权力的行使者、社会经济活动的管理者，最重要的职能是从宏观上引导方向，促进整个经济社会持续健康发展。它的主要长处是，政府能够从社会整体利益和长远利益来引导市场和社会经济发展的方向，从宏观层次和全局发展上配置重要资源，促进经济总量平衡，协调重大结构关系和生产力布局，提供非竞争性公共产品和公共服务，促进社会公平正义，逐步实现共同富裕。政府还具有弥补市场失灵及其他缺陷的重要作用。但政府也有信息掌握和认知能力的局限性，也会有主观偏颇、迟滞甚至决策失误的毛病，不利于增进社会经济的活力、效率和效益。

理论和实践都告诉我们，在处理市场和政府关系中，需要注意三个方面：一是明确市场和政府各自的功能与长处，使它们在不同社会经济层次、不同领域发挥应有作用，不越位、错位和不到位。二是充分行使两者的功能作用，市场是一只"看不见的手"，政府是一只"看得见的手"，"两只手"都要用好，并有效配合。三是市场和政府应当有机结合、相互统一而不是板块连接，政府应尊重市场经济规律，自觉按经济规律办事，市场要在政府引导、监管和制度规范下运行。只有这样，才能实现市场与政府各自长处充分发挥和两者作用的相互补充、相互协调、相互促进，推动经济社会持续健康发展。

（二）继续推进市场化改革，加快完善现代市场体系

这是使市场在资源配置中起决定性作用的必然要求。要从广度和深度上推进市场化改革，推动资源配置依据市场规则、市场竞争实现效益最大化和效率最优化。加快形成企业自主经营、公平竞争，消费者自由选择、自由消费和要素自由流动、平等交换的现代市场体系，提高资源配置效率和公平性。一是建立公平开放透明的市场规则。要实行统一的市场准入制度，探索实行负面清单准入管理方式，健全优胜劣汰的市场化退出机制。二是完善主要由市场决定价格的机制。坚持把主要由市场决定价格作为价格形成的常态机制，凡是能够通过市场形成价格的，包括生产要素价格都要放手由市场形成价格；必须由政府定价的产品和服务，也要改革政府定

价机制，改进政府定价方法，规范政府定价行为，提高政府定价的科学性、公正性和透明度。三是改革市场监管体系，废除妨碍全国统一市场和公平竞争的各种规定和做法，反对地方保护，反对垄断和不正当竞争。同时，要建立城乡统一的建设用地市场，完善金融市场体系，加快推进科技体制改革。这些是推进市场化改革的重要方面。

（三）坚持和完善基本经济制度，着力深化企业改革

公有制为主体、多种所有制经济共同发展，是中国特色社会主义制度的重要支柱，也是社会主义市场经济的根基。我们搞的是社会主义市场经济，必须始终坚持"两个毫不动摇"：即毫不动摇巩固和发展公有制经济，发挥国有经济主导作用，不断增强国有经济活力、控制力、影响力；毫不动摇鼓励、支持、引导非公有制经济发展，激发非公有制经济活力和创造力。坚持推进和深化企业改革，其中关键是要完善产权保护制度，保证各种所有制经济依法平等使用生产要素、公开公平公正参与市场竞争、同等受到法律保护。必须推动国有企业完善现代企业制度，提高企业效率，增强企业活力。废除对非公有制经济各种形式的不合理规定，消除各种隐性壁垒。鼓励非公有制企业参与国有企业改革，积极发展混合所有制经济。

（四）深化行政体制改革，健全宏观调控体系

科学的宏观调控，有效的政府治理，是社会主义市场经济运行的重要特征，也是发挥社会主义市场经济体制优势的内在要求。一要切实转变政府职能。创新行政管理方式，增强政府公信力和执行力，建设法治政府和服务型政府。深化行政审批制度改革，进一步简政放权，切实减少审批事项，向企业放权，向市场放权，向社会放权，特别是要深化投资体制改革，确立企业投资主体地位。最大限度地激发市场和各类社会主体的创造活力，增强社会经济发展的内生动力。二要健全宏观调控体系。宏观调控的主要任务是保持经济总量平衡，促进重大经济结构协调和生产力布局优化，减缓经济周期波动影响，防范区域性、系统性风险，稳定市场预期，保障经济安全。要合理界定中央和地方政府的职能，充分发挥"两个积极性"。中央政府要进一步改善和加强宏观管理，强化发展规划制订、经济发展趋势研判、制度机制设计、全局性事项统筹管理、体制改革统筹协调等方面职能，促进全国范围内的法制统一、政令畅通和经济社会的平稳健

康发展。三要加强地方政府在公共服务、市场监管、社会管理、环境保护等方面的职责，以更好地服务于广大人民群众。按照公开、公平、公正原则，将适合市场化方式提供的公共服务事项，交由具备条件、信誉良好的社会组织、机构和企业等承担，推动公共服务提供主体的多元化，建设现代化服务型政府。

坚持社会主义市场经济的改革，不仅是经济体制改革的方向，也必然涉及其他方面体制机制，各方面改革也要与之相适应、相协调。要把坚持社会主义市场经济改革方向贯穿到政治体制、文化体制、社会体制、生态文明体制以及各方面体制机制改革之中，推动各方面改革围绕完善社会主义市场经济体制的目标来展开、推进。因此，必须统筹设计、整体谋划经济、政治、文化、社会、生态文明等各个领域、各个方面的调整和改革。这样才能产生综合效应，才能更好地推动生产关系与生产力、上层建筑与经济基础相适应。

实行社会主义市场经济，把社会主义与市场经济体制结合起来，是人类社会的空前壮举，也是需要不懈探索的重大课题。这方面，我们已经进行了30多年的理论探索和实践创新，也积累了不少经验，但是仍有许多未被认识的"必然王国"，还有一系列棘手的矛盾和问题需要深入研究解决。我们一定要坚持从国情出发，解放思想、实事求是、与时俱进，勇于改革创新，敢于攻坚克难，更好地把握改革规律，以顺利推动社会主义市场经济的改革进程并取得更大的成功！

中国特色社会主义政治协商制度研究的四重维度

王学荣

中国特色社会主义政治协商制度研究具有以下四重维度：首先需要追溯其历史渊源，正所谓"问渠哪得清如许，为有源头活水来"。研究中国政治协商制度当然要"寻根究底"，从其源头开始探究。从源头出发，看它是怎样一步一步发展到现在的。弄清楚其历史发展的脉络之后，接下来就要探讨这一制度的具体内容，这是研究的第二重维度。但并不能停留于此，因为仅仅了解其内容当然还不够，我们研究中国政治协商制度，更为重要的还需要切中现实，对其进行"把脉"，尤其需要洞察和发现它的不足之处，以便进一步完善。最后当然就是对策建议了，研究中国政治协商制度最终还是要落到如何进一步丰富和完善这一制度上来，这乃是研究这一问题的落脚点。这四重维度环环相扣、层层推进，是研究中国政治协商制度的基本路数。只有从这四重维度入手，才能够对中国特色社会主义政治协商制度有一个比较完整、比较全面的把握。

一 政治协商制度历史追溯

研究中国的政治协商制度，首先有必要对其历史进行一番追溯，正所谓"问渠哪得清如许，为有源头活水来"。大抵说来，政治协商制度在中国的发展经历了如下历程：1946 年的"旧政协"表明中国政治协商初具雏形，1948 年中共中央发出"五一号召"，筹备召开新的政治协商会议，1949 年第一届中国人民政治协商会议全体会议正式召开，1966—1976 年人民政协工作严重受挫，"文化大革命"结束后，中国的政治协商制度逐步恢复并进一步发展。

学界一般认为，中国政治协商制度的历史需要追溯到 1946 年的"旧政协"。1946 年 1 月 10—31 日，中国共产党、中国国民党、中国青年党、中国民主同盟（简称"民盟"）以及无党派人士在重庆召开政治协商会议，这就是人们通常俗称的"旧政协"，这次会议的召开可以看作是政治协商的"雏形"。1948 年 4 月 30 日，中共中央号召召开新的政协会议，诚邀"各民主党派、各人民团体及社会贤达，迅速召开政治协商会议，讨论并实现召集人民代表大会，成立民主联合政府"。史称"五一号召"。1949 年 9 月 21—30 日，中国人民政治协商会议第一届全体会议在北平（即今北京）中南海怀仁堂顺利召开，中国共产党、各民主党派、无党派民主人士、各人民团体以及社会各界、少数民族和国外华侨的代表共同出席了此次会议，会议通过了三个历史性文献，即《中国人民政治协商会议共同纲领》《中国人民政治协商会议组织法》以及《中华人民共和国中央人民政府组织法》，并通过了关于中华人民共和国首都、国旗、国歌、纪年的四项重要决议案，选举了中国人民政治协商会议全国委员会和中华人民共和国中央人民政府委员会。9 月 30 日的会议全体通过了《中国人民政治协商会议第一届全体会议宣言》，宣告中华人民共和国成立。可见，此次会议在中国历史上具有里程碑式的重要意义。中国人民政治协商会议全体会议曾经代行了全国人民代表大会的职权，在国家政治生活中起着至关重要的作用，这种情形从 1949 年一直延续到 1954 年。1954 年全国人民代表大会制度建立以后，中国人民政治协商会议不再代行国家权力机关的职权，但作为中国共产党领导的统一战线组织继续在国家政治生活中发挥着重要作用。十年"文化大革命"期间（1966—1976 年），政治协商制度受到了前所未有的冲击，人民政协工作也屡屡受挫。直到 1977 年，人民政协才逐渐从组织上得以恢复。不过，正式恢复则是 1978 年以后的事情了。十一届三中全会以后，沐浴着改革开放的春风，中国的政治协商制度获得了新的生机，并逐步实现了制度化、程序化、规范化，社会主义协商民主呈现出勃勃的生命力。

二　中国特色社会主义政治协商制度的丰富内容

中国共产党领导的多党合作与政治协商制度，是指各民主党派、各人民团体、各少数民族以及社会各界的代表在中国共产党的正确领导下，以中国人民政治协商会议为组织形式，经常就国家的大政方针路线等进行民主协商的一种政治制度。

政治协商制度的内涵极其丰富，涉及的内容也非常之多。择其要而言之，概括为九个方面：第一，政治协商必须在中国共产党的领导下进行。当然，中国共产党对各民主党派的领导仅仅是"政治领导"，而并非"组织领导"，换言之，各民主党派在政治上是自由的、在组织上是独立的、在法律上是平等的。第二，从党际关系上说，中国共产党是执政党，各民主党派是参政党。各民主党派既不是反对党，也不是在野党，而是共产党的亲密友党，中国共产党与各民主党派之间是一种合作的关系。第三，政治协商必须坚持四项基本原则，这是共同政治基础。第四，中国共产党与各民主党派都必须以宪法和法律为根本活动准则，协商活动必须在宪法和法律的范围内进行，这也是中国共产党与各民主党派法律地位平等的体现。第五，政治协商的组织形式是中国人民政治协商会议。第六，政治协商的主体具有广泛的代表性。第七，政治协商的内容具有全局性。第八，政治协商的结果尽管不具备法律效力，也不会形成国家意志，却对党和国家的工作具有重要的建议、咨询和参考价值。第九，中国共产党与各民主党派合作的方针是"长期共存、互相监督、肝胆相照、荣辱与共"，也就是人们通常所说的"十六字方针"。

三 中国特色社会主义政治协商制度的现状分析

从地位上讲，中国共产党领导的多党合作和政治协商制度是我国的一项基本政治制度，这一制度符合我国的基本国情，具有鲜明的中国特色。从实践上讲，中国的政治协商制度在我国社会主义民主政治中起着十分重要的作用。无论是革命时期，还是社会主义建设时期，抑或是改革开放新时期，中国政治协商制度始终都在发挥着不可替代的作用。我们知道，人民代表大会制度主要体现的是选举民主，而政治协商制度则主要体现的是协商民主。但无论是选举民主，还是协商民主，两者都在我国社会主义民主政治中扮演着重要角色，两者相辅相成，缺一不可。

经过长期的实践探索，中国的政治协商制度在不断发展和进步。但从目前的状况来看，也还存在着一些尚待完善之处。例如，民主党派成员担任各级政府机关领导职务的人数在整个干部队伍中的比例依然比较低，而这种情形与新中国成立后的一段时期是很不一样的。例如，在第一届中华人民共和国中央政府中，有一半左右的领导成员来自民主党派和无党派人士。即便是 1956 年"三大改造"基本完成之后，仍有不少民主党派人士在国家机关担任重要领导职务。可是到了 20 世纪 50 年代后期，由于"左"的思想日益蔓延，在国家政权机关担任领导职务的民主党派人士呈锐减的态势。1978 年十一届三中全会的召开，标志着中国步入了社会主义现代化建设的新时期，多党合作制度逐步恢复，民主党派人士在国家政权机关担任领导职务的比重逐渐呈上升趋势，但从总体上看，民主党派成员担任各级政府机关领导职务的人数在整个干部队伍中的比例仍然偏小。此外，从目前政治协商的现状来看，民主党派议政的路径还有待进一步拓宽，协商民主的程序还有待进一步规范，协商民主的形式还有待进一步扩展，等等。完善社会主义协商民主制度是新时期我国的一项重大课题，这一课题的实施任重而道远，需要中国共产党和各民主党派的共同努力。

四　中国特色社会主义政治协商制度的完善路径

研究中国特色社会主义政治协商制度，最终还是要落在如何进一步发展和完善这一制度上，这乃是我们研究这一课题的"落脚点"。完善中国特色政治协商制度需要从"程序""内容""形式"等方面努力。

一是就"程序"而言，要进一步规范协商民主的程序，推动协商民主朝规范化、制度化方向发展。一套科学合理的程序是民主协商有序高效运行的保障。完善中国特色政治协商制度，需要进一步规范协商的程序，健全协商民主制度和工作机制，"把政治协商纳入决策程序，坚持协商于决策之前和决策实施之中，增强民主协商实效性"。[①] 要不断健全党内民主制度体系，完善人民政协制度体系，健全党员民主权利保障制度，努力营造一个民主监督的制度环境，推进协商民主广泛多层制度化发展。党的十八届三中全会亦特别强调"重点推进政治协商、民主监督、参政议政制度化、规范化、程序化"。[②] 习近平总书记《在庆祝中国人民政治协商会议成

[①]　胡锦涛：《坚定不移沿着中国特色社会主义道路前进　为全面建成小康社会而奋斗——在中国共产党第十八次全国代表大会上的报告》，《人民日报》2012 年 11 月 18 日。

[②]　《中共中央关于全面深化改革若干重大问题的决定》，《人民日报》2013 年 11 月 16 日。

立 65 周年大会上的讲话》也深刻指出："推进政治协商、民主监督、参政议政制度建设，不断提高人民政协协商民主制度化、规范化、程序化水平，更好协调关系、汇聚力量、建言献策、服务大局。"①

二是就"内容"而言，要进一步丰富协商民主的内容，要发扬党内民主，扩大基层民主。十八大报告这样指出："党内民主是党的生命。要坚持民主集中制，健全党内民主制度体系，以党内民主带动人民民主。"② 协商民主不仅包括国家层面和社会层面的协商，还包括基层自治层面的协商，因此，在发扬党内民主的同时，还要努力扩大基层民主，在城乡社区治理、基层公共事务和公共事业中实行群众自我管理、自我服务、自我教育、自我监督。有学者这样指出："党员参与民主管理，是党内民主的重要体现，贯穿于党内民主的运行全过程。没有党员民主管理的参与，就不是真正的党内民主。在贯彻、落实党的方针、政策，推进社会主义新农村建设的过程中，需要农村基层党组织全体党员的积极参与和有效管理。"③

三是就"形式"而言，要进一步拓展协商民主的形式，拓宽协商民主渠道。我们知道，任何事物都是内容和形式的统一体。因此，在丰富协商民主内容的同时，也要不断拓展协商民主的形式，"更加活跃有序地组织专题协商、对口协商、界别协商、提案办理协商，增加协商密度，提高协商成效"。④ 此外，还应进一步拓宽协商民主渠道，"通过国家政权机关、政协组织、党派团体等渠道，就经济社会发展重大问题和涉及群众切身利益的实际问题广泛协商，广纳群言、广集民智，增进共识、增强合力"。⑤ 习近平总书记《在庆祝中国人民政治协商会议成立 65 周年大会上的讲话》也特别强调这一问题，习近平指出："要拓展协商内容、丰富协商形式，建立健全协商议题提出、活动组织、成果采纳落实和反馈机制，更加灵活、更为经常开展专题协商、对口协商、界别协商、提案办理协商，探索网络议政、远程协商等新形式，提高协商实效，努力营造既畅所欲言、各

---

① 习近平：《在庆祝中国人民政治协商会议成立 65 周年大会上的讲话》，《人民日报》2014 年 9 月 22 日。

② 胡锦涛：《坚定不移沿着中国特色社会主义道路前进　为全面建成小康社会而奋斗——在中国共产党第十八次全国代表大会上的报告》，《人民日报》2012 年 11 月 18 日。

③ 陈宇宙：《农村基层党内民主的内涵、特征与基本功能》，《长白学刊》2013 年第 2 期。

④ 《中共中央关于全面深化改革若干重大问题的决定》，《人民日报》2013 年 11 月 16 日。

⑤ 胡锦涛：《坚定不移沿着中国特色社会主义道路前进　为全面建成小康社会而奋斗——在中国共产党第十八次全国代表大会上的报告》，《人民日报》2012 年 11 月 18 日。

抒己见，又理性有度、合法依章的良好协商氛围。"①

　　总之，中国特色社会主义政治协商制度符合我国的国情，具有强大的生命力，是中国共产党长期探索和实践的智慧结晶，是马克思主义中国化进程中结出的丰硕果实。正如习近平总书记《在庆祝中国人民政治协商会议成立65周年大会上的讲话》中所说的那样："协商民主是中国社会主义民主政治中独特的、独有的、独到的民主形式，它源自中华民族长期形成的天下为公、兼容并蓄、求同存异等优秀政治文化，源自近代以后中国政治发展的现实进程，源自中国共产党领导人民进行革命、建设、改革的长期实践，源自新中国成立后各党派、各团体、各民族、各阶层、各界人士在政治制度上共同实现的伟大创造，源自改革开放以来中国在政治体制上的不断创新，具有深厚的文化基础、理论基础、实践基础、制度基础。"②随着中国特色社会主义事业的不断深化，政治协商制度在社会主义中国必将绽放出更加璀璨的光芒。

---

① 习近平：《在庆祝中国人民政治协商会议成立65周年大会上的讲话》，《人民日报》2014年9月22日。
② 同上。

中国特色社会主义政治发展的实践前提与创新逻辑

张明军　　陈　朋

人类政治实践经验表明，政治发展始终与人类社会的文明进步相伴而生。"人们对于人类自身政治生活的历史与现实的各种观察、分析和研究，在事实上也就是一种政治发展研究。从这个意义上说，政治发展问题乃是人类政治生活始终面临的基本问题，而政治发展研究也就很自然地成了政治科学永恒的主题。"[①]

作为政治变迁过程，政治发展既是一定政治共同体实现自身整体进步的必备支点，也是回应社会发展需求、完善自身构造的必然选择。在现代化深度发展进程中，当代中国的政治发展不仅遭遇了因社会转型而来的"倒逼"问题，而且面临实践探索与理论建构的"双重焦灼"。因此，过多地讨论当代中国政治发展的所谓模式问题，显然没有太大的实际意义。

当前探讨中国特色社会主义政治发展，需要回应三个基础性问题——逻辑起点何在？科学定位何处？从哪里选择战略突破口？逻辑起点是基础和前提，科学合理的定位决定其方向和基本原则，恰当的战略突破口则提供可行的切入点。如果逻辑起点不准，定位模糊，即使再多的构想也是不得要领，甚至会误导政治发展；同样，突破口不当或偏向，不仅会错失历史发展机遇，而且会增加政治成本，降低政治发展绩效。因此，认真研判中国政治发展的逻辑起点、科学定位和战略突破口，已然构成了中国特色社会主义民主政治建设的重大战略议题之一。

[①]　姚建宗：《国外政治发展研究述评》，《政治学研究》1999 年第 4 期。

一 简约的文献回顾

第二次世界大战后，随着世界殖民体系的瓦解和两极格局的形成，发达资本主义国家不遗余力地向新兴民族国家兜售西方的政治发展模式。战后意识形态的冷战化对立，决定了以美国为首的西方现代化国家力图阻止新兴国家走向以苏联为首的共产主义阵营，因而在西方意识形态的思想逻辑中，它们认为必须对这些所谓经济停滞、政治衰败、文化畸形的"落后民族"施行援助和"发展指导"，采取针对"欠发达世界"的政策理念和行动方案，而新兴国家只有仿效西方政治发展模式，才能实现自身的政治发展。然而，在西方政治发展模式的移植和规训下，新兴国家虽然在一定时期内取得了较为显著的经济发展成效，但是政权更迭、社会动荡、民生恶化等问题亦接踵而至。在这种情况下，西方早期政治发展研究开始兴起。

粗略地看，西方学者在20世纪50年代开始对政治发展研究表现出兴趣，而有意识地使这一研究概念化和系统化，是60年代的事情，到"70年代初期，政治发展这一词汇在政治学词汇和概念库中还是个新来者"。[①]经过短暂的沉寂后，政治发展研究进入活跃期，逐渐成为政治科学研究中的显学。一些政治学理论专家如亨廷顿（Samuel P. Huntington）、阿尔蒙德（Gabriel A. Almond）、派伊（Lucian W. Pye）、宾德（Leonard Binder）、科尔曼（James S. Coleman）、维巴（Sidney Verba）、李普塞特（Seymour M. Lipset）、艾森斯塔特（S. N. Eisenstadt）等，纷纷投身政治发展研究，从不同角度对政治变迁、政治进步和发展进行了宏观的理论探讨。[②] 作为

[①] 格林斯坦、波尔斯比编：《政治学手册精选》下卷，储复耘译，商务印书馆1996年版，第148页。

[②] 如派伊主编的《沟通与政治发展》（*Communication and Political Development*)，沃德（Robert E. Ward）和罗斯托（Dankwart A. Rustow）主编的《日本与土耳其的政治现代化》（*Political Modernization in Japan and Turkey*)，拉巴隆巴拉（Joseph I. , aPalombara）主编的《官僚体制与政治发展》（*Bureaucracy and Political Development*)，派伊和维巴主编的《政治文化与政治发展》（*Political Culture and Political Development*)，拉巴隆巴拉和韦纳（Myron Weiner）主编的《政党与政治发展》（*Political Parties and Political Development*)，宾德、科尔曼、拉巴隆巴拉、派伊、维巴、韦纳等共同主编的《政治发展中的危机与后果》（*Crises and Sequences in Political Development*)，科尔曼主编的《教育与政治发展》（*Education and Political Development*)，阿尔蒙德和维巴合著的《公民文化：五国政治态度与民主》（*The Civil Culture：Political Attitudes and Democracy in Five Nations*)，阿尔蒙德和鲍威尔（G. Bingham Powell, Jr.）合著的《比较政治学：发展研究》（*Comparative Politics：A Developmental approach*）（该书1978年再版时更名为《比较政治学：体系、过程和政策》（*Comparative Politics：System，Process and Policy*），派伊著的《政治发展的诸方面》（*Aspects of Political Development*)，亨廷顿著的《变化社会中的政治秩序》（*Political Order in Changing Societies*）等。

推动世界发展的重要成员，中国政治发展自然成为西方学者的中心议题之一。在杰克·戈德斯通（Jack Goldstone）、布鲁斯·吉利（Bruce Gilley）等研究者看来，全球化带给中国政治发展的影响是双重而又积极的：迎来了机遇，提供了动力。这是因为，在全球化浪潮中，中国拥有了越来越多的资源尤其是经济资源，而这种经济资源"赋予个人更多经济权力，这种经济权力可以转变成政治权力"。① 因此，对于中国政治发展来说，前景是充满希望的。在《民主的前景：对 172 个国家的一项研究》等研究成果中，万汉恩（T. Vanhanen）也对中国政治发展持积极态度。他认为，市场化改革刺激了中国传统的社会结构，带来了中国社会的快速转型。这些因素综合在一起为中国政治发展提供了新的社会基础。但是，另一些研究者对中国政治发展的预期却比较保守。如蔡欣怡（Kellee S. Tsai）认为，中国的政治发展是"公民社会的出现、社会运动、精英政治转型、外来力量的直接干涉、社会经济中的结构变迁"② 等因素共同作用的结果，而这些因素对于中国来说都具有很多的不确定性，因此，中国政治发展的前景并不乐观。尤其是市场化改革过程中出现的贫富差距，极大增加了中国政治发展的成本，"迅速的经济增长实际上强化了精英，赋予威权国家更多资源，使其有本钱来努力反对经济现代化的政治影响"。③

　　总体来看，在中国政治发展问题上，当前西方学者的研究侧重于宏观上分析中国政治发展的现实背景和未来预期。至于中国政治发展的基本定位、目标取向、战略选择、可选路径等现实性更强的问题，则未能完全进入他们的研究视野。同时，在分析中国政治发展过程中，他们表面上采取祛除价值的行为主义方法，但实际上依旧存在明显的价值倾向上的判断，从而在研究进路中隐藏着持久不断的理论矛盾和逻辑冲突。这一矛盾内在地决定西方政治学者的研究难以抓住中国政治发展的实质与核心，相关理论成果无法具有现实指导意义和实际推动力。

　　随着改革开放进程的开启，"变革与发展"日渐成为中国政治学关注

---

　　① Nicola Pratt, "Bringing Politics back in: Examining the Link between Globalization and Democratization," *Review of International Political Economy*, Vol. 11, No. 2, 2004, p. 315.

　　② Kellee S. Tsai, "Capitalists without a Class: Political Diversity among Private Entrepreneurs in China", *Comparative Political Studies*, Vol. 38, No. 9, 2005, p. 1130.

　　③ Minxin Pei, "How Will China Democratize?", *Journal of Democracy*, Vol. 18, No. 3, 2007. p. 55.

的焦点，同时政治发展研究也在国内随之兴起，"政治权威的增强、政治系统职能范围的扩大、政治体系的科学化、政治运作的制度化、政治参与的有序化"等被视为中国政治发展的中轴。这些研究多是概念性的分析，其"共同特点是体现了以马克思主义为指导，和与中国国情紧密结合，既从西方政治发展理论中得以借鉴和启示，又对突破西方中心主义的政治发展观进行了必要和有益的努力与探索"。①

21世纪以来，"为中国政治发展道路把脉"成为国内学者理论探索的中心任务。国内学者从中国政治发展的目标、动力、路径、模式等层面展开了积极探讨。这些研究大多认为，当代中国政治发展的主要目标是政治民主化以及在民主化过程中保持政治稳定，进言之就是着力加强中国特色社会主义民主政治建设。关于政治发展的动力，大多数研究者认为，"中国政治发展的现实动力实际上来自自身的改革，即内缘式的改革"。② 具体而言，经济发展是经济动力；中国共产党的领导是核心动力；社会力量的健康发展是社会动力；各种政治力量之间的良性互动是重要动力；全球化是外部动力。这些动力系统之间的沟通、协调与博弈，为中国政治发展提供了广阔的发展空间。在具体路径上，学者们所关注的重心不同，因此各有侧重，表现在如政治参与、公开透明、遏制腐败等方面比较明显。近年来，随着中国政治发展进程的不断加快，何种政治发展模式较为理想一度引发国内学者的理论关注，出现了诸多"模式论"，如民主论、体改论、革新论、平衡论等。③ 其实，对于中国政治发展而言，重要的不在于进行何种"模式"的类型学探讨，而是要坚持求真务实的态度，使政治发展与国情相适应。

党的十八届三中全会通过的《中共中央关于全面深化改革若干重大问

---

① 张顺、柏维春：《论21世纪中国政治发展的基本模式》，《东北师大学报》2000年第6期。

② 刘世军、唐贤兴、王庆洲：《全球化进程与中国政治发展的价值选择》，《学习与探索》1997年第4期。

③ 如胡伟等认为，我国的政治发展否定了西方的民主模式，否定了多党竞争和三权分立，就必须拿出我们所肯定的民主模式，概括起来主要有党内民主模式、自治民主模式、社团民主模式、协商民主模式、纵向民主模式等；虞崇胜、王洪树认为，政治体制创新已经成为当代中国政治发展的模式选择；黄明成认为，中国政治发展道路模式就是要努力寻找和正确把握最佳平衡点：普世性与民族性之间的最佳平衡点、现实性与理想性之间的最佳平衡点、一致性与多样性之间的最佳平衡点、精英政治与大众政治之间的最佳平衡点、民主政治建设与保持社会稳定之间的最佳平衡点。

题的决定》指出，中国的发展"不走封闭僵化的老路，不走改旗易帜的邪路，坚定走中国特色社会主义道路"。① 这实际上指明了中国的政治发展也要面对两种思潮潜在的政治干扰。一是继续以教条主义方式对待马克思主义理论，将目前中国发展中出现的贫富分化、腐败等问题归因于改革开放，企图回归以高度集权和计划经济为特征的传统社会主义模式。二是脱离中国实际，进而将西方的发展模式上升为所谓"应然"的高度来思考中国政治发展的问题。必须指出，不管是何种思潮，都不可避免地会将政治发展从中国现实中抽离出来，极易落入就政治发展谈政治发展的思维陷阱。这两种形态迥异的思维逻辑，却具有共同的理论片面性特征，这就是违背实事求是，否定历时性与共时性相结合，仅择其一点而不及其余，机械地认知中国的政治发展进程。实际上，在现代化进程中，政治发展虽然有其自主性，但依旧具有很强的受动性，脱离不了经济社会发展的现实基础。因此，中国特色社会主义政治发展"必须立足于我国长期处于社会主义初级阶段这个最大实际"，认真"总结国内成功做法，借鉴国外有益经验，勇于推进理论和实践创新"。②

在近年政治学研究范式中，理性选择理论的核心思想是有参考价值的。作为政治学理论的一个重要范式，理性选择理论关注的核心问题是制度、制度与政治行为之间的关系、政治行为的动力。具体而言，关于制度，理性选择理论不仅把它定义为一种行为规则，而且将某种关系结构也看作是制度，这种结构能约束个体的行为，能推动集体行为得以实施。关于制度与政治行为之间的关系，理性选择理论重点讨论了"具有多样程度的理性的个人行为在什么样的制度或制约下能发挥其最有效的、最佳的作用"的问题。关于政治行为，理性选择理论认为，在政治实践中，行动主体之所以采取不同的行为，是出于"成本—收益"函数的不同考虑或者需求。

理性选择理论对于分析中国政治发展的启发性是不容忽视的。它在制度与政治行为之间关系的分析上强调要考虑"人是在一个给定的具体条件下，尽自己最大的努力去实现目的"，这启发人们在思考中国政治发展问题时不能回避现实的政治实际及其客观情势，有助于思考中国政治发展的逻辑起点。它对政治实践中"成本—收益"函数及"人有能力重新设计制

---

① 《中共中央关于全面深化改革若干重大问题的决定》，人民出版社2013年版，第6页。
② 同上书，第5、6页。

度能力"的关注，则启示人们对中国政治发展的讨论要关注如何实现以最小的成本获取政治发展的最大化收益。应该说，这是一个非常重要的启发，直接提出了中国政治发展的定位议题。它对"人的行为在什么样的制度或制约下能发挥最佳效果"作出分析，启示中国政治发展要选择合适的结构或框架，才可以"发挥最佳效果"。展开来说，就是要积极调适"结构"以更好地选择一个较为稳妥的战略突破口。

二 中国特色社会主义政治发展的逻辑起点

马克思指出："人们自己创造自己的历史，但是他们并不是随心所欲地创造，并不是在他们自己选定的条件下创造，而是在直接碰到的、既定的、从过去承继下来的条件下创造。"① 当前，探讨中国特色社会主义政治发展，同样离不开中国的现实国情。这必然是中国特色社会主义政治发展的逻辑起点。

（一）显著的经济绩效与复杂的社会矛盾同期并存，是中国政治发展必须妥善应对的现实问题

改革开放以来，在不断重视市场机制并积极发挥市场在资源配置过程中的重要作用基础上，中国社会主义经济建设成就举世瞩目。在"十一五"期间，中国经济保持了年均11.2%的快速增长，人均 GDP 由 1978 年的 226 美元增加到 2012 年的 6122 美元，人民生活实现了由温饱到总体小康的历史性跨越。2012 年，中国国内生产总值达 51.9 万亿元，跃居世界第二位，公共财政收入达 11.7 万亿元。② 随着人民生活水平的提高，显著增长的经济绩效极大地激发了不同阶层的利益诉求。这一方面有助于激发社会活力，另一方面对现有体制的吸纳和对接能力提出了新的时代要求。现存的吸纳和对接机制，并不能完全有效地承接广大群众被不断激发出来的利益诉求，客观上造成各类社会矛盾迅速显现。

2006 年，党的十六届六中全会通过的《中共中央关于构建社会主义和

---

① 《马克思恩格斯文集》第 2 卷，人民出版社 2009 年版，第 470—471 页。
② 参见中华人民共和国国家统计局编《中国统计年鉴 2013》，中国统计出版社 2013 年版，第 44、328 页。

谐社会若干重大问题的决定》深刻指出："目前，我国社会总体上是和谐的。但是，也存在不少影响社会和谐的矛盾和问题，主要是：城乡、区域、经济社会发展很不平衡，人口资源环境压力加大；就业、社会保障、收入分配、教育、医疗、住房、安全生产、社会治安等方面关系群众切身利益的问题比较突出；体制机制尚不完善，民主法制还不健全；一些社会成员诚信缺失、道德失范，一些领导干部的素质、能力和作风与新形势新任务的要求还不适应；一些领域的腐败现象仍然比较严重；敌对势力的渗透破坏活动危及国家安全和社会稳定。"① 这些复杂形势构成了中国政治发展的深刻时代背景和必须妥善应对的诸多重大现实问题，它集中表明：丧失经济增长的支撑，政治发展就要失去重要基础，缺乏基本条件；而在经济增长中对日益凸显的社会矛盾不能及时调处，则会丧失政治发展和谐安定的社会环境，难以实现发展的可持续性。因此，如何应对显著的经济绩效与复杂的社会矛盾同期并存的客观情势，是中国特色社会主义政治发展亟待破解的现实问题。

（二）持续深化改革的需求与"稳定压倒一切"的现实，需要理性权衡

当人们讨论并且热切期待"释放改革红利"的同时，持续深化改革的现实需求同样被提上议事日程。改革需求的释放，一定程度上讲也是产生不同诉求、不同期盼、不同主张的利益转化过程。但是，这些诉求综合在一起，难免会给社会稳定带来潜在而又深刻的影响，导致利益诉求与稳定之间陷入相互抵牾的困境。

对于深处体制转型和快速发展中的中国来说，"稳定压倒一切"，稳定处于基础性的地位并发挥着基础性的作用。然而，因各种社会矛盾引发的群体性事件频繁发生并呈快速增长趋势。在过去 15 年间，"群体性事件的年增长率为 17% 左右；而从发生规模来看，参与群体性事件人数的年均增长率为 12%，由 73 万多人增加到 307 万多人；其中参与者百人以上的由 1400 起增加到 7000 起，增长 4 倍"。② 总体上看，这些群体性事件呈现出

---

① 中共中央文献研究室编：《十六大以来重要文献选编》（下），中央文献出版社 2008 年版，第 649—650 页。

② 肖文涛：《治理群体性事件与加强基层政府应对能力建设》，《中国行政管理》2009 年第 6 期。

突发性越来越强、处理难度越来越大、参与人员结构越来越复杂等特征，对改革发展构成了不可忽视的深层影响。

检视中国政治发展的历史经验，我们得出这样一个重要的结论：淡化稳定的工具性意义，重新审视稳定的本体价值，是当前中国政治发展必须坚持的基本态度。其重要意义在于："对于处于转型时期的中国来说，社会发展目标是多元的，价值追求也是多元的，既有经济发展、改革开放，还有社会稳定。所有这些目标和过程都是在一个权力中轴的支配下逐步、有序实现的，因此，对于国家来说，其职责任务、制度安排和权力结构既有发展政治，也有改革政治，还有'稳定政治'"，"这三种政治形态和过程相互交织、相互支撑和相互作用，共同构成了转型中国政治系统的基本输出、输入和运作过程"。① 当然，上述对稳定本体价值的再解读，并不意味着要放弃改革和发展。实质上，唯有将"稳定"及其背后的政治发展议题提升到全局性和整体性的战略高度，才会实现政治发展与政治稳定的和谐并进。

事实一再证明，多大程度上合理权衡改革与稳定的关系，就将在多大程度上影响政治发展的整体进程。对改革进程中稳定本体价值的认识，必将增强对中国特色社会主义政治发展科学定位和战略选择的理性辨识。

（三）不断凸显的利益诉求与政治文化尚未完成现代转型的矛盾，需要在政治发展中调适

转型社会的加速发展，客观上带来了民主参与等利益诉求的悄然增长和不断释放。但是，在对民主的理解还不够全面的情况下，出现了将选举视为民主参与的全部这样一种偏狭的理解，人们希求通过参与选举过程争取自身更大的现实利益。

在社会主义民主政治框架内，公众对选举参与的期待得到了党的积极回应和有效引导。在城市，《中华人民共和国城市居民委员会组织法》指导一些地方进行了直接选举并取得了丰富的经验。2002 年，"由于广西以中国第一个省级范围内的城市的全部加入，从此大大推动了直接选举本身

---

① 容志、陈奇星：《"稳定政治"：中国维稳困境的政治学思考》，《政治学研究》2011 年第 5 期。

的数量和参与城市的数量"。① 在农村,《中华人民共和国村民委员会组织法》规范和引导了农村社区的民主选举。如今,"全国98%以上的村委会依法实行了直接选举,农村普遍开展了8轮以上的村委会换届选举","村民参选率达到95%"。② 但是,目前选举实践中存在的深层次问题却不容忽视。比如,农村社区选举中,宗族偏好在一些地方的社区选举中较为明显。"少数村干部为了巩固自己的地位或扩大个人势力、维护家族亲朋的小集团利益,以亲疏关系定党员发展对象,搞'近亲繁殖',并在换届中利用家族观念、家族势力,上门游说拉选票,甚至利用家族势力操纵选举,来确保自己或己方势力取得决定性的优势。"③ 对于一些人来说,选举固然是其一种权利,但是当遭遇宗族文化的影响因子时,选举参与理应具备的理性、公平等理念却烟消云散。这些问题产生的根本原因是缺乏与现代选举相适应的政治文化土壤。

历史唯物主义告诉我们,"我们自己创造着我们的历史,但是第一,我们是在十分确定的前提和条件下创造的。其中经济的前提和条件归根到底是决定性的。但是政治等等的前提和条件,甚至那些萦回于人们头脑中的传统,也起着一定的作用"。④ 对应来看,当前中国政治发展过程中出现的一些问题,正是同政治文化尚未完成从传统向现代转型密不可分。"在政治生活中,政治文化主体一方面萌发出主体意识,希望参与到政治决策之中,表现出较为浓厚的理性色彩,但另一方面又比较青睐'依附主义',在具体问题上易失去自我意识,被动参与较为普遍,'双重政治人格'成为政治生活中的突出问题。权利意识观念日益深入人心,个体权利的保护要求虽得以满足,但仍对权力本位敬畏有余而制约不足;平等的要求随着市场经济的全面深入而深受认可,但'摆座次、列等级'的等级观念亦非鲜见;政治生活中的'潜规则'不时发挥效用。"⑤

在上述文化因子的积淀下,利益诉求何以得到理性舒张和有效承接?从根本路径来看,只有在政治发展中,才能不断调适日益增长的利益诉求

---

① 李凡:《中国城市社区直接选举改革》,西北大学出版社2003年版,第21页。

② 李海涛:《民主根基越来越实》,《农民日报》2012年8月24日第4版。

③ 苏爱萍:《我国基层民主选举实践:成就、问题与发展走向》,《山东社会科学》2012年第9期。

④ 《马克思恩格斯文集》第10卷,人民出版社2009年版,第592页。

⑤ 张明军、陈朋:《民生政治参与与深化中国政治体制改革的突破口选择》,《理论探讨》2012年第6期。

与政治文化尚未完成现代转型的矛盾，从而促进政治文化由传统向现代转型。

当前中国政治经济社会发展的客观复杂情势，构成了中国特色社会主义政治发展的逻辑起点，简单模仿或移植西方政治发展模式并不能促进中国政治发展，相反会导致政治过程的"消化不良"。毛泽东早就指出："认清中国的国情，乃是认清一切革命问题的基本的根据。"① 在新的历史条件下，"立足于我国长期处于社会主义初级阶段这个最大实际，坚持发展仍是解决我国所有问题的关键这个重大战略判断"，② 才真正有助于提升中国政治发展的绩效。

三　中国特色社会主义政治发展的科学定位

如果说对逻辑起点的认知，是思考中国特色社会主义政治发展的基础，那么，随起点而联动的基本定位，则是指明中国特色社会主义政治发展航向的关键。在理性选择理论看来，行动者的行为在受规则、合约等因素影响的同时，也能设计和创造新的制度和规则，但是这些行为都必须考虑"合理区间"。这种"合理区间"的重要考量之一，实际上就是要正视政治行为的"成本—收益"关系及其目标指向。对于中国特色社会主义政治发展来说，就是要努力明确其科学定位。从政治发展自身和外在环境的共同需求来看，这一科学定位需要从三个层面来加以考察。

（一）原则定位：以最小的成本获取最大化的收益

"任何政治发展都不可能是抽象的，相反，都是以现实的发展为基础，以解决现实问题、推动现实发展为使命。"③ 但是，在具体发展过程中，必须考量实现发展目标所付出的成本，不计成本的政治发展是非科学的，甚至是昙花一现的。切实把握中国特色社会主义政治发展成本的原则定位，就在于以最小成本获取最大化的收益。

① 《毛泽东选集》（第2卷），人民出版社1991年版，第633页。
② 《中共中央关于全面深化改革若干重大问题的决定》，第5页。
③ 林尚立：《权力与体制：中国政治发展的现实逻辑》，《学术月刊》2001年第5期。

1. 增量累进式发展思路的经验启迪

30 多年的改革开放推动中国政治发展实现了巨大进步，同时为政治发展积累了三个基本经验：一是，在坚持基本政治制度不变的前提下，实现了政治体制的适时更新和适应性变革；二是，作为中国政治发展的核心主体，中国共产党保持着积极健康的执政理念和不竭的创新意识，从而释放了社会主义政治制度所蕴含的巨大活力；三是，政治发展所强调的制度化与民主化在稳步前进。从整体意义上讲，这些理念、制度和实践共同构成了中国政治发展不可或缺的存量前提。

然而，面对日益变化的现代社会，单纯拥有"存量"并不足以全面激活政治发展的强劲动力，政治发展的稳步前进亟待实现"增量"的扩张。"存量"是政治发展的基础和根基，"增量"则是政治发展的新动力、新源泉。相对而言，"增量"是新增的政治发展动力和权益。增量累进式发展就是在不损害既有发展成果的前提下，进一步优化政治发展结构，提升政治发展质态，使公众能实实在在地感受到政治发展所带来的民主收益。增量累进式发展期望通过持续不断和稳妥务实的改革创新，达到政治发展的"帕累托最优"。实践证明，中国特色社会主义政治发展采取增量累进式发展思路，既考虑到了超大型的发展中国家广大民众对民主与稳定的合理期待，又看到了中国政治发展进程所应突破的现实困境，因而具有深厚的历史合理性和较强的现实迫切性。

实现增量累进式发展同样必须考虑"成本—收益"问题，要坚持以最小成本获取最大收益。从程序上看，根据"成本—收益"的基本逻辑，中国既要突破而不是突变地政治改革，又要在坚持基本制度不动摇的前提下激发应有的社会活力。这是中国政治发展必须坚持的重点步骤及其合理路径。从方式上看，唯有遵循"成本—收益"逻辑，才能实现"增"和"累"的并进，才能既重视"增"对政治发展的本体价值，又注重"累"对政治发展实践的现实意义。从实践上看，"以点带面、逐层累进"，倡导"改革试点""经验推广"，但不回避"试错"的增量累进式发展实践，也是在"成本—收益"逻辑下进行的，并切实扩大了地方改革创新的空间，增强了地方的自主性，有助于在调控运行"成本"和预见未来"收益"的基础上，适时上升为国家的正式制度。从目标上看，强调"成本—收益"逻辑能带来最大化的效益——实现"善治"，着眼于整个政治共同体治理效益的最大化，并通过政治生活中各主体间的互动、合作以达致政治发展的最佳状态。

2. 合理权衡公共利益的现实诉求

马克思认为："人们为之奋斗的一切，都同他们的利益有关。"① 利益是人们基于一定生产基础上获得社会内容和特性的需要，这种需要随着历史的发展和时代的进步不断更新。在人类社会发展过程中，"已经得到满足的第一个需要本身、满足需要的活动和已经获得的为满足需要而用的工具又引起新的需要"。② 由于需要（即利益）是导致人们行为的起点并贯穿始终的主线，因而，利益成为政治生活中的一条基本准则和政治发展的重要追求。但是，我们所强调的利益不是单纯的个体利益，而是公共利益。尽管公共利益难以全面界定，但是将它看作公共政策的出发点和政治发展的鲜明取向并不为过。从政治学的视角看，公共利益的本质在于全体社会成员、政府与社会的利益能够实现合理均衡。对于当代中国政治发展来说，要形成系统的政治整合力，积极正视公共利益是必然选择。公共利益的形成和维护既能促进政治发展凝聚更大、更强的动力，又能排除各种干扰形成合力，继而促进政治的可持续发展。

公共利益的核心在于利益主体之间的"均衡"，在于政治合力的形成，因而只有在合理的"成本—收益"架构中，公共利益才会得到有价值的实现。首先，体现"大多数人"的利益，需要考虑"成本—收益"。"当今社会，公共治理中的'大多数'意味着公平、共享、包容、减少社会排斥，通过'包容性增长'和'包容性发展'来实现公共利益。"③ 这种包容性的核心要义就是实现政治生活主体的各得其所。但是，就具体政治过程而言，基于经济性来计算政治成本是政治理性的内在要求。林德布洛姆（Charles E. Lindblom）认为，在分析基本的社会机制和制度过程时，把政治和经济联系起来是有益的，原因在于"大部分政治是经济性的，而大部分经济亦是政治性的"。④ 同样，实现大多数人的利益也需要进行政治成本计算。这既包含发展的自然成本和社会成本，还包括对少数人合法权益的正视和维护。不考虑这些成本，即使实现了大多数人的利益，也是非科学

---

① 《马克思恩格斯全集》第 1 卷，人民出版社 1995 年版，第 187 页。
② 《马克思恩格斯全集》第 1 卷，人民出版社 2009 年版，第 531 页。
③ 张成福、李丹婷：《公共利益与公共治理》，《中国人民大学学报》2012 年第 2 期。
④ 查尔斯·林德布洛姆：《政治与市场——世界的政治—经济制度》，王逸舟译，上海三联书店、上海人民出版社 1994 年版，第 9 页。

或不能持久的，为日后的民主巩固埋下了隐患。其次，摆脱"局部利益"的窠臼，尤其是摆脱利益集团和部门、地方利益的"绑架"，规避"诺思悖论"，① 需要"成本—收益"的理性算计。在分析政府行为时，奥尔森（Mancur Olson）不无忧虑地指出，任何国家承平日久之后的问题是，"社会内的特殊利益集团的数目与日俱增"，这些团体"对提高社会的生产力缺乏兴趣，却致力于从国民收入中攫取更大的份额，即使这样的活动会极大地破坏社会生产力也在所不辞"，② 他们还对市场进行政治干预，操纵公共政策。利益集团之于政治发展的最大危害是损害公共利益，损伤政党的执政根基。对公共利益的尊重，实际上就是对利益集团干扰公众合法权益的矫正，继而为政治发展扫除障碍。然而，在错综复杂的形势下缺乏仔细考量而贸然行动，可能会破坏政治发展已经积累的积极成果，其"成本"控制便得不偿失。最后，统筹兼顾短期利益与长远利益，也需要合理均衡"成本—收益"。邓小平指出："在社会主义制度之下，个人利益要服从集体利益，局部利益要服从整体利益，暂时利益要服从长远利益，或者叫做小局服从大局，小道理服从大道理。"③ 在实践中，如果政治行为过于重视眼前利益而忽视长远利益，就会不断增大经济社会运行的成本，消耗政治发展的收益。因此，合理均衡"成本—收益"问题，政治发展中的短期利益与长远利益才能统筹兼顾。

无论是增量累进式发展思路的经验启迪，还是合理权衡公共利益的现实诉求，都是中国特色社会主义政治发展必须正视的基础问题，两者的共通之处在于"以最小的成本获取最大化的收益"。

展开来说，其"成本"蕴含于政治经济社会生活的方方面面。就经济成本而言，主要是指政治发展过程中产生的经济消耗及其风险。这包含三个方面：其一，推动政治发展所要正常消耗的经济资源；其二，化解政治发展过程中可能出现的风险所产生的直接经济耗损，以及因风险而导致决策失误所造成的经济损失；其三，因政治发展制度化水平而导致的腐败，

---

① 所谓"诺思悖论"是指："国家的存在是经济增长的关键，然而国家又是人为经济衰退的根源。"（参见道格拉斯·C. 诺思《经济史中的结构与变迁》，陈郁等译，上海三联书店、上海人民出版社1994年版，第20页。）

② 曼库尔·奥尔森：《国家兴衰探源——经济增长、滞胀与社会僵化》，吕应中等译，商务印书馆1999年版，第87页。

③ 《邓小平文选》（第2卷），人民出版社1994年版，第175页。

以及腐败对经济发展产生的侵蚀。这些经济资源的消耗综合构成了政治发展的经济成本。一个客观的事实是，这些经济成本已经在中国政治发展过程中显现。这说明，中国政治发展必须要考虑经济绩效所能输送的承载能力和面临的风险。如果为了政治发展而过度地消耗经济资源，那么政治发展将会面临巨大的风险。就政治成本而言，主要是指政治发展所使用和消耗的政治资源。它一般包含四个重要因素：交易费用、机会成本、合法性成本和稳定成本。在分析政治行为与经济行为的相似性时，迪克西特（Avinash K. Dixit）认为，在现实中政治过程如同市场及其企业组织的交易过程，存在对"社会福利最大化的黑箱"[1]的成本计算，以检验政治过程内部机制的实际运转状况。在他看来，政治领域的交易成本主要是制度的运行成本。如果这种成本过高，则无益于政治发展。更何况在社会转型过程中，不断增多的风险及随之而来的危机，给中国社会稳定乃至党的执政环境带来了极大挑战。就社会成本而言，它主要是指社会的整体氛围，以及社会成员心理习惯、行为习俗等要素。"如果一个政权维持它的运作总是要比别的政权多花费几倍、几十倍、甚至上百倍的物力、财力、精力，如果执政党的每项政策都需要调动大量的警察乃至军队来强制实行，那么，实施的效果暂且不论，至少这种运作在成本上是难以为继的。"[2]近年来，中国改革发展进程中出现的贫富悬殊、公权腐败、环境恶化等大量的社会问题和道德失范、价值扭曲等不良社会现象，极大地侵蚀了社会凝聚力，加大了中国政治发展的社会成本，这亟待在实践中加以解决。

同上述"成本"相对应，其"收益"主要是指政治发展收益的最大化。具体而言，"政治发展就是政治体系综合能力的发展。其中包括：政治合理性基础的扩大，政治制度化水平的提高，政治参与机会的增加，民主程度的提高，公民自由权利的保障和实施等"。[3]这体现为：政治制度化水平的提高——制度化水平的提高，不仅可以督促人们遵守规则、规范和惯例，而且可以改善个人、组织与其外部环境，激发人们的创造性和积极性，促使各种社会资源配置更加合理，进一步提高经济社会发展效率；政治参与机会的扩大——政治发展的理想图景是政治结构和政治生活从传统

① 参见阿维纳什·K.迪克西特《经济政策的制定：交易成本政治学的视角》，刘元春译，中国人民大学出版社2004年版，第7页。

② 王长江：《现代政党执政规律研究》，上海人民出版社2002年版，第169页。

③ 燕继荣：《政治学十五讲》，北京大学出版社2004年版，第299页。

模式向现代模式有序演进，并保持前后相继和内在勾连，因而，有序的政治参与不可或缺；民主发展程度的提高——民主实践的制度化、规范化、程序化既是检验政治发展水平的有效标尺，也为政治稳定提供减压阀和疏通渠道，因而，民主成为政治发展最重要的目标取向，它具有永恒性，不因时代的改变而改变，不因环境变化而变迁，构成推动政治发展的可持续动力；法治理念的贯彻与落实——无论是西方政治文明发展史还是中国政治发展的客观现实都清晰地表明，"法治偏爱"是建构和谐稳定的现代政治生活和推动政治发展的不二选择，法治应该构成治国理政的理性方式。

（二）目标定位：实现最广泛的人民民主

民主是人类的不懈追求和美好期待。在本源意义上，民主主要探讨两个最为基础性的问题：权力来自何处、权力如何行使。前者是要回答权力的真正拥有者是谁，谁可以做主；后者则是要回答权力的拥有者如何有效地行使权力。权力的渊源构成民主问题之"源"，旨在解释权力来自哪里。人类政治生活史表明，人民掌握权力是权力之"源"，与之相对应，权力的行使方式则是"流"。但是从现实情况看，权力的行使方式与公众的接触最为直接，因而成为人民认知民主的最直观依据。正是这个意义上，如何有效地行使民主权力一直成为人们的关注重点。

不可否认，民主政治的理想预期与客观现实是存在差距的。奴隶制和封建制国家实行的显然不是人民统治。即使标榜"自由、平等、博爱"的资本主义民主，其民主实践也难以摆脱资本的规制，依然具有狭隘的一面，民主始终没有惠及全体社会成员，也不是最广泛的人民民主。

作为扬弃资本主义的新型社会形态，社会主义的优越性不仅体现在要消灭资本主义生产资料私有制，而且要努力实现广大人民群众的民主权利。1843 年 3 月，马克思在《黑格尔法哲学批判》中就明确指出："人民是否有权为自己制定新的国家制度？对这个问题的回答应该是绝对肯定的，因为国家制度一旦不再是人民意志的现实表现，它就变成了事实上的幻想。"[①] 对于民主与社会主义之间的关系，列宁则强调："没有民主，就不可能有社会主义，这包括两个意思：（1）无产阶级如果不通过争取民主的斗争为社会主义革命作好准备，它就不能实现这个革命；（2）胜利了的

---

① 《马克思恩格斯全集》第 3 卷，人民出版社 2002 年版，第 73 页。

社会主义如果不实行充分的民主，就不能保持它所取得的胜利，并且引导人类走向国家的消亡。"① 东欧剧变、苏联解体反衬了马克思和列宁关于民主理论认知的正确性。就其历史教训而言，苏联、东欧之所以出现历史性蜕变，其中一个重要的原因就是丧失了人民民主，导致社会主义生命力的枯竭。

在新中国成立前，毛泽东强调："民主必须是各方面的，是政治上的、军事上的、经济上的、文化上的、党务上的以及国际关系上的，一切这些，都需要民主。"② "中国只能走这条路。这是一个历史法则，是一个必然的、不可避免的趋势，任何力量，都是扭转不过来的。"③ 新中国成立后，社会主义经济政治制度的建立和完善，逐渐为实现人民民主奠定了经济、政治和社会基础。在社会主义建设中，最广泛的人民民主体现在方方面面。"就各个方面而言，有政治民主（或民主政治）、经济民主、文化民主、社会民主、党内民主、军事民主和国际民主等；就各个层面而言，有民主政治制度、民主权利、民主管理原则、民主精神、民主素质、民主作风和民主方法等。这就形成了以人民民主概念为核心的民主理论体系。"④

真正实现人民当家作主，是社会主义民主政治的本质和最大优势。在改革开放新时期，党得出了"人民民主是社会主义的生命"⑤ 的正确结论，为成功开辟中国特色社会主义政治发展道路奠定了理论基础。当前，人民民主实践展现出了鲜明特征：在主体上，坚持不分民族、性别、职业、地位等，积极引导广大人民群体共同享有民主权利；在结构上，坚持民主选举、民主决策、民主管理、民主监督这四大民主协调发展；在路径上，推崇协商民主与选举民主并重。

事实上，将实现最广泛的人民民主看作中国特色社会主义政治发展的目标定位，具有重要的现实意义。其一，巩固中国共产党的执政基础。政党政治的基本理论表明，执政党的执政基础维系于民众源自内心的认同和信任。民众实现对执政党的认同，除了依赖于提升经济绩效、加强意识形

---

① 《列宁全集》第28卷，人民出版社1990年版，第168页。
② 《毛泽东文集》（第3卷），人民出版社1996年版，第169页。
③ 《毛泽东选集》（第3卷），人民出版社1991年版，第1069页。
④ 李铁映：《论民主》，人民出版社、中国社会科学出版社2001年版，第107页。
⑤ 胡锦涛：《高举中国特色社会主义伟大旗帜　为夺取全面建设小康社会新胜利而奋斗——在中国共产党第十七次全国代表大会上的报告》，人民出版社2007年版，第28页。

态宣传外，真正具有持久性和内聚力的因素是坚持和实现最广泛的人民民主。中国共产党牢固地夯实执政根基，最需要努力的方向就是积极回应群众的民主诉求，顺势推动人民民主，让广大群众分享最广泛的民主成果。其二，深化改革的需要。党的十八大指出："改革开放是坚持和发展中国特色社会主义的必由之路"，"同时，必须清醒看到，我们工作中还存在许多不足，前进道路上还有不少问题和困难"。① 破解改革发展中存在的突出问题，就是要通过实现最广泛的人民民主，为广大群众提供利益表达机制、对话协调机制和政治参与机制，有效减少社会矛盾和摩擦，充分调动各方面的积极性、主动性、创造性，把社会各方面的意志凝聚起来，才能形成中国特色社会主义政治发展的强大合力。其三，推动政治发展的现实需要。从目的看，民主是政治发展的价值追求，从手段看，民主是政治资源合理分配的有效机制，是推动政治发展的可持续动力。由此可见，在中国政治发展过程中，唯有实现最广泛的人民民主，中国特色社会主义政治发展才具备坚实基础。

（三）道路定位：客观务实的中国特色社会主义道路

对于正处在转型社会、网络社会和风险社会同步来临的当代中国来说，正确的政治发展道路是直面现代化潮流、提升国家认同、凝聚民族精神，特别是有效推动民主政治建设的重要因素。恩格斯认为："一切社会变迁和政治变革的终极原因，不应当到人们的头脑中，到人们对永恒的真理和正义的日益增进的认识中去寻找，而应当到生产方式和交换方式的变更中去寻找。"② 这说明，政治发展道路的选择不是随心所欲的主观臆断，而是取决于经济基础、社会现实、发展阶段和目标愿景等一系列综合因素。

作为立足于现实国情的理性选择，中国特色社会主义政治发展道路从外在表征来看，具有三大基本特征：首先，一党执政、多党参政的政治发展格局。在中国政治发展进程中，坚持中国共产党的领导，是中国政治体制改革和政治发展的基本底线，也是有别于西方国家政治发展的重要特

---

① 参见胡锦涛《坚定不移沿着中国特色社会主义道路前进　为全面建成小康社会而奋斗——在中国共产党第十八次全国代表大会上的报告》，人民出版社 2012 年版。

② 《马克思恩格斯文集》第 3 卷，人民出版社 2009 年版，第 547 页。

点。其次，社会主义根本政治制度和基本政治制度框架内的发展方向。推进中国特色社会主义政治发展，不是对现存根本政治制度和基本政治制度的质变，而是在坚持人民民主专政国体和人民代表大会制政体的基础上，对具体政治制度的自我完善和发展。这决定了中国的政治发展趋向不是对社会主义制度性质的否定。最后，稳中求进的渐进发展方式。中国特色社会主义政治发展是以经济、文化和社会的同步改革和发展为基础，在相互影响和互动中稳步推进，不是脱离经济、文化和社会等因素制约的激进变革。

这条道路定位之所以客观务实，主要源于政治发展是一个客观历史过程。一方面，政治发展的主观要件是在逐步积累过程中渐次走向成熟的。政治发展既需要政治主体具有明确的政治意识，又需要自主自觉、有序地参与国家政治生活和公共事务治理。然而，由于历史文化传统的深层制约，这些主观要件的形成不可能一蹴而就，它的生成有赖于长期的磨合和锤炼。实现有效的政治发展固然需要建立在政治认同的基础上，但是更需要以积极务实的制度理性作为重要支撑。所以说，"政治发展是理性化的过程。从结构、功能、权力、程序、规范各个方面观之，均需要运用理性，审时度势，分析一定社会的历史社会文化条件，分析政治发展每一个步骤可能带来的积极后果和消极后果，这样才能有效推进政治发展"。① 另一方面，政治发展的客观要件需要逐渐构筑的历史过程。无论是广大群众对民主政治价值的理性体认，还是党致力于科学执政、民主执政和依法执政等执政方式的有效形成，抑或是政治体制改革的稳步推进，都不可能"毕其功于一役"。"进入新时期以来，我国在实事求是的思想路线指引下，克服了那些超越社会发展阶段的错误观念和政策，经过不断地探索和积累经验，逐步走上了一条渐进式的政治发展道路……这是一条适合我国国情的发展道路。"②

事实上，"中国政治改革能够保持持续性和取得成果，最关键的原因是，改革的推动者一开始就以务实的而不是以理想的改革目标为指导"。③中国政治发展同样如此，它不是游离于客观条件之外的主观自在运动，而

---

① 王沪宁：《现阶段中国政治发展中的几对关系》，《社会科学》1989 年第 10 期。

② 周光辉：《当代中国政治发展的十大趋势》，《政治学研究》1998 年第 1 期。

③ 徐湘林：《以政治稳定为基础的中国渐进政治改革》，《战略与管理》2000 年第 5 期。

是尊重现实国情、坚持务实发展理念的自主政治进程。

四 民生政治参与：中国政治发展的战略突破口

政治发展总是寓于一定的政治参与实践的变迁过程。彼得斯（B. Guy Peters）在论述理性选择理论时提出了这样一种假设："个体展开理性行动的目标是自身利益的最大化。所以，在这种视角下，制度是形塑着个体行为的规则集合体，但是，个体对于这些由制度所建立起来的激励和约束能够作出理性的反应。而且，大多数个体都会以同样的方式对制度的激励和约束作出反应。"① 这种反应体现了制度的不断调适以合乎社会发展需求。因此，中国特色社会主义政治发展的关键问题就在于，通过探寻适合中国国情的政治参与形态，选择适合的战略突破口。

（一）以深化治理型参与推动国家治理能力现代化的持续提升

政治发展的历史和现实均表明，治理能力是检验一个国家政治发展水平的重要标尺。很难想象一个治理能力低下的国家会有高度的政治发展水平。对于当代中国政治发展而言，提升国家治理能力具有更加重要的现实意义。新中国成立以来，党总是在不断提高国家治理能力的进程中，实现着政治发展的不断累积和有效提升。然而，"市场经济、民主政治、开放社会、多元文化等现代性因素的成长，及其交织形成的复杂关系，使得现代国家的公共事务数量规模急剧膨胀，治理的难度也不断挑战着政府治理能力的极限"。② 面对公共事务治理日益严峻的挑战，党审时度势地提出："全面深化改革的总目标是完善和发展中国特色社会主义制度，推进国家治理体系和治理能力现代化。"③

简约地看，国家治理能力是政治行为主体有效运用相关制度管理社会公共事务，使之相互协调、共同发展、促进进步的能力。它既是国家治理体系在实践中的绩效彰显，又是衡量政治发展水平高低的外在表征和重要

---

① 盖伊·彼得斯：《理性选择理论与制度理论》，何俊志、任军锋、朱德米编译《新制度主义政治学译文精选》，天津人民出版社 2007 年版，第 78 页。

② 何显明：《政府转型与现代国家治理体系的建构——60 年来政府体制演变的内在逻辑》，《浙江社会科学》2013 年第 6 期。

③ 《中共中央关于全面深化改革若干重大问题的决定》，人民出版社 2013 年版，第 3 页。

杠杆。作为现代社会的主体力量，人不仅是政治发展的最终归宿，而且内在地构成了政治发展的制约因素和重要依托力量。所以，对于政治行为主体来说，提高认知政治生活和治理国家的能力，积极投身政治参与实践是题中应有之义。政治参与是能力建设与能力发展的重要中介。在政治参与实践中，公民既可以对政治体系施加影响，实现自身的利益诉求，又能够从中习得政治意识、政治技术和政治生活技能。这些因素综合在一起，就集中体现为政治体系的整合能力和治理能力得到不断提高，政治发展的推动力得到不断凝聚。

考察中外政治发展和国家治理实践，"依据国家和社会生活的实际，自觉转换和更新政治参与使之适应变化的形势，是每一个国家政治发展所必须正视的基本问题"。[①] 也就是说，无论是对于政治发展自身还是其外在表征——国家治理能力现代化，其理想形态都是努力促进国家政治结构和现代政治生活有序、高效地从传统向现代演进。这已经成为中国特色社会主义政治发展的现实前提。改革开放以来，社会主义民主政治条件下的政治参与取得的实质性进步，鲜明地体现在参与的"面"不断扩大，参与的主体不断充实，参与的绩效不断提升，参与的领域不断拓展等方面。不过，在当前中国政治发展进程中，政治参与不仅在于拓展参与的"面"，更在于实现参与的结构性优化，即实现政治参与的本体性价值与治理性意义的合理均衡。进一步而言，就是在努力实现民主型参与的同时，亦不能忽视治理型参与，要努力推动治理型参与渐次深入日常的政治生活中。治理型参与的最大价值是既能有效回应提升国家治理能力现代化的客观需要，又能切实纠偏当前中国政治发展过程中过于偏重民主选举而忽略选举后的决策、管理和监督等问题，实现治理型参与的结构性优化，能够引导公众更为深入地关注公共事务治理，进而实现既重视参与的民主价值又不回避参与的治理意义。

（二）治理型参与中的民生政治参与

党的十八届三中全会指出，发展社会主义民主政治，必须以保证人民当家做主为根本，更加注重健全民主制度、丰富民主形式，从各层次各领

---

① 梁丽萍、邱尚琪：《建国以来中国公民政治参与模式的演变分析》，《中国行政管理》2004年第5期。

域扩大公民有序政治参与，充分发挥我国社会主义政治制度优越性。① 因此，创新既有助于适应世界发展潮流、提升国家治理能力，又能直接观照中国现实国情、维护社会稳定的参与类型，是党在促进中国特色社会主义政治发展问题上的最大关切。辨识中国政治参与实践和政治发展的客观实际，当前有效回应、合理均衡党和广大人民群众在政治参与上的不同诉求，较为务实的战略突破口就是民生政治参与。

所谓民生政治参与，简而言之就是在政治参与实践中，以民生议题为公民有序参与的核心，以民生改善为党和政府公共决策的直接指向，以实现民生福祉为社会公共事务治理的根本落脚点，通过有效引导公众采取协商、沟通、权衡、比较的方式实现合法有序的参与活动和过程。民生政治参与不仅注重民生议题在政治参与中的指向作用，而且强调政治参与对民生改善的保障意义。如果说选举政治参与更多地体现了竞争性特质，那么作为一种治理型参与，民生政治参与则明显地体现出协商合作性特征。通过民生政治参与过程，公共事务会得到广大群众的更多关注和政府的有效治理，党的执政基础会更加巩固，政治发展将会获得更强大、更充足的动力。从理论逻辑和实践内容来看，民生政治参与具有四个基本特征。

其一，坚实的利益实践基础。"作为最大的发展中国家，中国当前的根本任务依然是发展，发展是硬道理，发展是第一要务，但发展应是经济、社会、政治、文化及人的全面发展。"② 发展的主体是"人"，改善民生的目的也是"人"，因此，实现人的全面发展与解决民生问题在价值目标上具有共通性。当经济发展指标日益攀升之后，改善民生是最大的政治。发展的重要议题必须着眼于维护最广大人民根本利益，最大限度地增加和谐因素，增强社会发展活力，确保人民安居乐业、社会安定有序。③由此，解决关乎群众切身利益的民生问题便成为关键。当前，改善民生已经成为和谐社会建设的出发点和落脚点，也是经济社会科学发展的根本目的。民生问题实质上是发展问题，以民生议题为依托，能更加有力地吸引

① 参见《中共中央关于全面深化改革若干重大问题的决定》，人民出版社 2013 年版，第 28 页。

② 房宁、周少来：《民主民生共促和谐发展的制度之路——杭州市"以民主促民生"战略的民主治理意义》，《政治学研究》2010 年第 5 期。

③ 参见《中共中央关于全面深化改革若干重大问题的决定》，人民出版社 2013 年版，第 49 页。

公众参与政治生活，广泛开展形式多样的基层民主协商，从而为政治参与奠定利益共识与实践基础。

其二，渐进有序的参与策略。改革开放 30 多年来，实现社会主义条件下公民有序政治参与，既是中国政治发展取得成功的重要保障，也是扩大人民民主、保证人民当家做主的必然要求。实践证明，扩大公民有序政治参与反映了社会主义民主政治的本质，体现了公民与国家之间良性的政治互动关系，增强了社会主义国家政权的活力，促进了社会主义国家的巩固与发展。基于此，民生政治参与是以民生议题为核心，以循序渐进、民主协商、有序参与为机制，以寻求共同利益为旨归，因而有助于在政治参与中凝练与增进更多的改革共识，引导公众在民主法制的氛围中实现共赢。同时，民生与民主的互动，不仅有助于提升政治发展的绩效，而且有利于开拓政治发展的空间，丰富民主政治的资源。

其三，人民主体的广泛参与。人民民主是社会主义的生命，"从群众中来，到群众中去"是党的群众工作路线。这无不指明在社会主义民主政治建设中人民居于主体地位。"发展为了人民，发展依靠人民，发展成果由人民共享"，决定了"权为民所用，情为民所系，利为民所谋"。[1] 落实全面深化改革的时代要求，党必须切实支持人民群众广泛深入地参与到社会主义民主政治实践中来。正是在民生民主互动促进的平台上，民生政治参与通过合法有序的参与方式提升了广大群众自主式政治参与的积极性，有力保障了人民享有公共决策、公共事务的参与机会和民主权利。

其四，方便易行的操作技术。"在政治中，我们总是永不停息地争论是与非，辩论互相替代的政策的优与劣，争辩那些终极目标的明智性，并且衡量可能方法的有效性。一句话，我们置身于对价值的探索之中。"[2] 但是，"价值"并不是孤立存在的，脱离了"操作性"的价值只会沦为一种"政治景观"，难以发挥实际功效。与西方选举政治参与相比较，民生政治参与超越了"民主授权"的竞争性政治委托—代理形式，避免了集团政治的暗箱操作。同时，利益诉求的多样化和多层化，决定了高参与度的不同主体难以具备整齐划一的民主技术水平，这客观上要求必须提升政治制度

---

① 《中共中央关于加强和改进新形势下党的建设若干重大问题的决定》，人民出版社 2009 年版，第 8 页。

② 莱斯利·里普森：《政治学的重大问题——政治学导论》，刘晓等译，华夏出版社 2001 年版，第 17 页。

化水平，简便、优化政治参与程序。这一切表明，民生政治参与的接地气方式，不仅保障公民权利的真实性，创新了社会主义民主实践的方式，而且有利于广泛地反映和输入群众的利益诉求。

科恩认为："理想的民主不应仅仅是让公民们在汤姆和哈里之间（或没有竞争对手的亨利）选择一人就算是参与了管理，而应该让他们在力所能及的范围内识别问题，提出建议，权衡各方面的证据与论点，表明信念并阐明立场。"① 也就是说，民主政治不仅仅局限于投票选举，更在于通过充分、持续和有效的政治参与过程，实现自身的价值评判和利益表达。在这个意义上，优先推进民生政治参与，不仅契合中国特色社会主义政治发展逻辑起点的现实要求，而且有助于其科学定位的顺利实现。就前者而言，它从回应客观复杂的现实情势着手，主张稳健、理性的参与方略，有助于降低政治运行成本，避免高昂的政治参与代价，构筑和谐的政治发展环境，提升政治发展收益。就后者而言，它以民生议题为政治参与的核心，以实现民生福祉为政治参与的目标指向，能够通过现实的参与收益吸引更多的参与主体，继而以最小的投入成本获取最大程度的政治发展收益。与此同时，它也是一种民主实践形式，在民生议题的大背景下，能够鼓励公共参与，实现最广泛的人民民主。

（三）民生政治参与的显见价值

在现实国情背景下，中国政治发展的突破口必须具有同时解决政治认同、构建社会秩序和促进政治文化转型三大问题的功能。这正是民生政治参与的价值所在。

首先，契合提升政治认同的需要。对于任何一个政治系统而言，公众的认同是其最大的关切。"人们为之奋斗的一切，都同他们的利益有关。"② 认同的建构离不开政治体制发挥实际效率及其满足公共需求能力等因素的支撑。然而，亨廷顿认为，"把合法性建立在政绩基础上的努力产生了可以被称作政绩困局的东西"。③ 这意味着经济绩效与政治认同之间的关系并不具有唯一性。无疑，中国政治发展过程将面临"政绩困局"的考验。从

---

① 科恩：《论民主》，聂崇信、朱秀贤译，商务印书馆 1988 年版，第 22 页。
② 《马克思恩格斯全集》第 1 卷，人民出版社 2009 年版，第 187 页。
③ 亨廷顿：《第三波——20 世纪后期民主化浪潮》，刘军宁译，上海三联书店 1998 年版，第 59 页。

党的十七大提出"必须在经济发展的基础上，更加注重社会建设，着力保障和改善民生"，"加快推进以改善民生为重点的社会建设"，① 到十八大提出"必须从维护最广大人民根本利益的高度，加快健全基本公共服务体系，加强和创新社会管理，推动社会主义和谐社会建设"，"在改善民生和创新管理中加强社会建设"，② 充分说明中国发展方式正在从偏重于追求GDP中摆脱出来，高度重视经济社会全面发展的党的执政理念，已经引领中国走入致力于民生改善、福祉增加的民生政治新时期。因此，通过民生政治参与，实现社会草根阶层多层次的利益诉求，必将增强人民群众对社会主义政治体制的认同与支持。

其次，契合政治发展需要良好社会秩序的客观需求。在人类政治生活实践过程中，追求"幸福而高尚的生活"作为改善民生的现实表达，尽管在不同的时代、不同的人会有不同的理解，但是有一点是存在"重叠共识"的，那就是优良的幸福生活在于寻求有秩序的生活。"首要问题不是自由，而是建立一个合法的公共秩序。人当然可以有秩序而无自由，但不能有自由而无秩序。"③ 在政治发展中，首要的是寻求合法良好的社会秩序。"对于社会公共生活而言，秩序与其他社会价值相比具有优先性。"④ 秩序的重要性预设了它在政治发展中的特殊地位：良好的社会秩序既构成政治发展的前提和基础，亦成为其重要指向。但是，"考虑我国当前的经济社会条件、面临的主要任务以及国际环境，也考虑到西方国家以及一些发展中国家的民主政治发展的历史经验教训，我们认为，现阶段我国民主政治建设不宜采取扩大竞争性的路子"。⑤ 中国在推进政治发展过程中必须强调社会秩序的重要性，进而谨慎地选择发展战略。相对而言，民生政治参与一方面以民生议题为核心的参与过程，积极表达了参与主体的利益诉求，能有效化解公众对公共政策和社会弊端的潜在不满及内在冲突；另一

---

① 胡锦涛：《高举中国特色社会主义伟大旗帜 为夺取全面建设小康社会新胜利而奋斗——在中国共产党第十七次全国代表大会上的报告》，人民出版社 2007 年版，第 37 页。

② 胡锦涛：《坚定不移沿着中国特色社会主义道路前进 为全面建成小康社会而奋斗——在中国共产党第十八次全国代表大会上的报告》，人民出版社 2012 年版，第 34 页。

③ 塞缪尔·P. 亨廷顿：《变化社会中的政治秩序》，王冠华、刘为等译，生活·读书·新知三联书店 1989 年版，第 7 页。

④ 周光辉：《政治文明的主题：人类对合理的公共秩序的追求》，《社会科学战线》2003 年第 4 期。

⑤ 房宁：《当代中国的民主政治发展》，《中国政协理论研究》2009 年第 2 期。

方面广泛带动其他主体参与政治生活，优化了参与主体的结构，形成橄榄型的参与主体结构，能有效维护社会稳定。

最后，大力培育现代参与型政治文化。作为人民民主的重要方式，民生政治参与有助于实现最广泛的人民民主。"人民民主不仅是一种制度，也是一种价值理念、是一种文化。从一定意义上讲，民主的价值理念和文化，是赋予民主制度以灵魂的因素，是民主运转生生不息的精神动力。"① 因此，政治文化对于民主政治参与具有攸关意义。"在参与型政治文化中，社会成员倾向于明确地取向作为一个整体的制度，同时取向政治机构和管理机构及其程序。换句话说，就是同时取向政治制度的输入部分和输出部分两个方面。参与政体的个体成员可能愿意或者不愿意取向政治目标的各个种类。他们在政治中倾向于适应一种自我'活动者'角色。虽然他们对这样一个角色的情感或评价可能差异很大。"② 沿着阿尔蒙德等的论述逻辑可以看出，政治文化对政治发展的作用是深刻的。参与型政治文化的实质是人们对民主政治的目标、制度、规则和程序等所保持的坚定信念、高度认同和积极支持，并推动政治制度的有效运转。实现民生政治参与，有助于培育参与主体对制度的尊重、程序的遵守、技能的提高，易于推动政治文化由传统向现代的转型，产生出符合时代要求、支撑诸政治制度有效运行的现代政治文化。而参与型政治文化的形成和普及，则有助于推动中国特色社会主义政治发展的积极前行。在参与过程中，随着积极的参与心态、理性的参与行为、妥协宽容的参与理念的逐渐确立，政府与公众的合作互动关系日趋明晰，社会主义民主法治将从一种政治理念上升为日常生活方式。

五 结语

就政治发展而谈政治发展的研究，主张价值与事实分离或在主观理想化构造的分析框架中抽象地考察研究客体，必然丧失历史的、整体的、动态的方法论意义。缺乏对策的主体性和有效性，则难以积极地推进中国特

---

① 王宗礼：《试论人民民主的理论和实践》，《政治学研究》2008 年第 4 期。

② 加布里埃尔·A. 阿尔蒙德、西德尼·维巴：《公民文化五国的政治态度和民主》，马殿君等译，浙江人民出版社 1989 年版，第 21—22 页。

色社会主义政治发展的实践。改革开放以来，广大群众利益表达的合法渠道越来越畅通，利益表达的机制日益走向完善。在加快社会建设条件下，党进一步增强了对社会的有效回应性，更加重视人民的利益需求，积极反映社情民意。实践证明，积极地推进中国特色社会主义政治发展，有助于执政党通过制度体系自觉地联系群众，保证广大群众的政治参与实现"广泛多层制度化发展"。[①]

从民生政治的发展战略看，"中国的现代国家建设是一个由经济发展、社会建设和政治改革三步走的战略系统，是一个以民生为主导的先易后难的渐进过程"。[②] 亨廷顿等人认为，发展中国家"更常见的情形是，扩大政治参与被看作是实现发展过程中其他高价值目标的一种手段"。[③] 在全面深化改革的时代语境中，民生连着民心，民生凝聚共识。中国特色社会主义政治发展超越了国家与社会二元对立的理论预设，改革开放的成果为全体人民共享决定了其内在动力是自主的和充足的，它来自党和人民群众共同致力于社会主义现代化建设这一重大战略的"集体行动逻辑"。作为国家的执政党，中国共产党推动中国特色社会主义政治发展，是实现长期执政和执政使命的题中应有之义，是巩固执政基础、提升执政能力的政治理性选择；作为国家的主人翁，人民群众投身于当代中国政治发展，实现当家做主，必然要求促进党以更加积极的执政理念尊重民意、关注民生，进而切实维护和增进人民利益。因此，着眼于中国特色社会主义政治发展绩效，作为一种有益的实践探索，实现民生政治参与在改善民生这个"最大的政治"实践中，高度契合了社会公平正义的现实要求；作为合理的制度安排，实现民生政治参与在确保国家现代化转型和社会长治久安中，必将加快社会主义民主政治建设的历史进程。

[①] 《中共中央关于全面深化改革若干重大问题的决定》，人民出版社 2009 年版，第 29 页。

[②] 陈明明：《以民生政治为基本导向的政治发展战略》，《江苏社会科学》2012 年第 2 期。

[③] 塞缪尔·P. 亨廷顿、琼·纳尔逊：《难以抉择发展中国家的政治参与》，汪晓寿、吴志华、项继权译，华夏出版社 1988 年版，第 175 页。

以"渐进的办法"改变旧的社会经济结构

——经典作家研究理想社会的原则及思想与实现中国梦

俞良早

这里所谓以"渐进的办法"改变旧的社会经济结构，指无产阶级掌握政权以后，对于旧的社会经济结构的改变，采取缓和的、渐进的、逐步的、平稳的措施，而非采取激烈的、迅速的办法。更直接地说，对于消灭资本主义私有制和建立社会主义公有制，非采取暴风骤雨式的、激进的、快速的办法，而在一定的时期内继续保持资本主义经济和利用它的积极作用，促进无产阶级的事业。马克思、恩格斯和列宁在著述活动中，在论述未来理想社会和实现理想社会的措施时，阐述了上述原则及思想。他们的原则及思想对于当代中国共产党人实现中国梦，有着重要的理论意义。

一 马克思、恩格斯关于"不能一下子"废除私有制和不能用暴力"剥夺小农"的思想

1847 年 10 月，恩格斯的《共产主义原理》是作为世界历史上第一个共产主义政党即共产主义同盟的纲领草案而产生的，是马克思、恩格斯最早系统地阐述科学社会主义理论的著作。在这里，恩格斯研究和阐述了未来理想社会的图景，即由社会全体成员组成的联合体来共同地、有计划地利用生产力；把社会生产发展到能够满足所有人的需要的规模；消除一部分人对另一部分人的剥削；消灭阶级和阶级对立；通过城乡融合，通过产业教育、变换工种、人的全面发展，使所有的人共同享受大家创造出来的福利。他说，这一切都是废除了私有制的结果。但是，能不能一下子废除私有制呢？他提出："不，不能，正像不能一下子就把现有的生产力扩大到为实行财产公有所必要的程度一样。因此，很可能就要来临的无产阶级

革命，只能逐步改造现社会，只有创造了所必需的大量生产资料之后，才能废除私有制。"① 他的意思是，社会生产力的发展和生产资料的增长达到必要的程度，需要一个过程。在这个过程实现以前，即在社会的生活资料尚不能充分满足社会全体成员需要以前，不能废除私有制。所以，改造社会及经济结构，只能逐步地进行。可见，在这里，恩格斯提出"不能一下子"废除私有制，表达了以"渐进的办法"改变旧的社会经济结构的原则及思想。

在此著作中，恩格斯提出一个问题：能不能用和平的办法废除私有制？接着他回答说："但愿如此，共产主义者当然是最不反对这种办法的人。"② 接着他说，任何密谋即少数人的恐怖活动对于无产阶级革命和旧的社会经济结构的改变没有益处，并且有害，不能采取密谋的方式。他还说："革命不能故意地、随心所欲地制造，革命在任何地方和任何时候都是完全不以单个政党和整个阶级的意志和领导为转移的各种情况的必然结果。"③ 这里强调革命不以政党和阶级的意志为转移，而是"各种情况的必然结果"，给人们以想象的空间，即如果出现了革命和平发展的情况，是不是可以用和平的方式废除私有制呢？对于这个问题，恩格斯1894年在有关文章中论及能不能用和平赎买的办法废除私有制时作了进一步说明。他说："我们决不认为，赎买在任何情况下都是不容许的；马克思曾向我讲过（并且讲过好多次！）他的意见：假如我们能赎买下这整个匪帮，那对于我们最便宜不过了。"④ 对于马克思、恩格斯的这个思想，列宁在十月革命后曾作过解释。列宁说，马克思、恩格斯指的是19世纪70年代的英国，是垄断前的资本主义的极盛时代，当时英国是军阀机构和官僚机构最少的国家，是当时最有可能"和平地"即通过工人向资产阶级"赎买"的办法改变旧的社会经济结构从而取得社会主义胜利的国家。如前所述，这个思想恩格斯1847年在《共产主义原理》中即已经提出了。如果按照马克思、恩格斯的设想，革命和平发展得以实现，即能够用和平的办法废除私有制，那么这个过程一定体现出渐进性，即不是"一下子"废除私有制，因为赎买的性质或者说革命和

① 《马克思恩格斯选集》第1卷，人民出版社1995年版，第239页。

② 同上。

③ 同上。

④ 《马克思恩格斯选集》第4卷，人民出版社1995年版，第503页。

平发展的性质已经决定了这一点。在随后出版的《共产党宣言》中，虽然看不到关于"不能一下子"废除私有制的文字，但是可以从他们相关的话语或内容中看出渐进式的改变的思想。如他们提出无产阶级在先进的国家里掌握政权后应该采取以下措施：剥夺地产，把地租用于国家支出；征收高额累进税；废除继承权；没收一切流亡分子和叛乱分子的财产；通过拥有国家资本和独享垄断权的国家银行，把信贷集中在国家手里；等等。既然征收高额累进税，那就说明社会上还存在着应该纳税的私有制企业。既然废除继承权，那就说明社会上还存在着私人财产。既然还有银行以及信贷业务，即使它掌握在国家手中，那说明社会上还存在着私人企业、私人生产和通过货币进行的商品交换。由此看，《共产党宣言》所表达的思想，也不是无产阶级掌握政权后激进地、迅速地、直接地废除私有制的思想。

《共产党宣言》阐明了共产党对待小资产阶级政党和资产阶级政党的态度。其中指出，在法国，共产党人同小资产阶级政党联合起来反对保守的和激进的资产阶级。在瑞士，共产党人支持"激进派"，但是不忽略这个党内一部分人是小资产阶级民主派，另一部分人是激进的资产阶级分子，他们内部存在着许多矛盾。在波兰，共产党人支持那个领导民族解放运动和反对封建制度的资产阶级政党。"在德国，只要资产阶级采取革命的行动，共产党就同它一起去反对专制君主制、封建土地所有制和小市民的反动性。"① 它还指出："最后，共产党人到处都努力争取全世界民主政党之间的团结和协调。"② 上述《共产党宣言》提到的政党，或者是小资产阶级政党，或者是资产阶级政党，他们的革命性体现于他们反对封建主义制度或者反对外族压迫、争取民族独立。有鉴于此，马克思、恩格斯提出，共产党人要支持他们的斗争，或者联合他们一起斗争。不可否认的是，上述这些政党或者主张维护和发展小生产即小资本主义的生产方式，或者主张维护和发展资本主义的生产方式。他们是不反对私有制的。如果共产党人支持他们的斗争或者联合他们一起斗争，必然会在废除私有制的问题上对他们有所让步，至少是放慢废除私有制的速度，不然则不能实现同他们之间的"团结和协调"。可见，上述内容包含着马克思、恩格斯关

---

① 《马克思恩格斯选集》第 1 卷，人民出版社 1995 年版，第 306 页。
② 同上书，第 307 页。

于渐进式地改变旧的社会经济结构的思想。

　　1894 年，恩格斯在《法德农民问题》中阐述了掌握政权的无产阶级不能用暴力"剥夺小农"的思想。当时，在欧洲，除英国本土和普鲁士易北河以东经济发达地区以外，从爱尔兰到意大利，从西班牙到俄罗斯和保加利亚，农民在全国人口中的比重很大，是社会生产和政治生活的重要的因素。由于西欧的资产者对社会主义和无产阶级的恶意"宣传"，农民视无产阶级为掠夺他们财产的"懒惰而贪婪"的城里人而憎恨他们。因此，各国社会主义政党积极地制定相关的方针政策，争取和团结农民，力图将农民吸引到自己的阵营中，壮大革命的力量。1894 年 9 月，法国社会党"南特"代表大会通过相关的决议，就党对待小农的态度和政策提出了意见。但是其中有许多错误，如提出社会主义的职责是维护小私有者农民占有自己的小块土地，小私有者农民剥削短工也应该予以保护，因为他们在某种程度上是自己受到剥削才不得不这样做的。恩格斯批评法国社会党说，维护小土地所有制和维护剥削，绝不是社会主义的职责！为了获取小私有者农民的支持而宣扬错误的东西，说明他们没有找到接近农民的正确方法。接着恩格斯郑重提出："我们预见到小农必然灭亡，但是我们无论如何不要以自己的干预去加速其灭亡。""同样明显的是，当我们掌握了国家政权的时候，我们决不会考虑用暴力去剥夺小农（不论有无报偿）像我们将不得不如此对待大土地占有者那样。我们对于小农的任务，首先是把他们的私人生产和私人占有变为合作社的生产和占有，不是采用暴力，而是通过示范和为此提供社会帮助。"[①] 这里恩格斯表达了三层思想：（1）社会主义的目的是实现财产公有制，消灭剥削，所以法国社会党在自己的决议中提出维护小块土地所有制和维护剥削，是错误的。（2）无产阶级掌握政权以后，在实施社会主义的过程中，对待小私有者农民的所有制和财产决不采取暴力剥夺的办法。不采取暴力剥夺的办法，即不采取暴风骤雨式的、激进的、迅速改变的办法，而采取缓和的、渐进的、逐步改变的办法。（3）把小农的私人生产和占有变为合作社的生产和占有。所谓合作社的生产和占有，是简单的、初级的公有制形式，它同整个社会占有生产资料的公有制存在很大的距离。可见，恩格斯在农民小生产所有制的改造问题上，并未要求一步到位即立即实现整个社会占有的公有制，而是主张以

---

① 《马克思恩格斯选集》第 4 卷，人民出版社 1995 年版，第 498—499 页。

合作社作为一种过渡。从这里也可以看出他关于缓和地、渐进地、逐步地改变农民小生产经济制度的思想。

二　列宁关于采用"渐进的办法"改造旧经济关系的思想

十月革命时期以及此后苏维埃国家经济建设时期，列宁阐述了采用"渐进的办法"改造旧经济关系的思想。

这年4月，列宁在《四月提纲》中论及当前革命的任务时提出："我们的直接任务并不是'实施'社会主义，而只是立刻过渡到由工人代表苏维埃监督社会的产品生产和分配。"① 这里所谓"由工人代表苏维埃监督社会的产品生产和分配"，即"计算和监督"的设想。它的具体内容是，在不改变生产资料私人占有制的前提下，由工人组织对企业的生产和分配过程进行监督，对企业生产和经营的账目进行计算。如同列宁所说，这不是实施社会主义，即它是非社会主义性质的措施。这说明，当时列宁持非激进的、非剥夺资本家财产的、渐进性质的经济变革的思想。

值得指出的是，在1921年实施新经济政策的过程中，列宁回想起十月革命胜利初期苏维埃政权采取的措施，肯定地指明当时采取的是渐进性质的措施。这年秋天，列宁看到了国内一份私营的《广告小报》，联想起1917年年底苏维埃政权的措施，即"计算和监督"的措施。适逢莫斯科省第七次党代表会议举行，列宁出席会议并在会议上的报告中讲到这件事。他说："在1917年年底颁布的头一批法令中，有一条关于国家垄断广告业务的法令。这条法令意味着什么呢？它意味着：争得国家政权的无产阶级设想，向新的社会经济关系过渡尽可能采用渐进的办法——不取消私人报刊，而使它们在某种程度上服从国家的领导，把它们纳入国家资本主义轨道。法令规定国家垄断广告业务，也就是设想还保留私营报纸而把它作为一种常规，还保留需要私人广告的经济政策，也保留私有制，即保留许多需要刊登广告的私营企业。"② 这一段话，清楚地表明了十月革命胜利初期苏维埃政权措施的性质和列宁的思想。当时的措施是保留私有制，既保留需要刊登广告的私营企业，也保留私人报刊，将这些企业纳入国家资

---

① 《列宁全集》第29卷，人民出版社1985年版，第116页。
② 《列宁全集》第42卷，人民出版社1987年版，第222页。

本主义轨道，使它们在一定程度上服从国家的领导。这也就是所谓"计算和监督"的措施（同年年底列宁在"计算和监督"的内容中增加了国家政权对企业进行监督的内容）。在列宁的思想上，保留私有制企业并发挥它的作用从而走向新的经济关系，是采用"渐进的办法"向新的经济关系过渡。可见，他当时的思想是非激进的思想，是采用"渐进的办法"变革经济关系的思想。

1918 年夏至 1920 年年底，是苏俄国内战争时期。当时由于严峻的战争形势和支持战争的需要，苏维埃政权实施了战时共产主义政策。由此学术界有些人认为，这一时期列宁的思想过于"激进"和"冒进"，存在着较多的错误。有的人甚至认为这一时期列宁企图通过战时共产主义措施使俄国"顺势"过渡到共产主义社会。可是实际上，列宁这一时期继续坚持并明确论述了采用"渐进的办法"实现发展的思想。

当时的俄国，农民仍占全国人口的大多数，小农经济在国民经济中占很大的比重。农民特别是小农由于拥有一定数量的土地和其他生产工具，可以通过自己的劳动获取粮食以满足自己以及家庭成员消费的需要，不像无产阶级那样向往社会主义社会，不大容易接受生产资料公有、集体生产和共同占有劳动成果的制度。可是，从建设社会主义和建成社会主义社会的要求看，必须把小农引上集体化的道路，使个体农民经济变为社会主义公有制经济。对于俄国来说，完成这个任务将十分困难，因为这里有一个发展农业生产力的任务，还有一个对农民进行社会主义教育和引导的任务。不经过一个较长的历史阶段是不能完成这个任务的。1918 年 11 月上旬，列宁在中部各省贫苦农民委员会代表会议上的讲话中指出："一下子就把数量很多的小农户变成大农庄是办不到的。要在短期内一下子把一直分散经营的农业变成公共经济，使之具有全国性大生产的形式，由全体劳动人民普遍地同等地履行劳动义务，同等地公平地享用劳动产品——要一下子做到这一点，当然是不可能的。"① 这里所谓"短期内"是不可能的，"一下子"是不可能的，指把小农经济变为社会主义公有经济，把个体生产变为集体生产，需要经过一个缓慢的、渐进的、较长时间的过渡阶段。12 月中旬，他在全俄土地局、贫苦农民委员会和公社第一次代表大会上的讲话中，在讲到这个问题时又说，在像俄国这样的农民国家里，进行社会

---

① 《列宁全集》第 35 卷，人民出版社 1985 年版，第 170 页。

主义建设是一项十分艰难的任务，因为必须实现土地和生产资料公有、集体生产和共同占有劳动成果的"共耕制"。他指出："这类变革，即实现由个体小农经济到共耕制的过渡，显然需要很长时间，绝对不可能一蹴而就。""我们深深知道，在小农经济的国家中，不经过一系列渐进的预备阶段，要过渡到社会主义是不可能的。"① "我们深深知道，由个体小农经济过渡到共耕制，是千百万人生活中一场触及生活方式最深处的大变革，只有经过长期的努力才能完成，只有到人们非改变自己生活不可的时候才能实现。"② 这里，他清楚地说这种过渡"需要很长时间""经过长期的努力才能完成"，同时明确地指出不经过"一系列渐进的预备阶段"不可能实现这种过渡。

列宁这里所说的"渐进的预备阶段"，指十月革命胜利时苏维埃政权对农民平均分配土地的历史阶段。当时列宁曾就这个事实说，剥夺地主和皇室的土地，按农民每户人口的多少平均分配，让农民个体经营，自己占有自己的劳动成果，看起来是社会革命党纲领的要求，不符合社会主义原则，即不符合公有制和集体生产的原则。可是广大农民要求这样做，布尔什维克不能够也不愿意违背大多数农民的意愿，实施了这样的政策和措施。他说，通过这样的政策和措施，可以促进农民经济的发展，为以后向社会主义过渡创造条件。由此看，上述历史阶段是苏俄社会主义农业进程中的"渐进的预备阶段"。在上述全俄土地局、贫苦农民委员会和公社第一次代表大会上的讲话中，他强调不经过这样的预备阶段，则不可能完成农村向社会主义过渡的任务。同时他在这里反复强调："这种由个体经济到共耕制的过渡，再说一遍，不可能一蹴而就。"③ "苏维埃政权现在正竭力通过渐进的办法一步一步地来实现这个共耕制。"④

1919 年 10 月，列宁发表了著名的论文《无产阶级专政时代的经济和政治》。在这里，他深入研究和阐述了马克思主义关于无产阶级专政的理论，并且联系俄国的实际，指明了俄国的无产阶级专政不同于一般的无产阶级专政的特点，即这个专政要完成它的历史任务——消灭阶级，这特别艰难，需要一个长久的、缓慢的过渡时期。这就是他所说的："为了消灭

---

① 《列宁全集》第 35 卷，人民出版社 1985 年版，第 352 页。
② 同上书，第 353 页。
③ 同上书，第 355 页。
④ 同上书，第 357 页。

阶级，首先就要推翻地主和资本家。这部分任务我们已经完成了，但这只是任务的一部分，而且不是最困难的部分。为了消灭阶级，其次就要消灭工农之间的差别，使所有的人都成为工作者。这不是一下子能够办到的。这是一个无比困难的任务，而且必然是一个长期的任务。这个任务不能用推翻哪个阶级的办法来解决。要解决这个任务，只有把整个社会经济在组织上加以改造，只有从个体的、单独的小商品经济过渡到公共的大经济。这样的过渡必然是非常长久的。采用急躁轻率的行政手段和立法手段，只会延缓这种过渡，给这种过渡造成困难。"① 这里，列宁关于消灭工农差别是一个无比困难的任务和长期的任务的思想，关于把小农经济改造成公共的大经济需要经历一个长久的过渡、不能采用急躁轻率的行政手段和立法手段的思想，证明列宁持缓和的、渐进的、逐步的、长久的向社会主义过渡的思想。

1921 年春，苏俄开始实施新经济政策。这一时期，列宁"战略退却"的思想蕴含着采用"渐进的办法"实现发展的意思。众所周知，在苏俄国内战争时期，俄共（布）和苏维埃政权被迫实行了一系列非常的措施，如余粮收集制、封闭市场和禁止贸易、消费品供给制、工业企业普遍的国有化、劳动义务制等。这些措施体现了无产阶级以及苏维埃政权对资产阶级采取进攻的态势。但是它在客观上损害了广大人民群众的利益，特别是损害了农民的利益。1920 年年底 1921 年春，这些措施仍在实施中，工农群众产生了严重的不满情绪。由于敌对势力的煽动，在农村的许多地方，出现了骚乱和暴动，矛头指向俄共（布）和苏维埃政权。俄共（布）和苏维埃政权鉴于国内严重的经济困难和政权危机，决定改变国家的发展轨道，即实行新经济政策。新经济政策的实质是利用资本主义和国家资本主义的作用，发展生产力和恢复国民经济，为实现社会主义创造条件。显然，由战时共产主义转向新经济政策，即由对资产阶级采取进攻的态势转向利用资本主义和国家资本主义的作用，是一种"战略退却"。列宁在报告中指出："到 1921 年春天已经很清楚了：我们用'强攻'办法即用最简单、迅速、直接的办法来实行社会主义的生产和分配原则的尝试已告失败。1921 年春天的政治形势向我们表明，在许多经济问题上，必须退到国家资本主义的阵地上去，从'强攻'转

---

① 《列宁全集》第 37 卷，人民出版社 1986 年版，第 272 页。

为'围攻'。"① 他还指出："所以提出改行新经济政策的任务，是因为经过了在空前困难的条件下，在国内战争的条件下，在资产阶级强迫我们采用残酷斗争的形式的条件下直接进行社会主义建设的试验之后，到1921年春天情况已经很清楚：不是直接进行社会主义建设，而是要在许多经济领域退向国家资本主义；不是实行强攻，而是进行极其艰苦、困难和不愉快的长期围攻，伴以一连串的退却。"② 他的这些论断，十分明确地肯定苏俄国内战争时期的措施体现了对资产阶级的"强攻"，1921年春苏俄转而实施"围攻"，实施了"战略退却"。

列宁"战略退却"的思想，要求采用下述措施实现发展：一是实施粮食税制以迅速改善农民的生产条件和生活条件，支持小农经济的发展。二是发展租让制、租赁制等形式的国家资本主义，加强大生产来反对小生产，加强先进生产来反对落后生产，加强可由国家调整的经济关系来对抗小资产阶级无政府主义的经济关系。三是实施自由贸易，促进城乡之间的商品交换，促进经济增长。这样，资本主义经济因素在国内发展起来。列宁说，无产阶级政党对于资本主义经济因素的发展，不能进行堵塞，如果一定要进行堵塞，那就是干蠢事，是自杀，因为这样的政党一定会遭受失败。"或者是（这是最后一种可行的和唯一合理的政策）不去试图禁止或堵塞资本主义的发展，而努力把这一发展纳入国家资本主义的轨道。"③ "既然我们还不能实现从小生产到社会主义的直接过渡，所以作为小生产和交换的自发产物的资本主义，在一定程度上是不可避免的，所以我们应该利用资本主义（特别是要把它纳入国家资本主义的轨道）作为小生产和社会主义之间的中间环节，作为提高生产力的手段、途径、方法和方式。"④ "有可能利用私人资本主义（更不用说国家资本主义）来促进社会主义。"⑤ 这是利用资本主义促进和发展社会主义的思想。在列宁的思想上，发展的目标是社会主义社会和共产主义社会，发展的办法是利用资本主义和国家资本主义，这无疑是采用"渐进的办法"实现发展。

---

① 《列宁全集》第42卷，人民出版社1987年版，第225页。
② 同上书，第226页。
③ 《列宁全集》第41卷，人民出版社1986年版，第211页。
④ 同上书，第217页。
⑤ 同上书，第221页。

三 经典作家思想对实现中国梦的理论意义

上述经典作家研究理想社会的重要原则及思想的内容，是不要激烈地、迅速地消灭私有制，利用私有制特别是利用资本主义经济的作用，促进社会主义事业的发展，进而实现理想的共产主义社会。经典作家的这个思想对于当代中国共产党人实现中国梦有着理论奠基的意义。

当代中国的经济体制改革，发端于所有制的变革。1978年安徽省凤阳县小岗村的18名农民开始实行"包产到户"的制度。1979年安徽省约有10%的生产队实行了这种生产责任制。同时，贵州、四川、甘肃、内蒙古、河南等省、自治区，一些穷困生产队也实行了这种生产责任制。在实践中，包产到户逐步演变为"包干到户"的形式。在农村生产形式演变的过程中，个体经济成分逐渐地产生了。1980年，经五届全国人大常委会批准，深圳、珠海、汕头和厦门被设立为经济特区。1985年，经国务院批准，长江三角洲、珠江三角洲和闽南三角洲为沿海经济开放区。1988年，海南省被批准为经济特区。1990年，中央决定开放开发浦东。在经济特区和经济开放区，由于引进外资，非公有制经济发展势头强劲。在其他的地方，由于党和国家实行鼓励发展个体经济、私营经济的方针和多种经济形式共同发展的方针，非公有制经济有较快的发展。到2001年年底，城镇非公有制单位从业人员达到4329万人，占城镇从业人员总数的29.3%。全国民营企业202.9万家，民营企业投资者460.8万户，注册资金18212.2亿元，共创产值12316.99亿元，实现销售总额或营业收入11484.24亿元。全国登记的个体工商户为2433万户，注册资金3435.79亿元，共创产值7320.01亿元，实现销售总额或营业收入19647.87亿元①。在实践过程中，中国共产党对非公有制经济的地位和作用的认识不断加深。党的十一届三中全会认为非公有制经济是社会主义经济的必要补充，党的十四届三中全会指出必须坚持以公有制为主体、多种经济成分共同发展的方针，党的十五大提出以公有制为主体、多种所有制共同发展是我国社会主义初级阶段的一项基本经济制度，党的十六大强调坚持和完善公有制为主体、多种所有制共同发展的基本经济制度。党的十八大以来，

① 《十五大报告辅导读本》，人民出版社1997年版，第164页。

中国共产党人在提出实现中国梦的时候，审视了非公有制经济在中国发展的现状，进一步地肯定了它的地位和作用，提出了进一步促进非公有制经济发展的方针和政策。如党的十八届三中全会通过的《中共中央关于全面深化改革若干重大问题的决定》提出："公有制为主体、多种所有制经济共同发展的基本制度，是中国特色社会主义制度的重要支柱，也是社会主义市场经济体制的根基。公有制经济和非公有制经济都是社会主义市场经济的重要组成部分，都是我国经济社会发展的重要基础。""必须毫不动摇鼓励、支持、引导非公有制经济的发展，激发非公有制经济活力和创造力。"① 同时，习近平就进一步促进非公有制经济发展作出了重要的指示。他说："在功能定位上，明确公有制经济和非公有制经济都是社会主义市场经济的重要组成部分，都是我国经济社会发展的重要基础；在产权保护上，明确提出公有制经济财产权不可侵犯，非公有制经济财产权同样不可侵犯；在政策待遇上，强调坚持权利平等、机会平等、规则平等，实行统一的市场准入制度；鼓励非公有制企业参与国有企业改革，鼓励发展非公有资本控股的混合所有制企业，鼓励有条件的私营企业建立现代企业制度。这将推动非公有制经济健康发展。"② 当代中国共产党人对非公有制经济的认识，同马克思、恩格斯关于不要一下子消灭私有制的思想，同他们关于不以暴力的手段消灭小农经济的思想，同列宁关于利用私人资本主义和国家资本主义的作用的思想，在精神实质上是一致的。马克思、恩格斯和列宁的思想，是当代中国共产党人的理论的来源，前者对于后者起到理论奠基的作用。

上述马克思、恩格斯和列宁的思想里，包含有缓和的、渐进的、逐步的、平稳的发展的内容。如恩格斯在论及无产阶级掌握政权后对待小农经济的态度时，强调不要以暴力手段来加速它的灭亡，而应采取示范的方式和国家提供帮助的途径，逐步地将其引上合作化的道路。列宁在论及苏俄将小农经济改造为公有制的大经济时，也强调不可能一蹴而就，主张经过缓和的、渐进的、逐步的、长久的努力而达到目的。经典作家关于缓和的、渐进的、逐步的、平稳的发展思想，深刻地揭示了事物发展特别是新

---

① 《中国共产党第十八届中央委员会第三次会议文件汇编》，人民出版社2013年版，第23—24页。

② 《习近平关于全面深化改革论述摘编》，中央文献出版社2014年版，第58—59页。

生事物发展的一般规则，对于当代中国共产党人实现中国梦，也具有理论奠基的意义。

中国在改革开放过程中，十分讲究探索前进和平稳发展。邓小平在改革开放初期说过一句十分生动而形象的话："摸着石头过河。"它的含义是谨慎前行，勇于探索，总结经验，避免大的挫折。因为进行经济体制改革和其他领域的改革，涉及人们之间利益的调整和重新配置，容易产生社会矛盾和激化社会矛盾，又由于没有现成的经验可以吸取，所以必须谨慎小心，探索性地前进，如同摸着石头过河一样。1985 年，邓小平又提出了"走一步，看一步"的思想。如他说："我们的方针是，胆子要大，步子要稳，走一步，看一步。我们的政策是坚定不移的，不会动摇的，一直要干下去，重要的是走一段就要总结经验。"① 这里所谓"走一步，看一步"，指不能速度太快，不能盲目行事，应谨慎小心，及时总结经验，减少失误，保持平稳发展。1987 年春即党的十三大前夕，邓小平在有关会议上的讲话中提出："我们的开放、改革是很不容易的事情，胆子要大，要坚决。不开放不改革没有出路，国家现代化建设没有希望。但在具体事情上要小心，要及时总结经验。我们每走一步都要总结经验，哪些事进度要快一点，哪些要慢一点，哪些还要收一收，没有这条是不行的，不能蛮干。"② 这里，他十分明确地提出要小心，不能蛮干，每走一步都要总结经验，该慢的慢一点，该收的收一收，也是要求谨慎行事，宁可放慢速度，也要保证行进过程的平稳性。上述事实说明，我国的改革开放伊始，就借鉴和贯彻了马克思主义经典作家关于缓和的、渐进的、逐步的、平稳的发展的思想。当前，中国共产党人提出了实现中国梦的伟大构想。在这个伟大构想里，关于发展过程的认识和描述，也深刻地体现出缓和的、渐进的、逐步的、平稳的发展的特点。2012 年 12 月，习近平在十八届中央政治局第二次集体学习时的讲话中说："改革开放是前无古人的崭新事业，必须坚持正确的方法论，在不断实践探索中推进。摸着石头过河，是富有中国特色、符合中国国情的改革方法。摸着石头过河就是摸规律。""我国改革开放就是这样走过来的，是先试验、后总结、再推广不断积累的过程，是从农村到城市、从沿海到内地、从局部到整体不断深化的过程。这种渐进式

---

① 《邓小平文选》（第 3 卷），人民出版社 1993 年版，第 113 页。
② 同上书，第 219 页。

改革，避免了因情况不明、举措不当而引起的社会动荡，为稳步推进改革、顺利实现目标提供了保证。"还说："摸着石头过河，符合人们对客观规律的认识过程，符合事物从量变到质变的辩证法。不能说改革开放初期要摸着石头过河，现在再摸着石头过河就不能提了。"① 这里，他肯定了我国的改革是"渐进式的改革"，肯定了"摸着石头过河"即实践、探索和谨慎行进是我国改革的重要经验，强调以后还需要"摸着石头过河"，体现了他主张渐进的、缓和的、逐步的、平稳的发展的思想。2013 年 12 月，习近平在中央经济工作会议上的讲话中说："要准确推进改革。全会提出的各项改革举措都是经过精心考虑、精密设计的，要按照中央要求来推进，不要事情还没弄明白就盲目推进。不要超出中央确定的界限来推进，过犹不及，弄不好适得其反。要有序推进改革。该中央统一的各地不要抢跑，该尽早推进的不要拖延，该试点的不要仓促面上推开，该深入研究后再推进的不要急于求成，该先得到法律授予权的不要超前推进。要避免在时机尚不成熟、条件尚不具备的情况下一哄而上，欲速则不达。"② 这里，他提出不要盲目推进，不要超出界限推进，不要抢跑，不要急于求成，不要超前推进，不要一哄而上，要避免欲速则不达的后果，体现了他对今后改革实践过程的要求。这个过程也是实现中国梦的行进过程，所以这个要求也是对实现中国梦的行进过程的要求。它的基本精神是渐进的、缓和的、逐步的、平稳的发展。这种精神与马克思主义经典作家关于缓和的、渐进的、逐步的、平稳的发展的思想是一致的。它借鉴于、来源于经典作家的思想。所以说，经典作家的思想对于当代中国共产党实现中国梦有着理论奠基的意义。

---

① 《习近平关于全面深化改革论述摘编》，中央文献出版社 2014 年版，第 34—35 页。
② 同上书，第 49 页。

十年来国内学界关于人民内部
利益矛盾的研究述评[*]

刘起军

20 世纪 90 年代以来，随着中国市场经济的发展和社会分化的加剧，中国社会的利益矛盾和冲突日益增多，有的利益矛盾甚至发展成为群体性事件，对社会的和谐稳定和党的执政安全造成了巨大冲击。在这一背景下，人民内部利益矛盾问题引起了国内学界越来越多的关注。2004 年 9 月，党的十六届四中全会通过了《中共中央关于加强党的执政能力建设的决定》，首次提出了"构建社会主义和谐社会"的命题，并强调要妥善协调各方面的利益关系，正确处理人民内部矛盾，提高构建社会主义和谐社会的能力。此后，人民内部利益矛盾问题迅速成为国内学界的一个研究热点，并由于中国社会冲突的持续和发展，一直吸引着众多学者的研究目光。为了将这一问题的研究推向深入，有必要对最近十年国内学界关于人民内部利益矛盾的研究进行认真回顾和深刻反思。

一 研究内容与主要观点

概括而言，国内学界近十年关于人民内部利益矛盾的研究主要涉及了人民内部利益矛盾的表现和特点、产生原因、解决对策、人民内部利益矛盾与群体性事件的关联以及非直接利益矛盾五个问题，并提出了相应的理论观点。

———————————

* 本文系国家社会科学基金重点项目"正确处理诱发群体性事件的利益矛盾与维护党的执政安全研究"（项目编号：11AKS004）的阶段性成果。

（一）关于人民内部利益矛盾的表现和特点

许多学者阐述了中国社会转型期人民内部利益矛盾的表现。有的学者从利益矛盾主体的角度，将人民内部利益矛盾分为横向和纵向两种基本形式，认为横向方面表现为个人之间，各个利益群体、阶层、阶级之间，甚至民族与民族之间的利益矛盾和冲突，纵向方面表现为个人、群体和国家三者之间的利益矛盾和冲突，而这三者的矛盾冲突又是通过劳动者个人同领导者和管理者之间的矛盾关系表现出来，具体表现为领导同群众之间的利益矛盾和利益冲突。[①] 有的学者从矛盾发生领域和发生原因的角度，认为人民内部利益矛盾主要表现为社会转型期的农村利益矛盾、国企改制中的利益矛盾、所有制变革中非公有制企业的劳资矛盾、城市化进程引发的利益矛盾、贫富差距过大引发的利益矛盾、弱势群体引发的利益矛盾、干群利益矛盾等形式。[②] 大多数学者承认，中国的人民内部利益矛盾普遍存在、形式多样，但是对于哪些利益矛盾表现最为突出，却观点各异。有的学者认为是收入分配上的差距过大，[③] 有的学者认为是收入差距矛盾、就业矛盾和干群矛盾，[④] 有的学者认为是劳资关系矛盾、干群关系矛盾和党群关系矛盾三方面。[⑤] 不同的论断与学者的关注重心和矛盾的发展状况有关。

在阐述人民内部利益矛盾现实表现的基础上，不少学者进一步概括了人民内部利益矛盾的特点。有学者认为，中国转型期人民内部利益矛盾的主要特点有利益主体多元化、利益差距扩大化、利益矛盾凸显化、利益冲突群体化四个方面。[⑥] 有的学者认为，中国当前的人民内部利益矛盾主要表现为总体上的非对抗性、公共权力参与、非制度化、结构化、集体行动

[①] 王伟光：《对人民内部利益矛盾的理性分析》，《浙江日报》2005年5月9日。

[②] 杨清涛等：《和谐之道：社会转型期人民内部利益矛盾解析》，人民出版社2009年版，第132页。

[③] 邢贪思：《正确认识和处理人民内部的利益矛盾》，《学理论》2008年第3期。

[④] 龚维斌：《正确认识改革发展中的利益矛盾》，《国家行政学院学报》2004年第1期。

[⑤] 何海兵、马西恒：《利益关系协调与社会主义和谐社会的构建》，《华东理工大学学报》（社会科学版）2006年第3期。

[⑥] 杨清涛等：《和谐之道：社会转型期人民内部利益矛盾解析》，人民出版社2009年版，第74—78页。

化、挑战秩序底线和道德底线六大特征。[①] 有的学者将人民内部利益矛盾的特点概括为两个方面，一是数量增多，二是尖锐化，具体表现为对抗性增强和组织化倾向。[②] 有的学者认为，当前的人民内部利益矛盾体现出四大特点：一是矛盾涉及的范围较广；二是矛盾触及的问题层次加深；三是矛盾涉及的对象增多；四是矛盾引起的冲突对抗性增强。[③] 从学界研究的总体情况来看，矛盾大量存在、干群矛盾突出、矛盾的对抗性增强、冲突的群体化趋势这四大特点成为学者们的共识。

（二）关于人民内部利益矛盾的产生原因

概括而言，国内学界对人民内部利益矛盾产生原因的探讨主要是从经济、社会、制度、文化四个角度来进行的，经济视角着眼的主要是生产力和经济发展水平以及经济利益的驱动，社会视角关注的是社会阶层、社会结构和社会利益格局的变化，制度视角主要是强调经济体制、政治体制和分配制度方面存在的问题，文化视角侧重于人们的思想观念和主观认识，这些分析形成了一些基本的观点。

强调经济原因的学者认为，我国社会转型期人民内部之所以围绕利益产生大量的矛盾问题，最根本的原因是经济发展落后，社会生产还远远不能普遍满足人民日益增长的物质文化生活需要。[④] 强调社会原因的学者认为，社会公平正义一定程度的缺失和利益诉求的组织化程度不足是人民内部利益矛盾产生的两个重要原因，一方面，由于长期强调"效率优先"，中国社会出现了严重的机会不公平、权利不公平和结果不公平，最终导致各种利益矛盾的产生；另一方面，由于利益诉求的组织化程度不高，部分民众特别是弱势群体的利益诉求得不到更好地表达，"信访"和"群体性事件"便成为表达利益诉求的惯常方式。[⑤] 强调制度原因的代表性观点认为，我国的社会保障

---

① 王伟光：《对人民内部利益矛盾的理性分析》，《浙江日报》2005年5月9日。

② 龚维斌：《正确认识改革发展中的利益矛盾》，《国家行政学院学报》2004年第1期。

③ 陈潮光：《现阶段我国社会利益矛盾的表现、成因及解决对策》，《岭南学刊》2007年第3期。

④ 杨清涛等：《和谐之道：社会转型期人民内部利益矛盾解析》，人民出版社2009年版，第51页。

⑤ 张思军、王立平：《当前我国利益矛盾的演变趋势及应对策略》，《西南民族大学学报》（社会科学版）2014年第3期。

制度、税收制度、分配制度等尚不健全，导致人民内部利益矛盾格外突出，①由于权力运行缺乏制度性的监督和约束，部分干部中存在的官僚主义、形式主义、贪污腐败、特权行为成为引起当前干群矛盾的重要原因。② 强调文化原因的学者认为，由于思想政治工作弱化，社会价值观念发生混乱，一些人的极端个人主义、物欲主义、享乐主义急剧膨胀，使人民内部利益矛盾容易激化，③ 贫富分化加剧使"许多群众心理不平衡，引起群众新的不满情绪"，加剧了群众之间在物质利益上的摩擦和矛盾。④

此外，还有学者认为，国家利益综合能力弱化使利益矛盾得不到及时有效的协调，⑤ 旧式分工、旧的社会差别的历史影响，⑥ 西方敌对势力对中国政治、经济、文化、意识等多方面的渗透等，⑦ 也是引发或激化人民内部利益矛盾的重要原因。

（三）关于人民内部利益矛盾与群体性事件的关联

国内学界之所以对人民内部利益矛盾问题产生浓厚的兴趣，一个重要原因在于中国社会在转型期出现了大量的群体性事件。研究者认为，这些群体性事件绝大多数属于人民内部矛盾，是人民内部利益矛盾积累和爆发的结果。因此，如何防范和处理群体性事件的问题，从根本上说是一个如何处理和化解人民内部利益矛盾的问题。

概括而言，学界对人民内部利益矛盾与群体性事件因果联系的分析主要有三种观点：第一，群体性事件是社会利益关系失衡的结果，如有的学者指出，利益关系失衡是群体性事件发生的根本原因，主要表现为：不同的阶层在改革的进程中受益程度不同，存在较大的政治、经济地位差别；不同行业之间收入差距逐渐拉大，引起社会广泛争议；国民收入的初次分

① 王伟光：《对人民内部利益矛盾的理性分析》，《浙江日报》2005年5月9日。

② 赵福浩：《当前人民内部利益矛盾的现状、特点、成因及对策》，《贵州社会科学》2010年第10期。

③ 杨清涛等：《和谐之道：社会转型期人民内部利益矛盾解析》，人民出版社2009年版，第58—59页。

④ 王伟光：《对人民内部利益矛盾的理性分析》，《浙江日报》2005年5月9日。

⑤ 陈潮光：《现阶段我国社会利益矛盾的表现、成因及解决对策》，《岭南学刊》2007年第3期。

⑥ 王伟光：《对人民内部利益矛盾的理性分析》，《浙江日报》2005年5月9日。

⑦ 方东荔：《正确处理现阶段我国人民内部物质利益矛盾》，《呼伦贝尔学院学报》2004年第4期。

配和二次分配上存在的问题，加大了人们之间的利益失衡，特殊利益集团的形成威胁了社会公平，加剧了社会矛盾。第二，群体性事件主要根源于官民之间的利益冲突，如有的学者认为，当前的群体性事件，无论是由拆迁、征地引起的维权行为，还是由企业改制、转产引发的工人抗争，由环保问题引起的集体行动，出租车罢运事件等，都与官民冲突有关，其重要原因在于一些地方政府不但漠视为民众提供公共服务的职能，而且自恃垄断的政治社会资源，与民争利，成了追逐经济利益最大化的"公司型"政府。① 第三，群体性事件源于中国社会利益表达机制出现了严重问题，如有的学者指出，群体性事件虽然表面上看是由环保、失地农民、拆迁补偿等原因引起的，但究其根源却在于利益表达机制不完善，群众的利益诉求长期得不到有效解决，当前中国利益表达机制不完善主要表现为利益表达渠道不畅通、利益表达主体权利失衡、利益表达缺乏组织依托三个方面。②

有的学者进一步探讨了利益矛盾向群体性事件转化的机制，认为从利益矛盾的出现到群体性事件的发生有一个逐渐发展变化的过程，在这一过程中，完整的官方正式控制机制依次包括发现机制、纠纷解决机制、预警稳控机制、事件处置机制四种，上述四个机制中的任何一个机制失灵，都可能使利益矛盾转化为群体性事件，而如果纠纷解决机制有效、预警稳控有效、群体性事件得到妥善处置三者具备其一，则矛盾纠纷得到有效解决和控制，社会秩序趋于稳定。③

（四）关于人民内部的非直接利益矛盾

有的学者敏锐地发现，尽管利益矛盾与群体性事件存在因果关系，但是在有些群体性事件中，"大多数参与者与事件本身没有直接的利益关系，主要是表达对社会的不满，以发泄为主的一种'泄愤冲突'"④，而且这类群体性事件呈增多趋势，由此引发学界对非直接利益矛盾和冲突的研究。

有的学者指出，"无直接利益冲突"的增多反映出中国社会矛盾的深层次变迁——参与主体多元化反映出社会利益关系的"断裂化"，冲突手段暴

① 于建嵘：《群体性事件的症结在于官民矛盾》，《中国报道》2010 年第 1 期。
② 吴佩芬：《群体性事件与制度化利益表达机制的构建》，《思想战线》2010 年第 4 期。
③ 胡仕林：《利益矛盾向群体性事件演化的一般进路——以正式控制机制为视角的发生学分析》，《云南大学学报》（法学版）2012 年第 2 期。
④ 于建嵘：《抗争性政治：中国政治社会学基本问题》，人民出版社 2010 年版，第 156 页。

力化反映出中国社会局部矛盾对抗性增强，生成过程复杂化反映出人民内部矛盾产生原因的复杂化。有学者对"非直接利益冲突"作较深入的分析，认为这种矛盾包含了以下五层含义：一是参与冲突的大多数群众与事件的起因没有直接的利益关系；二是大多数参与者心中都有强烈积怨，又找不到正常的渠道来表达和发泄；三是冲突指向的对象往往是代表公共权力的政府部门、权力机关或者与政府关系密切的事业单位；四是大多数参与冲突的人并没有受到有预谋的组织；五是由于群情激愤，冲突过程中很容易产生非理性的过激行为，甚至严重的暴力行为。非直接利益冲突的形成有一个民意—民怨—积怨—民怒的转化过程，这类冲突的增多对政府和社会来说都是一个危险信号。① 有学者基于重庆万州事件、四川大竹事件和贵州瓮安事件总结出"非直接利益冲突"发生发展的三条规律，即冲突双方强弱差距越大，参与可能性越大；强势方态度行为越强横，参与的速度越快；政府部门的处置不及时，参与的程度越深。② 有的学者分析了"非直接利益冲突"的心理成因，认为这类矛盾和冲突主要是由权利觉醒的自主心理、公正缺失的归因心理、非制度化的博弈心理、法不责众的侥幸心理导致的。③ 有的学者指出，"非直接利益冲突"频发的体制性根源主要在于四个方面，即经济利益高度分化所导致的"相对剥夺感"，参与制度供给不足所导致的"权利贫困"，公共权力异化和政府治理能力式微所导致的"合法性危机"，公民社会发育不良所导致的"公共空间萎缩"。④ 还有一些学者则从非直接利益矛盾的角度对群体性事件进行分析，提出了防控对策。

（五）关于人民内部利益矛盾的化解对策

如何有效地化解人民内部利益，是国内学界研究人民内部利益矛盾的落脚点，许多学者围绕这一问题进行了探讨，并提出了自己的主张。概括而言，大多数学者赞同人民内部利益矛盾最终要通过发展生产力、增加经

---

① 黄顺康：《非直接利益冲突何以成为影响社会稳定的重要因素》，《甘肃社会科学》2008 年第 5 期。

② 吴传毅、唐云涛：《"非直接利益冲突"的规律及制度性应对思考——对重庆万州事件、四川大竹事件、贵州瓮安事件的反思》，《北京行政学院学报》2010 年第 2 期。

③ 冉光仙、冉群光：《"非直接利益冲突"的心理成因及消解策略》，《贵州民族学院学报》（哲学社会科学版）2010 年第 2 期。

④ 费久浩：《当前我国非直接利益冲突频发的体制性根源》，《福建社会主义学院学报》2014 年第 1 期。

济总量来解决的观点，也不否认思想政治教育和价值观引导的作用，但是他们强调，在现有的生产力水平条件下，主要应该通过协调利益关系、深化制度改革、发展民主和法制、加强执政党建设来化解人民内部利益矛盾。

代表性观点认为，化解人民内部利益矛盾的关键在于协调好社会利益关系，应该通过改革人大制度、健全基层民主制度、发挥舆论传媒的信息沟通作用，构建利益诉求机制，畅通人民群众的利益诉求渠道；通过健全分配制度，构建不同群体利益协调机制，妥善协调不同群体的利益关系；通过健全人民调解制度和法制，构建矛盾调处机制，妥善处理人民利益矛盾；通过加强权力监督，构建利益约束机制，遏制侵害人民利益的行为。① 深化制度改革、加强制度建设是化解人民内部利益矛盾的根本途径，应该通过深化改革和制度创新，逐步建立起以权利公平、机会公平、规则公平、分配公平为主要内容的社会公平保障制度体系，并使之贯彻执行，具体来讲，就是要完善民主权利保障制度、法律制度、司法体制机制、公共财政制度和社会保障制度。② 民主和法制是处理人民内部利益矛盾的重要手段，必须建立和完善民主选举、管理和监督等各项民主制度，强化法制教育和法制建设，规范不同利益群体的行为，实现社会财富分配、转移机制法制化。③ 加强执政党建设是正确处理人民内部利益矛盾的重要保证，必须通过思想教育和反腐败斗争让广大干部树立民主意识，自觉地使自己置于人民和法律的监督之下，让广大干部转变工作作风，关心群众的疾苦，努力为群众办实事、办好事，保持与人民群众的血肉联系。④ 许多学者认为，加强执政党建设不仅能够有效化解党群、干群利益矛盾，而且有助于缓和、化解其他利益矛盾和冲突。

二 学术贡献与研究不足

国内学界近十年来对人民内部利益矛盾问题的研究，是在中国人民内

---

① 李昌民：《瓮安"6·28 事件"引发的思考——如何构建解决人民内部利益矛盾的长效机制》，《人民论坛》2008 年第 7 期。

② 李沙：《构建和谐社会要妥善处理利益矛盾》，《学习月刊》2014 年第 3 期。

③ 刘勇、黄宝玲：《中国社会转型时期利益矛盾产生的原因及对策研究》，《浙江海洋学院学报》（人文科学版）2007 年第 2 期。

④ 黄志芳：《新时期人民内部的利益矛盾与整合》，《理论观察》2005 年第 6 期。

部利益矛盾日趋激烈、群体性事件不断增多、执政党提出并着力构建和谐社会的背景下展开的，研究者或对人民内部利益矛盾的发展状况进行客观描述，或对人民内部利益矛盾表现出的特点进行归纳总结，或对人民内部利益矛盾相关问题进行理论思考，或对人民内部利益矛盾的化解对策进行深入探讨，其目的在于实现中国社会和政治稳定，维护中国共产党的执政安全。国内学界的已有研究不仅为学界的相关研究做了较好的学术积累，而且为巩固党的执政安全提供了有益的启示。概括而言，国内学界关于人民内部利益矛盾研究的学术贡献主要表现在以下四个方面：

首先，深化了国内学界关于人民内部矛盾问题的研究。自 1957 年毛泽东发表《关于正确处理人民内部矛盾问题》以来，国内学界对人民内部矛盾问题一直保持着较浓厚的兴趣，特别是改革开放以来，出于对"文化大革命"期间处理人民内部矛盾错误的反思和对现实中人民内部矛盾增多、激化的关注，国内学界围绕人民内部矛盾做了大量研究，对马克思主义经典作家和中国共产党领导人关于处理人民内部矛盾的相关理论和思想进行了挖掘和梳理，对中国社会基本矛盾、主要矛盾和人民内部矛盾的关系进行了深入思考，对中国各阶段人民内部矛盾的表现、特点和存在原因进行了概括和分析，对正确处理人民内部矛盾的方法进行了深入探讨，发表了大量论文，出版了不少专著。其中既有不少高质量的研究成果，也充斥着不少低水平的重复研究。导致低水平重复研究的一个重要原因在于，研究者未对人民内部矛盾进一步划分。人民内部矛盾是一个由诸多矛盾构成的复杂系统，这些矛盾存在于经济、政治、意识形态等领域，既有利益矛盾，也有非利益矛盾，这两类矛盾表现形式不同，产生原因各异，解决方法也不一样，对此作出区分，将有助于深化问题的研究。改革开放以来，利益矛盾成为中国人民内部矛盾的主要表现形式，"是一切人民内部矛盾产生、存在、发展、激化和解决的物质经济根源，是制约其他各类矛盾发展的主导性矛盾"①。国内学界围绕人民内部"利益矛盾"进行研究，不仅缩小了研究范围，也使研究目光更多地向现实问题聚焦，因而客观上深化了人民内部矛盾问题的研究。

其次，深化了国内学界关于群体性事件问题的研究。近年来，群体性事件已成为中国社会的一个突出问题，也成为中国学术研究的一个热点问

① 王伟光：《效率、公平、和谐——论新时期人民内部矛盾与社会主义和谐社会》，人民出版社 2006 年版，第 83 页。

题，对这一问题展开深入研究的学科主要有政治学、管理学和传播学。管理学关注的主要是群体性事件发生、演变的阶段和过程，目的在于创建一套有效应对群体性事件的管理技术和机制；传播学主要关注群体性事件的信息、舆情传播过程以及参与者的动机和群体心理，目的在于创建一套有效应对群体性事件的舆论引导机制、心理干预机制。客观地讲，管理学和传播学的研究有助于为党和政府防控群体性事件提供一套操作技术。事实也是这样。近年来，党和政府对群体性事件的反应越来越快，处置机制越来越成熟。然而问题是，中国社会的群体性事件仍然大量爆发，冲突仍然很尖锐，因为引发群体性事件的利益矛盾仍然存在，而且呈现出扩大和激化的态势。不仅如此，随着群体性事件的大量出现和发展变化，社会的政治信任和政治认同在不断弱化，党和政府的公信力和权威在不断流失，这反过来给党和政府应对群体性事件的管理技术更新带来了新的压力。事实表明，有效地减少、缓和群体性事件，从根本上说应该正确处理和有效化解人民内部的利益矛盾，而对人民内部利益矛盾的研究主要是在政治学界展开，学者们将群体性事件看作人民内部利益矛盾激化的表现，并对现阶段中国人民内部矛盾进行分析和探讨，无疑深化了群体性事件问题的研究。

再次，深化了人们对加强执政党建设重要性的认识。国内学界关于人民内部利益矛盾的研究表明，要有效化解人民内部利益矛盾，必须大力发展社会生产力，妥善协调社会利益关系，严格监督和制约公共权力，深化各项制度改革，培育正确的价值观，而这一切最终取决于我们党，取决于党的建设。一方面，加强执政党建设有助于减少、缓和党群、干群矛盾。一些党员干部的形式主义、官僚主义、享乐主义、奢靡之风损害了党的形象和党群、干群关系，一些党政机关为了维护部门利益，不惜损害群众利益，一些官员利用手中的权力大搞以权谋私、钱权交易、贪污腐化，侵犯了人民群众的根本利益。这些现象引起了群众的强烈不满，成为党群、干群矛盾的重要根源，加强执政党建设有助于矫正党政机关与民争利的现象，减少人民内部利益矛盾。另一方面，加强执政党建设能够提升党化解人民内部利益矛盾的能力。中国共产党是中国唯一合法的执政党，是中国社会主义事业的领导力量，处理和化解人民内部矛盾、维护社会和谐稳定是党的责任，只有切实加强党的建设，才能真正提高党处理、化解人民内部利益矛盾的能力，从源头上减少矛盾，维护群众合法权益。习近平总书记指出："在新的历史起点上推进中国特色社会主义伟大事业，我们党面临的风险和挑战严峻复杂、承担的任务艰巨繁重。坚持党要管党、从严治党，永葆党的先进性和纯洁性，不断增强党的创造力、凝聚力、战斗力，是摆在我们面前的重大课题。"① 当前，为了缓和人民内部利益矛盾的严峻态势，客观上需要加强执政党建设，这种重要性在国内学界关于人民内部利益矛盾的研究中得到了深刻的体现。

最后，有助于促进社会的和谐稳定和党的执政安全。总体来看，国内学界对人民内部利益矛盾的研究是现实导向型的，要解决的是如何维护社会和谐稳定和党的执政安全的现实问题。和谐稳定是广大人民的根本利益要求，是党的执政安全的重要基础，而对抗性社会矛盾和冲突是和谐稳定的重大威胁，因此，要维护党的执政安全，必须有效避免和化解对抗性社会矛盾和冲突。一个矛盾尖锐而无法产生和谐的社会只能在危机中毁灭，一个冲突频繁而不能维系政治稳定的国家终将在动荡中坍塌。② 邓小平同志在改革开放进程中强调，"中国的问题，压倒一切的是需要稳定"③，党的十六届四中全会在提出构建社会主义和谐社会时强调，要"坚持稳定压倒一切的方针，落实维护社会稳定的工作责任制"，体现的正是党的执政安全和人民根本利益的要求。事实证明，威胁社会和谐稳定的社会冲突主要来自人民内部，根源在于利益矛盾，有效化解人民内部利益矛盾，将有助于巩固党的执政基础，促进党的执政安全。而且人民内部利益矛盾不同于敌我矛盾，不能简单地用专政的方法来解决，处理的难度更大，对处理技巧的要求更高。国内学界在分析人民内部利益矛盾产生原因的基础上，或从利益协调着眼，或从制度改革入手，或强调民主法制，或强调党的建设，探讨了化解人民内部利益矛盾的相应对策，为维护社会和谐稳定提供了多方面的启示，为实现党的执政安全提供了有价值的参考。

在充分肯定国内学界研究人民内部利益矛盾问题做出的学术贡献的同时，我们也必须看到，尽管国内学界对这一问题的研究时间较长，但是仍然存在一些不足，研究还不够深入，低水平重复研究的趋势愈益明显。具

---

① 《在党的群众路线教育实践活动第一批总结暨第一批部署会议上的讲话》，《党建研究》2014年第2期。

② 彭正德：《论政治认同的内涵、结构与功能》，《湖南师范大学社会科学学报》2014年第5期。

③ 《邓小平文选》（第3卷），人民出版社1993年版，第284页。

体来讲，国内学界关于人民内部利益矛盾研究的不足主要表现在以下三个方面：

第一，研究内容有待进一步深入。目前，国内学界关于人民内部利益矛盾的研究专著非常少，相关研究成果主要是论文，而且其中许多论文只是对人民内部利益矛盾的表现、原因、对策进行一般性的概括，创造性见解较少，这反映出国内学界对这一问题的研究既不系统，也不深入。从现状把握来看，学界注意到了人民内部利益矛盾的普遍性和整体上表现出来的特征，但是没有对利益矛盾进行类型划分，因而未能将研究目光向现实中突出的利益矛盾聚焦，进行深入研究。从原因分析来看，已有研究成果涉及了经济、社会、制度、文化等方面，但是哪些原因是主要原因、哪些原因是次要原因？哪些是直接原因、哪些是深层次原因？这些原因又是如何发生作用的？此类问题值得深入研究。从动态发展角度来看，学界将群体性事件视为人民利益内部矛盾激化的结果，也注意到了非直接利益矛盾的作用，但是对利益矛盾如何演变为群体性事件缺少深入的研究。从对策探讨来看，学界指出了防范和化解人民内部利益矛盾的原则和途径，但是研究有待深入，特别是应该围绕某一途径进行深入探讨，提出一些操作性强的应对措施。此外，还有一些问题值得深入研究，比如人民内部利益矛盾产生发展的机制，利益矛盾、政治心理、政府干预的方式和力度之间的关系等。

第二，研究视野有待进一步拓展。国内学界的相关研究主要是把人民内部利益矛盾置于人民内部矛盾的理论框架之内，并在构建社会主义和谐社会的视角下展开的，研究视野相对狭窄。其一，从理论与实践的角度来看，国内学界重视对处理人民内部利益矛盾的实践进行理论概括和分析，但是理论高度不够，人民内部矛盾属于社会冲突范畴，其大量产生和激化与中国现代化进程有着密切关系，威胁的是党的执政安全，我们应该从维护政党执政安全的高度，运用现代化、社会冲突等理论高屋建瓴地审视人民内部利益矛盾，将利益矛盾的处理与党的执政能力、国家治理能力、政治权威、政治秩序、政治信任等问题结合起来，对相关重大理论和现实问题进行研究。其二，从国内与国外的角度来看，国内学界主要是关注国内的理论与实践，缺少国外视角，对于国外的相关理论关注不够，对于国外处理社会矛盾和冲突的成功经验借鉴不够，"现代性孕育着稳定，而现代化过程却滋生着动乱"①，社会矛盾和冲突在现代化进程中出现有其客观必然性，国外学界对此有过较深入的理论探讨和经验总结，需要国内学界打开研究的视野。其三，从历史与现实的角度来看，国内学界关注的主要是现实，对我们党处理人民内部利益矛盾的历史关注不够，对我们党处理人民内部利益矛盾的经验总结不够，有必要从历史的视角对人民内部利益矛盾的发展历程、产生原因以及我们党处理人民内部利益矛盾的经验教训等问题展开深入研究。

第三，研究方法有待进一步完善。国内学界关于人民内部利益矛盾的研究，规范研究较多，实证研究较少，定性研究较多，定量研究较少，政治学学科研究方法运用较多，其他学科方法运用较少。从理论出发来分析人民内部利益矛盾的现实，并对现实进行理论推演和思考的规范研究固然重要，但是，对利益矛盾进行"解剖麻雀"式的典型个案研究，并在此基础上进行经验总结和理论概括的实证研究也同样重要，实证研究有助于避免从理论到理论的空泛化倾向，提高结论的针对性，推动本土化理论的产生。与实证研究相联系的是定量研究，相对于定性研究而言，定量研究有助于研究的精确化，有助于对人民内部利益矛盾发展规律的把握。人民内部利益矛盾的形成原因是多方面的，产生的影响也是多方面的，防范和化解的途径同样是多方面的，对这一问题的研究涉及政治学、心理学、传播学、经济学、社会学、历史学等诸多学科，因此必须运用多种学科的研究方法，从不同学科特别是交叉学科的角度进行深入研究。

三　深化研究的方向

人民内部利益矛盾是当前中国社会矛盾最主要的表现形式，是群体性事件最重要的诱因，由人民内部利益矛盾诱发的群体性事件已成为党的执政安全的重要威胁，正确处理人民内部利益矛盾以巩固党的执政安全，是中国社会主义现代化建设和执政党建设面临的重大课题。对这一问题的深入研究，不仅是丰富党的人民内部矛盾理论的需要，也是发展马克思主义理论的需要，不仅有利于坚持和贯彻党的群众路线，而且有利于维护社会

① ［美］塞缪尔·P. 亨廷顿：《变化社会中的政治秩序》，生活·读书·新知三联书店1989年版，第38页。

的和谐稳定和党的执政安全。人民内部利益矛盾是一个极具学术研究价值的问题，但是国内学界目前对这一问题尚未进行深入、系统的研究。笔者认为，应该围绕党的执政安全，从以下四个方面深化对人民内部利益矛盾的研究：

一是对人民内部利益矛盾与群体性事件关联的研究。当前，群体性事件已成为影响社会稳定和党的执政安全的重要因素，党的十六届六中全会在关于构建社会主义和谐社会若干重大问题的决定中指出："积极预防和妥善处置人民内部矛盾引发的群体性事件，维护群众利益和社会稳定。"尽管并非所有的人民内部利益矛盾都会引发群体性事件，但是不可否认，绝大多数群体性事件是由人民内部利益矛盾引起的，那么，人民内部利益矛盾在什么条件下会转化为群体性事件？人民内部利益矛盾向群体性事件转化存在着什么样的机制，具有哪些规律？这一过程中群体社会心理和社会政治关系会出现哪些变化？一般而言，对抗性社会冲突具有内聚性强、组织程度高、频率低、烈度和强度高等特点，而非对抗性冲突是在根本利益一致的基础上因具体利益的差异和矛盾而引起的冲突，通常具有内聚性低、组织程度低、频率高、强度低等特点，[①] 那么，群体性事件在什么情况下将具有高对抗性？人民内部利益矛盾在什么情况下会发展为具有抽象诉求内容的价值性冲突？这些问题都值得深入研究。

二是对人民内部利益矛盾处理机制的研究。人民内部利益矛盾不是敌我矛盾，不能用专政的方法来处理。在国家政权日益强大的今天，党和政府完全有能力应对各种敌对势力的挑衅，因此处理敌我矛盾相对容易。但是处理人民内部利益矛盾却相对困难，因为矛盾涉及的是人民，人民是政权的基础和依靠力量，绝不能用对待敌人的方法来对待人民，而且利益矛盾是利益的分配、维护、实现、平衡过程中出现的摩擦和纠纷，涉及国家政策、制度、法律、行政管理方式和方法、市场机制等诸多方面，处理起来本身就比较复杂，如果处理不好，反而会激化矛盾或引起新的矛盾，因此，构建有效的人民内部利益矛盾处理机制就显得非常重要。党的十六届四中全会指出，要"健全正确处理人民内部矛盾的工作机制，完善信访工作责任制，综合运用政策、法律、经济、行政等手段和教育、协商、调解等方法，依法及时合理地处理群众反映的问题。建立健全社会利益协调机制，引导群众以理性合法

---

① 于建嵘：《抗争性政治：中国政治社会学基本问题》，人民出版社 2010 年版，第 23 页。

的形式表达利益要求、解决利益矛盾，自觉维护安定团结"。当前，需要构建哪些机制，如何构建这些机制，需要学界深入探讨。

三是对党和政府化解人民内部利益矛盾能力的研究。化解人民内部利益矛盾，不仅是重要的政党执政能力，也是重要的国家治理能力。国家治理能力可以从多种维度去分析，比如，经济治理能力、政治治理能力、社会治理能力、文化治理能力、生态治理能力等。其内容也包括诸多方面，比如政治整合能力、政治沟通能力、风险防御能力、依法治国能力、政治革新能力等。人民内部利益矛盾的化解能力不是单一的某项国家治理能力，它涉及利益协调能力、社会整合能力、社会治理能力、政治沟通能力等国家治理能力，是国家治理能力的重要内容。20 世纪 90 年代以来，中国的人民内部利益矛盾日趋复杂和尖锐，特别是在近几年来因征地拆迁冲突、劳资冲突、环境维权冲突、执法冲突、医患冲突而引发的大量群体性事件中，矛盾的对抗性往往在短时间内迅速升级，迫切要求党和政府提高化解人民内部利益矛盾的能力。党的十八届三中全会提出了"推进国家治理体系和治理能力现代化"的重要命题，从国家治理能力的角度来看，如何提高党和政府化解人民内部利益矛盾的能力，是一个迫切需要解决的重大课题。

四是对国外政党和政府处理社会利益矛盾经验教训的研究。人民内部利益矛盾是中国人民在根本利益一致的基础上的利益矛盾和冲突，这种矛盾形式并不是中国所独有的，在其他国家同样普遍存在，特别是在现代化进程中，社会利益矛盾会变得十分尖锐，处理社会利益矛盾是各个国家需要解决的共同问题，总结国外执政党和政府在处理社会利益矛盾方面的经验教训，有助于我们党和政府防范和化解人民内部利益矛盾。一方面，学界应该加强对西方国家处理社会利益矛盾经验教训的研究。西方发达国家在处理社会利益矛盾方面构建了成熟的制度和机制，积累了许多成功的经验，并在此基础上形成了比较成熟的社会冲突理论，西方广大发展中国家在处理社会利益矛盾方面也有过不少经验和教训，我们应该深入研究，以供批判借鉴。另一方面，学界应该加强对苏联、东欧社会主义国家处理社会利益矛盾经验教训的研究。苏联和东欧社会主义国家在马克思主义理论指导下处理社会利益矛盾，有过成功的经验，也有过沉痛的教训，对其经验教训的研究和反思，不仅有利于中国社会主义现代化建设，也有利于丰富和发展马克思主义理论和中国特色社会主义理论。

邓小平论社会主义的本质与核心价值

李德顺

邓小平认为："社会主义与资本主义不同的特点就是共同富裕，不搞两极分化。"① "社会主义原则，第一是发展生产，第二是共同致富。"② 所以他将社会主义的本质最终表述为"解放生产力，发展生产力，消灭剥削，消除两极分化，最终实现共同富裕"。从哲学角度看，这里十分精确地阐述了社会主义本质观与社会主义核心价值观之间的高度统一。

一　社会主义的本质不能不包含价值取向

社会发展的客观规律性和必然性问题，构成了一切社会科学学说和思想体系的科学知识性、真理性内容；而社会发展的所谓"合目的性"问题，实际是主体对社会发展方向和目标的选择追求，即人们在价值领域的理想、信念和目标，这些则构成了一切社会科学学说和思想体系的价值观念、意识形态内容。社会发展的客观规律性和历史必然性，并不是离开了所有人活动的神秘现象，而是蕴含在人的活动中、通过人的有意识选择及其相互汇合而表现出的一种内在联系。人们各种各样的价值选择间彼此抵消或叠加，最终的力量和结果造就了社会生活的运动和变化。而其中最大多数人的共同选择和追求，必然直接影响和体现社会发展的规律性、历史必然性。所以，马克思主义高度重视人民群众的历史作用，指出只有人民才是历史的真正主体。即，社会主义只能是通过人民群众实践所造就的历史必然性的产物，而人民群众的历史实践必然包含人们的价值创造和价值

---

① 《邓小平文选》（第 3 卷），人民出版社 1993 年版，第 123 页。
② 同上书，第 172 页。

选择。故，社会主义只能是历史必然性和人民群众的价值选择彼此统一的产物。

因此，是否自觉站在人民群众的立场上，充分认识和把握真理与价值高度统一的社会历史观，成为是否真正符合马克思主义、科学社会主义的一个重要标志。然而社会主义运动近百年来的经验表明，马克思恩格斯在理论上已解决的价值与真理统一问题，如何在现实中通过实践充分体现出来，仍需一个艰苦的探索过程。社会主义的实践者，特别是领导者，能否始终从世界观的高度把握住社会主义的历史必然性与人的现实价值选择的统一，是决定社会主义事业成败的基础。而以往的经验教训则表明，在思想理论上自觉或不自觉地造成二者之间的分离和对立，是使社会主义走入歧途甚至走向失败的一个总体性、实质性根源。

以中国的革命和建设史为例，以往右的和"左"的错误倾向的共同特点，都使"坚信社会主义的历史必然性"与"坚持人民群众利益的价值取向"之间彼此分离和对立起来。他们一方面机械地、教条地理解"社会主义的历史必然性"，另一方面无视广大群众的根本利益和价值取向，或者代之以极其狭隘的某些眼前的、局部的甚至是宗派主义的价值原则，从而导致社会主义事业走向失败和挫折。不同的是，右倾机会主义往往片面地强调走向社会主义历史过程的阶段性，完全不顾群众的利益、意愿和业已出现的革命形势，却以种种理由放弃社会主义根本原则；"左"的僵化的教条主义则是片面强调社会主义最终目的和结果的必然性，而蔑视实现社会主义条件和过程的现实性，并同样蔑视群众的现实利益和实际取向，把社会主义当成了仅仅靠外部力量（如行政权力）强加于现实社会、强加于群众的东西，从而使其失去了应有的基础和活力。

以往右的和"左"的错误倾向，实际上都是把社会主义的科学真理性、历史必然性同以人民为主体、为人民服务的现实价值取向割裂对立起来。其中"左"的僵化倾向在社会主义国家和社会主义建设时期的表现尤其严重而顽固，其危害也是巨大的。从导致东欧剧变、苏联解体的深层原因和曾在我国为害甚烈的"左"的错误中，可以看到大量这样的教训。

二 割裂本质与核心价值的历史表现

在我国一度盛行的极左思潮下，对社会主义本质的理解和解释中存在着不少似是而非的东西。例如，这种思潮把社会主义归根结底只看作是阶级斗争的产物和形式，而不是来自解放和发展生产力的更深刻动因；只强调社会主义是一种社会政治体系，却排斥它是一种社会经济形态的意义；只记住了社会主义是一个"历史的必然"，却忘记了它同时也取决于人，尤其是人民群众的价值选择；一部分人凭借权势以"社会主义真理"的代表者自居，却拒绝接受人民群众社会实践的检验……并由此而导致了种种偏执和错误的态度。

首先是把社会主义的本质简单化。这种态度以为既是历史必然，就不需要，也不应该强调价值标准，少谈什么"有利与否"，否则就会导致"实用主义""偏离方向"等。对"生产力"和"三个有利于"标准等这类原则，他们往往很难理解和接受，更没有兴趣去落实和贯彻，而是宁愿寻找种种理由，从政治或道德方面怀疑它们、冲淡它们。"姓资姓社"论代表了这种倾向。

其次是把社会主义的历史必然性当作与人民现实利益无关甚至对立的东西，不知社会主义来自人民群众的意愿和实践的创造，却总觉得群众中有"自发的资本主义倾向"，必须不停地"割资本主义尾巴"，才能坚持社会主义。这样一来，"社会主义"在一些人那里就成了一种"理由"，为此可不理群众疾苦，只顾把一套戒律强加于人，而"与资本主义对着干"的极端口号和行动，成了他们高踞于人民之上发号施令的特权。

再次是把社会主义的政治与经济文化对立化。其习惯于从执政者而不是人民群众的角度看待一切，有意无意把社会主义仅仅当成一套政治和意识形态体系，认为只有"政治"才是唯一重要的，而事关人民生活的经济文化等一系列方面的具体建设，即使不是冲击和有害于"政治"的，也总是从属的或次要的任务。以往的"（卫星）上天（红旗）落地"论、后来一度出现的搞经济建设是"为人作嫁"论等，都是这种态度的表现。

最后是离开现实的经济基础和群众基础，片面看待政权和政治建设。其认为社会主义政治只是政权问题，政权就是一切；孤立地就权抓权，就上层建筑看上层建筑，民主意识淡薄，不懂得上层建筑只能建立在相应的经济基础之上，忘记了社会主义国家政权和党的领导地位的巩固，只能是全心全意为人民服务并得到人民拥护的结果等基本道理，却留恋"以阶级斗争为纲"和"大搞群众运动"式的强制命令，不尊重群众意愿，不注重工作实效。结果是颠倒了本末和因果关系，使变态的权力崇拜成为官僚主义和腐败泛滥的温床。

这些方面大量事实告诉我们，不承认和不重视价值原则，并不是就没有了价值导向，而只能是陷入价值选择的盲目性和错位，实际上往往是以少数人的宗派主义价值取向代替了社会主义普遍原则，从而背离了马克思主义和共产党的宗旨。这一巨大的深层误区最终必然导致脱离人民群众，轻则造成社会封闭和发展停滞，重则引发社会动乱和政权垮台。我们从苏联东欧发生的历史悲剧中，最终可以找到这样的深层原因。

三　走出本质与核心价值相割裂的思想误区

邓小平关于社会主义本质的规定中，既坚持了以"解放和发展生产力"为核心的历史必然性及其条件和过程的理论，也重申并强调了以"公平正义"为核心的社会主义价值观念。但是，由于传统思维偏见的影响，很多人至今尚未理解和接受这一思想。所以他们在谈论"什么是社会主义"的时候，宁愿不提邓小平的社会主义本质规定；他们谈论"社会主义核心价值"的时候，也宁愿离开邓小平的这一论述……为什么？从不少人的认识中可以发现，实际上这里有两个思想理论上的障碍需要突破：一个是有些人觉得，把价值观引入社会主义的本质规定，就会冲淡或动摇社会主义的科学真理性、历史必然性等；另一个是有些人觉得，"解放和发展生产力"不足以区分社会主义与资本主义。这两个障碍反映了思想理论和思想方法上的重大缺陷。

先分析第一点。一些人认为，"历史必然性"是指不管人们愿意与否、高兴与否，都一定会到来的社会现象；而价值观则总是从人们的利益出发，按照人们的意愿和兴趣选择和判断事物；如果用价值观来说明社会主义，对人们有利的就选择、无利的就不选择，那还谈什么社会主义的"客观真理性"和"历史必然性"？这种思想障碍的毛病在于：它首先完全忽视了社会生活与自然界相比的特殊性，即社会规律与人的活动之间的密切相关性，脱离了人民群众是历史的主体这个历史唯物主义的基本逻辑轨道。它的"担心"实际上是把广大人民群众当成"群氓"来想象的产物。表现在现实中，这种以偏概全、以己度人的说法，往往成为竭力将"社会主义"强加于人、"包办代替"的理由。故，这种社会主义观必然缺少自信，同时也无法从内心深处真正找到应该深切地尊重群众，充分相信群众、充分依靠群众的理由。它根本不了解：现实人们的价值选择，也会有自己的内在逻辑和必然因素，尤其是每个时期人民群众的共同选择，正是产生那个时期历史必然性表现的具体原因。总之可以说，对社会主义本质原则的理解，其实就是对人民群众地位和作用的理解。上述思想方法的根本毛病，是它始终缺少"人民主体"的观念。没有这种观念共识，就不可能真正接受邓小平理论，也就不可能自觉把握"中国特色社会主义"的方向。

再看后一个障碍。一些人总觉得"解放和发展生产力"不足以区分社会主义与资本主义，这其实是理解"本质"的思维层次问题。首先，什么叫"本质"？"本质"相对于"现象"而言，是指决定事物发生、存在和发展的内在必然性、普遍性因素，因此本质与事物的存在是始终同一的；现象是在具体过程中由本质所决定并显现本质面目的外部特征，它产生于事物和环境条件的相互作用，是可变的。邓小平指出社会主义必然的、普遍的、核心的特征，就是"解放和发展生产力，消灭剥削，消除两极分化，最终实现共同富裕"，这才是"本质"；与之相联系的其他各种形式和特征，则应理解为派生的、多样的、具体可变的"现象"。不能够在本质的层面上理解解放和发展生产力对于社会进步及至社会变革的决定作用，实际上就否定了社会主义发生的历史根源。

当然，这里更表现出怎样看待社会主义与资本主义历史关系问题上的误区。社会主义与资本主义之间，总体上究竟是一种同时态的两极对立关系，还是一种历时态的演进关系？关于这个前提，马克思早有完整的论述，指出二者总体上是人类历史上前后相继的两个必然阶段。尽管如此，现实中几十年的"两大阵营对抗"和"冷战"历史，却造成了人们习惯以"非此即彼"和"全面对立"眼光看待"资""社"关系，仅仅注意它们在同时态下相互排斥和对抗的一面。例如有人提出的疑点："资本主义也要解放和发展生产力呀，有什么不同？"殊不知，脱离了对象的具体历史阶段性，不知道资本主义是在封建主义条件下解放和发展生产力的产物，社会主义只能是在资本主义基础上进一步解放和发展生产力的结果；忘记了社会主义的历史必然性来自人类文明的整体进步，忘记了吸收包括资本主义在内人类文明的全部成果，正是社会主义应有的优势；却把"一切对着干"当成是超越资本主义的唯一途径。这种缺少历史感的"不同"和"超越"意识，必然把某些既有的简单模式凝固化、普遍化，为解放思想设置许多不必要的禁区和樊篱，无法为创建中国特色社会主义开辟广阔的思想理论空间。这当然不是历史唯物主义，也不是科学社会主义应有的思维方式。

显然，只有掌握马克思主义哲学的本质思维和历史方位，才能透彻理解社会主义的"本质"；只有透彻理解社会主义的"本质"，才能讲清楚"中国特色社会主义"的来龙去脉，同时也才能从根本上看清它与当代资本主义的关系。现实中有大量与之相类似的问题，有待于深入而持续地从理论包括思想方法上给予系统回答、总结和提升。否则这些问题不仅会困扰改革决策，而且仍将成为思想混乱的一个根本病灶。

改革开放以来价值观的变迁与核心价值的解构[*]

廖小平

回顾 1949 年以来中国的社会变迁，我们可以清楚地看到，随着中国社会的加速转型，以及作为这一转型之表征和结果的社会结构、经济体制、政治意识形态等的大变局，中国社会的价值观也随之发生了重大变迁，这一变迁以 1978 年的改革开放为分界点，随着改革开放的不断推进而逐渐拓展和深入。简言之，改革开放以来中国社会价值观的变迁包括两个方面，即基本价值取向的变迁与核心价值的解构和建构。价值观变迁表现在基本价值取向上，就是从一元价值观向多元价值观、从整体价值观向个体价值观、从神圣价值观向世俗价值观、从精神价值观向物质价值观的转变①，这同时也意味着价值观本身的解构与建构②，而这一解构和建构过程本身实际上是一体两面和相反相成的辩证过程。

需要说明的是，改革开放以来中国社会价值观的变迁对核心价值的解构，当然主要是指对改革开放前中国社会核心价值的解构，但并不是对改革开放前所有核心价值的解构，譬如并不是对那时中国共产党人经过艰辛探索而确立的独立、自由、民主、平等、富强等核心价值的解构，相反，这些核心价值在改革开放新的历史条件下又成为新的核心价值建构的重要

---

* 本文系国家社会科学基金项目"改革开放以来价值观的变迁与社会主义核心价值体系建设研究"（项目号：10BZX012）、湖南省教育厅重点项目"价值观建设的理念定位和人格特征"的阶段性成果。

① 廖小平：《论改革开放以来价值观的变迁及其双重后果》，《科学社会主义》2013 年第 1 期。

② 廖小平：《改革开放以来价值观的变迁与核心价值的建构》，《天津社会科学》2013 年第 6 期。

历史资源。此外，对核心价值的建构，从某种意义上可以被理解为社会公众对某种价值所达成的共识；而对核心价值的解构，可被理解为社会公众在价值观变迁过程中对某个价值共识的否定和拆解。

一　革命与斗争

"革命"和"斗争"是改革开放以来最先被解构的核心价值。我们认为，"革命"和"斗争"是改革开放前30年特别是"文化大革命"时期中国社会的一种核心价值。为什么这样说？主要是因为：第一，"革命"和"斗争"是改革开放前30年最核心的政治价值，而政治生活恰恰是改革开放前社会生活的核心内容。改革开放前30年，以"无产阶级专政下继续革命"和"阶级斗争"为核心内容的政治主导一切，包括经济活动、社会生活、价值观念乃至私人生活在内的一切全都彻底"革命化"和"阶级斗争化"。"以阶级斗争为纲，一切社会生活都放置到阶级斗争的天平进行衡量，是1949—1978年中国人的基本政治生活方式"[1]。于是，改革开放前30年的价值观，就必然以政治为统帅、为灵魂，本来作为手段和工具的"革命"和"斗争"最终转变或异化成了社会的核心价值，于是，包括价值观在内的一切都"只有在当时的革命的背景中才能被解释"[2]。第二，"革命"和"斗争"最典型地体现了改革开放前二元对立的价值思维模式。"姓社"与"姓资"、"左"与"右"、"公"与"私"、"市场"与"社会主义"、"计划"与"资本主义"、"革命"与"生产"等就是这种二元对立价值思维的集中体现。这种二元对立的价值思维不仅主导着当时决策者的价值思维，而且也主导着普通群众的价值思维，并最终主导着决策者和普通群众的价值实践。这种二元对立的价值思维不可避免地将"革命"和"斗争"奉为当时社会的核心价值或价值"圭臬"。

"革命"和"斗争"作为改革开放前30年中国社会的核心价值之一，在改革开放之初就已被彻底解构和颠覆，从而为改革开放和经济建设开辟了道路。这首先表现在对政治原有内涵的否定。改革开放前将"革命"和

---

[1]　任剑涛：《政治的疏离与回归——近30年中国政治观的演变与动力》，载潘维、廉思主编《中国社会价值观变迁30年（1978—2008）》，中国社会科学出版社2008年版，第277页。

[2]　张乐天：《告别理想：人民公社制度研究》，东方出版中心1998年版，第440页。

"斗争"作为政治的基本内涵，而改革开放之初，邓小平就指出："经济工作是当前最大的政治，经济问题是压倒一切的政治问题。"① 这就从根本上使"革命"和"斗争"原来的政治含义被消解和解构，并赋予了政治以新的内涵。其次表现在政治价值本身的转向。原有的革命政治转向了发展政治，集权政治转向了分权政治，权力政治转向了权利政治。这种政治价值本身的转向，使原有的"革命"和"斗争"不再是政治生活所追求的核心价值。再次表现在以经济价值代替政治价值。"以阶级斗争为纲"被"以经济建设为中心"所取代；原来言必谈政治，而现在却言必谈经济；原来以政治衡量一切，而现在却以经济衡量一切，等等。此外还表现为价值思维的辩证统一。既防"左"又防右、"资本主义有计划，社会主义有市场"、在"姓社"与"姓资"的问题上"不搞争论"等，由此解构了二元对立的价值思维模式，实现了价值思维的转型。总之，"改革开放以后，经济建设成为最重要的中心任务，而提高社会生产力，改善人民群众的物质和文化生活，增强综合国力，就成为经济建设的直接目标。这时所需要的是人们齐心协力地把经济搞上去，而不再需要人们之间的斗争和冲突。这就很自然地要否定以往那种二元对立式的政治价值观，转而采取一种非常务实和实际的政治价值观去指导经济的发展"②。"革命"和"斗争"被解构就成为一种历史的必然。

二 重义与轻利

义利关系是十分重要的价值问题。重义轻利是中国传统社会特别是儒家所奉行的核心价值，且不仅左右着个人的价值取向和行为取向，也左右着国家的价值取向和行为取向，甚至在一定程度上决定着社会的政治经济结构和文化心理结构，其影响一直延续到改革开放之前的中国社会。

在过去对重义轻利的研究中，人们往往只把它看作一个道德问题，实际上，它是一个影响更加广泛和深远的核心价值问题。作为社会的核心价值，重义轻利及其影响主要表现在以下几个方面：第一，重义轻利不是一

① 《邓小平文选》（第 2 卷），人民出版社 1994 年版，第 194 页。
② 廉思：《30 年来我国政治价值观的演变及原因》，载潘维、廉思主编《中国社会价值观变迁 30 年（1978—2008）》，第 307—308 页。

个事实判断，而是一个价值判断。如果说"义利关系"是一个事实判断，那么"重义轻利"就是一个价值判断。这最充分地表现在系统阐述义利关系问题的孔子思想中。孔子说："君子喻于义，小人喻于利。"将对"义"和"利"的态度作为判断和评价"君子"与"小人"的根本标准。第二，"义""利"的特定含义规定了重义轻利的基本取向。《论语》中"利"字出现了十次，其中六次是指"利益""获利"的意思，而"义"字出现了十四次，且多指士之高尚精神和操守。在孔子那里，不论是个人私利还是公共利益，都属于"利"，因而都应被"轻视"。第三，重义轻利不仅是对个人修养的要求，也不仅是儒家的经济价值观，而且是国家的治国之方和施政纲领。比如儒家强调"正其谊不谋其利，明其道不计其功"①。而在国家的治国之方和施政纲领上则强调以德治国和人治。第四，重义轻利只讲精神修炼，而忽视物质利益。重义轻利的核心价值反映了在义利关系上的价值取舍，即崇义贬利，但毕竟不是彻底否认利，利的存在是客观事实，只是要求"见利思义"而不能"见利忘义"。在这一传统中，基本没有教人们如何致富、如何提高物质生活水平和国家经济实力的价值主张。第五，重义轻利必致重农抑商。中国传统社会是一个以自然经济为基础的小农社会，自然经济孕育着"义气"的社会氛围和社会心理，关羽的形象就是这种小农社会重"义"的典型象征。而商业及商人则是以谋利为要职的，"无商不奸"是中国人赋予商业和商人的基本价值符号。因此，在中国人的价值观念中，谋利与重义必然存在矛盾。第六，重义轻利还必然导致安贫乐道的人生价值观。"安贫"即安于贫困，就是去"利"；"乐道"不仅意味着一般的道德追求，而且意味着一种人生态度，体现着特定的人生价值，就是"义"。实际上，安贫乐道就是清心寡欲、知足常乐、随遇而安等人生价值观的集中体现。

　　显然，中国传统社会重义轻利的核心价值，具有合理性与不合理性的两面性。譬如，重义轻利作为个人道德修养的根据是无可厚非的，越是重义而轻利的人，道德境界一般就越高。这是其具有合理性的一面。但是，重义轻利作为治国之方和施政纲领，由道德价值理论转换为治理国家的意识形态话语，甚至影响着社会的经济政治结构，则是很成问题的。这明显是不合理的，是阻碍经济社会发展的。改革开放前30年的中国社会重精

---

① 《汉书》卷五十六《董仲舒传》。

神轻物质、重主义轻民生的价值取向与中国传统社会重义轻利的核心价值非常吻合。

改革开放以来，重义轻利的核心价值在市场经济条件下受到了强大的冲击。君子与小人已难以在义利之间辨识；个人私利往往置于他人利益乃至一切整体利益之上；拜金主义和利己主义逐渐代替理想主义和利他主义；见利思义和取财有道者日少，见利忘义和取财无道者日众；追求精神价值和理想信念者日少，追逐物质欲望和感官享受者日众；艰苦奋斗勤俭节约者日少，贪图享受铺张浪费者日众；安土重迁者日少，弃农经商者日众。如此等，不一而足。

三　集权与人治

改革开放前的中国社会，不论是单一公有制、计划经济和平均主义等经济活动和经济生活，还是阶级斗争和继续革命等政治活动和政治生活，甚至以单位为基石的整个社会生活，都必须诉诸或求助于政治上的高度集权。离开了高度集权和依赖于领袖个人魅力的人治，所有这一切都会化为泡影。因此，"在社会转型以前，中国社会实际上是一个权力主导型社会，社会经济生活的统一性和秩序性是靠行政权力来维系的，人们对权力只是被动地顺从"[①]。这必然意味着，使社会整合得以实现和使社会秩序得以维系的重要价值基础，既不是资本和财富的价值，也不是血缘和人情的价值，而是高度集中的权力和领袖的魅力。从这个意义上讲，权力构成了改革开放前中国人所趋附的核心价值之一。

集权作为一种具有整合意义的核心价值，首先表现在社会治理上。譬如以党代政，党政不分，政企合一，政社合一；党和国家还代替一切社会组织，所有的社会功能都由党和国家来承担。党和国家还控制着公众的私人生活，并决定着公众的所有社会参与活动。其次表现在对经济的高度干预上。国家使用超经济的强制性一方面严格按照计划来安排工农业生产，另一方面按军事管理的原则来组织工农业生产。国家可以无偿调拨土地、原材料和劳动力等各种生产资料；平均主义的分配制度也必须依赖于高度集权。"经济的、资源分配的平等与政治的集权相互依存，因为只有政治

---

① 童世骏等：《当代中国人精神生活研究》，经济科学出版社 2009 年版，第 161 页。

集权才能有效把经济生活中时时出现的争取优越地位的竞争抑制在最低的水平上，从而使经济平均主义可能成为一种现实的制度。"① 最后还表现在对意识形态的高度控制上。

在人类历史上，魅力价值体现于魅力型权威之中。马克斯·韦伯把权威分为"克里斯玛"权威（魅力型权威）、传统权威和法理权威。克里斯玛权威建立在对领袖个人的魅力崇拜之上。这种权威发挥作用无须规范，领袖本身即具神圣性和权威性。传统权威建基于人们对既往人与事的虔诚态度，故而坚持按惯例行事，认为惯例本身就是规范，不可违抗，家长制、世袭制是传统权威的典型形式。法理权威既不同于克里斯玛权威，也不同于传统权威，而是非人格化的法律和规章，是制度化的社会契约，普遍性的义务职责，它不以个人意志为转移。可以认为，改革开放前的中国社会是以魅力型权威和传统权威为主，而辅之以法理权威的。这是因为自然经济、计划经济和小农意识的普遍存在，为魅力型权威提供了肥沃的土壤。在中国，魅力型权威和魅力价值的直接结果之一就是对领袖的膜拜和对领袖的道德信任感。魅力型权威和魅力价值依靠非正式制度如习俗、道德等进行社会管理和统治，因此就是典型的人治，即国家以一套非正式制度去规范和约束人们的行为，并以此建立社会秩序。

改革开放以来的社会变迁和价值观变迁，唤醒了人们的平等意识、商品意识、市场意识和公民意识，原来以集权为特征的权力价值和以领袖魅力为特征的人治（德治）不能不受到极大的冲击，并逐渐被民主制度和法理权威所解构和取代。

四　身份与等级

在中国传统社会，身份一经确定就相应地与他人发生了某种关系，这种关系大体可分纵向和横向两类关系，纵向关系主要是指上下关系，如亲子关系、上下级关系等，横向关系主要是指平行关系，如兄弟姐妹关系、朋友关系等。这些身份关系是通过出生、资历、资格、等级、级别等加以确定的。因此，"阶序"是身份的一个重要标志，它不仅存在于不同地位的人之间，在相同身份、地位的人之间，也依据一定标准形成等级阶序。

---

① 张乐天：《告别理想：人民公社制度研究》，东方出版社 1998 年版，第 110—111 页。

在身份社会里，身份成为确定人们地位高低、权力大小、义务多少的基本依据，因而身份成了人与人之间一切差别的总根源，身份的本质就是讲究差别、亲疏、尊卑、贵贱。因此，人们常常把"身份"与"等级（制）"并称，不同身份的人构成不同的社会等级，在法律上也就具有不同的权利和义务。中国传统家族社会是一个典型的身份社会，按照血缘亲疏尊卑长幼顺序确定父子、夫妻、兄弟等各自的身份，建立起父尊子卑、兄长弟幼的等级秩序。

新中国成立后，家族社会在新的生产方式、对传统的批判和斗争以及对"平等"的追求中逐渐消亡，取而代之的是单位社会。在单位社会里，父子、夫妻、兄弟以及其他一切家族关系都是"平等"的，这是社会主义革命的一个重大成果。但是，单位社会并没有使身份社会消失，反而以另一种方式继续存在。在单位社会里，身份主要取决于以下几个因素：首先，取决于家庭出身，即成分。如家庭是贫农成分，其子女也是贫农，家庭是地主成分，其子女也是地主，依此类推。其次，取决于户籍所在地和初始职业。"在单位体制下，干部、工人和农民不仅是社会分工或职业分类的概念，而且是一种相当稳定的社会身份概念。故而全体公民据此获得三种不同的社会身份：干部身份、工人身份和农民身份。"① 不仅如此，还很大程度上决定了其子女的身份，在社会中向上流动的机会虽有但很少。最后，身份决定等级待遇。身份本质上是一种等级制，所以，在单位社会和身份社会里，不同社会身份所确定的权利差异主要还不是表现在政治方面，而是集中表现在户籍、工作和社会福利等方面。应该说，在建立社会主义制度后，实现了民族之间、性别之间等方面的平等，消灭了剥削阶级和剥削制度，但是，仍然存在着某些不平等，这些不平等甚至被制度化了，这种制度化了的不平等就是准身份制。

新中国成立以来的"准身份制"虽然使原有的身份制度被打破，但传统的身份及身份等级仍然存在，身份观念、身份意识和身份情结更是明显。这些身份观念、身份意识和身份情结是以一整套价值观念体系或身份伦理为核心的。也就是说，内含于公众意识结构中的一整套关于身份的价值观念体系或身份伦理，就是人们至今仍然抱持着身份观念、身份意识和

---

① 曹锦清、陈中亚：《走出"理想"城堡——中国"单位"现象研究》，海天出版社1997年版，第112页。

身份情结的价值根基。这也是身份制长期持续地影响着中国人的日常生活，并作为一种文化结构被一代一代传递下来的根本原因。

改革开放以来中国社会价值观的变迁对身份与等级的解构并不十分明显，中国人的身份与等级的价值取向仍然存在①。近年来市场经济内在要求与身份社会相对立的契约社会已开始形成。契约社会以个人自由、人人平等为核心价值，身份和等级是其天敌。梅因认为，"所有进步社会的运动，到此处为止，是一个'从身份到契约'的运动"。②

五　崇高与信仰

如果说上述核心价值被改革开放以来价值观的变迁所解构还好理解的话，那么，改革开放以来价值观的变迁对崇高和信仰的解构似乎有点令人费解，因为崇高和信仰看起来似乎更具有正价值。其实，有两个基本因素使改革开放以来的崇高与信仰被双重解构，这就是改革开放以前极"左"时期崇高和信仰本身的虚妄性和改革开放以来中国社会价值观发生着日趋多元化、个体化、世俗化和物质化的变迁。

新中国成立以后，在社会主义革命和建设过程中逐渐形成了集体主义、理想主义、英雄主义等具有崇高价值的理想信念，人民真诚而坚定地信仰共产主义，建设社会主义的热情高涨，整个社会精神昂扬向上。然而，新中国成立后的各种"运动"持续不断，与各种崇高神圣价值理想和信仰（如为共产主义奋斗终生的理想主义，整体利益至上的集体主义，备受推崇的英雄主义，甚至对领袖的个人崇拜等）实现了奇怪的结合。这种结合实际上是以崇高神圣理想和信仰去粉饰极"左"思想和实践。与政治运动相结合的崇高和信仰带给人们的无疑是巨大的压力，而不是真正的价值需求。正因为如此，改革开放后出现的"痞子"文学对崇高和信仰的嘲弄就不足为怪了。有学者认为："王朔作品中那种消解一切崇高神圣价值观念的'痞子'口吻无疑极大程度契合了经历过'文革'的人的心理，道出了他们长久以来想说的话。……长期以来，以各种主义上演的社会运动

---

① 譬如当今中国社会对"老板"（不论是"官员型老板""资本型老板"还是"学者型老板"）称谓的热衷即是新的身份情结的典型表现：被呼者与呼之者由此确立了身份关系，且满足了各自的身份情结。

② 亨利·梅因：《古代法》，沈景一译，商务印书馆1959年版，第97页。

已使人恐惧而厌烦，因而任何消解主流价值观念的言辞对人们来说都有某种政治解放的意味。尽管王朔以痞子的形态消解一切崇高背后的动机实属复杂，但它却在一定程度上迎合了被极'左'思潮所压抑、所'愚弄'而产生不满的人的心理。"① 王蒙也指出："首先是生活亵渎了神圣"，"我们的政治运动一次又一次地与多么神圣的东西——主义、忠诚、党籍、称号直到生命——开了玩笑"②。由此观之，躲避崇高也好，嘲弄崇高也罢，都意味着对崇高和信仰的解构，这种解构其实是由原来那种崇高和信仰的虚妄性本身所造成的。

改革开放后崇高和信仰在新的市场经济社会并没有得到新生和重构，反而再一次遭到来自市场经济及随之而来的价值观变迁的解构。改革开放以来，特别是进入 20 世纪 90 年代以来，中国市场经济体制开始建立，市场经济的世俗化效应开始彰显，中国社会的价值观也逐渐转向多元化、个体化、世俗化和物质化，因此，就连承载着崇高和信仰的知识分子也对这一解构过程有一种无奈之感。一切曾经在 80 年代辉煌过的字眼如理想主义、美和崇高，在市场经济这一巨大车轮的碾压下成了不可复原的碎片。在信仰和价值观上无所依托的这一代人，也就成了"游走的一代"③。这样一来，不仅极"左"思潮下的伪崇高、伪理想被解构了，而且一切崇高、理想和信仰也由于在市场经济面前变得苍白无力而获得消解的合法性，取而代之的则是一种对商业社会运转逻辑的全面认同。于是，所谓逃避崇高、信仰危机、理想失落成为了描述当代中国社会价值观现状的普遍话语。有人把当前信仰危机概括为三种情形：缺失型，即没有任何价值信仰；虚伪型，即在信仰上口是心非、口善行恶；异端型，即与主流价值和主导价值相疏离甚至相抗衡。这种概括在一定程度上反映了当前中国社会价值信仰的实际。

---

① 童世骏等：《当代中国人精神生活研究》，经济科学出版社 2009 年版，第 259 页。

② 王蒙：《躲避崇高》，《读书》1993 年第 1 期。

③ 王干：《游走的一代——序"新状态小说文库"》，作家出版社 1995 年版。

传统文化中的道德养成路径及其当代价值

金民卿

当前，中国正在全社会掀起培育、弘扬、践行社会主义核心价值观的高潮，社会主义核心价值观的构建离不开中华传统文化这个根本立足点。传统文化历来高度重视人格完善和道德养成，注重把至高目标与现实路径统一起来，标准规约与自律慎独统一起来，环境熏陶与虚心涵泳统一起来，形成了富有特色的道德养成路径。这种路径在当今显示出其当代性价值，对于核心价值观的构建具有重要的方法借鉴意义。

一　至高目标与现实路径相结合

中国传统文化历来把形而上的性理追求和形而下的务实理性有机统一起来。在中华文化的奠基时代，孔子就既强调慎终追远，力求实现三王时代的圣贤政治，同时把立足点放在当下，力求挽救礼崩乐坏的现实，在周游列国的艰难困苦中虽然惶惶如丧家之犬，但从不放弃仁义政治的理想目标。这种内圣与外王结合、行上与行下统一、理想与务实两顾的文化特点，在人格养成和道德修为方式上，形成了至高目标与现实路径相结合的特色。

孝是中国传统伦理文化的核心概念，是修身养性和道德提升的基本要求，所谓"孝，德之本也，教之所由生也"。这个最基本的道德原则，已经包含着最高理想与现实路径有机统一、浑然一体的特点。《孝经》明确提出孝的三个境界，"始于事亲，中于事君，终于立身"，把奉养父母的个人行为规范、忠于国家的宏大责任意识、成就事业的远大理想目标联为一体。"天下兴亡，匹夫有责"一直是中国传统人格完善的核心理念，就是强调以个人责任为立足点，以服务社会天下为目标。

《大学》集中体现了中国古代个人修养和人格完善的目标与路径，被称为"垂世立教之大典"，"所以教人之法也"，其核心的理念就是"三纲八目"。《大学》开宗明义指出："大学之道，在明明德，在亲民，在止于至善。"这就是所谓的"三纲"，分别从明德、亲民和止于至善三个方面，揭示了君子人格的目标指向和理想状态，就是要求个人通过一系列的努力达到道德昌明、思想更新、人伦至善的崇高境界，谋求个体人格的高度完善和社会道德的至善发展。中国道德文化并不耽于这个最高目标的设计和追求，而是把最高目标的根本追求同实现目标的具体步骤和现实路径直接联系起来。《大学》在提出最高目标之后紧接着写道："古之欲明明德于天下者，先治其国；欲治其国者，先齐其家；欲齐其家者，先修其身；欲修其身者，先正其心；欲正其心者，先诚其意；欲诚其意者，先致其知；致知在格物。物格而后知至，知至而后意诚，意诚而后心正，心正而后身修，身修而后家齐，家齐而后国治，国治而后天下平。自天子以至于庶人，壹是皆以修身为本。"这就是所谓的"八目"，即达到三纲目标的具体步骤。"格物、致知、诚意、正心、修身、齐家、治国、平天下"八个环节，由外而内再由内而外，由物而己再由己而人，由自然到个人再由个人到社会，构成了达向至善目标的循序渐进的现实路径。其中，"格物、致知、诚意、正心"，是实现个人知识积累、能力提升、人格发展的基础；"齐家、治国、平天下"，是个人超越自我、实现自身社会化的目标，并由此最终达到"明明德、亲民、止于至善"的人格完善境界；而"修身"则是连接自然与人伦、个人与社会、自我与整体的纽带，既是从自然到人的顶点，又是从个人到社会的开端，是根本的立足点和承上启下的中心环节，即所谓"身不修不可以齐其家"，进而也就不可能治国平天下，不可能达到至善境界。

这种人格养成的目标和路径，把个人与社会、自我与天下有机统一起来。在个人与社会的关系上，突出地强调以自身修养为基础、以服务社会为归宿、以忠于国家为根本，倡导立足于自身、奉献于社会、忠诚于国家、放眼于天下的道德价值观，个人的知识积累、能力提高、道德修养是前提、基础和立足点，服务社会、国家、天下是目标和归宿。在现实与未来的关系上，以理想为牵引，以务实为根本，把务实性与理想性有机结合起来，既强调形而上的至善追求，又注重形而下的务实追求，既要实现治国、平天下的人生抱负，达到"明德""亲民""至善"的理想境界，也明确提出必须要脚踏实地从格物、致知、诚意、正心、修身做起，既有拯救天下之宏愿，也有从脚下做起的耐心，既追求闻达于诸侯，又立足于修身以养性。这种人格完善和道德提升的路径，体现到对社会发展的总体设计上，就是大同社会同小康社会的统一，既追求理想性的大同社会、王道政治，更注重从小康之家出发，从富民教化入手进行社会治理。正是这种把放眼长远、追求理想同从实际出发、从小处着手统一起来的文化特点，使得中国传统文化中，虽然倡导理想信念的追求，但却不耽于空想主义；注重的是个人内在的道德修养和人格完善，是服务社会天下的知识丰富和能力提升，而不是外在的物质积累、财富增值，是道义仁爱而不是物化利益，是公德之心而不是私利之欲。因此，价值观的走向是建立在个人完善之上的集体主义而不是个人主义。

中共中央向全社会发出培育、弘扬、践行社会主义核心价值观的号召，有着特殊现实针对性。20世纪90年代以来，市场化成为中国经济改革的基本取向，构建和完善社会主义市场经济体制是经济体制改革的基本目标。然而，在市场经济实践中，某些领域、某些地方过度借用实用主义伦理学作为基础，忽视了人的社会性存在，忽视了人的自由全面发展，特别是忽视了人的理想信念和道德修养。发展观上的失误偏差带来了价值观上的误区，单纯以物质积累作为判断工作成败的标准，以财富多少作为评价人生价值的尺度。由此，物质主义、消费主义获得了发酵的土壤，理想虚化、诚信缺失、道德滑坡现象非常严重。一方面，作为中国人的一种精神维系力量，几千年来连绵不断的伦理道德体系在市场化和外来思潮的冲击下迅速溃退。另一方面，新中国成立后初步建立起来共产主义理想信念体系遭到极大削弱。利益轴心对理想信念的冲击前所未有，同时开放社会也使人们的价值选择更加多元化。为此，必须要给中国人的精神世界、理想信念领域补充新的内容，在精神上给中国人补钙。社会主义核心价值观的提出，就是这项工作的重要内容。

在培育和弘扬核心价值观的过程中，应该很好地借鉴传统文化中至高目标与现实路径相结合的道德养成方法，突出地强调远大的社会理想，站在推进社会主义制度发展、维护和发展中国广大人民利益、人类文明发展的高度，正确处理普适性文明与制度性要求、民族性文化与全人类共识的关系，充分体现中国特色社会主义的制度特征和实践要求，反映中国人民的共同愿望和理想追求，反映人类共同的理想愿望和价值追求。同时，核心价值观虽然是一种软实力，但是必须要硬建设，必须要落到实处，转化为每一个中国人实实在在的道德实践和价值追求过程，转化为整个社会的精神文明建设实践，否则只是停留在意识形态宣传层面，最终是不可能成功的。

二　标准教化与自律慎独相结合

中国文化中历来高度重视教化功能，明确提出以文化人、以文育人的教育理念。这种文化特点在道德养成路径上就是注重标准力量，强调榜样作用。没有规矩不能成方圆。实现道德教化的重要步骤就是要树立道德标准、制定行为规范。中国传统文化中提出了圣贤标准、君子人格、大丈夫风范等。例如，孟子的大丈夫，就把行仁（广居）、从礼（正位）、行义（大道）作为基本的标准。他指出："居天下之广居，立天下之正位，行天下之大道；得志，与民由之，不得志，独行其道。富贵不能淫，贫贱不能移，威武不能屈，此之谓大丈夫。"（《孟子·滕文公》下）《诗》《书》《礼》《乐》《易》《春秋》《论语》《孟子》《尔雅》《孝经》等经典著作都记载了诸多的礼仪制度和行为规范。孔子特别关注礼制的标准性力量，把服从礼作为人生修养的根本要求，明确提出了"克己复礼"的道德原则。标准规范是文字的记载，而圣贤榜样则是具象化的标准，孔子把尧舜禹汤文周等作为圣贤君子的样板，供人们恭敬效仿，见贤思齐；孔子本人在当时就已经被视为代表天道的"木铎"（"天下之无道也久矣，天将以夫子为木铎"，《论语·八佾》），后人更是把他作为圣人典范加以推崇效仿。

诚信道德是中国传统文化中所特别强调的道德原则和规范，充分体现了道德养成中的标准和规范要求。首先，诚是个人道德追求和社会道德评价的根本标准。《中庸》一文对诚的道德境界做出了多方面论述。"诚者，天之道也"，"诚者物之终始，不诚无物。是故君子诚之为贵"。就是说，诚是真实无妄的圣人之德，是人们至高的道德追求境界即"天之道"。同时，诚也是衡量个人道德境界的根本尺度，是社会道德评价的最高标准，"唯天下至诚，为能经纶天下之大经，立天下之大本，知天地之化育"。《中庸》道："知、仁、勇三者，天下之达德也，所以行之者一也。"这里的"一"就是诚。朱熹解释道："一则诚而已矣。达道虽人所共由，然无是三德，则无以行之；达德虽人所同得，然一有不诚，则人欲间之，而德非其德矣。"就是说，在儒家文化中，知、仁、勇为天下之三达德，而要达到三达德的境界，就必须从内心深处去真诚追求，否则不可能达到达德的境界。"凡为天下国家有九经，所以行之者一也。"这里的"一"也是诚。朱熹讲道："一者，诚也。一有不诚，则是九者皆为虚文矣，此九经之实也。"就是说，修身、尊贤、亲亲、敬大臣、体群臣、子庶民、来百工、柔远人、怀诸侯，为经纶天下的关键，而要做到这九经也必须以诚行之，所谓"至诚之德，着于四方"。每一个人都应该在自己的生活中以诚为内在的道德追求目标，达到高度的自主自觉和道德昌明，正如孟子所主张的，"反身而诚，乐莫大焉"。其次，信是做人的基本行为规范，是人与人之间关系的根本准则。孔子主张，为人必须要做到"言必信，行必果"，言而有信才能取信于人，才能获得朋友的信赖和支持，才能在人际交往中站稳脚跟并进而实现自己的理想。能够做到守信就接近了仁义，即所谓"信近于义"（《论语·学而》），就是学到了做人的基本道德，"与朋友交，言而有信。虽曰未学，吾必谓之学矣。"（《论语·学而》）而不能守信的人则丧失了做人的基本道德，不可能得到人们的尊重和信任，也就难以提升个人修养，难以获得事业成就，"人而无信，不知其可也。大车无輗，小车无軏，其何以行之哉？"（《论语·为政》）孔子对于子路言而有信、有诺必行的"不宿诺"的风格高度赞赏。而对于那种巧言令色的虚伪背信之人则大加批评，即"巧言令色，鲜矣仁"，因为这些人专务取悦他人，放纵个人私欲，丧失本真道德，是谈不上什么仁义的。正因为诚信在个人修养和道德养成中具有如此重要的地位，孔子在自己的教育理论和实践中，把诚信作为核心内容之一，作为教人学文修行的根本，与"文、行、忠"并列为四大教育内容，《论语》记载，"子以四教：文、行、忠、信"。（《论语·述而》）再次，诚信是社会治理的基本准则，是社会政治的评价尺度。中国传统社会是一种以德治为核心、以刑罚为辅助的社会治理模式，个人品行和道德水准在社会治理结构中发挥着巨大的导向力量和评价功能，是实现社会稳定、统一、和谐的重要动力。作为道德标准和基本规范，诚信在这里具有至关重要的作用。从最高治理者的层面来说，必须守信才能获得领导和治理的权威，获得民众的支持，形成社会发展的合力，实现家国天下的和谐。孔子指出，"道千乘之国，敬事而信，节用而爱人，使民以时"（《论语·学而》），就是说当政者必须施行仁政，敬忠诚信，取信于民，这是为政的根本；"上好礼，则民莫敢不敬；上好义，则民莫敢不服；上好信，则民莫敢不用情。夫如是，则四方之民襁负其子而至矣。"（《论语·子路》）子贡问政时，孔子明确说道"民无信不立"，把取信于民放在最根本的位置。从各级管理者的角度来说，必须守信才能取得上级重用，获得相应职位发挥自己才能，也才能获得下级信赖而政令通行。子张问政时，孔子把"言忠信"放在第一重要的位置；子张问仁时，又特别强调君子应该做到"恭宽信敏惠"五个方面，"信则人任焉"（《论语·阳货》）。

标准是外在于个体的、人人需要遵循和参照的道德原则和规范，榜样是外在的道德原则和规范的典型化身。实现外在的标准和榜样向个体自身的转化，是个体道德人格形成的重要环节。在这个问题上，中国道德文化特别注重个人修养，强调自律慎独，揭示了外在的公共道德标准向内在的个体道德境界转化的路径。

《周易》在乾卦中提出，"天行健，君子以自强不息"，突出地强调了个体努力、自我修养的至关重要性。孔子强调君子要"求诸己"，强调"不患人之不己知，而患不能"（《论语·学而》），把道德养成的立足点放在个体的自觉提升和自我努力之上。孟子反复强调要反求诸己，"不怨胜己者，反求诸己而已矣"（《孟子·公孙丑》上），"反身而诚，乐莫大焉"（《孟子·尽心》上），弘扬"舍我其谁"的历史担当意识。注重立足自身修养，就必然要高度重视自律自觉，慎独就是高度自律的境界。要做到"正心诚意"，就必须以慎独来约束自我。《大学》在阐述修身之时提出："物格而后知至，知至而后意诚，意诚而后心正，心正而后身修"，把个体内在的诚意和正心置于个人修养关键环节和核心内涵的地位，明确了个人自觉自律在人格发展中的重要地位。诚意，就是不自欺，就是高度的自律和慎独，就是能够自觉地抑恶扬善，在内心达到对善的高度认同和自觉，对于恶的坚决拒绝和自觉抵制，注重个人的自我约束而不是外在的强制约束。"所谓诚其意者：毋自欺也，如恶恶臭，如好好色，此之谓自慊，故君子必慎其独也！""诚于中，形于外，故君子必慎其独也。"对此，朱熹明确指出，"诚其意者，自修之首也"（朱熹：《大学章句》）。正心，就是心正不斜，排除那些影响个人人格完善和道德提升的物欲私利以及各种私心杂念，达到内心存善敬德而实现自身修养。在朱熹看来，诚意、正心是明善之要，诚身之本，是个人修养的"当务之急"，人们"不可以其近而

忽之也"。(朱熹:《大学章句》)

既强调标准教化又立足自觉慎独的道德养成路径,对于社会主义核心价值观建设具有重要的方法借鉴意义。一方面,社会主义核心价值观的培育和弘扬也必须有明确的标准,为全社会提供价值观培育和践行的统一规范和参照,作为社会主义核心价值观基本内容的"三个倡导",就是提出了一个基本的标准,奠定了核心价值观培育和弘扬的基础;中共中央号召学雷锋活动常态化,大力弘扬焦裕禄精神等,就是发挥榜样引领力量的重要部署,必将对弘扬和践行核心价值观起到巨大的推动作用。另一方面,在宣传、弘扬这些标准和榜样的同时,当代中国人必须加强自身的道德修养,在利益多元、诱惑繁多的情况下,加强自我约束,重视人格完善,真正使核心价值观建设转变成为个人的自觉追求。

三　环境熏陶与虚心涵泳相结合

个人的成长与环境的熏陶有着密切关系,任何一个人的人格完善、道德修养,都离不开环境的影响,任何一种文化价值观的培育和弘扬,都需要有良好的文化氛围。正因为如此,中国古代文化非常注重成长环境的选择、文化氛围的营造。

《晏子春秋·杂下之十》曾讲道:"橘生淮南则为橘,生于淮北则为枳,叶徒相似,其实味不同。所以然者何?水土异也。"这就是强调环境对于事物发展变化的极端重要性。孟子在讲到要教育宋国国君向善时明确提出,宋君身边皆善者,君王自然为善,君王身边皆小人,则君王难为善人,强调了形成良好的社会氛围的关键作用。"一齐人傅之,众楚人咻之,虽日挞而求其齐也,不可得矣;引而置之庄岳之间数年,虽日挞而求其楚,亦不可得矣。子谓薛居州善士也,使之居于王所。在于王所者,长幼卑尊皆薛居州也,王谁与为不善?在王所者,长幼卑尊皆非薛居州也,王谁与为善?一薛居州,独如宋王何?"(《孟子·滕文公》下)中国古代历来强调择善而居,"近朱者赤,近墨者黑",就是强调要为儿童的道德养成创造一个良好的成长环境,孟母三迁的传说讲的就是这个道理。

环境营造是一种外在条件创设,提供的是强制植入的东西,要转化为内在的个体性的道德体认,则需要一个融汇转化的过程,这就是中国传统文化中特别强调的涵养润育功夫,注重潜移默化,强调润物无声。"虚心涵泳"就是中国古代文化中的一种合理的道德涵养方法。朱熹在《答徐子融书之四》中在讲到学者读书之法时指出："如看未透，且放下，就平易明白切实处玩索涵养，使心地虚明，久之须自见得。"学者要"缓视微吟，虚心涵泳，切已省察"，就是说要虚怀若谷，海纳百川，接收外来的各种知识、信息和道德训诫，而后经过自己的反复体验、躬行、思索，逐渐把外来的东西转化为自己的思想和道德。说的虽然是读经书的方法论，但实际上已经不限于此，表达了中国古代的教育方法和修养方式。曾国藩在家书中讲到这个思想时，把朱熹思想中的这种反复体认、润物无声的思想说得更加透彻深刻：所谓涵者，好比春雨润花，清渠溉稻。雨之润花，过小则难透，过大则离披，适中则涵濡而滋液。清渠之溉稻，过小则枯槁，过多则伤涝，适中则涵养而勃兴。泳者，则好比鱼之游水，人之濯足。……善读书，须视书如水，而视此心如稻如花如鱼如濯足，则大致能理解了。切已体察，就是说将自身置进去来体验观察。就是要求人们，对接触到的知识、经典、标准一时不能消化接收，就要先放下来，细细地玩味琢磨，经过长期的浸润消化逐步达到认识的贯通，把外来的知识性要素转化为内在的思想性构成和道德体认。明代思想家李贽在《与刘肖川书》中讲道："公心肠肝胆原是一副，而至今未离青衿行辈，则时之未至，但当涵养以俟，不可躁也。"就是教人在仔细体味和涵养上下功夫，逐步达到外在规范与内心体认的贯通。《明史·骆问礼传》也提道："涵养薰陶，自多裨益。"总之，虚心涵泳的方法就是要求人们，在心神合一的状态下沉潜其中，反复玩索，循序渐进，润物无声，获得其中的趣味精髓，实现思想智慧和道德人格的提升，将外在的强制性的道德规范转化为内在的自觉性的道德认同。

中国传统私塾教育在一定程度上体现了这种把环境营造、强制灌输与长期浸润、自我转化相结合的人格养成模式。私塾教育首先是一种强制性的文化植入过程。私塾教育的教学内容，都是传统文化的基本知识和主要典籍。在私塾的早期阶段，主要是学习《三字经》《百家姓》《千字文》《千家诗》《增广贤文》等儿童发蒙读本。这些读本包含着传统文化的基本知识和观念、道德规范。经过初期的发蒙教育之后，学生跟着塾师比较系统地学习四书五经等传统文化的基本经典。通过学习这些儒家学说的基本经典，对中国传统文化特别是以儒家学说为核心的主流文化有了比较系统的把握，构成知识结构中的主导性要素。私塾教育的强制灌输性是非常突出的, 塾师在授课过程中并不过多地注重对经典的文本解读和内容剖析, 而是让学生死记硬背, 至于学生是否理解则是其次的。儿童经过长期的背诵, 虽然不一定能够理解其中所包含的道德价值观内容, 但是能够长期积累在记忆深处, 沉淀在知识结构的底层终生不忘, 成为一种记忆硬核和知识基因。随着年龄增长和个人阅历的增加, 这些经过强制灌输而固化在思想结构深处的文化知识和道德信条, 不断在日常生活中重复体验, 进行思想的反刍浸润, 转化为个体性的道德体认, 成为个人道德的内在因子, 外在的强制性的道德律令转化为内在的自觉性的道德实践。

价值观是一种软实力, 需要渗透在日常生活情景之中才能发挥其作用。培育和弘扬社会主义核心价值观, 就必须形成有利于核心价值观传播、弘扬的生活情景和社会氛围, 使核心价值观与人们的社会环境融为一体, 与日常生活融为一体, 像习近平同志所说的"像空气一样无所不在、无时不有"。同时, 必须提高核心价值观宣传教育的方法技巧, 注重社会大众自身的吸收内化, 充分借鉴虚心涵泳的方法, 真正做到润物无声, 使核心价值观以潜移默化的方式, 渗透到人们的头脑当中, 浸润到社会生活和个体道德体验的各个方面, 让人们在生活实践中感知它、领悟它, 逐渐成为一种自觉的道德追求和行为遵循, 并进而成为全社会的思想认同和价值共识。

总之, 社会主义核心价值观的培育、构建和弘扬, 是中华民族文化发展逻辑的当代延伸, 是当代中国文化发展的重要内容。在这个过程中, 当代中国人既不能全盘西化也不能全盘古化, 而是要立足和继承民族优秀文化传统, 发掘和弘扬其思想精华并赋予其时代价值, 吸收人类文明发展的各种优秀成果并使之同中华优秀传统文化实现有机结合, 实现中国文化的创造性转化和创新性发展, 为当代中国人提供合理的价值观支撑。传统文化中的富有特色的道德养成路径为涵养社会主义核心价值观提供了方法借鉴。

推进生态文明建设的十大理论与实践问题

郇庆治

十八大报告和三中全会的《中共中央关于全面深化改革若干重大问题的决定》（以下简称《决定》）阐述的"生态文明观"及其大力推进生态文明建设的战略部署，丰富与深化了我们对中国特色社会主义理论体系和社会主义现代化建设事业整体的理论认识，同时提高了对科学发展观及其践行总要求的理论认识。可以说，大力推进生态文明建设，既是对坚持和发展中国特色社会主义的重大理论创新，也是坚持科学发展观"长期性指导思想地位"的重要体现。当然，就建设社会主义生态文明这一开创性实践来说，我们还面临着大量的挑战性问题亟待回答。基于此，本文将对我国生态文明建设中的十个突出问题做简要讨论。

一　生态文明的性质、目标和表征

任何一种对生态文明（建设）的概念性界定，都会包含或呈现对于生态文明的性质、目标与表征的某种理解或愿景。而无论如何具体定义，生态文明都意味着对现代工业文明的一种生态化扬弃或超越，从而凝聚为能够充分考虑并尊重自然生态规律及其客观要求的人类文明性（社会化）生存及其各种样态（成果），集中体现为人与自然、社会与自然、人与人之间的和平、和谐与共生。比如，生态文明是指用生态学指导建设的文明，指谋求人与自然和谐共生、协同进化的文明，具体包括器物、技术、制度、风俗、艺术、理念和语言七个维度或层面①；再比如，生态文明包括三个方面的含义，一是生态文明是高标准的，不是简单的保护、简单的禁

---

① 卢风：《生态文明新论》，中国科学技术出版社 2013 年版，第 11、21 页。

止，而是要在物质文明发展的基础上、在发展的动态中实现更高的形态；二是生态文明要靠建设，当代人要努力实现先天的自然美与后天的建设美相统一；三是人民群众是生态文明建设的主体①。如果说前者更加侧重的是一种哲学式图景或想象，那么，后者则更多立足于现代化发展中人、自然与社会之间冲突或矛盾的一种辩证而主动的解决。

也就是说，生态文明的性质、目标与表征，是生态文明及其建设整个理论体系中的元问题，也是生态文明建设实践尤其是战略部署与总任务中的元问题。其核心或主旨是对"生态文明是什么"或"什么是生态文明的"做出一种清晰界定与描述。当然，严格地说，对上述两种提问方式的回答难度并不相同。"生态文明是什么"更多是一种整体/宏观意义上的追问，因而往往难以做出一种精确的规范性或经验性描述，而"什么是生态文明的"更多是一种比较/动态意义上的追问，因而也就较容易给出一种明确的局部性或暂时性答案。

如果说，20世纪50年代以来渐趋恶化的世界生态环境状况，已在逐渐改变着人类社会对于现代文明（以工业化和城市化为核心）的整体感知与态度，那么，改革开放30多年后日渐凸显的资源短缺、环境污染和生态衰败难题，正在矫正着我们对于现代化及其内在规律的简单化甚至片面性认知。因而完全合乎逻辑的是，我国的生态文明及其建设，肇始于不符合、有违于生态文明理念要求的资源浪费、环境污染和生态破坏，肇始于较符合、有助于生态文明理念实现的节约资源、保护环境和生态恢复（比如植树造林和节能减排），肇始于一种更全面、协调与生态的社会主义现代化的实践探求。原因在于，我们可以直观地感受到，哪些是生态文明的，哪些则相反。

因此，对生态文明的性质、目标与表征的探问，将会是生态文明理论与实践研究中的首要问题，但更多是在方法论层面上。一方面，直到人类社会确信已经有效克服工业社会的反生态弊端，或确立一种生态化的经济社会架构之前，我们将不可避免地纠结于"生态文明是什么"和"什么是生态文明的"（以及"什么是反生态文明的"）这二者之间。因为，我们需要不断地加以确证，那些自称或自认为是生态文明的建设举措，是否的

① 邓本元：《福建生态文明建设进行时联合采访团专访》，人民网，http：//fujian. people. com. cn/n/2013/0619/c181466 - 18890812. html，2013 - 06 - 18。

确带来了趋近于生态文明目标的积极性结果。另一方面，尤其就我国而言，随着生态文明建设的全面铺开与有序推进，我们几乎肯定会面临着越来越多的整体布局、制度构建、主体孕育等整体/宏观意义上的问题，而对这些问题的正确理解与应对都会让我们反复地回到理论元点。

二 生态文明、工业文明和前现代文明的关系

从人类文明史的角度来说，建设生态文明提出的重大理论挑战，是如何重新认识我们对于工业文明以及包括农业文明在内的前现代文明的立场和态度。也就是说，我们需要反思与扬弃近代社会以来形成的线性的社会发展（进步）观。长期以来，几乎所有的教科书都告诉我们，人类社会（文明）始于野蛮落后的原始社会——其中人们不得不像动物那样屈从于"适者生存"的丛林法则，只是到了科技昌明的现代工业/城市社会，人类社会（文明）才可以初步摆脱纯粹自然力量及其规律的奴役或操纵。总之，一部人类文明史，就是我们不断地摆脱自然控制，进而逐渐掌控自然的历史。

上述认识当然并非都是错的。游牧（狩猎采集）文明、农业文明和工业文明，是人类社会迄今为止所经历的三种主要文明形态。总体而言，越是古老的文明形态，人类社会越会遵从或受制于自然生态本身的规律及其约束，而只是到了近代的工业/城市社会，人类才能够做到相对摆脱自然界及其资源生态条件的地域性限制，实现了持续而文明的生存延续（除非发生重大自然灾害和战争）。也正是在这种意义上，我们应充分肯定人类文明不断进步（尤其是资本主义近代文明）的积极一面。

但也无可否认，正是在工业文明的兴起及其扩展中，人类社会逐渐"忘记"了自然生态的客观规律及其约束，追求一种超越自然资源制约和生态规律约束的普遍性（无论地域）、即时性（不分时节）和无限性（不加节制），而地域性、时节性和自觉节制曾是游牧文明、农业文明的存续条件与重要表征。结果，当初曾经是人类社会（文明）进步强大动力的"工业化/城市化"，终于走到了其生态的极限或"文明的极限"（这当然不是说这一进程已然终结或完全失去意义），而全球性生态环境危机正是接近这种极限的表征。

树立与传播这种新认识或文明观，绝非只是为了谴责工业文明或人类

文明本身，而是使我们能够重新审视前工业文明时代的"生态遗产"，目标则是实现现代工业/城市文明的生态化。历史的功能或力量绝非仅是一种对过去所发生或成就的一切的追溯，同时也可以是一种批判性的。前工业时代漫长的农业、牧业、渔业实践，以及从中产生出的无数聪明才智，绝不应成为我们这个看起来物质昌明时代中的历史残存，而是一种值得我们当代人重新发现、学习与践行的文明（人道）精神。就此而言，对前工业时代生态智慧与遗产的挖掘探究，是真正意义上的"向前看"，因而理应是我们生态文明建设资源或路径中的重要方面。

举例来说，发达的农业文明是我国悠久历史与灿烂文明的重要表征，而其中天然的生态或环境友好性质，构成了我国农业文明，甚至整个华夏文明绵延数千年而不绝的前提性保证。甚至可以说，我国的农业文明本身就是一种生态化的文明（尽管它也会导致农业生产方式下的局部性生态破坏，比如水土流失）。在笔者看来，新中国成立以来我们长期面临的一个重大挑战就是，如何在经济社会全面现代化的过程中继承与弘扬那些生态或环境友好的农业传统，而其核心则是追求一种什么样的城市化（城镇化）。从新中国成立初期的农业现代化，到改革开放以后的农村城市化，以及最近的新一轮新型工业化与城镇化，整体上都是一种"工业主义"或"以城市为中心"的现代化思路。

比如，一种主张农业现代化或"农业工业化"的观点就认为，农业工业化发展的重大价值在于，它能够在建设社会主义新农村过程中彻底解决"三农"问题。首先，对农业进行工业化改造和经营，使农村的工业以及服务于农、林、牧、渔的服务业大发展，将能够优化与提高农业和农村经济结构，有助于解决农业问题。其次，农业工业化使农业与城市工业的联系更为紧密，可以推进产业集聚，从而实现农村城市化，解决农村问题。最后，农业工业化可以提高农产品附加值，延伸农业产业链条，拓宽农民就业增收渠道，从而提高农民生活水平和综合素质，农民问题也就迎刃而解[①]。从一种纯经济的视角看，这一设想也许的确可以解决"三农"问题，但却是一种"灭绝式"的解决。完全失去了农业与农民的农村，也就不再是农村（即成为工业化的城镇），也就谈不上农村优良传统包括生态友好

---

① 刘茂松：《建设社会主义新农村：农业工业化战略研究》，《中国经济时报》2006年6月22日。

传统的传承——即所谓"皮之不存、毛将焉附",而最重要的是,我们将会在更严重与广泛的意义上直面工业社会的生态环境难题。就此而言,2013 年 12 月中央城镇化工作会议明确提出的新口号:要让城镇化农民"望得见山、看得见水、记得住乡愁",具有一种方向性调整意蕴,只是还需要我们从更高的理论层面上加以阐释,并付诸实践。

三 "两制"关系视野下的生态文明建设

关于"社会主义生态文明"概念的讨论,可以追溯到 20 世纪 80 年代末 90 年代初。比如,著名生态经济学家刘思华先生在 1991 年就提出,"我们把保护和改善生态环境,创造社会主义生态文明,作为社会主义现代化建设的一项战略任务,努力实现经济社会和自然生态的协调发展"[①],随后又在 1992 年的《生态时代论》和 1994 年的《当代中国的绿色道路》中,更系统阐述了"社会主义生态文明"理论[②]。党的十七大之后,更多的学者开始关注这一议题。比如,陈学明和余谋昌分别在同名的《生态文明论》中,强调了"社会主义的本质与生态文明的本质是一致的""生态社会主义是生态文明的社会形态"[③]。在他们看来,生态文明体现了社会主义的基本原则。社会主义生态文明首先强调以人为本,同时反对极端人类中心主义与极端生态中心主义,认为人是价值的中心,但不是自然的主宰,人的全面发展必须促进人与自然和谐。同时,生态文明也只能是社会主义的。资本主义发达国家的本质只能使本国实现人与自然和谐,而不会承担全球的环境责任。生态社会主义由于将生态文明与社会主义相结合,是对社会主义本质的重大发现。

但总体而言,社会主义与资本主义相对立意义上的"两制"视野或话语,前些年并未得到生态文明研究学界的普遍认可与接受,而这一切正由于党的十八大报告和修改后的《中国共产党党章》的明确阐述而发生实质性改变。也就是说,如今社会主义生态文明已成为中国共产党的目标追求和建设方向,这样,我们就必须回答如下两个相互关联的问题:社会主义

---

① 刘思华:《企业生态环境优化技巧》,科学出版社 1991 年版,第 477 页。

② 刘思华:《对建设社会主义生态文明论的再回忆》,《中国地质大学学报》(社会科学版)2013 年第 5 期。

③ 郇庆治:《21 世纪以来的西方生态资本主义理论》,《马克思主义与现实》2013 年第 2 期。

的生态文明与资本主义的生态文明（如果确实有的话）究竟有何实质性不同？社会主义生态文明的建设在一个资本主义主导的世界经济政治秩序中能否最终取得成功？前者可以进一步转化为，我们究竟应如何理解发达资本主义国家迄今所实现的环境改善，而后者可以进一步转化为，我们是否能够以及如何实现生态文明建设中的制度与体制的实质性创新。

在笔者看来，世界经济政治格局中的先发优势、大规模的传统经济与产业结构性转移、民族国家及其区域性的环境管治政治与政策、波澜壮阔的环境新社会运动，是欧美国家生态环境在 20 世纪 80 年代明显改善的主要原因。换言之，欧美国家的生态环境改善是不争的事实，但导致这种改善的手段、工具、制度和理念却是局部性、改良性和保守性的——在不改变资本主义的市场体制与民主政治的前提下，借助全球化的市场将污染性和生态破坏性的产品、技艺和产业转移到世界一体化经济链条的低端，也就是俗称的"生态现代化"或"生态资本主义"①。

我们所憧憬的是，通过大力推进生态文明建设，尤其是经济、社会、文化与生态管治的制度建设与体制创新，中国共产党及其领导的社会精英最终能够在一个依然由资本主义主导的世界经济政治秩序中，率先实现对资本主义物质文明成就及其生态环境保护治理实践的批判性超越，从而首先在国家地域内实现对市场经济活动的生态调控，然后凭借自身的良好声誉与信誉逐渐吸引和说服世界各国的民众自愿加入我们的行列②。

因而，这将是一个漫长而充满挑战的历史性过程。我们需要同时扮演着两方面的角色，一方面，作为对现代工业文明的革命性替代，生态文明代表着人类社会与文明的未来，就此而言，我们已经站在了时代的最前沿；另一方面，作为一个漫长的文明演进过程，（社会主义）生态文明建设在可以预见的未来仍将是一个学习借鉴的过程，就此而言，我们还远不能说是资本主义文明的"终结者"。

四 "生态新人"培育与环境人文社会科学

正如党的十八大报告已阐明的，大力推进生态文明建设的重要基础是

---

① 郇庆治：《社会主义生态文明：理论与实践向度》，《江汉学刊》2009 年第 9 期；郇庆治：《"包容互鉴"：全球视野下的"社会主义生态文明"》，《当代世界与社会主义》2013 年第 2 期。

② 郇庆治：《生态文明建设与环境人文社会科学》，《中国生态文明》2013 年第 1 期。

全社会"树立尊重自然、顺应自然、保护自然"的生态文明理念。也就是说,生态文明建设归根结底是我们发展、价值、文化理念的不断生态化革新,从而最终确立一种人与自然、社会与自然和谐共生的发展观、价值观和文明观。而研究与传播这样一种发展观、价值观和文明观,正是环境人文社会科学或生态文化理论的任务与使命①。

广义而言,环境人文社会科学是 20 世纪 80 年代初,我国传统人文社会学科对日渐突出的生态环境问题回应与互动所形成的众多新兴、交叉和边缘学科的总称,具体包括环境哲学、环境伦理学、环境美学、环境文学(艺术)、环境史学、环境社会学、环境政治学(公共管理)、环境教育学、环境经济学和环境法学等,同时还应包括近年来在属于理工门类的以环境科学与工程学科为主体框架内成长起来的一些明显具有人文社科属性的分支学科,比如环境伦理(哲学)、环境与社会、环境与可持续发展(资源保护)、环境与公共管理、环境与国际合作(法学)等。

此外,基于哲学价值取向的差异,我们还可以把环境人文社会科学或生态文化理论分为"深绿""红绿""浅绿"三大阵营②。"深绿"理论强调的是公众个体价值观的生态中心主义转变与提升,从而自觉地把个体生活与生存理解为自然生态整体的一部分,认为单纯的制度层面变革并不能真正消除生态环境问题。"红绿"理论强调的是以生态马克思主义/社会主义为指导,通过资本主义社会中经济与政治制度的根本性变革与重建来克服生态环境问题,认为资本主义制度所固有的内在性矛盾注定了它不能通过渐进的改良来做到这一点。"浅绿"理论强调的是通过经济技术手段与公共政策管理的渐进革新,来切实抑制或减缓具体的生态环境问题,认为无论是制度层面还是个体价值观层面上的根本性变革都很难设想会经常发生。

环境人文社会科学对于生态文明建设的贡献,是基础性的和多方面的。比如,环境哲学与伦理研究不仅会致力于提供一种一般意义上的哲学学理阐释,比如什么是文明、什么是生态文明、工业文明与生态文明的关系、前现代文明与生态文明的关系、文明与生态文明的形态多样性和建设路径多样性,等等,更为重要的是,它将能够从哲学层面上阐明生态文

---

① 郇庆治:《生态文明建设与环境人文社会科学》,《中国生态文明》2013 年第 1 期。

② 郇庆治:《绿色变革视角下的生态文化理论及其研究》,《鄱阳湖学刊》2014 年第 1 期。

明、生态文明建设和当代中国之间一种特定的理论与实践相联结的正确性、合理性、可能性。比如，中国传统的综合性、复合式辩证思维方式，对于我国生态文明及其建设的提出和实践究竟会扮演何种意义上的独特角色；另外，作为一个较后现代化的全球性大国，应该有着更多的主动超越现代化进程的主客观条件或优势。

环境史研究的最大可能贡献，也许不在于忠实记录世界各国应对生态环境问题的经验教训，甚至不在于系统挖掘整理中华民族悠久历史传统中的生态智慧与实践做法，尽管上述两个方面都非常重要，而在于我们依此得以重建长期以来形成的根深蒂固的历史观与文明观，即历史就是人的历史，甚至只是经济史或政治史。正如环境史学家已阐明的，资本主义制度不仅是一种社会经济政治关系，同时还是一种社会——自然关系，只有如此，我们才能科学解释资本主义制度条件下的空前生态环境压力与破坏。相应地，生态文明建设的实质性意涵，就是我们需要以一种新的历史观、文明观来面对自然、反观自身。也就是说，我们正在进入一个新的历史阶段和文明时代：不仅是我们人类，自然环境本身也在成为历史与文明创造中的主动性角色。

环境政治研究强调的是生态文明及其建设只有在一个生态民主的政治制度框架下才能得到实质性推进。在当代中国，包括缺一不可的两个基本元素：政治（发展）意识形态不断绿化的政治领导者即中国共产党，和在教育与自我教育过程中不断成长起来的"社会主义生态新人"或"生态文明公民"，而只有一种社会主义的生态文明体制与制度体系，才能实现二者的长期有效性连接。而国际环境政治所关注的绝非只是在跨国或全球舞台上捍卫我们国家的经济社会发展利益和权利，更为重要的是，我们要主动参与并逐渐构建一种国际（主流）社会认可并共同遵循的"生态文明建设"话语体系和制度平台。必须承认，"生态文明建设"这一术语正遭到像"和谐社会""科学发展观"那样的国际对话与传播困境，而我们的当务之急是要做出一种符合时代趋势与话语风格的意涵阐释。

总体来说，我国的环境人文社会科学自 20 世纪 80 年代中后期初创以来已取得了长足进展，但与环境科学、环境工程科学（技术）相比，还处于严重滞后的不相称局面。除了相对成熟的环境经济学和环境法学外，其他分支学科仍处于一种交叉边缘学科的地位。

五　生态文明建设与"环境国家"

生态文明建设的首要任务或"头等大事"，无疑是实现对我国自然生态环境和人文历史遗产的最大程度保护，使之尽可能少地受到经济社会现代化进程的不利性或破坏性影响，而直接担负这一职责的全国性制度可称为"环境国家"①。

狭义上的环境国家是指国家与社会之间的一种"绿色契约"，尤其是作为国家代表的政府一方经过法定程序获得人民（主权）的授权或"再授权"——依法承担国内自然生态环境的保护、改善和开发利用，并接受人民群众的依法履约民主监督。这方面的核心内容对于一个现代国家来说，就是一个环境法治的制度与组织构架，尤其是自然生态环境保护/建设的立法、执法和行政监管。就我国而言，它所对应的就是各级人民代表大会的自然生态环境立法、司法系统和各级人民政府的自然生态环境监管系统及其组合。而从广义上说，环境国家还可以指一个国家在经济社会发展过程中理性（可持续）地从事国内自然生态环境的保护、改善和开发利用的综合管治能力。依此而言，它不仅涵盖国家的环境法治制度与组织框架之外的更多政府机构，还至少应包括另外两个非常重要的元素，一是"环境负责（友好）企业"，二是"环境负责（友好）社会"。

需要强调的是，生态文明建设所面临的最大制度性挑战，不是我们最终能否设立一个更强权的国家环境部，甚或更高级别的国家生态、环境与遗产委员会，而是我们能否最终创建一个强大的"环境国家"。其重心不在于多少个国家权力部门的合并重组，或者多少新权力的合法授予，而在于所有直接相关和间接相关的权力部门都能自觉以生态文明建设的目标要求和战略部署来重组权力、行使权力，从而形成一种整体和合力意义上的环境国家。

我国环境国家建设上面对的"坚硬"事实，就是近年来在中东部地区迅速蔓延并直接影响着人民群众生活质量的雾霾难题。据统计，我国的雾霾天气已经从20世纪六七十年代的绝大部分地区霾天仅限于个位数，到2010年的全年霾天数超过雾天数，其中90年代后霾天始增多；2011年，

---

① 郇庆治：《论我国生态文明建设中的制度创新》，《学习论坛》2013年第8期。

雾霾天气变得频繁，达到5—20天，个别地方20天以上，中东部共发生了12次较大范围雾霾；2012年，全国霾日平均16天，比常年多7天，长三角地区开始出现大范围雾霾；2013年，全国平均雾霾天数29.9天，中东部平均35.9天，均创历年之最，而京津冀、长三角雾霾重污染区连成片（全国74个主要城市中只有3个达标，而当年空气质量最差10个城市中7个位于京津冀区域）；2014年，2月20日开始、持续一周的雾霾影响了全国约143万平方公里、近1/7的国土。有专家称，我国已进入雾霾高发期，将会持续10—20年，防治雾霾任重道远。①

尽管具体的形成机制仍需更多研究，但雾霾的主要成分是PM2.5和PM10，而前者的来源分别是区域污染传输（24.5%）、机动车（22.2%）、燃煤（16.7%）、工业及溶胶使用（16.3%）、扬尘（15.8%）和农业及畜牧养殖和餐饮油烟（4.5%）。可以看出，区域性污染和现代化生产生活方式，是造成PM2.5数值居高不下的主要原因，而要解决这些难题既不是原来意义上的工业/工厂污染应对问题，也很难指望一个城市或地方政府的负责部门能够独立完成，而是需要国家/中央政府层面上的权威协调与管治能力。

正是基于上述认识，国务院于2013年9月出台了被称为第一个全国"五年规划"的《大气污染防治行动计划》。其基本目标是，到2017年，全国地级及以上城市可吸入颗粒浓度比2012年下降10%以上，优良天数逐年提高。所提出的十条政策措施包括：2017年年底前全国供应"国五"油；提前一年完成21个重点行业落后产能淘汰；2017年煤炭消费比重降至65%以下；到2015年地级以上城市建成PM2.5监测点；2015年年底前各省建成天气监测预警系统；等等。

在此基础上，相关各省出台了自己的地方版行动计划或"路线图"。比如，《山东省2013—2020年大气污染防治规划》规定：2013—2015年为第一期，目标是初见成效，空气质量比2010年改善20%以上；2016—2017年为第二期，目标是持续改善，空气质量比2010年改善35%以上；2018—2020年为第三期，目标是基本达标，空气质量比2010年改善50%左右。其具体措施包括：在全国率先实施TO（转让—运营）模式，向社会转让省内环境空气检测站；自2013年9月1日起分四个阶段提高污染物

---

① 于梅君：《霾：心肺之患》，《生活日报》2014年3月9日。

排放标准，以公众到 2020 年能够享受到最基本的大气环境质量为目标；强力整治五大污染行业（电力、钢铁、建材、化工和石化，30% 的工业增加值带来 90% 的污染），电力业二氧化硫排放和建材业颗粒物标准高出国标一倍；每月公布 17 地市空气质量（纵/横向）排名；筹建山东省公益环保联合会；等等。

毋庸置疑，中央政府和各级地方政府已高度认识到公众"心肺之患"的政治与社会重要性，李克强总理在 2014 年"政府工作报告"中发出的"坚决向雾霾等污染宣战"也绝非只是政治宣示，但最终决定"战争"胜负或成效的，将是我们对于这场战争本身艰巨性的充分认识（同时是攻坚战和持久战）和超乎寻常的政治意志与行动（尤其是国家层面上的制度重构）。

六 生态文明建设中的"绿色先行者"

生态文明建设中那些先知先觉又具备必要条件的社会主体的先驱性或示范性行动非常重要。我们希望先看到一些生态文明建设的成功个例，然后这些个例将会凭借自身的吸引力和国家与社会的政策鼓励，逐渐动员起一种全社会的文明变革力量与进程。

事实也是如此。"以点带面""以促带建"，构成了我国生态文明建设推进战略的重要组成部分。环保部自 1995 年起主导开展了从"生态示范区（省、市、县、镇、村、园区六级）"到"生态文明建设试点示范区"的试验，已形成了"一个文件、三个阶段、六个层级、五大领域"的生态文明建设的推进格局；水利部自 2013 年起主导开展了"全国水生态文明建设试点"的试验，目标是建设一批最严格水资源管理制度落实到位、水资源优化配置格局到位、防洪排涝体系建设到位、水生态环境保护措施到位、水生态文明理念宣传到位的水生态文明建设试点市；发改委自 2005 年起主导开展了"循环经济试点"的试验（涵盖重点行业、领域、产业园区和省市），力促经济增长与发展方式的转变，自 2010 年起主导开展了"低碳省区和低碳城市试点"的试验（包括广东、辽宁、湖北、陕西、云南五省和天津、重庆、深圳、厦门、杭州、南昌、贵阳、保定八市），努力建设以低碳排放为特征的产业体系和消费模式，2013 年年底又联合其他 5 部委出台了《国家生态文明先行示范区建设方案（试行）》，计划在全国范围内支持 100 个地区的生态文明先行示范区建设。

这些"生态示范区""生态文明建设试点示范区""水生态文明建设试点"和"低碳省区和低碳城市试点",现实实践中都至少面临着来自两个方向的挑战:一是更大范围内/更高层面上的经济发展或增长压力的挑战,二是本地范围内或层面上多元价值目标之间冲突的挑战。在笔者看来,对于前者,最重要的是如何创造一种相对宽松和多元的经济社会发展评估与考核体系,从而相对减轻它们因从事环境友好政策与制度创新而很可能受到影响的经济或 GDP 增长;而对于后者,最根本的还是这些"绿色先行者"作为政治与社会引领者的先进意识、政治勇气和大众支持。

比如,由环境保护部主导开展的"生态省、市、县"建设于 2000 年正式启动。到 2012 年,全国已有海南、吉林、黑龙江、福建、浙江、山东、安徽、江苏、河北、广西、四川、辽宁、天津、山西、河南 15 个省份开展了生态省建设,超过 1000 个县(市、区)开展了生态县的建设,并有 38 个县(市、区)建成了国家级生态县,1559 个乡镇建成了国家级生态乡镇。

其中,2003 年 12 月 26 日颁布实施的《山东生态省建设规划纲要》指出,生态省是指经济社会与生态环境实现了协调发展、各个领域达到了当代可持续发展目标要求的省份。其主要标志是:生态环境良好并且不断趋向更高水平的平衡,自然资源得到合理保护和利用;以生态或绿色经济为特色的经济高度发展,结构合理,总体竞争力强;现代生态文化形成并得到发展,民主与法制健全,社会文明程度高;城市和乡村环境优美,人民生活水平全面进入富裕阶段,环境污染和生态破坏得到根本控制和基本消除。为此,山东生态省的建设将抓住环境保护、生态建设、循环经济三大重点和结构调整,水资源优化配置,国土绿化,污染防治四个关键环节,力争到 2020 年,在全省初步形成以循环经济理念为指导的生态经济体系、可持续利用的资源保障体系、山川秀美的生态环境体系、与自然和谐的人居环境体系、支撑可持续发展的安全体系和体现现代文明的生态文化体系①。

再比如,在推进生态文明建设方面,浙江省致力于生态立省,努力

---

① 郇庆治、高兴武、仲亚东:《绿色发展与生态文明建设》,湖南人民出版社 2013 年版,第 204—211 页。

打造美丽浙江。浙江省是国内工业化、城市化程度较高的省份，相应地，资源环境约束较早凸显。2002年，浙江省第十一次党代会提出了建设绿色浙江的目标，2003年，浙江省委省政府做出了建设生态省的决定。2010年，浙江省委关于推进生态文明建设的决定提出，努力把浙江建设成为全国生态文明示范区。2011年，浙江省委省政府全面部署开展"811"生态文明建设推行动。2012年，浙江省十三次党代会提出，将"坚持生态立省方略，加快建设生态浙江"作为六大任务之一。为此，浙江省重点开展了以下四个方面的工作。一是强化组织领导保障，着力构建生态文明建设社会行动体系；二是大力弘扬生态文化，不断营造共建共享生态文明良好氛围；三是着力解决突出环境问题，切实增强生态文明建设工作成效；四是健全完善生态环保制度，逐步完善生态文明建设长效机制①。

总体而言，无论是山东省的"生态省"建设还是浙江省的生态文明建设，都还处在一种初始阶段。在相当程度上，各级政府扮演着一种主要的"绿色先行者"角色，相比之下，企业、非政府组织和公民个体等其他社会主体的作用仍未得到充分展现。而问题是，在各级政府长长的"目标"或"任务"清单中，环境保护与生态文明建设显然并非处在一种"优先"地位。因而，如何构建一种多维行动主体之间的良性互动机制，仍是"绿色先行者"大量涌现与茁壮成长的深层次难题。

七　生态文明建设的量化评估及其指标体系

生态文明建设推进战略及其成效的一个重要方面，是对全国各地的建设实践做出科学合理的评估。虽然对于生态文明建设量化评估的理论性探讨成果已经有许多②，但总的来说，国内最权威的指标体系是环保部2013年5月公布的"国家生态文明建设试点示范区指标"（试行），而学界最成熟的评估系统则是由北京林业大学创制的"中国省域生态文明建设评价体

---

① 郇庆治、高兴武、仲亚东：《绿色发展与生态文明建设》，湖南人民出版社2013年版，第129—140页。

② 王会、王奇、詹贤达：《基于文明生态化的生态文明评价指标体系研究》，《中国地质大学学报》（社会科学版）2012年第3期。北京大学课题组：《软实力：河南文物与经济社会发展》，红旗出版社2011年版，第23、32页。

系"（ECCI），目前已发表了 4 个年度报告（2010—2013）①。

"国家生态文明建设试点示范区指标"（试行），大致延续了五年前颁布的生态示范区（生态县、生态市、生态省）评估体系构架，并划分为生态经济、生态环境、生态人居、生态制度、生态文化五个子系统，以及 29 个（生态文明县）和 30 个（生态文明市）具体评估指标。该指标体系的最大优点是，它明确地将生态文明建设划分为生态经济、生态环境、生态人居、生态制度、生态文化五个侧面，并给出了每一个二级指标下的三级指标的目标值，而且，所有三级指标的目标值都做了重点开发区、优化开发区、限制开发区和禁止开发区，以及约束性指标或参考性指标的划分。该指标体系的另一个特点是，它在指标设计中相对比较重视生态文明的建设规划或政策举措的层面。正因为如此，我们可称之为"规划评估指标体系"。而从比较的角度说，该指标体系最初并没有包括"生态文明建设试点示范省指标"。这主要是由于，我国尚未正式开展省级（包括直辖市、自治区）层面上的生态文明建设试点，尽管像浙江省、江苏省、福建省等都宣布将致力于创建全国生态文明建设示范区。

"中国省域生态文明评价指标体系"的基本目标，是以生态文明指数的方式对我国的省域生态文明建设做出一种科学的、连续性的量化评估。目前，该评价体系包含了五项二级指标，即生态活力、环境质量、社会发展、协调程度和转移贡献，以及 25 项三级具体指标。"生态活力"和"环境质量"分别考核各个省份的生态好转与环境改善程度，"社会发展"强调的是生态文明及其社会福利共享与公正方面，"协调程度"考察的是经济社会发展的全面协调可持续性，而"转移贡献"旨在反映不同省份在自然资源保护、基本生活必需品提供和人口承载方面的独特作用。上述 5 个二级指标反映的是各个省域生态文明建设整体水平的"生态文明指数"（ECI），去除了"转移贡献"指标的评价结果被称为"自身生态文明指数"（SECI），再去除了"社会发展"指标的评价结果被称为"绿色生态文明指数"（GECI）。

从方法论上说，该指标体系更侧重的是对我国省域生态文明建设成效的评估，因而可称之为"绩效评估指标体系"。但需要指出的是，它对全

---

① 郇庆治、高兴武、仲亚东：《绿色发展与生态文明建设》，湖南人民出版社 2013 年版，第74—87 页。

国31个省市区的评估结果排名是一种相对排序，而不是绝对值排列。不仅如此，这一指标体系从方法论层面和指标选择上都还有一些值得完善的地方。比如，自2013年报告开始，"转移贡献"指标由于评估结果的不敏感性和数据选择上的困难而被废除。

无论如何，年度出版的《中国省域生态文明建设评价报告》①，首次实现了对我国31个省份生态文明建设状况的连续性量化评估，因而是一个非常重要的学术贡献与政策参考。而依据该评价报告，北京、广东、浙江、天津、海南等是我国生态文明建设水准较高的省份。总体而言，它是一种与全国经济社会发展水平大致相对应的排序，明显具有"从东南向西北倾斜"的地理分布特征，而地处中西部的经济社会相对欠发达、自然生态禀赋条件相对较差的省份排名明显落后。尽管这并不意味着以华东地区为主体的生态文明建设先进省份，在所有指标上都优于其他省份。比如，众所周知的是，在空气质量指标上，京津冀长三角地区近年来成为了雾霾肆虐的核心地带。

应该说，"规划"和"绩效"作为生态文明建设量化评估及其指标体系构建的两个侧重点，或者说"两翼"，是有着相当程度的科学性与合理性的。但一方面，目前的环保部体系和北林大体系都还存在着许多可以改进与完善的地方——从方法论设计到指标数据选择，另一方面，更为重要的是，如何做到两种不同评估体系的优势互补、良性互动，单纯的官方评估或学院派评价都有着自身的局限性。

八　生态文明建设与主体（生态）功能区划、生态补偿机制

主体功能区划的基本思路是，不同省区或生态区域依据其自然生态条件，分别承担国家或区域城市化格局、农业发展格局、生态安全格局中的不同任务。它的生态科学性是毋庸置疑的，但其现实可能性和合理性的前提是解决好"生态补偿机制"问题，使不同发展功能定位下的区域及其民众享有大致均等的物质文化生活水平。

依据2010年国务院颁布的《全国主体功能区划》，我国的国土空间按开发方式划分为优化开发、重点开发、限制开发和禁止开发区域，按开发

---

① 严耕：《中国省域生态文明建设评价报告》，社会科学文献出版社2010年版。

内容划分为城市化地区、农产品主产区和重点生态功能区，按层级划分为国家和省级两个层级。第一类划分中的"限制开发"主要是指生态系统脆弱或生态功能重要、环境承载能力较低的重点生态功能区，"禁止开发"主要是指依法设立的各级各类自然文化资源保护区以及其他禁止进行工业化城镇化开发、需要特殊保护的重点生态功能区（共计1443处，总面积为120万平方公里，占全国陆地面积的12.5%）。而第二类划分中的重点生态功能区是指以提供生态产品为主体功能的地区，也提供一定的农产品、服务产品和工业品，其中国家级重点生态功能区包括大小兴安岭森林生态功能区等25个地区，总面积为386万平方公里，占全国陆地总面积的40.2%。

更具体地说，环保部与中国科学院2008年编制完成的《全国生态功能区划》，按照我国的气候和地貌等自然条件，将全国陆地生态系统划分为三个生态大区：东部季风生态大区、西部干旱生态大区和青藏高寒生态大区；然后，将全国生态功能区进一步划分为三个等级：一是依据生态系统的自然属性和所具有的主导服务功能类型，将全国划分为生态调节、产品提供与人居保障三类生态功能一级区；二是在生态功能一级区的基础上，依据生态功能的重要性划分生态功能二级区（生态调节功能包括水源涵养、土壤保持、防风固沙、生物多样性保护、洪水调蓄等功能；产品提供功能包括农产品、畜产品、水产品和林产品；人居保障功能包括人口和经济密集的大都市群和重点城镇群等）；三是在二级区的基础上，按照生态系统与生态功能的空间分布特征、地形差异、土地利用的组合，来划分生态功能三级区。结果是，全国生态功能一级区共有3类31个，生态功能二级区共有9类67个，生态功能三级区共有216个。

与上述已颁布实施的全国规划相比，我国的生态补偿制度与机制仍处在局地试验与探索阶段。比如，2006年10月，京冀两地签署了《北京市人民政府河北省人民政府关于加强经济与社会发展合作备忘录》，其中提出，两地共同实施"稻改旱"工程。双方分两期合作实施密云、官厅水库上游承德、张家口地区18.3万亩水稻改种玉米等低耗水作物。再比如，2012年年初，浙江省、安徽省签署的新安江水质生态补偿协议，是全国首个跨省生态补偿试点。2011年年底，在财政部、环保部主导下，双方达成了生态补偿协议：中央财政划拨安徽3亿元，用于新安江治理，3年后，若两省交界处的新安江水质变好，浙江地方财政再划拨安徽1亿元，若水质变差，安徽划拨浙江 1 亿元。事实上，2011 年年底，陕西、甘肃两省就已尝试过生态补偿合作，用于渭河治理。其中，陕西省财政协调解决 600 万元，对甘肃省天水市、定西市各补偿 300 万元，用于支持渭河流域上游两市污染治理工程、水源地生态建设工程和水质监测能力提升项目[①]。此外，2013 年 6 月 10 日，"南水北调"山东段进入全线试通水阶段。该工程山东段全长 1191 公里，其中南北输水干线长 487 公里，东西输水干线长 704 公里，在山东境内形成 T 字形输水大动脉和现代水网大骨架。其中，正式通水后，每年将为山东省调入长江水 15 亿立方米。[②]

上述的制度与机制探索无疑是非常必要的，但与贯彻落实两个全国规划的要求相比，与实现生态文明建设总体目标与任务的要求相比，显然还是远远不够的。为此，既需要中央政府进一步搞好全国性规划的顶层设计，尤其是综合性与制度化的落实机制，更需要各级地方政府（民众）主动提高自己的生态文明意识，更加自觉地做到珍视自然与保护生态。就前者而言，我们必须尽快建立一个全国性的一体化制度框架，以保证国家的自然资源与生态得到一种相对均衡与公平的开发利用——真正体现"谁收益、谁付费，谁污染、谁负责"的原则；就后者来说，我们又必须坚持，地方化、多样化的自然生态系统保护是各级地方政府（民众）的天然职责，每一个社会主体都没有权利将受污染与破坏的自然生态转交给自己的邻居或后代，而只有在此基础上的生态正义要求或权利声称本身才是正义的或合法的。当然，建立二者之间的有机平衡与良性互动，将是一个十分漫长与艰难的过程。

九 生态文明建设的综合性动力机制

像其他政策议题一样，推进生态文明建设也需要一种综合性的动力机制。概括地说，除了来自技术的和经济的创新与推动，还需要有法律的和政治的创新与推动。比如，从社会与政治层面上说，从生态文明建设问题的发现与提出、政策议题的界定与民主讨论、政府的民主科学决策，到政策措施的贯彻落实与评估，都需要来自不同社会主体的"信息输入"和

---

① 张蕾：《生态补偿难产》，《民主与法制时报》2012 年 11 月 13 日。
② 《"T"形输水大动脉 2013 年贯通》，《齐鲁晚报》2013 年 6 月 11 日。

"主动介入"（民主参与）。

尤其需要强调的是，与科技、经济和法律相比，政治无疑是中国生态文明建设实践的最重要影响因素。从积极的意义上说，一方面，中国共产党及其领导的社会精英的发展意识形态绿化以及政治意愿，将是最具决定性的引领力量，而党的十八大报告和三中全会《决定》关于大力推进生态文明的阐述，所表达的正是这样一种政治信奉与承诺，另一方面，必须承认，生态文明建设的目标及其实现离不开人民主体，也就是说，人民群众有组织的社会参与或"生态文明社会"建设，是一种综合性动力机制的枢纽和关键，相比之下，传统意义上的"军事化动员"或"自上而下动员"有着显而易见的局限性。

依此而言，与党和政府大张旗鼓的政治推动相比，我国环境非政府组织或"生态文明社会"的建设还呈现为一种相对滞后的状态。据中国民间组织管理局的统计，到 2004 年年底，我国共有民间组织或非营利组织289432 个，其中社会团体153359 个、民办非企业单位135181 个、基金会892 个。至于环境非政府组织，依据中华环保联合会的统计，截至 2005 年中国共有2768 个，其中政府扶持和支持的环保团体有1382 个（49.9%），包括高校大学生环保团体在内的准民间组织有1116 个（40.3%），而独立的草根性民间环保组织只有202 个（7.2%），国际环境民间组织驻大陆机构有68 个（2.6%）。目前，中国环境非政府组织的实际数量应该在 3000个左右（中华环保联合会 2008 年的统计数字为 3276 个）[1]。由此可以理解，我国的环境与社会非政府组织整体上还处在一种"求生存"的状态，而很难充分发挥民众与政府之间的建设性桥梁作用[2]。在现实中，它们更多考虑的是借助难得的参与机会和渠道来表明其存在或"到场"，从而争取到来之不易的国内外项目资源，而难以独立自主地选择参与议题或抗争对象，来积极疏导公众情绪或促动政府出台相应政策。

当然，社会与政治的动力既不是唯一的，也不是绝对的。经济与技术层面上的改进，不仅关涉现实生产生活中一系列生态环境问题的直接性解决，而且需要广大公众对各种新经济技术手段的主动性掌握运用。就前者

---

① 郇庆治：《学术类环境非政府组织研究：以山东省为例》，《环境教育》2012 年第 1 期。

② 郇庆治：《"政治机会结构"视角下的中国环境运动及其战略选择》，《南京工业大学学报》（社会科学版）2012 年第 4 期；霍伟亚：《环保组织的生存逻辑遇到挑战》，《南京工业大学学报》（社会科学版）2012 年第 4 期。

来说，能源类型的新选择和原材料加工技术的改进，都会带来主要环境指标的大幅度改善，比如，减少煤炭消耗对于改善空气污染状况就会产生立竿见影的成效，而减少某些化学物质的使用对于改善河流湖泊水质的影响也是如此；就后者来说，公众同时作为生产者和消费者的素质提升与生活风格改变，对于生态环境状况的改善也至关重要，比如，消费者对于基于绿色技术的环境友好产品的取向，会直接影响着企业生产经营和整个社会的绿化程度。

同样，法律的惩戒与规范作用对于公众绿色生活风格的形成与持续，有着不可替代的作用。在当前的经济转型与过渡阶段，生态环境法律也许更多呈现为一种旨在"除恶"的惩罚与威慑功能，但从更长远与深刻的文明转型进程来看，生态环境法律仍是必要的，却更多体现为一种"扬善"的表彰与激励功能，从而使那些符合生态文明目标与要求的言行得到一种制度性保障，尤其呈现为人们生态文明相关行为的一个不可逾越的"底线"。具体地说，那些致力于或促进生态文明建设的"绿色先行者"理应得到一种制度性，尤其是法律性的保障，包括其基本生活权益，而那些明显侵害、危害公众或社会的生态文明建设及其成果的"害群之马"，也必须有着一种制度性，尤其是法律性的制裁或惩戒。只是需要强调的是，生态文明法律的更根本目标，不是惩罚罪恶或利益仲裁，而是社会主体的规约与培育。

总之，生态文明建设是一个综合性的多维度实践进程，而其动力系统和机制也应是一种相互补充与促进意义上的综合。我们既不能过分强调或夸大某一方面动力的作用，也不能忽视或贬低另一方面动力的作用。比如，对于技术创新与经济政策的生态变革功能，过度迷信或拒斥都会陷入一种极端的"环境政治"。

十　生态文明建设中的体制与制度创新

如果对"制度"以及"制度化"做一种政治学意义上的界定，那么，我们可以把生态文明建设视野下的制度建设或创新做如下理解：生态文明建设的制度化更多关注或致力于使生态文明建设成为一种国家（政府）依法和有组织推动的政策议题或领域，这大致对应于我们描述某一政策或议题领域重要性时经常使用的"制度保障"；而生态文明制度的建设则更多关注或致力于使一个国家（或区域）的基本性经济、社会和生态管治体制具有生态文明的表征，这大致对应于我们描述某一国家（或区域）中文明整体性变革时所指的"制度创新"。

很显然，"生态文明建设的制度化"和"生态文明制度的建设"，都是我们大力推进生态文明建设实践中制度建设领域的重要构成方面。但必须同时看到，生态文明或社会主义生态文明建设的最重要体现或检验，是人类社会当代文明（尤其是它的工业化/城市化文明形态）的制度框架重构或质变。如果说与其他政策议题或领域有所不同的话，在笔者看来，生态文明建设的制度性挑战要更强烈些——走向和创建生态文明或社会主义生态文明，内在地蕴含着对人、社会与自然之间的关系架构的一种方向性调整。

比如，在经济制度创新方面，原国家环保总局与国家统计局于2004年启动了一个"绿色国民经济核算"项目。所谓绿色国民经济核算（绿色GDP核算）是指，从传统GDP中扣除自然资源耗减成本和环境退化成本，以便能够更为真实地衡量经济发展成果的新型核算体系。两年来，该项目技术组对各地区和42个行业的环境污染实物量、虚拟治理成本、环境退化成本等做了核算分析，并于2006年9月公布了《中国绿色国民经济核算研究报告》。结果显示，2004年全国因环境污染造成的经济损失为5118亿元，占当年GDP的3.05%；虚拟治理成本为2874亿元，占当年GDP的1.80%[1]。真正重要的不是上述数据的准确程度，而是说，我们应该而且能够引入一种更为科学的标准和核算体系，来测算我国国民经济发展的生态与环境友好程度，而这也正是"十八大"报告关于大力推进生态文明建设部分所提出的制度建设要求。

再比如，在法律制度创新方面，我国《环保法》实施20年后的第一次修改于2011年8月进入了人大常委会审议阶段，而环境公益诉讼主体资格问题引起了广泛的关注与争议。这方面的背景是，近几年来全国许多省市都已开展了环境公益诉讼的试点，并取得了积极的成效与进展，而此前修改的《民事诉讼法》也已明确规定了环境民事公益诉讼制度。因而，社会各界的普遍期盼是，这次修改《环保法》能够更明确地规定环境公益

---

① 新华网：《环保总局、国家统计局发布绿色GDP核算研究成果》，http：//news. xinhua-net. com/fortune/2006 – 09/07/content_5062167. htm，2014 – 3 – 25。

诉讼的主体及其相关程序。尤其是，我国的环境非政府组织大都希望借机成为获得法律明确保障的司法与政治参与主体。但超出预料的是，人大常委会最初公布的修正案初审稿，拒绝了环保部的相关内容建议，只是在后来的不同审议阶段才逐步补充、强化了这方面的内容①。《环保法》修改过程中的上述"波折"，表面上看是是否应该，以及如何赋予《环保法》以国家基本法律的地位的问题，而更深层的问题则是我国的整个法律体制如何服务于生态文明建设或"五位一体"总布局这个大局。换言之，我国的立法、司法与执法体制，需要像当年定位于"为经济建设保驾护航"那样，考虑如何为社会主义生态文明建设"保驾护航"。而这首先是一个思想再解放的问题。

结　论

在可以预见的未来，生态文明建设所体现或代表的是当代中国一种必需而艰巨的发展政治转向。发展仍将是由中国共产党领导的这个世界最大发展中国家的头号政治与社会主题，但能否有效地解决改革开放30多年积累起来的生态环境问题及其他经济社会问题，能否在未来30年或到21世纪中叶前后继续取得令人满意的经济社会发展成就，在很大程度上将取决于我们能否成功实现发展阶段性、发展模式和发展理念的生态化转变。

也就是说，新时代赋予我们的一个巨大挑战或机遇是，以发展的话语与实践来逐渐吸纳、消解生态环境难题——它们归根结底是传统工业现代化模式下导致的人与自然对立或冲突，也就需要使发展最终演进成为一种绿色可持续发展，以最有限的自然资源耗费和最小幅度的生态系统冲击，来满足最广大人民群众的合理物质文化需要。这种发展将不仅大大缓解我们目前由于高投入、高产出、高耗费、高排放所必然带来的人与自然、社会与自然紧张关系，而且将从根本上重铸我们的经济、社会与文化体制。绿色可持续的发展终将造就生态环境友好的经济、社会与文化制度，以及具有强烈生态意识的共和国公民、地球公民。

无论最终结果如何，中华民族的世纪复兴正处在一个重要的历史性关口。依此而言，党的十八大报告关于大力推进生态文明建设的阐述，不仅

---

① 杨晓红：《中国环保组织继续争取环境公益诉讼权》，《中外对话》2013年9月12日。

是一种崭新的生态文明观、绿色的科学发展观,更是面向全体党员干部和全国各族人民的政治与社会动员。

无论"上层建筑"与"经济基础"之间的各种间隔如何坚硬,只要我们党和政府坚定不移地不懈努力——当然同时需要社会各阶层精英和普通民众的主动响应,生态文明理念的宣传教育与生态文明建设的制度化探索,终将积淀为生态文明的社会现实与公众行为。这种生态文明化变革无疑只能是一个长期性、渐进性和累积性的历史演进过程,但当下中国的我们已别无选择地成为一种新历史(文明)创造的主体。我们责无旁贷。

从生态政治视角看生态文明
蕴含的执政文明

方世南

党的十八大报告提出了大力推进生态文明建设，努力建设美丽中国的重大战略任务，确立了将经济建设、政治建设、文化建设、社会建设、生态文明建设紧密结合的中国特色社会主义事业五位一体的总布局，充分体现了我党对人与自然和谐发展规律以及对中国特色社会主义建设规律认识上的深化，标志着我党生态执政理念的形成，体现了科学执政、民主执政、依法执政和生态执政的有机统一。建设生态文明，是关系人民福祉、关乎民族未来的长远大计。面对日益严峻的生态危机和日益突出而尖锐的生态矛盾，面对人民群众日益强烈的生态权益诉求以及对生态安全的期盼，只有从生态政治视角深刻认识生态文明蕴含的执政文明，才能以执政为民的宗旨自觉地将生态文明建设放在更加突出的地位，融入经济建设、政治建设、文化建设、社会建设各方面和全过程，从而逐步化解严重的生态矛盾和生态危机，确保人民群众的生态权益和生态安全，构建资源节约型、环境友好型和生态安全型社会，努力走向社会主义生态文明新时代。

一 生态文明的理念蕴含着一种强烈的执政文明

生态问题，并不是生态本身存在的问题。从根本上说，生态问题是在人与自然以及人与社会的相互影响和相互作用中产生的问题。从生态政治的角度看，生态问题是超越了生态领域而与政治理念、政治决策、政治行为等关联着的重大政治问题。生态问题之所以成为问题，特别是成为影响国计民生和政治稳定与政治发展的重大问题，是与执政党的政治理念、政治路线、政治方针以及在此指导下的政治实践和政治行为分不开的。生态与政治之间的联姻就是通过生态政治化和政治生态化这两种形式表现出来的。

在我国，执政党处于高度集中统一领导的地位，执政党的政治理念、政治路线和政治方针对于经济和社会发展起着决定性作用，生态与政治之间的联姻尤为紧密和突出。生态问题作为政治问题，是社会主义和资本主义都具有的共性问题。资本主义国家的生态问题，也并非只是经济问题，归根到底也是由政治问题引起的。生态社会主义者戴维·佩珀从资本主义制度方面揭示了政治对生态的决定性作用。他指出："资本主义制度内在地倾向于破坏和贬低物质环境所提供的资源和服务，而这种环境也是它最终所依赖的。从全球的角度看，自由放任的资本主义政治产生诸如全球变暖、生物多样性减少、水资源短缺和造成严重污染的大量废弃物等不利后果。"① 那么，为什么生态问题并不是生态本身的问题，也并不是简单的受经济决定的问题，而是政治问题呢？按照唯物史观，人类社会是一个高度开放的复杂有机体，"人—自然—社会"之间的紧密联系，构成了由生态圈与社会圈交互影响和渗透的整体系统。在政治理念支配下的政治决策以及政治行为，直接影响到生态系统，由此产生或有利于人与自然和谐的正价值，或产生引起人与自然关系紧张的负价值。生态文明也不是生态本身的文明，生态本身并不存在文明与否的问题。生态文明是一个反映了人类与外部世界以及内部世界的关系、价值和意义的概念。

从生态与政治的关系看，生态文明是政治文明在生态领域的反映和延伸，鉴于执政党的执政文明在政治文明中的突出地位和决定作用，执政文明如何，如能否科学执政、民主执政、依法执政、生态执政，决定着政治文明的发展水平和基本走向。因此，生态文明的状况与执政党的执政文明水平构成直接的变量关系。建设生态文明的价值和意义充分体现为执政党的执政为民宗旨，表现出执政党的执政文明水平。

改革开放以来，以经济建设为中心的价值观渗透于党的执政理念，全国各地都存在着重物质文明而轻生态文明，重经济增长而轻人民群众的生态权益的倾向。十年前，在全球生态运动风起云涌、可持续发展观深入人心，国内学术界对于生态文明的研究也日渐高涨的情况下，我党的文献上

① 戴维·佩治：《生态社会主义：从深生态学到社会正义》，刘颖译，山东大学出版社2005年版，第2页。

却没有生态文明的概念，这反映了生态执政理念的缺失。从 2002 年到 2012 年的十年里，我党召开了三次党代会。从三个党代会报告看，生态文明的概念从无到有，论述生态文明建设的内容从单一、单薄到全面而丰富，这反映了生态执政理念的形成和发展。

党的十六大报告没有出现生态文明的概念，在报告的第四部分"经济建设和经济体制改革"中，提出"必须把可持续发展放在十分突出的地位，坚持计划生育、保护环境和保护资源的基本国策。稳定低生育水平。合理开发和节约使用各种自然资源。抓紧解决部分地区水资源短缺问题，兴建南水北调工程。实施海洋开发，搞好国土资源综合整治。树立全民环保意识，搞好生态保护和建设"。这 126 个字的表述涉及一些生态文明建设的内容。

党的十七大首次将"生态文明"写入党代会报告，要求"建设生态文明，基本形成节约能源资源和保护生态环境的产业结构、增长方式、消费模式。主要污染物排放得到有效控制，生态环境质量明显改善。生态文明观念在全社会牢固树立"。"生态文明"这个词用了两次，一个小自然段，共 94 个字。

党的十八大报告与以往报告的最大不同是，在第八部分，"大力推进生态文明建设"独立成篇，并用 7 个自然段论述生态文明建设，"生态文明"这个词连续出现了 15 次。十八大报告既从战略高度阐述了生态文明建设的重要性和紧迫性，又从可操作性的角度提出了优化国土空间开发格局、全面促进资源节约、加大自然生态系统和环境保护力度、加强生态文明制度建设等方面的生态文明建设任务。总共用了 1362 个字来论述生态文明。这些字数占了整个十八大报告总字数的 1/20。① 这足以说明我党对新时期困扰科学发展和民生幸福的生态矛盾的高度重视，对保障人民群众生态权益的高度重视，对构建资源节约型、环境友好型和生态安全保障型社会的高度重视，表明我党将生态文明建设纳入执政内涵的生态执政理念开始形成。十八大报告对于生态文明建设的科学论断，对于我国从源头上扭转生态环境恶化趋势，为人民创造良好生产生活环境，为全球生态安全做出贡献以及对于人们更加自觉地珍爱自然，更加积极地保护生态，努力

---

① 胡锦涛：《坚定不移沿着中国特色社会主义道路前进　为全面建成小康社会而奋斗——在中国共产党第十八次全国代表大会上的报告》，《求是》2012 年第 22 期。

走向社会主义生态文明新时代，都具有十分重要的理论意义和现实意义。

十年内的三个党代会报告对于生态文明认识的深化，一方面说明生态问题成为重大问题，在我国的经济社会生活中显得越来越突出，要回避也回避不了；另一方面说明生态问题与政治的联系越来越紧密，只有从讲政治的高度来看待生态问题，才能下决心加强生态文明建设，取得实效。在党的政治报告这一具有强烈政治色彩的纲领性文献中突出生态文明建设，充分表明执政党在注重科学执政、民主执政、依法执政时，将生态执政这个新的执政理念凸显了出来。

二　解决生态矛盾和保障生态权益是重大的政治问题

生态文明作为一种新的文明形态，是以人为本和推动可持续发展的文明形态。它以认识自然、尊重自然、顺应自然和保护自然为前提，以人与人、人与自然、人与社会和谐共生为宗旨，以建立可持续的生产方式和消费方式为方略，以引导人们走上可持续发展、和谐发展以及创造诗意般的幸福生活质量为着眼点。生态文明的所有内容都与政治有关，本质上都归结为政治问题，与执政党的执政文明水平相关联，体现了生态政治的基本要求。

长期以来，由于缺乏生态执政意识，在发展经济的过程中忽视生态保护和环境治理，把地球看得无限大，把大海看得无限宽，把资源看得无限多，把对自然征服和改造的作用无限拔高，无限制地掠夺和排污，谁都没想到积少成多，发展到现在难以收拾的地步。许多地方的天空受雾霾和沙尘污染，已到了"暗无天日"的地步。据《2010 年全球致病量研究》提供的研究数据，2010 年 120 万人死于空气污染，平均每个月 10 万人，每天 3000 多人。《2012 中国肿瘤登记年报》对外发布："全国每 6 分钟就有一人被确诊为癌症，每天有 8550 人成为癌症患者，每七到八人中就有一人死于癌症。""全国癌症发病形势严峻，发病率与死亡率呈持续上升趋势，每年新发癌症病例约 350 万，因癌症死亡约 250 万。"伴随着对空气中弥漫的 PM2.5 的不安，这一连串灰色的数字令中国人对癌症认知的弦绷得更紧了。预计到 2033 年，中国人肺癌的发病会出现"井喷"。这反映了人和自然的关系已经严重恶化，发展正面临严重挑战，对于生态矛盾这个突出矛盾解决得如何，已成为考量执政党执政能力的重大政治问题。

　　生态矛盾，即人和自然关系紧张的矛盾。它正以日益严重的态势成为我国新时期的新矛盾。长期以来，我国没有生态矛盾的概念。我党的执政理念只强调国内主要矛盾，即人民群众日益增长的物质文化需要同落后的社会生产之间的矛盾。目前关于我国社会主要矛盾的表述最初源于1956年党的八大。八大对于国内主要矛盾的表述是："已经是人民对于建立先进的工业国的要求同落后的农业国的现实之间的矛盾，已经是人民对于经济文化迅速发展的需要同当前经济文化不能满足人民需要的状况之间的矛盾。"① 在八大这个提法的基础上，1981年党的十一届六中全会通过的《关于建国以来党的若干历史问题的决议》进一步明确指出："我国所要解决的主要矛盾，是人民日益增长的物质文化需要同落后的社会生产之间的矛盾。"② 这一提法沿用至今。在党的十七大报告、建党90周年讲话以及党的十八大报告中，胡锦涛都重申了"人民日益增长的物质文化需要同落后的社会生产之间的矛盾这一社会主要矛盾没有变"。但是，胡锦涛同时强调："进入新世纪新阶段，我国发展呈现一系列新的阶段性特征。""这些情况表明，经过新中国成立以来特别是改革开放以来的不懈努力，我国取得了举世瞩目的发展成就，从生产力到生产关系、从经济基础到上层建筑都发生了意义深远的重大变化。""我们必须深刻把握我国发展面临的新课题新矛盾。"他所说的新课题新矛盾，应该是包含生态矛盾的。

　　目前，我国处于国内主要矛盾与生态矛盾以及其他矛盾并存时期。需要注意的是，国内主要矛盾作为全国性矛盾，在各地有差异性表现。发达地区生态矛盾具有上升趋势。发达地区人均GDP有的已经达到很高的水平，如江苏昆山等地人均GDP已经超过了3万多美元，达到了发达国家水平，已不是人民群众日益增长的物质文化需要和不能满足这个需要的矛盾。相反，富裕起来的人感到物质文化需要太多，而产生减少一些物质需要和文化需要的愿望。许多人已经开始为吃得太多吃得太好而发愁，节食减肥成为时尚。文化需要也得到了极大满足，人们除了现实生活中的文化需要得到满足外，虚拟空间，如信息网络化的发展，提供给人们的精神文化产品也非常多。在这种情况下，发达地区更要注重研究人民群众对生存质量、对生态环境的要求。现在四川什邡、江苏启东和浙江宁波等地发生

---

① 《建国以来重要文献选编》（第九册），中央文献出版社1994年版，第341页。

② 《十一届三中全会以来重要文献选读》（上），人民出版社1987年版，第345页。

的事件进一步说明了生态执政的重要性，说到底就是生态矛盾问题呈现了尖锐状态。人们的物质文化生活好了，但是对生态环境的要求更高了。现在生态环境问题太重要了，今天，不能呼吸新鲜的空气，不能喝到干净的水，不能吃上放心的食品，已经成为普遍现象。这说明生态矛盾越发突出，必须防止生态矛盾激化后影响民生问题，影响到区域稳定和发展。我们提中国梦，这里面就有生态问题。国家富强、民族振兴、人民幸福，离不开优良的生态环境这个基础。人民要幸福，至少要能喝上干净的水，呼吸上新鲜的空气，吃上放心的食品。这是底线，但是我们现在已经破坏了底线，还谈得上幸福吗？

生态矛盾影响民生的直接表现是严重地剥夺了人们的生态权益。生态权益是人权的重要内容之一，是人的最为基本和最为根本的权益。人不能脱离自然界而存在与发展，无法摆脱与自然环境所发生的各种必然联系。生态权益就是人在与自然界发生关系的过程中对于自然环境的基本权利以及行使这些权利所带来的各种利益。如占有、利用以及享受自然环境资源的各项权利以及所带来的各种利益。马克思、恩格斯从现实的社会和现实的人出发，将生态环境作为影响人自由而全面发展的重要因素，将生态权益作为与人的生存权、发展权和社会权紧密关联着的重要权益，揭示出人们在生态权益方面的非均等性和不公平性也是导致强者与弱者分化的重要因素之一，生态权益是弱者整体权益系统中不可缺少的重要组成部分。①生态文明建设的目的就是切实保障人民群众的生态权益，使人们能诗意般生活。

三　以执政为民的宗旨大力推进生态文明建设

生态问题是全球共同面对的问题，不管是资本主义国家还是社会主义国家，只要从事工业化和现代化，只要大力发展市场经济，都会引起人与自然关系的紧张，从而产生环境问题。建设生态文明是资本主义国家和社会主义国家共同的任务。因此，生态问题和建设生态文明，应该是超越阶级、国家、制度和意识形态的共性问题。建设生态文明的任务是超越意识

① 参见方世南《生态权益：马克思恩格斯生态文明思想的一个重大亮点》，《鄱阳湖学刊》2011年第5期。

形态的最具有普适性的任务，不存在"姓社"和"姓资"的区分。但是，在我党的文献中为什么要突出"社会主义生态文明"、提出要"努力走向社会主义生态文明新时代"？为什么要反复强调"社会主义"这个意识形态非常强烈的概念呢？这里有着重要的政治考量，体现了执政党的政治责任、政治使命和政治担当。

按照孙中山先生的形象说法："政治，政是众人之事，治是治理，政治就是治理众人之事。"他在1894年《上李鸿章书》中阐述了"国以民为本"的民本思想。政治作为人民群众的事，讲政治，就是讲人民群众的利益，就是要为老百姓着想。许多地方欠的学费已经够多了，不能再欠学费了。有些相对落后的地方为了加快发展，不管人民群众的生态权益，引进一些污染的产业，提出很荒唐的口号："宁可毒死，不要饿死。"这反映出当地的领导干部的认知水平还是停留在经济指标上，跟落后地区的政绩观、生态观、环境观有直接关系。如果不纠正这种错误倾向，不对其加强引导，使其端正发展的价值取向，以科学发展观为指导推动科学发展就是一句空话。因此，不从执政文明和行政文明的高度认识生态文明的政治意蕴，必定激化政府与民众之间的矛盾，使群体性和突发性事件增多，反过来影响到当地的经济社会发展。在经济发展与生态环境保护以及民生改善的关系上，已经有了太多的深刻教训，千万不能只重发展而牺牲了人类赖以生存的生态环境。那种只要物质财富增长而不管人的死活的发展观，忽视了人们的基本生态权益，也违反了可持续发展的理念，严重背离了我党执政为民的宗旨，丧失了应有的政治立场，谈不上丝毫的执政文明和行政文明，相反，是执政野蛮和行政野蛮的重大表现。

执政党和政府从讲政治的高度，以执政为民的宗旨推进生态文明建设，就要把老百姓的生态权益和生态安全当作重大的政治责任，树立起生态民生的理念。在一些领导干部的头脑里，民生，往往指的是经济民生，就是为困难群众提供一些衣食帮助，做一些老百姓需要的物质方面的实事，而忽略了生态民生。民生的生，不光指生活的生，还包括生态的生。从政治的角度看，民生还包括民声，即人民群众的政治参与权、知情权、表达权、监督权等。就生态民生而言，它与经济民生紧密相连，构成了经济民生的重要前提和自然基础。人民群众要吃饱，还要吃好，食品要安全，水要干净。要保护人们的生态权益，就要考虑发展过程中，资源环境的承载率，不能竭泽而渔地发展。破坏了资源和环境的承载量，就不能持续发展。

我国是社会主义国家，实行的是社会主义制度，坚持党的领导、依法治国和人民当家做主的有机统一。将生态文明建设上升到意识形态的高度，强化其政治色彩，是中国共产党执政为民的宗旨决定的。政党和民众之间是一个双向互动的博弈过程。党真正代表了人民群众，人民群众才选择党、拥护党并自觉地接受党的领导。按照唯物史观，人民群众是社会历史活动的主体，党是代表人民群众意志和利益的先锋队。党与人民群众存在着天然的血肉联系，离开了人民群众，党的事业就一无所成，党的执政就失去根基，就将成为无源之水和无本之木。以人为本、执政为民既是执政党的执政理念，也是执政党对人民群众的庄严承诺。以人为本作为执政党的价值诉求，就是要以人民群众为本，以人民群众的根本利益为本。执政党要将人民群众当作自己的衣食父母；心中想着人民，工作依靠人民，一切为了人民，要为人民群众诚心诚意办实事，尽心竭力解难事，坚持不懈做好事，永远将人民群众置于心中的最高位置。党的根基在人民，党的血脉在人民，党的力量在人民，党的成败也在人民。必须始终坚持全心全意为人民服务的根本宗旨，始终把实现好、维护好、发展好最广大人民的根本利益作为党全部工作的出发点和落脚点，组织动员全党同志紧紧依靠人民群众始终不渝地为中国人民和中华民族的根本利益而不懈奋斗，真正做到权为民所用、情为民所系、利为民所谋。执政党只要始终不渝地坚持这个根本政治立场，把这个政治立场一以贯之地落实和体现到党的全部理论和实践中去，党就能获得取之不尽、用之不竭的力量源泉，就能无往而不胜。当生态矛盾越来越尖锐，人民群众对于生态权益和生态安全的要求越来越强烈的时候，生态文明建设就体现了执政党的重大政治责任和政治使命。只有突出和彰显生态执政，从基本国策和战略任务以及民生幸福的高度加强生态文明建设，才能使人民群众深切地感受到执政党与自己同呼吸、共命运，休戚与共，生死相依的情怀。

诺曼·迈尔斯在《最终的安全——政治稳定的环境基础》一书中指出："安全的保障不再局限于军队、坦克、炸弹和导弹之类这些传统的军事力量，而是愈来愈多地包括作为我们物质生活基础的环境资源。这些资源包括土壤、水源、森林、气候，以及构成一个国家的环境基础的所有主要成分。假如这些基础退化，国家的经济基础最终将衰退，它的社会组织会蜕变，其政治结构也将变得不稳定。这样的结果往往导致冲突，或是一

个国家内部发生骚乱和造反，或是引起与别国关系的紧张和敌对。"① 无论
是因生态问题引起的国内群体性和突发性事件，还是国际社会对中国生态
环境威胁的指责，都证实了诺曼·迈尔斯这一观点的正确性。执政党和政
府只有从讲政治的高度重视生态问题，将加强生态文明建设作为新时期社
会主义国家的重大政治任务，作为彰显社会主义优越性的重要表现，牢固
确立绿色执政和绿色行政理念，在生态文明建设中体现出执政文明和行政
文明，将经济发展建立在生态环境优良的基础上，才能协调好与人民群众
的关系，促进政治稳定和政治发展，推进中国特色社会主义事业。生态与
政治的联姻，冲击了传统的安全观和政治稳定观，突出了生态这一政治稳
定的环境基础的重大价值，很好地将生态文明建设与政治文明发展紧紧地
联系了起来。

---

① 诺曼·迈尔斯：《最终的安全：政治稳定的环境基础》，王正平、金辉译，上海译文出版
社 2001 年版，第 19—20 页。

生态文明:发展马克思主义的新生长点

黄力之

一 全球生态危机的加剧与技术主义的困境

21 世纪的世界,发展依然是各个国家的共同追求。然而,就在全球经济加速发展的凯歌声中,文明之不可持续性前景也在加速显现出来,其主要表现就是生态危机,即经济越增长则资源越匮乏、环境污染并走向极限。

以气候变暖为例,据政府间气候委员会(由世界气象组织和联合国环境规划署于 1988 年建立)关于地球温室气体浓度变化的数据报告,在过去 65 万年中,温室气体浓度的波动始终被控制在一定的范围之内,甚至在进入文明史后很长时间内,浓度也依然在这种稳定机制的控制下波动。然而,从 20 世纪初开始,温室气体浓度急剧上升,并明显突破了 65 万年来一直维持的上限。特别是两次世界大战之间和冷战结束之后,平均温度上升最快;而冷战时期,温度上升明显减缓。这意味着,存在了至少 65 万年的稳定机制在短短 100 年内就被打破了,其逻辑后果是:整个系统瓦解! ①

权威研究显示,气候变化和化石燃料的使用已经导致每年近 450 万人死亡,到 2030 年可能导致每年 600 万人死亡,这意味着,2030 年之前全球将有超过 1 亿人口死于气候变暖,而拯救的"机会将稍纵即逝"。②

资本主义的现代性之强劲动力还能够走多远呢?美国著名学者大卫·

---

① 参阅王中宇《"文明"与"生态"》,《科学时报》2007 年 12 月 3 日。
② 《全球变暖将成人类大杀手》,《参考消息》2012 年 9 月 29 日。

施韦卡特（David Schweickart）教授在一次访谈中引用了经济学家肯尼思·博尔丁（Kenneth E. Boulding）的话："在一个有限的世界中，只有疯子或经济学家才会相信指数级增长可以永久保持。"施韦卡特自己认为："资源是有限的，持续的消费并没有让人类更加快乐。如果不调整经济结构，人类将不得不在经济衰退和生态灾难中进行抉择。"①

既然大家都意识到危机的存在，当务之急便是寻求拯救之道，首选而直接的路径是技术，既包括自然的技术也包括社会的技术。所谓自然的技术当然是指保护环境的办法、开发新能源与循环利用能源的办法等。

但是，数据表明，整个人类史发展到 1950 年才使世界经济达到 7 万亿美元的规模，而以当前经济增长速度只需 10 年就能达到这个数字。以现在这个发展速度，整个世界经济只需 14 年就能扩张 2 倍。显然，危机的进展速度（这一速度与发展速度成正比）要大大超过办法的寻求与成熟速度。

基于速度差，美国学者贾雷德·戴蒙德（Jared Diamond）质疑"科学技术会解决我们的问题"这一说法。他说"实际经验往往与这些设想相反。有些梦寐以求的新科技成功了，有些则失败了。成功的科技通常需要几十年的时间来开发和进入大众的生活，如煤气灶、电灯、汽车、飞机、电视和电脑等。不管新科技能否为我们解决问题，它经常也会带来意想不到的新问题。用科技来解决环境问题的代价要比从一开始避免问题发生来得大"。更重要的是，"科技的进步只是增强我们的能力，结果可能变得更好，也可能更坏。我们目前所有的问题都是科技无意带来的负面影响。20世纪科技突飞猛进，而它带来新问题的速度远远快于解决旧问题的速度。这就是我们今天之所以会面临这种困境的原因"②。

技术的局限性在于它不能应对自然本身的丰富性、复杂性，基于自然一度被征服但后来开始报复人类的事实，美国学者唐纳德·沃斯特（Donald Worster）提出："我们再也不会把自然界定位成某种通过完全公正的科学研究可变得易于理解的永恒完善状态，也不会有新发现和权威性典籍加以倚靠。只有通过认识经常变化的过去——人类与自然总是一个统一整体

---

① ［美］大卫·施韦卡特：《经济危机视角下的资本主义——对话大卫·施韦卡特》，《国外理论动态》2012 年第 10 期。

② ［美］贾雷德·戴蒙德：《崩溃——社会如何选择成败兴亡》，江滢等译，上海译文出版社2008 年版，第 417—418 页。

的过去——我们才能在并不完善的人类理性帮助下，发现哪些是我们认为有价值的，而哪些又是我们该防备的。"① 也是出于对技术局限性深刻认识，戴蒙德在《崩溃》一书结束处宣称："我们不需要科学技术来解决问题！"

二 马克思主义理论发展新生长点的可能性之一：20 世纪马克思主义发展实践的反思

那么，技术之外的方法是什么呢？那就是理念。对个人或人类来说，身陷困境而不得解脱时，反省困境寻求新的理念乃是唯一的出路。

回望生态问题的历史，可知问题的急剧形成与发展，乃是工业革命所致，因此，解决的理念也必然出现于工业革命的发生地——西方。1866年，德国科学家海克尔（E. Haeckel, 1834—1919）首次提出生态学这一概念，后来唐纳德·沃斯特在追溯"生态学"概念时说，"贯穿于这门学科的历史中的主题和构成其思想的是生物的内在依赖性。对这一特质更富有哲学性而非纯科学性的领悟，就是人们通常所说的'生态学观点'。因此，究竟生态学主要是一种科学，还是一种有关内在联系的哲学，便成为一个持续已久的身份问题；而相互依赖性的实质就变成这样一个相应的问题：它是一个经济组织系统，还是一个相互容忍和支持的道德共同体？"② 生态学的哲学内涵表明，生态问题并非科学技术所能解况，事涉理念。

现在，生态文明建设作为中国特色社会主义"五位一体"之一部分已经得到了非常大的重视，这固然好，但是，在中国这个以马克思主义为指导的国家，生态文明建设对马克思主义理论发展的意义，似乎还没有获得普遍的共识，唯一的解释只能是：在相当一些人的心目中，以经济发展实现民族复兴仍然是"马克思主义"在中国的正确性证明，而生态文明问题只是技术问题。这样，在生态问题与马克思主义之关系上，中国与世界依然存在落差，正如发展本身的落差一样。笔者认为，生态危机留给世界与中国的机会不多了，是改变这一状态的时候了，应该把生态文明建设视为

① ［美］唐纳德·沃斯特：《自然的经济体系：生态思想史》，侯文惠译，商务印书馆1999年版，第499页。

② 同上书，第545页。

马克思主义理论发展的新生长点。

所谓马克思主义的发展，是指马克思恩格斯所开创的思想在他们身后的发展与延续，包含两个方面，一方面是将他们的思想进行传播，另一方面是依据他们的思想来认识世界并指导实践，从而形成马克思主义的当代发展。

关于马克思恩格斯之后马克思主义的发展，英国学者戴维·麦克莱伦（David Mclellan）认为存在几个历史类型：列宁主义与斯大林主义、第二次世界大战前的欧洲马克思主义、第三世界的马克思主义和西方马克思主义。由于这一类型划分带有地域的意味，笔者认为可以在此基础上根据思想内涵来进行划分，着重分析其达成共识的可能性。

其一，列宁—斯大林的理论发展模式。这一理论模式按其历史内容可以称为无产阶级革命与无产阶级专政的模式，苏联社会主义实践与中国改革开放前的社会主义实践本质可以包括在内。从国际共产主义运动的角度来看，这一模式既遵循了马克思关于无产阶级革命与专政的思想，但也突破了其范围，至少社会主义革命爆发于生产力落后的某几个国家，这是马克思所未曾料想的。

在20世纪的最后十年里，列宁开创的社会主义模式遭遇了戈尔巴乔夫的"公开性"改革，共产党解散，国家解体。而在中国，毛泽东去世以后，"文化大革命"被终止，"无产阶级专政下的继续革命"被宣布为错误的理论，中国进入以市场经济为取向的改革开放新阶段。

尽管苏联和中国发生的事情有着重大的区别，但它们共同地宣布终结列宁之后的斯大林社会主义模式——如果当作马克思主义的发展来看的话，这一"发展"思想及其模式意味着在苏联（今俄罗斯）和中国都无法获得现实意义，也就是说，在今天的历史条件下，很难再试图以回到无产阶级革命与专政的模式去发展马克思主义。

其二，以文化批判为内涵的西方马克思主义理论模式。从20世纪20年代开始，以匈牙利卢卡契的《历史与阶级意识》发表为标志，西方的一些有马克思主义倾向，但不关心社会主义实践，或者对正统马克思主义失望的知识分子不断加盟，形成了所谓西方马克思主义。

西方马克思主义自认为在做发展马克思主义的工作，立足点在于传统资本主义社会的变化。被P. 安德森（P. Anderson）称为标志"西方马克思主义的使命已达到其最完善的顶峰"的F. 詹姆逊（Fredric

R. Jameson），在其《晚期资本主义》一书中的观点：今天的消费社会才算是资本主义最彻底的实现，是资本主义社会最彻底的形式。资本的扩充已达惊人的地步，资本的势力在今天已伸延到许许多多此前未曾受到商品化的领域里，形成晚期资本主义的文化逻辑。据此，哈贝马斯提出了晚期资本主义的危机性理论，他认为危机有三个源泉：经济、政治、文化，表现为四种形式：经济危机、行政管理的合理性的危机、合理性危机、社会文化危机。

发达资本主义社会摆脱文化危机的出路何在呢？西方马克思主义坚信：文化具有超越性力量，它可能超越经济政治去有限地却有积极意义地解决社会的健康发展问题。但是，文化毕竟是相对独立的存在，不进行社会实践，任文化危机肆虐，文化怎么可能改变社会呢？

其三，以市场经济为手段并奉行经济增长主义的马克思主义模式。在马克思恩格斯的理论中，市场经济是一个否定性概念，但其经济功能却是马克思充分认识到的。关于发展生产力的问题，马克思对生产力的重视揭示了人类社会的自然历史过程的客观本质，揭示了经济生活对社会存在的重要性，但没有认为生产力就是一切。

众所周知，晚年恩格斯对唯物史观的公式化倾向作了深刻反省，他在致布洛赫的信（1890）中说：青年们有时过分看重经济方面，这有一部分是马克思和我应当负责的。在1893年致梅林的信中，他再一次承认马克思和自己在这一点上有同样的过错。因此，卢卡契在1928年讨论马克思主义的根本方法时，提出了总体性方法这个概念，他说："构成马克思主义和资产阶级思想之间决定性区别的，不是历史解释中经济动机的优先性，而是总体性的观点。整体性范畴，整体对部分的优先性，是马克思方法的实质。"①

针对毛泽东晚年的错误，邓小平发起了"以经济建设为中心"的改革开放，取得了经济发展的巨大成就。但是，当经济增长面临包括生态危机在内的瓶颈时，奉行经济增长主义的马克思主义便遇到新的挑战。在GDP主义、拜金主义支配的今天，资源缺乏、环境污染，人与自然关系的紧张；贫富差距不断拉大，人群利益分化，人与人之间关系紧张；拜金主义盛行，人的精神世界迷失，作为个体的人紧张焦虑……很难认为发展主

---

① ［匈］卢卡契：《历史和阶级意识》，杜章智译，商务印书馆1992年版，第77页。

义、市场经济就可以代表马克思主义的新发展。

邓小平1986年作出了一个很重要的判断，社会风气如果坏下去，经济搞成功就没有意义。此时他还没有生态意识，如果看到今天的生态危机，那就更没有意义了，更不能认为经济搞成功即发展马克思主义了。

在上述背景下，寻求马克思主义理论发展的新生长点，可以说是势在必行。由于环境问题已经在全球范围内非常强烈地凸显出来，甚至危及文明本身的存在，马克思主义不能只是在一般意义上关心这个问题，唯一的选择是从生态文明的角度进行马克思主义的创新。

不可忽视的事实是，西方生态学马克思主义已经提供了这一方面的参照系。

生态问题的严重性是20世纪中后期的事，生态科学作为当代的一个新的整体学科，是在此时才凸显出来的。随着资本主义全球化进程的加剧，生态作为"问题"越来越严重而尖锐，成为影响人类生存和发展的全球性问题，这引起西方知识分子的高度关注，生态学马克思主义由此产生。在当代西方马克思主义这棵大树上，生态学马克思主义属于后起而日益壮大的一支。①

生态学马克思主义这个概念是由生态学与马克思主义组合而成，其基本含义是：（1）当代资本主义，甚至整个人类的危机主要表现为生态危机，生态危机表面上是人与自然的矛盾，其实质性根源在于资本主义的文化逻辑；（2）由于生态危机的根源在于资本主义，而马克思主义是资本主义的天敌，故生态危机的解决思路依然以马克思主义为逻辑起点，当然，马克思主义本身也要重构。西方生态学马克思主义的两大理论支点如下：

1. 认识到生态危机的严重性和紧迫性，以及生态危机的资本主义根源。

本·阿格尔在《论幸福和被毁灭的生活》（1975）、《西方马克思主义概论》（1978）等著作中提出的基本观点是，"今天，'资本主义'危机的

---

① 尽管加拿大学者本·阿格尔（Agger Ben）在1979年就首次使用了"生态马克思主义"的概念，但在戴维·麦克莱伦的《马克思以后的马克思主义》（1978年初版，1998年第3版）一书中，第五编是"欧洲和美国的当代马克思主义"，罗列了西方马克思主义的主要派别，没有单列"生态学马克思主义"，甚至，在讨论美国詹姆斯·奥康纳（James O'Connor）时，戴维·麦克莱伦也没有注意其1997年出版的《自然的理由》一书，奥康纳在此书中运用马克思主义的基本理论和观点分析了资本主义生态危机产生的原因，重点提出了资本主义的双重矛盾和双重危机。

趋势已转移到消费领域，即生态危机取代了经济危机。资本主义由于不能为了向人们提供缓解其异化所需要的无穷无尽的商品而维持其现存工业增长速度，因而将触发这一危机。"① 正是由于阿格尔的努力，生态学马克思主义这一概念才得以向世界传播。

唐纳德·沃斯特也许不算严格意义上的生态学马克思主义者，但他也认为："工业资本主义，大肆渲染过对所有对手的胜利，预示过建立一个永无止境地追求财富的'新世界秩序'，但是，没有提出过任何可以达到社会、经济或者生态方面的稳定状态的希望。它们压倒一切的观点是永不停息的变革、无限的可能性和无止境的创造力。看到它的过去历史，我们可以展望到，全球性的资本主义将继续促进没有限制的经济与人口增长，将继续刺激穷人们不断增长的无法真正满足的欲望，而且将加剧现在本已严峻的对自然界的要求。这一经济文化的影响将毁掉我们尚存的任何支离破碎的稳定、秩序和正常的观念，而且，我们只得屈居在这个变革已成为支配一切的生活原则的世界上。"②

美国《每月评论》杂志编辑埃伦·米克辛斯·伍德（Ellen Meiksins Wood）在该刊 1997 年第 49 卷第 2 期上发表《回到马克思》一文，提醒人们注意：由于资本主义在地域上即将或已经超过其极限，而且支撑其成功的那种空间上的扩张也已经结束，所以目前它只能是自己养活自己。而且在其极限内，它取得的成功越多，换句话说，它所追求的利润或所谓的增长越大，它对人类或自然资源的毁灭也就越严重。③

关于资本主义与生态危机的关系，美国学者理查德·罗宾斯（Richard Robbins）著有《资本主义文化与全球问题》（第四版，2008）一书，他不仅从资本主义文化逻辑来认定，而且注意到资本主义弱肉强食本性在生态危机中的赤裸裸表现，他引用约翰·贝·福斯特的说法，资本主义永远不会以牺牲经济增长和资本积累为代价来进行环境改造，其内在逻辑永远是"让别人吃污染"。④

---

① ［加］本·阿格尔：《西方马克思主义概论》，慎之等译，中国人民大学出版社 1991 年版，第 486 页。

② ［美］唐纳德·沃斯特：《自然的经济体系：生态思想史》，侯文蕙译，商务印书馆 1999 年版，第 492 页。

③ 都卫东：《美国学者伍德论马克思主义的现实意义》，《国外理论动态》1998 年第 2 期。

④ ［美］理查德·罗宾斯：《资本主义文化与全球问题》，姚伟译，中国人民大学出版社 2010 年版，第 323 页。

2. 解决生态危机的根本思路在于重构马克思主义

总体上说，西方生态学马克思主义之所以要将生态学问题往马克思主义的方向发展，就在于他们认为，生态危机本质上是资本主义危机的必然结果，这就把问题引向马克思主义了。关于生态危机与马克思主义之关系，首先要追溯到马克思恩格斯的思想。西方生态学马克思主义的看法并不一致，有的人为这是马克思恩格斯思想的阙如，有的则认为可以在原有文本上进行重构。

如唐纳德·沃斯特在《自然的经济体系：生态思想史》中就持了质疑的态度，说《共产党宣言》高度评价了资本主义的变革功能，"一度似乎非常稳定可靠和不可动摇的生态整体意识，连同所有其他思想都将化作过眼烟云"。"马克思和恩格斯十分欢迎这种新的变革意识，的确，他们紧跟伟大的历史哲学家黑格尔之后，在此变革意识基础上创立了自己的辩证唯物主义理论。马克思和恩格斯相信，逐步摧毁关于时间与秩序的传统思想对把人们从过去的偏见中解放出来是必要的。所以，在他俩身上，无法找到多少对保护任何古老的自然观的关心以及对环境保护的任何关注。"①

本·阿格尔则认为，"我们的中心论点是，历史的变化已使原本马克思主义关于只属于工业资本主义生产领域的危机理论失去效用。……我们将从马克思关于资本主义生产本质的见解出发，努力揭示生产、消费、人的需求、商品和环境之间的关系"。"我们认为，马克思的异化劳动的理论已不再能单独用于分析现代资本主义的危机趋势了。我们要考察马克思分析的缺点，我们认为这些缺点是资本主义早期历史阶段所特有的。社会变革的动力就植根于人的需求与商品的相互作用的过程之中，而这种过程是由有限的生态系统确定的。"②

此一看法更有代表性，即认为马克思主义在生态危机问题上具有两重性，既有所认识但又认识不足，需要进行当代构建。应该说，由于西方生态学马克思主义的努力，生态危机的解决已经在理论上摆脱了技术依赖，而是朝哲学理念迅速跑了。无论其还有多少值得商榷的地方，也不应该低估其意义。

---

① ［美］唐纳德·沃斯特：《自然的经济体系：生态思想史》，侯文惠译，商务印书馆1999年版，第491页。

② ［加］本·阿格尔：《西方马克思主义概论》，慎之等译，中国人民大学出版社1991年版，第486页。

必须承认，我国生态文明理论研究本来就比西方国家至少晚二十年，而且未能纳入马克思主义框架之中。一直到中共十七大以后才有改观，最近有学者提出："将'生态文明观'作为我国未来经济社会发展和环境保护的指导思想。""构建生态文明观指导的哲学社会科学体系。通过深入研究生态文明观，创新和发展马克思主义，形成以生态文明观为指导的哲学、经济学、法学、社会学等社会科学体系。"①

应该说，提出"将'生态文明观'作为我国未来经济社会发展和环境保护的指导思想"，"形成以生态文明观为指导的哲学、经济学、法学、社会学等社会科学体系"，实际上已经触摸到了中国马克思主义的未来走向——以生态文明为中心构建马克思主义。

三 马克思主义理论发展新生长点的可能性之二：马克思恩格斯留下的可发展的理论基点与空间

把生态文明建设视为马克思主义理论发展的新生长点，另一可能性在于马克思恩格斯留下了可发展的理论空间，主要有两个：一个是人与自然和谐相处的本体论，另一个是人类文明的双重结构关系。

（一）关于人与自然相和谐的本体论观点

这一方面，最重要文献当然是马克思的《1844 年经济学哲学手稿》。一般来说，这一著作是马克思关于人道主义或者说人的主体性的纲领性文献，在这一文献中，马克思站在 18 世纪启蒙主义思想的基础上，对人的主体性价值与能力做了充分的阐释。

马克思认为，在人的创造性活动过程中，"人则使自己的生命活动本身变成自己意志的和自己意识的对象。他具有有意识的生命活动。这不是人与之直接融为一体的那种规定性。有意识的生命活动把人同动物的生命活动直接区别开来。正是由于这一点，人才是类存在物。或者说，正因为人是类存在物，他才是有意识的存在物，就是说，他自己的生活对他来说是对象。仅仅由于这一点，他的活动才是自由的活动"。

① 陈洪波、潘家华：《我国生态文明建设理论与实践进展》，《中国地质大学学报》2012 年第 5 期。

马克思用了一个概念——"人的类特性"，他说："劳动这种生命活动、这种生产生活本身对人来说不过是满足一种需要即维持肉体生存的需要的一种手段。而生产生活就是类生活。这是产生生命的生活。一个种的整体特性、种的类特性就在于生命活动的性质，而自由的有意识的活动恰恰就是人的类特性。"① "自由的自觉的活动"正是人（作为物种的一个类）的本质的主体性规定。

但是，作为唯物主义者的马克思，他不可能抛弃自然界优先的原则。马克思对人与自然的关系的定位就基于此，他说："自然界，就它自身不是人的身体而言，是人的无机的身体。人靠自然界生活。这就是说，自然界是人为了不致死亡而必须与之处于持续不断的交互作用过程的、人的身体。所谓人的肉体生活和精神生活同自然界相联系，不外是说自然界同自身相联系，因为人是自然界的一部分。"②

所谓"自然界是人为了不致死亡而必须与之不断交往的人的身体""人是自然界的一部分"，这是一个非常重要的本体论观点，它设定了人的创造新活动、人主体性的底线，无论如何，人不能超越自然界而为所欲为——这就是今天生态文明的基本规定性内涵。

当然，发展着的自然界已经到了现在和当下，人和人的活动成为地球上最重要的存在，按卢卡契的说法，自然界的发展也是不可逆转的，在自然本体论的基础上形成了社会存在本体论，马克思当时就说，被抽象地理解的，孤立的，被认为与人分离的自然界，对人说来就是"无"。"德国之声"电台网站2013年2月发表的文章说，"迄今为止，人们主要区分通常'美好的大自然'和往往'邪恶的人类及其科技'，然而这种区分早已过时。专门研究'人类时代'的柏林自由大学地质学家莱因费尔德说：'人类对地球改变很大。以至于我们不得不承认，传统意义上的大自然已经不复存在。'"③

也就是说，今天的人们面对的是人与自然两大要素，这两大要素不是互相割裂的，而是互相牵连在一起的，马克思由此提出了自然主义与人道主义两个概念："我们在这里看到，彻底的自然主义或人道主义，既不同

---

① 《马克思恩格斯文集》第1卷，人民出版社2009年版，第162页。
② 同上书，第161页。
③ ［德］托马斯·吉特：《地球的演变：人类如何改变了地球？》，"德国之声"电台网站2013年2月16日，《参考消息》2013年2月19日。

于唯心主义，也不同于唯物主义，同时又是把这二者结合起来的真理。我们同时也看到，只有自然主义能够理解世界历史的行动。"① "社会是人同自然界的完成了的本质的统一，是自然界的真正复活，是人的实现了的自然主义和自然界的实现了的人道主义。"②

所谓"彻底的自然主义或人道主义，既不同于唯心主义，也不同于唯物主义"之意，就在于不能作通常的理解。笔者认为这里的自然主义不是美学意义上的自然主义，而是基于自然本体论的概念，即自然界优先的原则；而人道主义也不是伦理学意义上的人道主义，而是基于社会存在本体论的概念，即人对自然的创造性改造，形成"人化的自然"的原则。

更为可贵的是，在此基础上，马克思将他的人与自然之互相联系的观点纳入了共产主义的设想，在马克思的共产主义框架中，人类社会的基本矛盾分三个，即人与自然的矛盾、人与人的矛盾、人的自我认识与定位的矛盾，这样的划分得到人类历史的充分证明。在原始文明和农业文明的阶段，人与自然的矛盾主要表现为自然对人的生存的压迫，人类艰难地在认识自然中求得自己的生存，主体性很弱；但进入工业文明阶段以后，则变成了人对自然的空前推进与控制，自然的"基因"大量被人类认识并破解，人类几乎变得无所不能，当然，也就在这个时候，人类开始受到自然的报复，即生态危机爆发。人与人的矛盾主要指人类社会的内在关系矛盾，即国家、民族部落之间的冲突，以及民族国家内部的阶级与阶层之间的冲突甚至斗争。人的自我认识与定位的矛盾，指人的自我认识，自我改造，人对自己从哪里来、到哪里去的问题之不断探索、不断回答。

应该说，在这三大矛盾中，马克思关于人与自然的矛盾的认识，更多地停留在人的主体性发展即人对自然的认识、征服这一点上，还不能说已经进入生态危机视野。无论如何，人与自然的矛盾是人类社会三大矛盾之首的提法，既是马克思给21世纪人们奠定的一个伟大理论基点，也是马克思留下的巨大理论空间，历史已经提供了从这个方向去发展马克思主义的契机。

（二）关于人类文明的双重结构关系问题

唐纳德·沃斯特在《自然的经济体系：生态思想史》中讲到生态危机

---

① 《马克思恩格斯文集》第1卷，人民出版社2009年版，第209页。
② 同上书，第187页。

时就认为，一方面是"工业资本主义"要建立一个永无止境地追求财富的"新世界秩序"，另一方面是"继续刺激穷人们不断增长的无法真正满足的欲望"，这就是说，资本逻辑的力量还与文明结构的单一化有关，即现代性社会只认可物质财富为文明的标志。还有学者认为，甚至马克思主义在这个问题上也是有矛盾的，一方面批判资本主义的拜物教，另一方面却又为穷人得不到物质享受而痛心——同样是物欲主义立场①。

阿格尔则认为，马克思的确只关注如何去解放生产力，使生产力摆脱不合适的生产关系的束缚而无限增长，而没有考虑到生产力的增长要受自然的制约，他说："资本主义国家和社会主义国家，都要保护自己的公共合法性，其办法就是向个人消费提供几乎是源源不断的商品。马克思忽视了对这一过程的分析，因为他认为资本主义的主要内在矛盾不是生产与消费之间的扭曲关系（以及操纵消费具有的削弱潜在地倾向于革命的人的异化的能力），而是生产领域本身内部的生产所有制的私人性质与生产过程日益社会化性质之间的矛盾。"②

以为解决生产资料私有制以后，生产力便摆脱一切束缚地发展起来的想法，的确是基于19世纪的现实考虑问题的，因为当时工业革命的威力只局限在欧洲的一些地方，整个世界还远远谈不上生产力的空前发展，马克思当时的想法似乎是对的，但到20世纪特别是21世纪就不一样了。

当人类社会的物质生产面临自然的极限时，必须回答的问题是：人类文明的发展标志一定是物质生活的不断升级吗？这涉及人性的内涵问题。而在这一方面，的确不能说马克思是持物欲主义立场的。

就在《1844年经济学哲学手稿》中，马克思还提出了另一个问题，即人的"全面发展"问题，表述为人应该以"全面的方式"占有自己"全面的本质"，他说："为了人并且通过人对人的本质和人的生命、对象性的人和人的产品的感性的占有，不应当仅仅被理解为直接的、片面的享受，不应当仅仅被理解为占有、拥有。人以一种全面的方式，就是说，作为一个完整的人，占有自己的全面的本质。"③ 马克思的意思是，所有属于人的愿望、潜能，都有权利在人与对象的关系中表现出来，不能以任何名

---

① 参阅［英］汤林森《文化帝国主义》，冯建三译，上海人民出版社1999年版，第205页。
② ［加］本·阿格尔：《西方马克思主义概论》，慎之等译，中国人民大学出版社1991年版，第494页。
③ 《马克思恩格斯文集》第1卷，人民出版社2009年版，第189页。

义去压制它，排斥它。

何谓人的"全面性"，或者说人的标志性存在呢？马克思在对比人与动物各自的"生产"时，认为"动物也生产"，比如说筑巢的活动，但是，"动物的生产是片面的，而人的生产是全面的；动物只是在直接的肉体需要的支配下生产，而人甚至不受肉体需要的影响也进行生产，并且只有不受这种需要的影响才进行真正的生产；动物只生产自身，而人在生产整个自然界；动物的产品直接属于它的肉体，而人则自由地面对自己的产品。动物只是按照它所属的那个种的尺度和需要来构造，而人懂得按照任何一个种的尺度来进行生产，并且懂得处处都把固有的尺度运用于对象；因此，人也按照美的规律来构造"。①

所谓"人也按照美的规律来建造"，无疑首先是一个美学的命题，但是，联系到前面所说，"人甚至不受肉体需要的支配也进行生产，并且只有不受这种需要的支配时才进行真正的生产"，这就超出了美学的范畴，而是对人性的丰富性的指认，也就是说，人在与自然发生实践关系的过程中，人对自身的改造已经进入一个新的境界，人并不以物质欲望为自己的生活的唯一内容，人有自己的精神生活的追求——物质生活只是提供了一个生存的基础而已，在此基础上，人类的文明更有价值的部分恰恰就是其精神文明，如宗教、艺术、哲学等，这才是人之所以为人的真正标志。

实际上，把人变成物欲主义的机器，这正是资本逻辑造成的人的异化。青年马克思已经认识到，"私有制使我们变得如此愚蠢而片面，以致一个对象，只有当它为我们所拥有的时候，就是说，当它对我们来说作为资本而存在，或者它被我们直接占有，被我们吃、喝、穿、住等等的时候，简言之，在它被我们使用的时候，才是我们的。尽管私有制本身也把占有的这一切直接实现仅仅看做生活手段，而它们作为手段为之服务的那种生活，是私有制的生活——劳动和资本化"。"因此，一切肉体的和精神的感觉都被这一切感觉的单纯异化即拥有的感觉所代替。人的本质只能归结为这种绝对的贫困，这样它才能够从自身产生出它的内在的丰富性。"②

由于时代的局限，马克思的确尚不能深察生产力的发展与自然生态之间的矛盾，还没有意识到，即使生产关系的束缚被破除，生产力的发展也

---

① 《马克思恩格斯文集》第 1 卷，人民出版社 2009 年版，第 162—163 页。
② 同上书，第 189—190 页。

是不可能是无限制的，人类的物质文明必然要受到自然生态的制约，这是我们要去修正马克思的地方；但是，马克思毕竟不是物欲主义者，马克思对文明的双重结构是有认识的，马克思也是明确反对物欲主义的，马克思向往着人的自由全面发展，其内核就是精神世界的发展，在生态危机的当下，这是我们应该大力阐发推进的地方。

习近平系列重要讲话精神

中国梦的精神实质与制度建设

严国萍

2012 年 11 月 29 日，习近平总书记在参观"复兴之路"展览时发表的讲话中首次正式提出了"中国梦"，并且指出："实现中华民族伟大复兴，就是中华民族近代以来最伟大的梦想。这个梦想，凝聚了几代中国人的夙愿，体现了中华民族和中国人民的整体利益，是每一个中华儿女的共同期盼。"[①] 此后，习近平总书记多次将"民族的梦"与"每个中国人的梦"并列使用来阐明中国梦。每个人的梦与民族的梦是什么关系？中国梦是一个"个人本位"、每个人得以拥有广阔空间实现的梦想，还是一个"国家（民族）本位"的关于社会秩序的梦？抑或两者兼而有之，相互贯通？实现中国梦，需要怎样的制度创新与体制改革予以保证？回答这些争论，马克思恩格斯在《共产党宣言》中关于"每个人的自由发展是一切人的自由发展的条件"的论述可以提供重要的指导意义。

一　每个人的自由发展与一切人的自由发展

马克思恩格斯的《共产党宣言》是在论述未来理想社会时阐述每个人的自由发展与一切人的自由发展的关系的。他们是这样说的："代替那存在着阶级和阶级对立的资产阶级旧社会的，将是这样一个联合体，在那里，每个人的自由发展是一切人的自由发展的条件。"[②]

马克思恩格斯关于"自由人的联合体"的向往属于典型的现代性思

---

① 《习近平关于实现中华民族伟大复兴的中国梦论述摘编》，中央文献出版社 2013 年版，第 3 页。

② 《马克思恩格斯选集》第 1 卷，人民出版社 1995 年版，第 294 页。

想。在古代社会中，社会、国家被看作是先于、大于个人的概念。柏拉图说，国家大于个人。正义是用较大的字体写在国家上面，而且更容易辨认。个人不能孤立地而只能在社会中取得至善。对于个人来说，善即是承担自己的职责义务。亚里士多德说，人是趋向于城邦生活的动物，不能产生城邦或不需要它的不是人，是野兽或神祇。也就是说，城邦从本质上来说先于个人。近代化进程改变了人们对个人与社会、国家关系的理解。近代自由主义、个人主义、人道主义主张个人至上，认为社会、国家必须服从个人。

近代自由主义、个人主义、人道主义发展了个体性、主体能动性方面，具有重要的历史进步意义。认识不到个人与社会、国家关系的时代特征，就不能对马克思恩格斯关于"自由人的联合体"的思想做出正确解读。事实也是这样，马克思恩格斯关于"每个人的自由发展是一切人的自由发展的条件"的论述，长期以来在我国没有得到应有的重视，有些人甚至认为马克思恩格斯把话说反了，应该把这句话颠倒过来。

但是，自由主义、个人主义关于个人与国家、社会关系的理解并没有达到真理。马克思恩格斯批判了这种个人主义的自由主义，指出个人、个人权利都不可能先于社会而存在。他们说：个人"是什么样的，这同他们的生产是一致的——既和他们生产什么一致，又和他们怎样生产一致。因而，个人是什么样的，这取决于他们进行生产的物质条件"①。而生产以交往为前提，因此，个人在其现实性上，是"一切社会关系的总和"。② 这些社会关系，在阶级社会中，突出地表现为阶级关系。相应地，个人要获得全面发展，就必须消灭这些人剥削人、人压迫人的阶级关系，构建起自由人的联合体。马克思恩格斯在"自由人的联合体"概念中，体现了他们对"每个人的自由发展"与"一切人的自由发展"的统一性追求。"每个人的自由发展"，指的是个人重新驾驭由于私有制和异化而转化为统治力量的社会关系，在这一意义上，每个人的自由发展才是一切人的自由发展的条件。同时，必须构建真正的共同体，因为每个人只有在联合中并通过这种联合才能获得自己的自由，那些存在着阶级和阶级对立的社会，只是

---

① 《马克思恩格斯选集》第 1 卷，人民出版社 1995 年版，第 67—68 页。
② 同上书，第 60 页。

"虚假的""冒充的"共同体，它们是实现每个人的自由发展的桎梏。①

二　每个人的梦与民族的梦

马克思主义创始人关于"每个人的自由发展是一切人的自由发展的条件"的论述，对于我们今天领会中国梦的精神实质，具有重要的指导意义。

首先，中国梦必然是每个中国人的梦，而且，实现每个中国人的梦是实现"国家富强、民族振兴、人民幸福"的条件与具体内容。

根据马克思恩格斯的看法，社会结构和国家是从那些"从事活动的，进行物质生产的，因而是在一定的物质的、不受他们任意支配的界限、前提和条件下活动着的"②现实个人中产生的。相应地，民族、国家的梦就不可能是抽象的，它必然是这些现实个人的梦。而且，民族、国家的梦也不是每个人的梦的简单集合体，每个人的梦必须类同于马克思恩格斯社会理想中的"每个人的自由发展"，它才能通往"国家富强、民族振兴、人民幸福"。如果每个人的梦相互抵消甚至相互对立，就不可能实现"国家富强、民族振兴、人民幸福"；如果每个人的梦没有体现近代意义上的个体性、主体性发展，而是古代意义上的"臣民"的梦，那么它们的结果可能通往愚昧、封闭甚至专制极权。因此，这里的"每个人"指的是得到了个体性、主体性发展了的"每个人"。也是在这样的意义上，实现每个中国人的梦，才是实现国家、民族的梦的条件与具体内容。

2013年3月17日，习近平总书记在十二届全国人大一次会议上的讲话中指出："中国梦是民族的梦，也是每个中国人的梦。"③2013年5月4日，在同各界优秀青年代表座谈时，习近平总书记说："中国梦是国家的、民族的，也是每一个中国人的。"④2014年3月27日，在中法建交50周年纪念大会上，习近平总书记进一步指出："中国梦是中华民族的梦，也是每个中国人的梦。我们的方向就是让每个人获得发展自我

---

① 参见郁建兴《马克思自由人的联合体思想新绎》，《政治学研究》2000年第2期。
② 《马克思恩格斯选集》第1卷，人民出版社1995年版，第71—72页。
③ 《习近平关于实现中华民族伟大复兴的中国梦论述摘编》，中央文献出版社2013年版，第48页。
④ 同上书，第16页。

和奉献社会的机会，共同享有人生出彩的机会，共同享有梦想成真的机会，保证人民平等参与、平等发展权利，维护社会公平正义，使发展成果更多更公平惠及全体人民，朝着共同富裕方向稳步前进。"① 在这里，习近平总书记将中国梦阐述为让每个人获得发展自我和奉献社会的机会，共同享有人生出彩的机会，共同享有梦想成真的机会，并且把每个人的奋斗看作是实现中国梦的力量源泉，从而生动阐明了每个人的梦之于国家、民族的梦的意义。

其次，中国梦也是一个关于社会秩序、社会制度的梦。

如前所述，马克思恩格斯继承了黑格尔对自由主义、个人主义的批判，强调没有共同体，个人的自由发展是不可能实现的。而且，他们将"真正的共同体"与"虚假的""冒充的"共同体相区分，认为资产阶级国家只是"虚假的""冒充的"共同体，因而在阶级消灭和国家消亡之前，每个人的自由发展是不可能实现的。马克思恩格斯的理想："在真正的共同体的条件下，各个人在自己的联合中并通过这种联合获得自己的自由。"②

马克思恩格斯对资产阶级国家的批判以及对理想社会的追求给我们的启示在于，中国梦必须同时被看作一个关于社会秩序、社会制度的梦，即建立完善能够实现个人自由发展、幸福生活的好秩序、好制度。习近平总书记把中国梦的实现与"保证人民平等参与、平等发展权利，维护社会公平正义，使发展成果更多更公平惠及全体人民，朝着共同富裕方向稳步前进"联系起来，体现出对于实现中国梦的制度基础的关注。

党的十八届三中全会提出了全面深化改革的目标与任务，并且将全面深化改革的总目标确定为完善和发展中国特色社会主义制度，推进国家治理体系和治理能力现代化。这次全会将"让一切劳动、知识、技术、管理、资本的活力竞相迸发，让一切创造社会财富的源泉充分涌流，让发展成果更多更公平惠及全体人民"，载入全面深化改革的目标和任务之中。可以看到，完善和发展中国特色社会主义制度，推进国家治理体系和治理能力现代化，将成为实现中国梦的制度基础，它本身也构成中国梦的重要组成部分。

---

① 《习近平在中法建交 50 周年纪念大会上的讲话》，http：//news. xinhuanet. com/video/2014 –03/28/c_119982956. htm。

② 《马克思恩格斯选集》第 1 卷，人民出版社 1995 年版，第 119 页。

三 中国梦与世界梦

在论述了每个人的梦与民族的梦的关系后，我们还需要考察中国梦与域外的梦的关系。这是领会中国梦精神实质的重要组成部分。

2013 年 6 月 7 日，习近平总书记在美国会晤奥巴马总统时说，中国梦要实现国家富强、民族复兴、人民幸福，是和平、发展、合作、共赢的梦，与包括美国梦在内的世界各国人民的美好梦想相通①。此前，习近平总书记在访问坦桑尼亚时发表的演讲中指出，13 亿多中国人民正致力于实现中华民族伟大复兴的中国梦，10 亿多非洲人民正致力于实现联合自强、发展振兴的非洲梦。中非人民要加强团结合作、加强相互支持和帮助，努力实现我们各自的梦想②。就在这个演讲中，习近平总书记还提出了"世界梦"：我们还要同国际社会一道，推动实现持久和平、共同繁荣的世界梦，为人类和平与发展的崇高事业做出新的更大的贡献！③ 此外，在不同场合，习近平总书记还指出中国梦不仅与印度尼西亚梦密切关联，而且与包括印度尼西亚梦在内的整个东盟梦密切关联；中国和拉美共同追求美好梦想；中国梦是法国的机遇，法国梦也是中国的机遇；等等。

习近平总书记强调中国梦与美国梦、世界梦、非洲梦、印度尼西亚梦、东盟梦、拉美梦、法国梦等相连相通，对于我们深刻领会中国梦的精神实质具有重要意义。

首先，中国梦是现代文明世界的梦。中华民族的伟大复兴并不是要回到秦汉帝国或者成为"列强"之一，更不是"民族复仇"，而是面向未来共同发展，建设一个强大的现代文明国家。现代国家不是自然的产物，而是价值认同的结果。2012 年 11 月，党的十八大报告首次概括了社会主义核心价值观，即在国家层面的"富强、民主、文明、和谐"，社会层面的"自由、平等、公正、法治"，个人层面的"爱国、敬业、诚信、友善"。这一概括与中华民族优秀传统文化和人类文明优秀成果相承接，具有鲜明的科学性、时代性、先进性、民族性和开放性。毫无疑问，中国梦的基本

---

① 《习近平关于实现中华民族伟大复兴的中国梦论述摘编》，中央文献出版社 2013 年版，第 71 页。

② 同上书，第 69 页。

③ 同上。

要素就是社会主义核心价值观，践行社会主义核心价值观是实现中国梦的必由之路。

其次，中国梦是中国融入世界的梦，是走上人类文明发展道路的梦。中国的发展离不开世界，世界的发展也需要中国。相应地，中华民族的伟大复兴，必须超越"自我的梦"，必须嵌入世界秩序变迁的过程中，并成为世界秩序演进的一部分。当前，中国向世界开放的过程，就是接受当前西方世界所主导国际法、国际组织和国际制度、规范的过程。同时，中国崛起也正在产生全球性影响，中国要加强话语权，参与游戏规则制定和修改。实现中华民族伟大复兴的中国梦，不仅仅需要提升经济和军事这样的硬实力，还需要甚至更需要提升文化和理念方面的软实力，以获得国际影响力，屹立于世界民族之林。

最后，中国梦的实现，不仅造福中国，而且造福世界。在 2013 年 6 月习近平总书记访美之际，美国哈佛大学学者阿里森（Graham T. Allison Jr.）在《纽约时报》发表文章，认为中国和美国面临着一个所谓"修昔底德陷阱"。"修昔底德陷阱"说法源自古希腊著名历史学家修昔底德的观点，意指一个新崛起的大国必然要挑战现存大国，而现存大国也必然来回应这种威胁，因此战争变得不可避免。2014 年 1 月 22 日，美国《赫芬顿邮报》子报《世界邮报》创刊号刊登了对习近平总书记的专访。针对中国迅速崛起后，必将与美国、日本等旧霸权国家发生冲突的担忧，习近平指出："我们都应该努力避免陷入'修昔底德陷阱'，强国只能追求霸权的主张不适用于中国，中国没有实施这种行动的基因。"[1]"中国梦是追求和平的梦。中国梦需要和平，只有和平才能实现梦想。……历史将证明，实现中国梦给世界带来的是机遇不是威胁，是和平不是动荡，是进步不是倒退。拿破仑说过，中国是一头沉睡的狮子，当这头睡狮醒来时，世界都会为之发抖。中国这头狮子已经醒了，但这是一只和平的、可亲的、文明的狮子。"[2]

四　实现中国梦的制度保证

中国梦的实现，不仅造福中国人民，而且造福世界各国人民。中国梦

---

① 《习近平"避免陷入'修昔底德陷阱'"意义重大》，香港《文汇报》2014 年 1 月 24 日。
② 《习近平在中法建交 50 周年纪念大会上的讲话》，http：//news. xinhuanet. com/video/2014－03/28/c_119982956. htm。

的实现过程，将是开创超越西方资本主义现代化模式、探索人类新文明的过程，这也是中国对于世界、对于人类文明的贡献。无论是实现每个中国人的梦，还是超越西方资本主义现代化模式、探索人类新文明，都向我们提出了制度建设的要求。这一要求，从根本上说，就是通过全面深化改革，完善和发展中国特色社会主义制度，推进国家治理体系和治理能力现代化。

在 2014 年省部级主要领导干部学习贯彻党的十八届三中全会精神全面深化改革专题研讨班开班式上，习近平总书记指出："改革开放以来，我们党开始以全新的角度思考国家治理体系问题，强调领导制度、组织制度问题更带有根本性、全局性、稳定性和长期性。今天，摆在我们面前的一项重大历史任务，就是推动中国特色社会主义制度更加成熟更加定型，为党和国家事业发展、为人民幸福安康、为社会和谐稳定、为国家长治久安提供一整套更完备、更稳定、更管用的制度体系。这项工程极为宏大，必须是全面的系统的改革和改进，是各领域改革和改进的联动和集成，在国家治理体系和治理能力现代化上形成总体效应、取得总体效果。"① 这一重要讲话系统论述了实现中国梦的制度保证，那就是，中国梦的实现，寓于中国特色社会主义制度更加成熟更加定型，寓于一整套更完备、更稳定、更管用的制度体系。

这既是我们具有坚定的制度自信的宣言，也是全面深化改革的宣言。没有坚定的制度自信就不可能有全面深化改革的勇气，而坚定制度自信，不是要故步自封，而是要不断革除体制机制弊端，让我们的制度成熟而持久。

2013 年 3 月 17 日，新任总理李克强在回答中外记者提问时列出了本届政府要解决的问题：持续发展经济、不断改善民生、促进社会公正。李克强总理同时指出，实现三项任务，需要有三大保障。一是建设创新政府，依靠改革开放使经济社会充满活力；二是建设廉洁政府，增强政府的公信力、执行力并提高效率；三是建设法治政府，这尤为根本，我们要用法治精神来建设现代经济、现代社会、现代政府。在这里，李克强总理既指明了政府建设的方向，也指明了实现中国梦的具体制度要求，即建设创

---

① 《习近平在省部级主要领导干部学习贯彻十八届三中全会精神全面深化改革专题研讨班开班式上发表重要讲话》，http://news.xinhuanet.com/photo/2014 - 02/17/c_119374303.htm。

新政府，为实现中国梦提供前进动力；建设廉洁政府，为实现中国梦凝聚群众力量；建设法治政府，为实现中国梦提供法治保障。

人类对理想社会的追求几乎与人类历史一样久远。与形形色色的空想主义不同，马克思主义创始人从人类历史的实际发展中提出社会理想，并且科学地论证了实现这一社会理想的途径、手段、主体力量等。也是在这个意义上，马克思主义创始人的理论才得以以"科学社会主义"行名。道路、手段的有效性制约着目标、原则的科学性。如同不能把中国梦理解为抽象的民族、国家的梦，而是认识到民族、国家的梦也是每个中国人的梦，实现每个中国人的梦，才是实现国家、民族的梦的条件与具体内容；通过制度建设来实现中国梦，同样关涉中国梦的具体性。通过全面深化改革，建设创新政府、廉洁政府、法治政府，实现党、国家、社会各项事务治理制度化、规范化、程序化，中国梦的实现就具有了完备的制度保证。

中国梦、世界梦与新国际主义
——关于中国梦的几个理论问题的探讨

郭树勇

一 从国际政治的角度理解中国梦

自 2012 年年底以来，习近平总书记提出了关于中国梦的一系列重要论述。[①] 这是中国领导人在新的历史起点上统筹国际国内两个大局，进一步坚定道路自信、制度自信和理论自信的重要思想成果和理论成果。它为新时期中国现代化建设与和平发展提供了重要的指导，从软实力的角度向国际社会展示了中国的精神面貌。当前，深入研究中国梦的内涵和外延，完整地理解中国梦理论的精神，对于丰富外交理论、落实大政方针、争取全国各族人民拥护和国际社会支持，进而实现中华民族的伟大复兴十分有意义。党的十八大报告关于"倡导人类命运共同体意识""增进人类共同利益""发挥负责任大国作用"等重要命题，[②] 为做好这种研究和解读工作提供了很好的指导。与此同时，人文科学与社会科学的发展也为理解中国梦提供了重要的工具。笔者认为，从国际政治学的角度对"中国梦"的内涵进行研究是必要而可行的。

[①] 实现中华民族伟大复兴的中国梦是近代以来中华民族的夙愿。在新的历史时期，中国梦的本质是国家富强、民族振兴、人民幸福。到 21 世纪中叶，建成富强、民主、文明、和谐的社会主义现代化国家，实现中华民族伟大复兴的中国梦。实现中国梦，必须坚持中国特色社会主义道路，必须弘扬中国精神，必须凝聚中国力量，必须坚持和平发展。关于中国梦的阐述可参见"习近平接受拉美三国媒体联合书面采访"，载《北京周报》2013 年 6 月 20 日。

[②] 胡锦涛：《坚定不移沿着中国特色社会主义道路前进 为全面建成小康社会而奋斗》，人民出版社 2012 年版，第 47—49 页。

首先，中国梦不是自我实现的。国家富强、民族振兴和人民幸福的含义都是在国际社会语境中发生的，它们的界定不仅需要历史的、现实的参照，也需要国际的参照。如果仅仅从历史比较出发，那么改革开放前甚至新中国成立前的国力和生活水平可能要比唐宋时期高得多。但是，我们却不能讲我们实现了中华民族的伟大复兴。中国梦的实现标准显然要包含国际对比和国际认同的环节。如果国际社会普遍认为中国已经崛起为富强国家，而且中国人民也拥有这种自我认同，那么中国梦就真正地实现了。如果只是我国宣布实现了民族复兴，但未得到世界上的普遍承认，那么，这种复兴其实只能是一种自我认同，而未上升到国际认同的层面。在第二次世界大战结束后的不长时间内，不少革命成功后的国家在建国之后都宣布了自己的宏伟复兴蓝图，有的甚至干脆把民族复兴写进了自己政党的名称中或者执政纲领中，但是真正实现这个梦想的过程却是艰难的。得到国际社会普遍赞誉的国家并不多，新中国是为数甚少的成功大国之一。经历几代人的努力，全面实现中国梦的机遇直到今天才出现。

其次，中国梦不是孤立的。习近平总书记表示，中国梦要实现国家富强、民族复兴、人民幸福，是和平、发展、合作、共赢的梦，与包括美国梦在内的世界各国人民的美好梦想相通。① 这种相通性，一方面表明人类文明发展有着共同的方向，在人类文明进化过程中各民族国家之间有着物质和精神上的交集，对于美好的东西世界各国拥有共同的梦想。为此，国际社会能够进行语言上的沟通，达成共同的认识，形成共同的规范，制造出彼此互用的产品；另一方面也应该包含这层内容：中国梦虽然与世界人民的梦是相通的，但却通而不同，各有千秋，五彩缤纷。由于民族文化和历史情况各异，经济社会发展水平不同，政治制度与政治生活有别，国家发展的国际定位和时空定位也不太一样。因此，世界各国人民的梦想无论形式还是内容都有着多样性的特点，这是人类文明发展多样性规律的重要体现。由于世情和国情的复杂性，各国梦想之间有着小通小同、小通大同、大通大同、大通小同等几种模式之分。其中，从国际政治经济学和国际政治社会学的角度看，小通小同、大通大同的例子比比皆是，而小通大同和大通小同的现象也非常值得研究。小通大同模式是指，那些国家战略目标或者价值取向相近的国家，由于历史、文化或者政治上的原因，却出

---

① 《跨越太平洋的合作》，《北京周报》2013 年 6 月 27 日。

现了国家交往和民族交往上的隔阂，甚至成为了敌对国家。而大通小同是指，那些经济相互依赖度较高、国家间交往比较充分的国家，反而在价值观、政治制度和国际定位方面出现了明显的互补性，有的还发展成为潜在的竞争者。当然，总的趋势是，国际社会化的程度越高，各国通而致同的现象就越多。

最后，中国梦的实现需要内外统筹。中国梦从某种意义上讲就是中国人关于未来国家愿景的理想或目标，属于大众心理中的大战略目标，它的实现无疑面临其他国家历史性大战略目标的竞合与碰撞。如果这个大战略目标是确定无疑的，那么，它的实现过程中不可避免地要与世界有关大国进行必要的国际政治斗争。然而，战略目标上的冲突并不一定意味着战略思想、战略方针和战略手段上的冲突。一方面，不同国家的战略目标可以在不同时间实现，而不必同时实现，这里面有一个国家兴衰的自然规律的问题；另一方面，在一定的国际法治之下，适当的战略思想和战略方针可以减少国家间的冲突，增进国家间的合作，并且在国家富强、民族振兴和人民幸福之间达到一种均衡。比如，欧盟的兴起实际上调整甚至调和了英德法等大国的梦想，欧盟的发展提升了三大国的梦想实现水平，这种实现符合人民幸福和国家富强这两个基本目标。但是，它在一定程度上牺牲了民族振兴这个目标，因为，一体化的步伐往往是以压制一部分民族主义为前提的。对于我国而言，当前需要考虑的是如何确定对外交往的战略方针？如何协调民族振兴与国家富强、人民幸福之间的关系？如何在国际关系民主化与和平、发展、共赢、合作的旗帜下开展外交，减少或弱化国际战略性冲突和结构性冲突，对于实现中国梦是至关重要的。正因为如此，对于中国外交思想和方针进行顶层设计是必要的。

因此，理解中国梦，不能不研究它的国际含义。从中国外交思想史以及当前国际政治现实看，有两个相关概念需要作一番论说，即世界梦与国际主义。沿着两分法的逻辑，人们不禁要问，中国人既有了中国梦，那么世界梦又是什么？中国梦与世界梦到底是什么关系？人们也要问，如果中国梦离不开国际视野，那么中国梦的国际视野是什么？过去常讲的国际主义与中国梦是什么关系？在中华民族复兴的过程中，国际主义给中国崛起带来了什么经验？实现中国梦过程中如何对待国际主义与爱国主义？这些都需要作进一步的阐述。

二 如何看待中国梦和世界梦的关系

（一）从中国梦解读世界梦

中国梦扎根于民族性之中，但有着与生俱来的国际取向。众所周知，在国际政治中，民族国家仍然是主要的国际关系行为体。人类文明发展到现代，分析世界经济、政治和社会的最基本分析单位仍然是民族国家。民族主义进而爱国主义是近代以来中国政府民族国家建设的重要内容，也是支持和保障中华文明复兴的强大精神力量。任何自觉或不自觉地压制民族主义旗帜的政治作为都会遇到重大挫折，因此，就不难理解中国梦的本质含义中国家富强和民族振兴为何居于重要的地位。然而，正如上文所述，离开了国际角度，中国梦的意义就无法界定和实现。更重要的是，在中华民族的政治文化中，国际性与世界性可谓是一个基本的底色。离开世界哲学的中国哲学是不完整的，离开世界向度的中国梦也是不完整的。中国人从来讲究齐家治国平天下，中国人视野中的国与中国文化所及的天下密不可分。因此，理解中国梦不妨持这样两点论的观点，即其基本含义是由民族主义的理想所界定的，但是其核心之处有着国际主义甚或世界主义的材质。问题是，后一种含义能否简单地被称之为"世界梦"吗？

从语义学的角度看，当下我们不时提及的"世界梦"，以中国梦观之，可以有三种解读。

第一种解读是，世界梦包含于中国梦之中。如果把中国梦作较为宽泛的理解，称之为"作为集合的中国或中国人的梦想"即中国或中国人关于未来目标的憧憬和志向的话，那中国梦的外延是很大的。它不仅包括中国对于自强的要求，还包含关于中国人所认知的世界的秩序安排与发展理想。这样，世界梦的定义也是明确的，即以中国观天下的角度。世界梦不是别的国家的梦想，而是中国人关于世界秩序和人类文明发展的理想状态。对于这种理解方法，我们并不陌生。这是因为在几千年的古代历史上中国关于世界的看法，与关于自我的看法是分不开的。在一个在世界上占有主导地位的国家那里，其国家利益、价值观念和战略目标的界定并不局限于一国之内，而是随着国力所及的范围伸缩而作相应的调整变化。如果作这种解读的话，那我们只需要中国梦这个词汇，而不必再去研究世界梦这个词汇，中国关于世界秩序的理想本身就构成了中国梦的一部分。①

第二种解读是，中国梦与世界梦是并列的关系。如果把中国梦理解为"中国或中国人关于中国未来发展的梦想"，那么中国人除了拥有中国梦，还有世界梦，即关于世界未来和平与发展的梦想。如此，中国梦与世界梦就具备了相提并论的地位。笔者认为，尽管每一个国家都可以讲既有本国梦又有世界梦，但是将本国梦与世界梦同日而语的话，对于梦想的主体以及历史阶段而言，还是有特定的所指。在国际关系历史上，有些中等国家出现过这种情况，这些民族国家在本区域内充满了生气，本来其民族的梦想就是成为一个有影响力的地区大国，但是随着资本主义的大发展、国家战略的得当、民族精神的高涨，特别是其领袖抓住了历史机遇等因素，这类国家迅速崛起，面临着地区国家向世界国家转变的可能性。在这个历史关节点上，这个民族国家的生存与发展具备了世界影响力，其意识形态、民族精神等出现了转型的可能性，国家政策也出现了向世界政策转向的可能性，其关于世界秩序和发展的理想也具备了实在意义。因此，如果在中国梦之外再使用世界梦这个词汇，就容易被认为中国的对外政策从过去的周边面向或地区面向为主，向着世界面向为主转变，中国形成了关于国际政治经济新秩序的系统主张，并有能力也准备付诸实施。

第三种解读是，中国梦与世界梦是特殊与普遍的关系。中国梦与各国人民的梦想共同构成了世界梦。世界梦是世界各国人民共同拥有的关于世界美好未来的愿景，它是各国人民梦想的最大公约数，是国际社会的基本价值取向，是对于特殊性之上的普遍性。不过，这显然是一种理想主义的界定。虽然整体上很难归纳，并大量体现在一些正式或非正式的国际约定中，比如《世界人权宣言》《联合国家宣言》《日内瓦公约》等，但是体现为普遍性的世界梦，仍有一个是纯粹的普遍性还是历史的普遍性的问题。就纯粹的普遍性而言，世界各民族共同的梦想中最核心的部分是相对稳固的，大致集中在第一次轴心时代所沉淀的价值追求中。有些表述为文化经典，有些表述为宗教教义，有不少超越了民族、种族和国家的界限。就历史实践的普遍性问题而言，世界梦又是发展变

① 有的学者认为，中国梦追求和谐世界，促进世界共同发展，塑造中国负责任的大国的国际形象，这个伟大梦想不仅属于中国也属于世界。参见刘波《"美国梦"与"中国梦"的比较及现实启示》，《上海思想界》2013 年第 4/5 期合刊，第 107 页。

化的，在不同的历史阶段由当时的生产力、生产关系、斗争实践和科学认识水平所限定；而且其内容主要由在那个历史阶段起着主导地位的文明或民族的价值目标所定义。因此，我们既不能一概否定纯粹普遍性意义上的世界梦，又不能忽视唯物史观指导下的世界梦内涵，而且后者往往起决定的作用。

如果持第一种观点，就有必要不断丰富和完善中国梦的内涵；如果持第二种观点，则需要厘清中国人的中国梦与世界梦的关系；如果持第三种观点，则需要深入研究各国人民的不同梦想，并归纳出国际社会公认的世界梦想的内涵。就当前中国的发展阶段和外交实践来看，持第一、二种观点主要从中国这个主体出发，对于研究现阶段的中国外交较有现实意义；而对于不断成长的大国责任而言，借鉴第三种观点是非常有必要的。

（二）中国梦与世界梦的关系

本文采取中国主体的观点，认为不论丰富和完善"中国梦"的国际内涵，还是开展进一步的世界梦研究，都需要理顺中国梦与世界梦的关系。首先，中国梦与世界梦的历史起点不同。中国梦主要是指近代以来中国人民渴望中华民族伟大复兴、屹立于世界东方之林的梦想。它的历史起点是在以鸦片战争为标志的近代，它的对照物是古代中国的光荣与辉煌。而中国人的世界梦则不同，它既有中国人的特殊性，又有世界性的普遍性。由于中华民族比较早熟，因此它的天下观或世界观成型也较早。早在中国前秦时期，中国人就形成了关于世界未来的一系列比较成熟的看法，比如和而不同、天下大同等理想。它的历史起点是古代中国，但在当前条件下又被赋予了新的含义。然而由于这些含义多是原则性的表述，有着上文中所讲纯粹普遍性和历史普遍性的双重特征，反映了人类关于共同生存与发展的美好愿景。因此，它的时间性、地域性、民族性并不明显。① 从某种意义上讲，中国人的世界梦是当今所有大国中较早成型，而且最为稳固的类型，较美国、俄罗斯、欧盟等都更能代表世界梦的本质。当然由于人类文明和国际社会的发展变化，世界梦可能被赋予现代的内容，这也需要作认

---

① 习近平总书记关于世界梦的阐述，主要分四个方面，即国与国之间、不同文明之间能够平等交流、相互借鉴、共同进步；各国人民都能够共享世界经济科技的成果；各国人民的意愿都能够得到尊重；各国都能够齐心协力推动建设持久和平、共同繁荣和谐世界。参见《北京周报》2013 年 4 月 4 日。

真的研究，以弥补古代中国基本定型的天下观念中的世界梦成分。但是，中国梦内涵的研究更具紧迫性和实践性。从这个意义上讲，阐述中国梦概念的国际内涵，而不是研究世界梦概念的主要构成，才是当代中国理论界的主要任务。

其次，中国梦与世界梦内容有交集，实现上无先后。中国梦与世界梦是密切相关的。对于习惯于以"世界衡量世界"的天下思维①以及以德治国、以礼治天下的中华民族而言，中国梦与世界梦似乎难分彼此。但这多是基于古代中国范式的哲学推理。世界体系形成之后，中国从属于世界。中国梦与世界梦成为既有联系也相对分离的关系，其共有部分主要是人民幸福、和平稳定、公正交往，等等。一个紧跟的问题是，中国梦与世界梦在实现顺序上是否有明确的先后顺序？从历史的经验看，如果循着内外有别、先内而外、先局部后整体、先易后难的思维定式，中国梦的主要方面可能会先于世界梦的主要方面实现。这也是很容易理解的，因为中国梦更加具体一些，世界梦更加抽象一些。越具体的目标越容易实现，而抽象的目标范围较大，更难实现。实现中国梦的主要力量在中国，而实现世界梦的主要力量是国际社会，个体行动往往先于集体行动；世界经济政治社会的发展仍然呈现出不平衡的特点，那些比较发达的地区和国家一般更具备实现国强民富的目标，全世界一起实现共同富强的梦想，则要具备相当高的政治经济条件。可是，如果从国际社会发展变化的角度看，中国梦与世界梦的实现并没有必然的谁先谁后的顺序。这主要有两方面的原因：一个原因是理论性的，比较简单。即世界梦由于比较抽象和纯粹，因而对其界定的主观性较强，很大程度上依附于世界各国特别是大国与强国的梦想的实现。第二个原因是实践性的，它源于国际社会的整体性发展。

当前，在国家建设与国际社会发展高度融合、国家日益重视统筹兼顾国内与国际两个大局的历史条件下，已经不可能出现在国家体系与世界体系分离情况下先内后外、各自发展的局面。民族复兴不仅是一个自然的历史过程，而且是一个内外互动的社会运动。和而不同、和平发展、合作共赢等既是中华民族伟大复兴的结果，也是中华民族伟大复兴过程中的条件。也就是说，在实现中国梦的过程中，应当立足国内，努力实现国家富

————————

① 赵汀阳：《天下体系：世界制度哲学导论》，江苏教育出版社2005年版，第47页。

强、民族复兴、人民幸福，将国家利益的实现作为外交的根本。与此同时，也不可放弃国际义务，而应当将实现国家利益与实现国际利益结合起来，努力推进国际和平与世界稳定的人类大业。没有国际的和平与发展，根本不可能真正实现民族复兴的目标。中国梦的实现与世界梦的实现不是两件事，而是一件事的两个方面或两种表述。也许会出现这样的局面，中国梦的实现之日，也是中国人世界梦的实现之日。

最后，中国梦与世界梦能够连通，主要的桥梁是和平发展的道路与国际主义的精神。实现中国梦，主要是依靠本国人民的奋斗，同时也要争取世界人民的认同与支持；实现世界梦，主要依靠中国人民与世界人民的紧密团结与共同奋斗。中国梦与世界梦的连通与对接，关键在于中国在发展理念、公共物品和世界交往等方面走符合世界潮流的道路。就发展道路而言，和平发展是一个基本的对接点。从新中国成立以来的历史看，我们探索了不少道路，最经得起检验的还是和平发展的道路。这条道路吸纳了古代中国人的先礼后兵、怀柔为上等外交智慧，与和平共处五项原则一脉相承，在实践中，对外能够减轻世界各国对于中国迅速崛起的担心，展示中国人民的道路自信与和平友好的国际形象，适应了国际社会和平合作的历史潮流，符合大国社会性成长的规律；对内能够保障将党和国家的工作中心转移和坚持在经济建设和社会建设上来，集中精力建设社会主义市场经济，全面推进依法治国，着力解决民主难题，走科学发展、民主发展和依法发展的新路。从某种意义上讲，和平发展与科学发展是相辅相成的关系。就外交理念而言，国际主义是一个重要的对接点。如果说中国梦主要是民族的梦，实现中国梦主要是依靠爱国主义的话。那么，实现世界梦就得依靠全世界所有具有世界视野和世界观念的民族的共同奋斗，依靠世界各地存在的、超越国家利益的世界主义的精神。众所周知，世界社会远未到来，当前仍然处在主权民族国家为主要行为体的国际社会阶段。在这个历史阶段，为人类共同利益贡献力量的主要精神取向是国际主义。国际主义是对民族主义的超越，但又是世界主义的初级阶段，它是通向世界大同的必由之路。① 讲究国际责任和国际义务，在实现国家利益的同时兼顾国际利益，既是实现中国梦的重要方面，也是未来实现世界梦的必由之路。

---

① 刘少奇：《论国际主义与民族主义》，东北书店 1948 年版，第 6 页。

三 中国梦中的国际主义与爱国主义的问题

中国梦属于意识形态的范畴，爱国主义和国际主义既是其重要组成部分，又是其实现方式。如果说中国梦的最终指向是中华民族的伟大复兴，那么，国际主义就是实现这个目标的思想武器。如果说中国梦是围绕实现中华民族伟大复兴的一系列目标系统、价值系统和工具系统的话，那么国际主义本身也成为中国梦的组成部分。国际主义是连接中国梦与世界梦的观念桥梁，阐述国际主义在中国梦中的含义及其实现系统中的意义，显得尤其重要。对于中国梦的理解不同，对国际主义的效用认识也不同。长期以来，我们一直认为爱国主义是与无产阶级国际主义相结合的、旨在实现合理的民族国家利益的、具有积极意义的民族主义，加强爱国主义教育对加强国家建设具有十分重要的意义。在中国梦的国际构成中，国际主义具有独特的地位。实现中国梦需要国际主义，关键在于经济全球化的大背景下中国实现国家梦想不仅必须在开放的形势下才能做到，还在于诸如和平发展道路这样的战略方针与国际主义息息相关。在中国近代以来民族历史形成的当代特殊政治语境之下，国际主义不能作为一个独立的变量，它受到爱国主义的极大影响。强调中国梦中的国际主义元素，不能不认真对待国际主义与爱国主义相结合的问题。

首先，爱国主义是中国梦的出发点，而国际主义则是中国梦的条件，两者不可分离。实现中国梦从本质上看是实现中华民族的伟大复兴，爱国主义是中国梦的精神支撑。在过去的百余年里，民主革命的胜利、社会主义新中国的成立以及改革开放的成功都较好地依靠了全国人民爱国主义的精神力量。中国梦的最终实现仍然需要这支力量。理论建设的一个重要工作便是不断地培育新形势下的爱国主义的力量，小心地引导爱国主义的走向，积极有序地开展爱国主义的运用。同时，由于民族复兴是在开放时代展开的，爱国主义或者积极的民族主义就必须呈现出更多的开放性、包容性和国际性。极端的、庸俗的和狭隘的民族主义必须被抛弃或者被加以改造，以推动民族复兴大业获得国际社会的支持和认同。如果做不到这一点，就会成为中国和平发展的障碍和威胁。因此，在中国梦的实现过程中，国际主义成了爱国主义的同盟军，爱国主义是中国梦的起点，国际主义成为爱国主义的条件和方向。与国际主义相比，中国梦更加侧重于民族利益，更加接近民族主义的范畴。但是，没有国际主义的爱国主义是不符合世界潮流的、狭隘自私的民族主义，对于中国梦的实现百害无益。

其次，国际主义发源于爱国主义却又指引爱国主义，它以爱国主义为基础。国际主义虽然与古代中国的天下主义有一定相似性，但终究两者的出发点和目的都不一样。只是在民族国家出现之后，中国才有了现代意义上的国际主义。无论是清末民初的仁人志士，还是中国共产党人，都以建立追求自由平等的民族国家为己任。民族国家的建立，意味着瓦解后的帝国进入了世界体系之中，作为主权国家的中国在追求自身国家利益的同时也兼顾一定程度的国际合作，这才有了国际主义的萌芽。中国共产党人领导新民主主义革命后，无产阶级国际主义真正地登上历史舞台，这样，一种比资产阶级国际主义更加纯粹的国际主义形态出现在中国外交之中。国际主义是带着历史使命进入中国意识形态的，它代表着民族国家的某种前进方向，也是现代性与中国外交相结合的必然结果。可以这么说，从世界历史发展的观点看，国际主义是高于民族主义的观念形态。适当地主张国际主义，不但符合从国际社会向世界社会发展的历史潮流，也符合与之相联系的中国软实力战略的需求，中国共产党人在推动国际主义方面比国民党人更具阶级的先进性和理论上的自觉，国际主义的历史使命要求它应该也能够指引爱国主义。

新中国成立前后，中国共产党的领袖们再三强调，国际主义并不是一种策略的需要，而是中国巩固政治独立与提高国际地位的逻辑使然。周恩来在1952年就指出，新中国的外交工作要有七条指导思想，第一条就是"坚持国际主义，反对狭隘民族主义"。"社会主义的爱国主义不是狭隘的民族主义，而是在国际主义指导下的加强民族自信心的爱国主义。"[①] 离开了以国际义务和国际情怀等为主要内容的国际主义，中国梦就容易被曲解为不顾及他国利益、缺乏公共精神、令人望而生畏的重商主义、经济扩张主义，中国的大国成长就是一种物质性成长；而不是社会性成长，它的成长过程会充满国际疑虑、国际误解和国际敌视。只有坚持了国际主义的视野和情怀，实施以国际社会化为核心内容的软实力战略，中国的民族复兴才有了理想主义的精神面貌，才能使得爱国主义有了反映人类共同利益、

---

① 周恩来：《我们的外交方针和任务》，载宋恩繁、黎家松主编《中华人民共和国外交大事记》（第1卷），世界知识出版社1997年版，第324页。

凝聚人类共同认识的精神升华。当然，这种升华必须是以爱国主义为基础，丧失了爱国主义的依托，国际主义就会成为断了线的风筝，到头来损害的还是本国的国家利益。20世纪六七十年代中苏之间的多次论战和武装冲突就很好地说明了这一点。

最后，爱国主义与国际主义都是中国梦的形态。一方面，爱国主义是中国梦的基本形态。无论从融入国际社会、组织现代化建设、实现祖国统一等任何一个角度考虑，中国共产党人都必须高举爱国主义的旗帜。从中国近代之前的辉煌历史看，中国长久地奉行一种东方特色的世界主义，故并不缺乏国际主义的元素，相反却缺乏西方社会土壤中培育出来的民族主义。在主权国家构成的国际社会中，不讲爱国主义就难以建立起与民族国家规则体系相称的国家制度。中国人口众多，资源不均衡，又是多民族国家，在近代以来几次形成一盘散沙的局面。如果不去弘扬爱国主义而去照搬西方地方自治和个人主义的道路，就很难凝聚人心，更无法形成民族复兴的强大力量。从现实来看，实行包括台湾等地区回归祖国仍然是中国共产党人的历史使命，也是中国进行社会主义现代化的政治基础。另一方面，国际主义是中国梦的重要形态。中国共产党人注意发扬国际主义的问题，是因为中国梦的实现过程，正值中国国力迅猛发展，国际社会急需诸如中国之类的大国提供公共物品的时代。提供国际公共物品，履行与本国实力相称的国际义务，是国际社会赋予中国崛起的国际主义责任。履行与国力相当、与国际社会期望相适的国际义务，不但减少国际敌对势力和存有疑虑的组织及个人的"中国威胁论"，进一步树立中国和平、合作、发展、共赢、负责任的国际形象，营造对我国改革开放和社会主义现代化有利的国际环境。同时，还可以增强中国在国际事务中的发言权和影响力，提升坚持中国特色社会主义道路的自信心和自觉性，团结全国人民以一种更加理性、开放的方式向国际社会展示中国力量，使中国外交更好地为中国的国家利益服务，为世界和平与发展的人类利益服务。同时，还使得中国不断增长的国家实力得到国际社会的认可，中华民族的伟大复兴得到国际社会的尊重。

四 中国梦实现过程中的国际主义经验

近代以来实现中华民族伟大复兴的过程中，无论是爱国主义，还是国际主义，都被赋予了重要的历史使命，充任了民族精神力量重要源泉的角色。对于前者，我们已经耳熟能详；对于后者，我们比较熟悉的主要是20世纪六七十年代以来新中国对不少民族解放国家和发展中国家的支持。实际上，中国的革命、建设和改革不仅得益于世界进步力量的国际支持，而且也极大地支持了世界进步力量，以不同的方式推动了世界各地的和平稳定、民族解放和经济社会的健康发展，最终赢得了世界人民的尊重、同情和支持。最主要的经验主要有以下几点。

经验之一，坚持融入世界体系，在开放中谋自强是实现中国梦的起点。鸦片战争是中国沦为半殖民地半封建社会的重要节点。自那时起的近200年，是中国人民反抗内外双重压迫的过程，也是追求民族复兴的过程。在晚清的半个世纪里，中国人民进行了各种各样的反帝反封建斗争，成为那个时期维护中华民族生死存亡利益的主力军。与此同时，统治阶级中的一部分有识之士也掀起了富国强兵的洋务运动，得到了一定范围的各阶层人士的支持，客观上提升了中华民族的自卫力量，也维护了中华民族的长远利益。但是，洋务运动囿于其历史局限，即使拥有一定的国际眼光，也谈不上开启中华民族的开放自觉。它既没有参加国际社会的正义行动，也不可能履行可称道的正当国际义务。这个时期的"国际主义"没有"族国"依托，最多体现为大清帝国加入国际组织之后的对外合作以及对于个别附属国抵抗侵略的军事支持，成果乏善可陈。即使这样，它开始了外来压迫之下的富国强兵之路，对于中华民族的延续仍有一定的历史意义，为日后中华民族的复兴准备了初始的条件。

经验之二，实现中国梦不能沿袭传统的权力政治，要发掘和运用"硬的一手"中的合法性资源，其中包括运用合法性战争。权力政治是国际政治中的固有准则，曾经在欧洲政治舞台上驰骋五百年，被誉为维护民族国家世界体系的法宝。但是，这个法宝在20世纪之后逐渐被国际社会所鄙视，时代的发展已经不允许后加入世界体系的国家像昔日列强那样尽情地享用权力政治模式带来的收益。中国加入世界体系有几个特点：一是加入的时间比较晚，比较慢，过程比较长。步英、法、俄、美、日等国的后尘，历时百余年。二是被迫加入。即先是在外来殖民战争的炮火威逼之下被迫打开了国门，后为了保国保种、自强革新等需要逐渐变被动为主动，适应国际化的趋势。三是经由帝国转为民族国家，伴随着半封建半殖民地国家转变为新民主主义国家和社会主义国家。在这个过程中，就国内而言，文化变革没有步入理性的轨道；就国外而言，信奉理想主义的国际社会已经摒弃了秘密外交、分而治之、殖民战争等做法。古代中国外交传统中的和平主义思维模式和文化模式，并没有经历其他资本主义列强所经历过的"现实主义化"，而是在社会主义新文化的培育下，接受了国际社会中理想主义潮流下主导的一系列国际法原则，形成了一种更为坚定的和平主义外交文化。对于战争这个人类历史的"恶的杠杆"，作为世界体系中后来者的中国，不能延续列强当年崛起时惯用的权力政治传统，只能取"恶"中之"善"，高举合法性战争这个武器。运用合法性战争这个手段，与和平主义外交文化并不矛盾，它符合国际法原则，符合国际正义，是国际社会以小恶取大善的公益性行动。[①]

中华民族无愧于伟大民族的称号，在存亡攸关的危急关头，以自强不息的精神，在自力更生的前提下，寻求国际支援，紧紧抓住各类国际合法性资源，包括正确地运用了战争合法性资源。辛亥革命之后，中华民国成立，中国通过建立现代政治体制等方式融入世界性民族国家体系，中华民族朝着实现伟大复兴之梦迈出了重要一步，国际合作也呈现出国际主义的特征。中国政府谴责德国开展无限制潜艇战，积极参与或筹建国际联盟、联合国，倡议建立世界反法西斯统一战线，向缅甸等地派出远征军打击日本法西斯等，都是中国支持或者参与合法性战争的重要形式，也是管理国际公共事务的重要行动，体现了某种程度上的国际主义。但是，由于北京政府和南京政府自身政治腐败，国家力量与国家态度均十分软弱，资产阶级并不能担负起民族复兴的历史责任，对于法西斯国家长期存有幻想。因此，只能在有限的范围内关注救亡图存、修改废除不平等条约，对于国际正义斗争的支持并不彻底。虽然中国人民通过反法西斯战争等方式为世界和平做出了巨大的贡献，为中国赢得了崇高的国际地位。但由于政府的阶级局限性和历史局限性，国际主义与爱国主义结合得不够，制约了中国梦的进一步实现。这种局面直到新中国成立之后才有了根本上的改变。

经验之三，将中国梦与世界各国人民求解放、求独立、求平等的梦想连接起来，以一定的方式支援世界性民族解放运动和国际社会主义运动等是实现中国梦的方面。将中国梦从天上拉到地下，不能不认真对待它的基

---

① 关于合法性战争更具体的阐述，请参见郭树勇《大国成长的逻辑》，北京大学出版社 2006 年版，以及郭树勇《国际政治学简论：马克思主义的视角》，时事出版社 2014 年版。

本国情。这个基本国情包括，它的实现必须依靠一群中华民族优秀分子来凝聚民族的力量，并正确指引其前进；它的实现要正视比较薄弱的国内物质基础以及比较落后的社会发展基础；它正处在世界历史的伟大变革中，世界性民族解放运动、国际社会主义运动都在经历着新的变化，社会主义制度与资本主义制度竞争将长期存在，等等。选择了中国特色社会主义制度，新中国就必须从如何巩固自身政权，在国际政治体系中立足并能够不断发展等立场进行考虑。这无论对于一个新兴的社会主义大国，还是对于中华民族的伟大复兴，都具有极为重要的意义。毛主席曾讲过，"在帝国主义存在的时代，任何国家的真正的人民革命，如果没有国际革命力量提供各种不同方式上的援助，要取得自己的胜利是不可能的"[1]。新中国成立之后，极大地解放了生产力。中国短时期内成为了一个举足轻重的社会主义大国，中国梦有了坚实的制度保障和物质基础。由于积极加入以苏联为首的社会主义阵营，反对帝国主义对于朝鲜人民民主共和国的侵略，参加亚非会议，支持世界人民的和平运动，支持亚洲、非洲、拉丁美洲各国人民反殖民主义和保卫民族主权的斗争（以支援埃及反抗英法侵略为代表），支持各国工人阶级和劳动人民的社会主义运动，中国赢得了独立自主、和平共处的国际形象。中国不但获得世界人民与友好国家的经济援助与精神鼓舞，国际地位大大提高，而且也增长了国民士气与民族自信心，激发了建设社会主义祖国的热情，反过来促进了国内的生产建设。可以讲，这个时期的国际主义在相当大的程度上促进了综合国力的增长。在20世纪末，世界性民族解放运动的历史性任务已经完成，维护各民族国家的主权与领土完整已成为首要的国际准则。个别国家或地区中某些政治势力对民族自决的不适当鼓吹和支持，已经偏离了国际社会的主流，逐渐演化成极端主义和分离主义，并与恐怖主义等勾连起来，对国际安全构成了威胁，引起了国际社会的共同抵制和讨伐。中国也加入了反对极端主义、分离主义和恐怖主义的国际运动，赢得国际社会的尊重，提升了国际软实力。

经验之四，和平发展是当前最大的国际主义，坚持和平发展是实现中国梦的重要的道路保障、理论保障和制度保障。20世纪70年代之后，随着经济全球化的急速发展、世界殖民统治体系的彻底瓦解、资本主义世界内部的自我调整，国际政治也进入了重大的调整期和转折期，和平与发展

---

① 《毛泽东选集》（第4卷），人民出版社1991年版，第1472页。

成为时代主题越来越成为国际社会的共识。中国也大幅度调整内政外交的基本方针，并通过改革开放坚定地融入国际社会。相应地，对于很长一段时期执行的无产阶级国际主义理念也进行了调整。党的十二大之后，中国以一种不言明国际主义的新国际主义姿态履行着国际义务，着力推进融入国际社会、团结国际社会和完善国际体系的各种进程，取得了几个方面的国际主义贡献。一是明确提出了建立国际经济政治新秩序。邓小平同志讲过，"在国际问题上无所作为不可能，还是要有所作为。做什么？我看要积极推动国际政治经济新秩序"①。应该讲，推动新秩序的建立直接服务于第三世界，间接服务于发达资本主义国家，对于整个国际社会都有利。二是反对各种形式的霸权主义，特别是通过对越自卫反击战等行动，捍卫了国际社会的主权原则，团结了绝大多数国家，显现了中国对于世界事务的大国责任。三是采取了搁置主权、共同开放的新思维。在实现共同的国家利益的同时维护了国际和平与共同发展，探索了一种新时代要求下的低程度的国际主义。四是在反对恐怖主义和反对核扩散等方面坚决地站在国际社会一边，旗帜鲜明地维护世界秩序和世界和平，成为 21 世纪维护国际社会基本共识的重要力量，为新国际政治文化的形成奠定了坚实的基础。②五是明确地提出和平发展作为中国的发展道路，使得传统的和平主义文化再次落实到中国的对外战略上，符合了时代发展的潮流，也使得国际社会对于和平的向往有了更大的支持。六是积极参与国际金融危机管理、国际气候问题应对和维持国际和平行动等国际公共事务，承担了与国力相符合的国际责任，树立了大国的良好国际形象。

经验之五，实现中国梦需要承担适当的国际义务，但不能超出国力所承受的范围。国际主义更多地与理想主义相联系，民族主义更多地与现实主义相联系。不能超出时代的要求、民族利益的范围、国家的承受能力去推行国际主义的外交政策，否则就会损害民族复兴的根本国家利益。20 世纪 50 年代以后，特别是 60—70 年代，国际政治发生了很大变化。国际政治的主题也在发生变化，民族解放运动与帝国主义、殖民主义的矛盾不再

---

① 《邓小平文选》（第 3 卷），人民出版社 1993 年版，第 363 页。

② 中国领导人在"9·11"事件之后明确表态"我们主张反对一切形式上的恐怖主义。要加强国际合作，标本兼治，防范和打击恐怖活动，努力消除产生恐怖主义的根源"，赢得了国际社会的认同。关于这种政治主张，参见江泽民《全国建设小康社会，开创中国特色社会主义事业新局面——中国共产党第十六次全国代表大会上的政治报告》。

是主要矛盾。由此，以无产阶级意识形态为主要内容的国际主义不应当在中国外交路线中占据过去时代的地位。但是，出于中苏冲突、国内政治斗争以及中国硬实力片面发展的种种困难和不平衡状况等因素的考虑，新中国把国际主义置于了不恰当的位置，奉行既反帝、又反修、大力支援第三世界地区人民的外交路线，给中国的崛起带来了波折。中苏论战中，中共把国际主义置于爱国主义之上，明确指出中国外交的基本路线是，"在无产阶级国际主义的原则下，发展社会主义阵营各国间的友好合作关系；在五项原则的基础上，争取和社会制度不同的国家和平共处，反对帝国主义的侵略政策和战争政策；支援一切被压迫人民和被压迫民族的革命斗争"①。这种国际主义路线直接或间接造成的负面作用，是使中国未能与主流国际社会建立良好的互动，失去了发展市场经济、提高国民福利的大好时光。同时，还增强了国内阶级斗争的烈度，使中国濒于国民经济崩溃的边缘，在国际上与主流国际社会处于某种对立或者疏远状态，不利于中国的现代化建设。

五　关于中国梦的世界历史意义

实现中国梦，中国需要新的国际主义面貌。国际主义是个历史的范畴，它在阶级性、民族性和人类性之间摇摆，是社会历史实践的要求。新中国一段时期实行的无产阶级国际主义，既有经验也有教训，这与社会主义阵营与资本主义的集团对抗有关，也与我们对时代主题的认识与把握有关。改革开放之后中国在正式的外交场合不再主张国际主义，而更加注重国际合作和国际义务，实际上实行了一种新国际主义的政策。即以和平共处五项原则为基本的指导方针，履行一定的国际责任，但必须符合国际关系基本准则，适应社会主义中国的综合国力；立足点不是社会主义国家而是第三世界或者发展中国家；不是建立一种与现有的世界体系相对立的社会主义体系，而是为融入世界经济体系、发展社会主义生产力服务。它是对无产阶级国际主义的超越，也是一种初级形态的社会主义国际主义。进入21世纪的新国际主义，应当更加积极有为，不但要保持过去好的做法，

---

① 黄安森、严宜生、杜康传主编：《当代国际共产主义运动》，中国人民大学出版社1991年版，第595页。

而且还要有所发展。具体地讲，在指导思想上注意研究三个转向，即价值论上由"用"转向"体"，客观上由国家转向地方及社会力量，领域上由政治经济转向文化和法治；在操作原则上注意研究三个底线，即不追求霸权、不超出国力所及、不超出权利范围；在实践形式上注意要为中国的社会性成长、地区性协调、全球性参与创造条件，特别要注意与美国就亚洲太平洋地区的共同体建设加强协调，这关系中国梦与美国梦的协调，也是两个大国关于未来世界秩序安排的重要领域。① 这样的国际主义不但会与爱国主义紧密结合，直接服务于国家的软实力战略利益，而且使得国家利益实际的国际化、社会化、法治化程度大为提高，为今后中国成为真正世界强国奠定价值、道德和法治基础。

实现中国梦，中国需要新的世界主义的眼光。中华民族正处于从国家崛起向民族复兴过渡的重要关头，它的成功将具有世界历史的意义。它将向世界宣布一个昔日强大的文明古国可以实现从帝国向现代国家的成功转型。同时，非但可以实现这个转型，它还要实现民族的振兴，重铸历史上的辉煌，重新成为对于人类和平与发展有着重要贡献的主要大国，这在世界历史上还将是第一次。我们不相信救世主义，不相信单个国家或文明能够独享人类的责任；但是，在阅过近代史上英法冲突之后的德国的崛起，现代史上英德冲突之后的美国崛起，当代史上美苏冲突之后的中国崛起，是否可以把握近代以来大国兴衰的逻辑从而对中华民族复兴有一种新的期待。试想，如果这个伟大的国家能够与世界同呼吸、共命运，能够因为它的复兴而促进西方文明与东方文明的良性互动，促使世界更加和平、和谐、富强、民主、文明；而没有它的和平发展则可能会导致世界更加无序，陷入晚期资本主义带来的世界安全危机怪圈。那么，我们有什么理由不去憧憬这种美好的未来呢？这难道不是中国梦与世界梦的融通吗？如果我们站在世界历史的高度去看待中国梦，它必然要上升为世界梦。爱国主义只与国际主义相结合还不够，还需要一定的世界主义。

---

① 关于这方面，可以参考一些美国学者好的建议，如"对于二战后重建世界秩序的这一代人来说，其最伟大的成就之一就是提出了大西洋共同体的概念……而建立太平洋共同体的过程中，中美彼此之间以及其他参加国将拥有建设性关系，而不是敌对集团的成员"。［美］基辛格：《论中国》，中信出版社 2012 年版，第 517 页。

建设现代治理体系保证全面建成小康社会

房 宁

改革开放 30 多年来，我们国家在各方面有了很大的发展，成为世界第二大经济体。现在，全世界像当年关注美国、欧洲、日本崛起那样关注中国的崛起。党的十八届三中全会决定提出国家治理体系和治理能力的现代化，国内外对此也很关注。自从有国家、有政治以来，治理的问题就存在了。我们中国也有句话叫治国理政，我们党现在提这个问题是要推进它的现代化。推进中国国家治理体系和治理能力的现代化要从实际出发，从中国经验出发，看看我们党在改革开放以来，在治理国家方面取得了哪些经验，还有什么不足。

我们这些年在做一个项目，把一些国家在工业化时代的政治发展、民主政治建设的情况做一个系统的经验性的考察，在这个基础上做一些比较研究。到 2013 年为止，我们已经完成亚洲 10 个国家和地区的初步研究。在这个研究过程中有一个很大的感受，各国的治理情况是不一样的。2013 年年初，我们调研了菲律宾。在亚洲，菲律宾曾被西方誉为"东方民主橱窗"。菲律宾 1960 年人均国民收入仅次于日本，为亚洲第二。菲律宾完全复制美国的宪政体制，宪法、法律体系相对来说非常完备。过去连菲律宾的国庆都是 7 月 4 日（与美国国庆同日）。以公职人员财产申报和公示制度为例，我们研究了世界不同类型的 15 个国家，在这些国家当中，菲律宾公职人员的财产申报和公示制度可以说是最完备的。但是，菲律宾却是世界上最腐败的国家之一，中国有"豆腐渣工程"，菲律宾有"影子工程"。这个国家的治理可以说是一塌糊涂。我们对自己存在的问题感受得比较多，但我们国家总体上还是一个治理得比较好的国家。我们之所以治理得比较好，从国家层面上讲大概有四条经验。

第一，在经济社会发展中把保障人民权利和集中国家权力统一起来，这是我们国家治理的一个总的策略原则。人们通常将十一届三中全会的精神概括为"让一部分人先富裕起来"，这是用群众语言对国家的大政方针做出的一个生动概括。从经济学的角度看，十一届三中全会以来的改革就是给人们一个经济预期，通过自己的努力可以获得收获，可以去追求个人的美好幸福生活；从政治上讲，它的意思是保障人民的权利，扩大社会的自由。根据我们的观察，世界各国的现代化，所有国家的成功，都包含了向社会开放权利，扩大人民的自由。以日本为例，日本的明治维新从根本上讲就是开放社会权利，把日本从一个以世袭为主决定地位的国家变成以受教育和个人成就为主决定地位的国家。这就是社会价值的根本转变，社会价值的"指挥棒"变了，一切随之改变，日本在 30 年里实现工业化崛起，最终打败了中国。

改革开放的中国也是这样，给人民以权利，调动了人民的积极性。此外中国还有一个很大的特色，就是在向社会开放权利与自由空间的同时，又集中了国家的权力。国家集中权力，集中民智民力用于国家的战略性发展，进行总体的规划、初始资本的筹措以及基础设施的建设。世界各国搞现代化的经验都是搞开发区，中国搞开发区搞得最好，深圳就是人类城市化历史上的一个奇迹，它在短短 30 年里从一个小镇变成了千万人口的大都市。保障人民权利和集中国家权力是中国治理的一条最重要的经验。

第二，以协商民主为重点的民主政治发展策略。在工业化的阶段，社会结构会发生很大的变化，大量的社会矛盾涌现，一方面是社会大发展、大进步；另一方面是产生了诸多矛盾，社会抱怨很多。所有国家在工业化阶段都出现过类似的情况。诸多发展中国家和发达国家的历史经验证明，在这种情况下搞竞争性选举就一定会导致政治参与的"分配性的激励"，即人们会通过集体行动、政治活动与政党活动来获取社会流动、身份改变和财富占有的机会。这样的社会就会"以阶级斗争为纲"了，必然会导致社会利益格局的"重新洗牌"，导致群体斗争，引发利益冲突。这也是一些发展中国家"一选就乱"的原因。我们国家在这个阶段注重发展协商的民主，避免工业化时代的选举民主可能诱发的社会矛盾激化。协商民主是民主政治的重要形式，它的优点是可以求同存异，寻求利益交集，寻求最大公约数，这样有利于提高民主的质量，避免片面性，可以把服从多数和尊重少数结合起来。

党的十八大正式提出，在现阶段我国民主政治建设要以协商民主作为重点。把民主分成选举民主和协商民主，很大程度上具有中国特色。当人们抱怨说我们的政治体制改革不给力时，他们更关心的实际上是选举民主。十六大以后我们扩大了一些实行竞争性民主的尝试，如"公推直选"，但10年来的实践表明问题不少。这也在一定程度上证明，在工业化、现代化发展进程中不能采取扩大选举民主的路子。我们在研究中还发现，从世界范围来看，城市化率是政治发展的一个"门槛"。过去西方人提出的将人均GDP作为标准的做法不准确，我们发现了另一个重要指标就是城市化率，城市化率是衡量民主进程是否具备物质基础和社会条件的最大相关因素。我们的研究发现，凡是在城市化率达到70%以上的国家，它的民主转型是相对成功的；但凡城市化率在60%以下实行以竞争性选举为标志的民主转型的国家大都动荡不宁。

第三，根据社会发展进程，循序渐进地扩大人民的权利。治理有多个层次，既包括国家治理也有社会治理。从社会治理看，随着经济社会的发展进步，循序渐进地扩大和发展人民的权利是非常重要的。中国共产党人有一个崇高理想，就是推翻三座大山，让中国人民站起来。但实现社会的解放，扩大人民的权利，是一个漫长的历史过程，不能一蹴而就。回顾我们的历史，人民的权利只有在经济社会发展提供物质和文化基础上才能够逐渐发展起来。宪法赋予人民的权利在现实中是一个实践的过程。以美国为例，美国《独立宣言》中即宣示了人的平等，但美国宪法到1865年才有了给黑人以平等权利的第13—15条修正案，这距独立战争已经八九十年了；也是到了20世纪，美国还得靠101空降师护送黑人小学生上学；到了70年代，美国才真正完成黑人在各个州的选举权，这时候距美国建国大约已经200年了。从他们和我们的经验看，权利是在逐渐扩大的。眼下，有些人让共产党将说过的话马上兑现，让马上落实，立即就办，笔者认为这纯粹是个陷阱。

第四，在民主政治建设和政治改革进程中采取以"问题推动、试点推进"的方法。民主政治建设与国家治理，不能仅仅从概念上讨论，概念是从实践中提炼出来的，实践是基础，解决问题才是首要的。国家治理体系和执政党治理能力的现代化是在解决问题中前进的，解决一个问题就能前进一步。即使是顶层设计也是要从实践探索中得来，而不是出于观念。改革不能是一条单行道，成功就成功了，失败就失败了，这实际上成了赌博。一个负责任的党，是不能走那样的路的。所以在改革中我们要从问题出发，经过试点，逐步推开。我们改革既要大胆，要解放思想，不要怕犯错误，但错误是要可控的，是有机会纠正的，不能是颠覆性的错误。只要不是颠覆性的错误，我们就可以通过总结经验教训，推进认识的深化。因此，我们的改革开放是采取"摸着石头过河"的办法，从局部入手，最终像拼图一样，把局部的认识慢慢地汇集成总体的认识、全面的认识，形成路线图和时间表，让我们迈向社会主义的现代化，奔向全面建成小康社会，实现两个百年的目标。在改革和发展中，实行问题推动和试点推进这样的策略，是我们国家尤其是改革开放以来在政治发展方面取得的重要经验。这些经验在未来的治理体系和治理能力的现代化当中都是弥足珍贵的。

在上述四条经验之外，还有一个很重要的问题，就是权力制约问题。三权分立是权力制约在国家层面的体现，是一个具体形式。尽管国外媒体和许多企业家对此很关注，但我们原则上不搞三权分立。我们不搞国家权力结构层面的"三权分立"，但搞不搞权力制约，这个问题"老祖宗"没有讲过。从马克思到列宁，以至列宁以后，马克思主义和实践中的共产党人基本上都是在民主集中制的话语体系里讨论权力制约问题，他们没有明确提出权力分解与制约的问题。现在，这个问题被提出来了。长期的社会主义实践和共产党执政实践表明，作为一个长期执政的党，其权力是需要制约的。社会主义国家、共产党执政的国家也需要权力的制约，但在制度上怎么搞？现在还存在很多问题。虽然现在我们已经在讨论决策权、执行权、监督权的三分，但还是没有详细说清到底怎么做。一般认为可能有两个方向。

一是人大，中国社会科学院政治学研究所在这方面做了很多研究，我们认为地方人大可能会在这方面成为突破点。浙江温州乐清搞的人大改革，实行人民听证制度，是一个具有重大意义的地方人大的改革创新，它实际上提高了人大的地位。

二是纪检监察部门，即要使监督权更加独立。但是这里面需要解决的问题还有很多。

除去对权力制约的探索，还有一个重要的领域是干部人事制度的改革。办好中国事情的关键在于党。在中国，不管怎么改革，不管以什么方式治理，都离不开中国共产党的领导，都需要改革党本身，党的改革说到底就是干部的改革，干部的改革说到底就是干部的身份和管理体制机制的改革。在这方面，深圳公务员的改革处在最前沿，中国未来政治体制改革的前沿，恐怕还会是在这里。

总而言之，实践永无止境，改革永无止境，中国的现代化还有大量的问题处在探索中。现在中央破了题，我们还需要进一步观察，还要研究、探索、实践。我们相信，党的十八届三中全会提出的目标会在未来的10—20年之内逐步地实现。

论全面建成小康社会的价值目标

胡　澜

　　党的十八大明确提出，到 2020 年要实现全面建成小康社会的宏伟目标。为此，正确设定全面建成小康社会的价值目标尤为关键。因为，它是人们在全面建成小康社会过程所要达到的理想目的、所要实现的理想目标以及所要取得的理想效果，是全面建成小康社会的根本性价值定位与价值归宿，它决定着全面建成小康社会的价值取向和终极目的，乃至全面建成小康社会宏伟目标的最终实现。

　　人是社会的主体，是社会发展进步的推动者，也是社会发展的最高目的。社会发展要依靠人，但更要为了人，最终体现于人的全面发展。马克思主义关于人的全面发展学说明确地告诉我们，实现每个人自由而全面的发展是人自身发展的理想目标和最高境界，社会发展进步应该以此为终极的价值目标和追求。全面建成小康社会，作为推进中国社会发展进步的伟大事业，自然应该以促进人的全面发展为自觉的价值目标选择。

一　促进人的全面发展是社会主义价值理念的核心

　　在马克思的思想中，人的自由而全面的发展不仅是共产主义社会的基本特征和它与以往剥削制度的根本区别所在，而且是共产主义的核心价值理念及其共产主义合法性的价值根据。马克思指出："代替那存在着阶级和阶级对立的资产阶级旧社会的，将是这样一个联合体，在那里，每个人的自由发展是一切人的自由发展的条件。"[①] 作为对人的全面发展严重桎梏的剥削制度积极扬弃的社会主义新社会，既是实现人的全面发展的必经历

---

① 《马克思恩格斯选集》第 1 卷，人民出版社 1995 年版，第 294 页。

史阶段，更是人的全面发展的崭新阶段。因此，促进人的全面发展，理所当然地是马克思主义建设社会主义新社会的本质要求，是社会主义价值理念的核心。

中国共产党自诞生后，就始终不懈地追求着社会主义的价值理想。她领导中国人民通过长期的革命斗争实践，最终在我们这样一个经济落后的大国将社会主义变为了现实。社会主义制度的建立，是对旧的不合理的社会关系的革命性变革，实现了人民的当家做主，为中国人民更好地生存和发展打开了巨大的空间。但是，社会主义制度建立起来以后，到底应该以什么样的价值理念为核心来引导并推动社会主义事业的发展，在过去相当长的一个时期里，我们的认识不是完全清醒的，甚至存在着错误的认识，我们并没有把人的全面发展作为社会主义核心价值理念来认识并明确加以规定。正如邓小平后来所说的："什么叫社会主义，什么叫马克思主义？我们过去对这个问题的认识不是完全清醒的。"① 这其中当然包括对社会主义核心价值理念的认识。

随着社会主义改造的完成，我国进入了社会主义建设的新时期，党的八大就明确提出了落后的生产力与人民群众日益增长的物质文化需要是我国社会的主要矛盾，并把发展生产力作为根本任务，将满足人民群众日益增长的需要规定为社会主义生产的目的。应该说，这是符合马克思主义关于建设社会主义新社会本质要求的，也完全符合我国社会主义的实际。它虽然没有明确把促进人的全面发展作为社会主义核心价值理念加以规定，却体现了它对马克思主义人的全面发展价值理念的初步确认。因为社会主义生产目的是满足人民群众日益增长的需要，也就是满足人民群众发展的需要，是为了人民群众的发展。但是，坦率地说，我们当时对马克思主义、共产主义、社会主义的认识，还是不深刻的。对共产主义更多的是作为一种理想、信念来理解，并没有完全把握其"人的自由而全面发展"的实质内容。当然，出现这样的问题有多方面的原因。一是长期战争环境和革命斗争的需要，我们还来不及对马克思主义、共产主义和社会主义进行理论上全面的、深刻的理解；二是社会主义在我国是一项全新的事业，时间短，没有实践经验，只能在实践中摸索。由此我们对社会主义事业发展和人的发展问题的认识和理解产生了严重的偏差，甚至存在一些错误的认

---

① 《邓小平文选》（第 3 卷），人民出版社 1993 年版，第 63 页。

识，使社会主义事业发展和人的发展都受到了严重的影响。比如：过分看重制度的先进性，甚至幻想依靠先进的社会制度可以解决社会主义社会的所有问题，脱离我国社会实际片面一味追求所有制方面的"一大二公"；过多强调集体、国家、社会，严重忽视个人及其利益；不切实际地抬高政治解放的意义，忽视了经济建设对社会发展和人的发展的作用等。更严重的是，人为地夸大了阶级斗争的状况和作用，坚持"以阶级斗争为纲"，人的发展问题在我们党的路线、方针甚至工作层面上都得不到很好的体现，社会主义价值理念核心不仅没有正确确立，反而被搞得十分混乱。

党的十一届三中全会以后，在邓小平的领导下，我们党果断地停止了"以阶级斗争为纲"，把我们党和国家的工作重心重新转移到了经济建设上来，并再次明确提出落后的生产力与人民群众日益增长的物质文化需要是我国社会的主要矛盾，从而开始了对社会主义核心价值理念的再认识。在探索建设有中国特色社会主义的伟大实践中，邓小平对建设社会主义新社会的本质要求形成了许多新的认识，非常明确地提出了"社会主义的本质，是解放生产力，发展生产力，消灭剥削，消除两极分化，最终达到共同富裕"①。在这里，无论是解放和发展生产力，还是消除两极分化实现共同富裕，都是为了人和人的发展，体现了对人的全面发展的价值诉求。

21世纪伊始，以江泽民同志为核心的第三代领导集体便非常明确地提出，人的全面发展是马克思主义建设社会主义新社会的本质要求。江泽民同志《在庆祝中国共产党成立八十周年大会上的讲话》中指出："我们建设有中国特色社会主义的各项事业，我们进行的一切工作，既要着眼于人民现实的物质文化生活需要，同时又要着眼于促进人民素质的提高，也就是要努力促进人的全面发展。这是马克思主义关于建设社会主义新社会的本质要求。我们要在发展社会主义物质文明和精神文明的基础上，不断推进人的全面发展。"② 这实际上是继邓小平之后对社会主义核心价值理念的新认识。在此，促进人的全面发展作为社会主义核心价值理念得到了明确而直接的规定。此后，无论是党的十六大、十七大，还是十八大，都非常明确地把促进人的全面发展规定为社会主义的核心价值理念。

---

① 《邓小平文选》（第3卷），人民出版社1993年版，第373页。

② 江泽民：《在庆祝中国共产党成立八十周年大会上的讲话》，人民出版社2001年版，第43页。

党的十六大不仅提出了全面建设小康社会的宏伟目标，并且把促进人的全面发展作为全面建设小康社会的根本目标。党的十六大报告明确指出：要使"全民族的思想道德素质、科学文化素质和健康素质明显提高，形成比较完善的现代国民教育体系、科技和文化创新体系、全民健身和医疗卫生体系。人民享有接受良好教育的机会，基本普及高中阶段教育，消除文盲。形成全民学习、终身学习的学习型社会，促进人的全面发展"。党的十六届四中全会提出了构建社会主义和谐社会理论，目的就是要实现人与自然、人与人（社会）以及人与自身关系的全面和谐，实质上就是要使人的主体性、创造性得到发挥，人的价值和意义得到肯定和实现，人的各项权益得到维护和保障，人的各方面素质得到全面提升。党的十七大强调指出："全心全意为人民服务是党的根本宗旨，党的一切奋斗和工作都是为了造福人民。要始终把实现好、维护好、发展好最广大人民的根本利益作为党和国家一切工作的出发点和落脚点，尊重人民主体地位，发挥人民首创精神，保障人民各项权益，走共同富裕道路，促进人的全面发展，做到发展为了人民、发展依靠人民、发展成果由人民共享。"党的十八大明确提出到 2020 年将全面建成小康社会，要在促进人的全面发展上取得新成效。"必须更加自觉地把以人为本作为深入贯彻落实科学发展观的核心立场，始终把实现好、维护好、发展好最广大人民根本利益作为党和国家一切工作的出发点和落脚点，尊重人民首创精神，保障人民各项权益，不断在实现发展成果由人民共享、促进人的全面发展上取得新成效。"

二 促进人的全面发展是全面建成小康社会的价值目标

全面建成小康社会，惠及十几亿中国人的幸福，有经济、政治、文化、社会、生态等多方面目标，但这所有目标都应统领于价值目标之下。因为，价值目标是以人的需要为依据和中心的目标，是社会发展所应坚持的终极追求，具有根本性和导向性。

马克思认为，"人的根本就是人本身"，"人是人的最高本质"。① 只有全面发展的人，才能"以一种全面的方式，也就是说，作为一个完整的

---

① 《马克思恩格斯选集》第 1 卷，人民出版社 1995 年版，第 9 页。

人，占有自己的全面的本质"①，成为完整的、真正的人。因此，人自身的全面发展既是人的本质要求和最根本的需要，也是人自身发展的理想状态和人类一切活动的目的。社会发展必须应该以人的全面发展作为终极价值目标和追求，否则，社会发展不仅会迷失方向，也会从根本上失去其运行的价值基础。因此，全面建成小康社会，必然以促进人的全面发展为价值目标追求。

首先，促进人的全面发展是社会主义制度优越性的具体体现。众所周知，资本主义社会是以生产资料资本家私人所有制为基础的社会，它的社会进步，是以牺牲和限制不占有生产资料的广大劳动者的利益和发展为代价的。在资本主义条件下，人虽然有一定的发展，但人的全面发展不可能在资本主义制度的框架内实现，因为社会化大生产与生产资料的私人占有之间的矛盾造成了"物的世界的增值同人的世界的贬值成正比"②。社会主义代替资本主义从根本上克服了资本主义制度内在的不可调和的矛盾，为人的自由而全面的发展提供了制度保障和前提：人民民主专政政权的建立，为人的全面发展提供了优越的社会政治环境；以公有制为基础的经济制度的确立，为人的全面发展提供了坚实的经济基础；以马克思主义为指导的社会主义精神文明建设以及有中国特色的社会主义文化建设，为人的全面发展提供了强大的思想文化指导。社会主义对资本主义的历史性超越内在地包含着人的全面发展的要求，在同资本主义的较量和激烈竞争中，要取得优势，增强社会主义的吸引力和向心力，就必须在发展基础上，保证发展的成果为全体人民共享，使物的增长服从于和服务于人的发展的需要，切实促进人的全面发展。

其次，以促进人的全面发展为根本目标和任务，是社会发展的必然要求和其他国家现代化的历史经验和教训的昭示。当代社会，随着单纯追求经济增长的一系列恶果的进一步显现，人们通过对原有发展模式的深刻反思，认识到社会要可持续发展，就必须以人的发展为根本目的，实现社会发展与人的发展的良性互动，使之相互促进。联合国教科文组织提出的内源发展战略就是其最显著的代表。内源发展战略认为，发展是由内部产生的，其目标首先是满足人民的真正需要和愿望，从而确保他们自身的充分

① 《马克思恩格斯全集》第 42 卷，人民出版社 1979 年版，第 123 页。
② 马克思：《1844 年经济学—哲学手稿》，人民出版社 2000 年版，第 51 页。

发展。发展必须以需要为目的，发展的方向是满足各国广大民众的基本需要（个人全面与平衡发展所必不可少的需要），而不是满足少数特权者的需要。当今时代的进步把人自身的发展问题提到日益突出的地位，一切为了人、依靠人并不断开发人力资源的新理念在全球范围内逐渐深入人心。一个国家在发展前期，常常将注意力集中于经济和物质层面，虽有合理性，但不可避免地也存在着一定的片面性——忽视了人的发展问题，导致了社会生活的不和谐。同时，当我们要迈上一个新的更高的发展台阶时，就在客观上要求人要有相应的素质。否则，就不能适应发展需要，社会发展就会受到严重的影响，很难再上新的台阶。并且，还可能引发一系列新的社会问题，导致社会的动荡和不安。因此，促进人的发展，提高人的素质，对社会的稳定与进一步发展来说至关重要。正如罗马俱乐部创始人佩西所言："唯有人类素质和能力的发展才是取得任何新成就的基础，才是通常所说的'发展'的基础。"① 中国式的现代化虽然也致力于发展经济，但发展经济不是最终的目的，它是满足人民的物质文化生活的需要，是促进人的全面发展的手段和条件。社会问题，说到底就是人的问题，是人的发展问题，不可能用单纯的经济手段来解决。实现社会的现代化，最根本的是要实现人的现代化。

最后，促进人的全面发展是全面建成小康社会的内在要求。全面建成小康社会是实现社会主义现代化的一个重要的历史阶段。在这个历史阶段里，我们要建设一个"经济更加发展、民主更加健全、科教更加进步、文化更加繁荣、社会更加和谐、人民生活更加殷实"的小康社会。这样的小康社会除注重人民的物质生活水平提高外，还特别重视人们教育文化水平的提高、精神生活的充实、民主权利的保障和社会环境的改善等，要求实现社会的全面发展进步。显然，全面建成小康社会内在地包含着促进人的全面发展的要求。从小康社会的内涵看，它并不是一个单纯的经济意义上的概念，而是社会的全面发展进步，其全面性，在内容方面表现为作为社会主体的人的全面发展。联合国计划开发署于1990年在《人文发展报告》中首次使用了人文发展指数来衡量社会发展。这个指数最突出的特点就是注重人的发展，认为人是一个国家的真正财富，人既是发展的手段，又是发展的目的。因此，国家发展的基本目标应以人为中心，促进人的全面发

---

① ［意］奥雷利奥·佩西：《人类的素质》，中国展望出版社1985年版，第183页。

展。在全面建成小康社会新阶段，必须更加注重经济社会全面协调发展和
人的素质的全面提高，这是中国社会发展的必然趋势。唯有如此，才能使
我国"人口众多"这个经济建设的负担变成优势，充分调动人民群众建设
小康社会的主动性、积极性和创造性，充分体现社会主义制度的优越性。
从人是全面建成小康社会的主体和承担者看，全面建成小康社会也内在地
要求人的全面发展。推动社会经济政治文化全面发展进步，人是最根本力
量。全面建成小康社会的任务，最终要靠十几亿中国人民通过自己的创造
性实践活动来实现和完成，它迫切需要全面发展的、高素质的建设者。我
们很难设想，没有人的全面发展或者没有全面发展的人，全面建成小康社
会的奋斗目标和艰巨任务能够实现。

三 坚持以人的全面发展为价值导向，切实促进人的全面发展

在新的历史时期，中国共产党要带领全国人民坚定不移地沿着中国特
色社会主义道路前进，为全面建成小康社会而奋斗，就必须自觉坚持以人
的全面发展为价值导向，不断在促进人的全面发展上取得新成效。为此，
必须全面落实经济建设、政治建设、文化建设、社会建设、生态文明建设
"五位一体"总布局，为促进人的全面发展提供全面保障。

第一，加强经济建设，为人的全面发展奠定坚实的物质基础。恩格斯
指出："每一历史时代的经济生产以及必然由此产生的社会结构，是该时
代政治的和精神的历史的基础。"① 物质基础是人能够创造历史的前提，也
是人得以生存和发展的前提，更是人全面发展的决定因素。所以，全面建
成小康社会，首要的就是要加强经济建设，为人的全面发展奠定坚实的物
质基础。党的十八大报告指出："全党必须更加自觉地把推动经济社会发
展作为深入贯彻落实科学发展观的第一要义，牢牢扭住经济建设这个中
心，坚持聚精会神搞建设、一心一意谋发展"，"只有推动经济持续健康发
展，才能筑牢国家繁荣富强、人民幸福安康、社会和谐稳定的物质基础"。
只有牢牢扭住经济建设这个中心，才能不断创造出越来越多的物质财富，
让人民群众享有充分的全面发展的时间和空间，为实现人和社会的全面发

---

① 《马克思恩格斯选集》第 1 卷，人民出版社 1995 年版，第 252 页。

展提供雄厚的物质保证。

第二，加强政治建设，为人的全面发展提供优越的政治保证。优越的政治保证，能给人以自由、民主、平等、宽松、和谐的生存和发展空间，从而让人的自由个性和聪明才智得以充分发展。因此，全面建成小康社会，必须加强政治建设，建设发达的社会主义政治文明，为人的全面发展提供优越的政治保证。其中，核心是建设社会主义民主政治。高度的民主政治是新型社会关系的集中表现，建构全面而丰富的新型社会关系是人的全面发展的重要内容。邓小平指出："没有民主就没有社会主义，就没有社会主义的现代化。"① 高度的民主政治，使人的社会政治地位得到提高，使人真正从社会关系中获得政治要求的满足，从而越来越积极地参与各种社会活动，提高参政议政水平，增强民主法制意识，增强其在国家政治经济生活中的主人翁地位，切实做到当家有权，做主有位，充分激发其主动性和创造热情，更好地投身到社会主义现代化建设的事业中来。

第三，加强文化建设，为人的全面发展创造良好的思想文化环境。人是文化的动物，文化是人的灵魂。没有文化的教化和洗礼，人容易迷失方向，失去自我；没有文化的熏陶和磨砺，人容易落入庸俗的利益格局中争名夺利；没有文化知识的丰富和充实，人不可能提高自身素质，实现全面发展。人只有与文化结合才是一个完善的人，一个占有人的全面本质的人。因此，全面建成小康社会必须不断加强文化建设，努力构建健康向上、协同进步的文化体系，营造和谐的文化氛围，用先进文化培育人、塑造人，丰富人们的精神内涵，提升人们的文化精神，使人拥有良好的精神风貌、振奋的精神状态、高尚的道德情操。唯有如此，才能为人的全面发展创造良好思想文化环境，才能更好地促进人的全面发展。当前，加强文化建设，必须努力加强社会主义核心价值体系建设，用社会主义核心价值体系引领社会思潮、凝聚社会共识；加强道德建设，全面提高公民道德素质；开展丰富多彩的精神文化活动，丰富人民精神文化生活。

第四，加强社会建设，为人的全面发展提供可靠的社会保障。人要生存和发展，离不开教育、就业、医疗、住房、养老等基本的民生问题，而这些基本的民生问题的解决依赖于社会建设。社会建设是作为社会主体的人根据自身和社会发展需要，有目的、有计划、有组织进行的改善民生和

---

① 《邓小平文选》（第2卷），人民出版社1994年版，第168页。

推进社会和谐发展的过程。人作为社会的主体，同时又生活在一定的社会形式中，只有不断加强社会建设，才能为人的全面发展提供可靠的社会保障。在我国，随着改革开放30多年的发展，人民的物质文化生活水平都有了显著提高，但同时也带来了诸多的社会问题，尤其像教育、就业、医疗、住房、社会保障等民生问题更是异常凸显，严重影响着人民的生存和发展。因此，加强社会建设不仅意义重大，而且刻不容缓。加强社会建设，必须努力实现教育公平，办好人民满意的教育；推动实现更高质量的就业；千方百计增加人民收入；统筹推进城乡社会保障体系建设；提高人民健康水平。

第五，加强生态文明建设，为人的全面发展创建优美的生态和生活环境。人来源于自然，依靠自然界来生活。人既在改造自然中确证自己，又在改造自然中发展自己。人和自然不仅在生理上而且在心理上都是内在同一的。一个稳定完善的自然系统即优美的"生态环境"是人类心理和智力成熟、完善的必需条件。罗马俱乐部创始人佩西认为，对生态的保护和对其他生命形式的尊重，是人类生命素质和保护人类两者不可缺少的重要条件。当今的生态危机已经成为制约社会和人自身发展的一个重要因素，随着环境污染、掠夺式开发资源、破坏生态平衡等问题的日益严重，所造成的后果甚至严重威胁到人的健康与生存，也影响到后代子孙的生存和发展。促进人与自然的和谐与协调，必须树立正确的自然观、社会观、发展观和生态伦理观，树立合理的自然资源的代际分配观念，为人的全面发展提供优美的生态环境和生活环境。

总之，促进人的全面发展是我们全面建成小康社会的必然的价值目标选择。在全面建成小康社会过程中，我们必须始终以人的自由和全面发展为价值目标导向，努力为人的全面发展创造条件，充分满足人民群众的经济、政治、文化、社会和生态等利益要求。只有这样，全面建成小康社会的伟大目标才能实现。

习近平全面深化改革思想的鲜明特征

辛向阳

党的十八大以来，习近平同志围绕全面深化改革，提出了一系列重要思想论断，这些思想具有鲜明的时代品格。

一 习近平全面深化改革思想体现了新的中央领导集体攻坚克难的决心和勇气

"犯其至难、图其至远"，这是新一届中央领导集体鲜明的执政风格。在改革问题上，敢于向深层次问题开刀，敢于向最复杂问题下手。改革经过30多年，已进入深水区、险滩区，可以说，容易的、皆大欢喜的改革已经完成了，好吃的肉都吃掉了，剩下的都是难啃的硬骨头甚至是牵动全局的敏感问题和重大问题。在改革过程中硬骨头很多，首先就是经济发展方式转变问题。中国经济已经进入新的发展阶段，正在进行深刻的方式转变和结构调整。这就要不断爬坡过坎、攻坚克难，必然伴随调整的阵痛、成长的烦恼，甚至有可能付出一定代价。其次就是利益固化的藩篱。所谓利益藩篱就是好的利益机会、能够获利的市场空间已经被一些利益集团垄断、控制，普通百姓创业发展很难找到和进入这样的领域。固化的利益藩篱不仅窒息了市场活力，而且带来了很多社会不公平问题，改革必须突破利益固化的藩篱。2012年12月，在广东考察工作时，习近平指出："我们要坚持改革开放正确方向，敢于啃硬骨头，敢于涉险滩，既勇于冲破思想观念的障碍，又勇于突破利益固化的藩篱。"之后，多次讲到突破利益固化藩篱的问题。2013年7月23日，习近平在湖北考察工作时讲："必须以更大的政治勇气和智慧，不失时机深化重要领域改革，攻克体制机制上的顽瘴痼疾，突破利益固化的藩篱。"2013年11月，在党的十八届三中全会小组讨论中，习近平强调，这次全面深化改革，必然会遇到思想观念的障碍、利益固化的藩篱。第三块硬骨头就是大幅度减少政府对资源的直接配置。这是利益格局的一个大调整，会触动很多人的奶酪、蛋糕、美酒、佳肴，一些既得利益者会极力阻挠改革的进行。

面对这些硬骨头，新的中央领导集体敢于迎难而上，习近平强调，面对这样的问题，要求我们胆子要大、步子要稳。胆子要大，就是改革再难也要向前推进，敢于担当，敢于啃硬骨头，敢于涉险滩。他还强调，我们勇于攻坚克难，敢于迎难而上，坚决破除各方面体制机制弊端，奋力开拓中国特色社会主义更加广阔的前景。习近平曾经引用《为学》中的名句："天下事有难易乎？为之，则难者亦易矣；不为，则易者亦难矣。"从而表达不畏艰难的决心：越是难度大，越要坚定意志，勇往直前，决不能瞻前顾后，畏首畏尾。

面对这些硬骨头，新的中央领导集体善于攻坚克难，既要涉险滩，又要能上岸。为了破解利益固化的藩篱，就要紧紧围绕使市场在资源配置中发挥决定性作用来深化改革。习近平指出，从广度和深度上推进市场化改革，减少政府对资源的直接配置，减少政府对微观经济活动的直接干预，加快建设统一开放、竞争有序的市场体系，建立公平开放透明的市场规则，把市场机制能有效调节的经济活动交给市场，把政府不该管的事交给市场，让市场在所有能够发挥作用的领域都充分发挥作用，推动资源配置实现效益最大化和效率最优化，让企业和个人有更多活力和更大空间去发展经济、创造财富。

二　习近平全面深化改革思想体现了辩证唯物主义和历史唯物主义的精神实质

习近平全面深化改革思想体现了辩证唯物主义事物普遍联系的观点。辩证唯物主义认为，事物之间是普遍联系的。随着经济全球化的深入发展、交通通信日益一体化，事物之间的联系越来越紧密，越来越复杂，越来越整体化。如不改变不合理的产业结构、资源利用方式、能源结构、空间布局、生活方式，就不可能走出一条既有金山银山，又有绿水青山的环境保护新路；如果不能走中国特色社会主义政治发展道路，就不可能树立正确的政绩观，就不能建立体现生态文明要求的目标体系、考核办法、奖惩机制，就有可能重新走上"先污染后治理"的老路。事物之间的复杂性、关联性要求改革举措必须要有整体性，习近平强调，全面深化改革是一项复杂的系统工程，需要加强顶层设计和整体谋划，加强各项改革关联性、系统性、可行性研究。我们要在基本确定主要改革举措的基础上，深入研究各领域改革关联性和各项改革举措耦合性，深入论证改革举措可行性，把握好全面深化改革的重大关系，使各项改革举措在政策取向上相互配合、在实施过程中相互促进、在实际成效上相得益彰。

习近平运用历史唯物主义社会基本矛盾分析法来回答全面深化改革的必要性与紧迫性、方向性与趋势性，提出，我们进行全面深化改革，就是要适应我国社会基本矛盾运动的变化来推进社会发展。改革开放30多年来，中国的生产力状况发生了很大变化，出现了多层次、多种类、多变化生产力：既有先进生产力，也有相对落后的生产力；既有工业生产力，又有服务业生产力；既有信息化生产力，又有金融化生产力。多样的生产力要求有新的生产关系与之相适应，新的生产关系变革经济基础，其方向就是完善基本经济制度，发展混合所有制经济，使国有资本、集体资本、非公资本交叉持股、相互融合。经济基础的变革要求上层建筑进行调整，适应不断完善的社会主义基本经济制度，政府职能就要转变，其方向就是大幅度减少政府对资源的直接配置。社会基本矛盾总是不断发展的，所以调整生产关系、完善上层建筑需要不断进行下去。因此，习近平说："改革开放只有进行时、没有完成时，这是历史唯物主义态度。"

习近平全面深化改革思想体现了历史唯物主义人民群众是历史创造者的理论。他强调，新的时代条件下人民依然是历史的创造者，群众是真正的英雄。在市场经济深入发展的今天，有一些人自觉不自觉地把资本当成创造历史的主要动力，强调公司的力量，忽视甚至鄙视劳动的力量。针对这一现象，习近平总书记指出："人民创造历史，劳动开创未来。""劳动是财富的源泉，也是幸福的源泉。人世间的美好梦想，只有通过诚实劳动才能实现；发展中的各种难题，只有通过诚实劳动才能破解；生命里的一切辉煌，只有通过诚实劳动才能铸就。"习近平还强调，人民群众之中孕育着深化改革的无限创造力。习近平重要讲话深刻阐明了在全面深化改革的条件下人民是改革主体的理论，使全面深化改革牢牢建立在人民群众的伟大创造之上。改革开放之所以得到广大人民群众衷心拥护和积极参与，最根本的原因在于我们一开始就使改革开放事业深深扎根于人民群众之中。全面深化改革，需要依靠人民群众的智慧。习近平总书记指出："改革开放是亿万人民自己的事业，必须坚持尊重人民首创精神，坚持在党的领导下推进。改革发展稳定任务越繁重，越要加强和改善党的领导，越要保持党同人民群众的血肉联系，善于通过提出和贯彻正确的路线方针政策带领人民前进，善于从人民的实践创造和发展要求中完善政策主张，使改革发展成果更多更公平惠及全体人民，不断为深化改革开放夯实群众基础。"

三 习近平全面深化改革思想体现了唯物辩证法的基本要义

中国的改革复杂程度世所罕见，面临的风险前所未有，全面深化改革必须掌握科学的方法论。习近平说："在推进改革中，要坚持正确的思想方法，坚持辩证法。"

坚持科学的方法论首先就要掌握规律分析的方法，从纷繁复杂的事物表象中把准改革脉搏，把握全面深化改革的内在规律。习近平讲道："摸着石头过河，是富有中国特色、符合中国国情的改革方法。摸着石头过河就是摸规律，从实践中获得真知。"改革就是要按照经济社会发展的客观规律进行，要认识和把握共产党执政规律、社会主义建设规律、人类发展规律，要遵循和运用现代化的一般规律、社会主义现代化的普遍规律以及中国社会主义现代化的特殊规律，在探索规律中把握改革发展的大趋势。改革就要按照市场经济的一般规律、中国社会主义市场经济的特殊规律办事。党的十八届三中全会通过的《决定》提出："市场决定资源配置是市场经济的一般规律，健全社会主义市场经济体制必须遵循这条规律。"习近平同志在关于《决定》的《说明》中更加明确地指出："市场决定资源配置是市场经济的一般规律，市场经济本质上就是市场决定资源配置的经济。"我们还要更加具体地认识中国社会主义市场经济的特殊规律。坚持一个"凡是"和两个"一律"：凡是能由市场形成价格的都交给市场，政府不进行不当干预；市场机制能有效调节的经济活动，一律取消审批，对保留的行政审批事项要规范管理、提高效率；企业投资项目，除关系国家安全和生态安全、涉及全国重大生产力布局、战略性资源开发和重大公共利益等项目外，一律由企业依法依规自主决策，政府不再审批。

坚持科学的方法论就要掌握统筹兼顾的方法，特别是要把握全面深化改革的重大关系。处理好解放思想和实事求是的关系、整体推进和重点突破的关系、全局和局部的关系、顶层设计和摸着石头过河的关系、胆子要大和步子要稳的关系、改革发展稳定的关系，着力提高操作能力和执行力，确保中央决策部署及时准确落实到位。处理好这些重要关系，就能把握推进改革的科学思想方法和工作方法，积极稳妥、扎实有效地把全面深化改革推向前进。在处理好这六个重要关系的基础上，还要关注更加具体的一些关系，2014年2月17日习近平在省部级主要领导干部学习班上指出：推进改革，要弄清楚整体政策安排与某一具体政策的关系、系统政策链条与某一政策环节的关系、政策顶层设计与政策分层对接的关系、政策统一性与政策差异性的关系、长期性政策与阶段性政策的关系，既不能以局部代替整体，又不能以整体代替局部；既不能以灵活性损害原则性，又不能以原则性束缚灵活性。处理好这五个具体关系，对于推进全面深化改革同样具有重要意义。

坚持科学的方法论就要坚持两点论和重点论，反对一点论和片面论。他提出，在实践中要始终坚持"一个中心、两个基本点"不动摇，既不偏离"一个中心"，也不偏废"两个基本点"，使改革始终在正确方向上发展。他还指出，在市场作用和政府作用的问题上，要讲辩证法、两点论，"看不见的手"和"看得见的手"都要用好，努力形成市场作用和政府作用有机统一、相互补充、相互协调、相互促进的格局，推动经济社会持续健康发展。使市场在资源配置中起决定性作用和更好发挥政府作用，二者是辩证统一的，不是相互否定的，不能把二者割裂开来、对立起来，既不能用市场在资源配置中的决定性作用取代甚至否定政府作用，也不能用更好地发挥政府作用取代甚至否定使市场在资源配置中起决定性作用。

四 习近平全面深化改革思想体现了
博大精深的中华优秀文化

谈到改革的人民性，习近平引用了汉代王符的思想。他指出，推进任何一项重大改革，都要站在人民立场上把握和处理好涉及改革的重大问题，都要从人民利益出发谋划改革思路、制定改革举措。汉代王符说："大鹏之动，非一羽之轻也；骐骥之速，非一足之力也。"就是说，大鹏冲天飞翔，不是靠一根羽毛的轻盈；骏马急速奔跑，不是靠一只脚的力量。

中国要飞得高、跑得快，就得依靠 13 亿人民的力量。13 亿人民的力量凝聚在一起，汇成世界上最强大的力量，改革的任何艰难险阻都可以克服；13 亿人民的智慧融合在一起，会产生世界上最恢宏的力量，改革的各种复杂挑战都可以跨越；13 亿人民的活力迸发出来，会产生世界上最壮阔的力量，改革的任何陷阱沟壑都可以填平。

谈到国家治理，习近平引用了先秦时代老子等人的思想。2014 年 4 月 1 日，习近平在比利时布鲁日欧洲学院演讲时指出："我们推进改革的原则是胆子要大、步子要稳。'图难于其易，为大于其细。天下难事，必作于易；天下大事，必作于细。'随着中国改革不断推进，中国必将继续发生深刻变化。"老子的思想告诉我们：谋划改革大事难事，要从小处和容易处考虑。天下的难事，改革的难事，都是先从容易的地方做起；天下的大事，改革的大事，都是从细微的小事做起。国家治理的根本目的是保障人民的幸福。2014 年 1 月 20 日，在党的群众路线教育实践活动第一批总结暨第二批部署会议上的讲话中，习近平引用司马迁《史记》中的"人视水见形，视民知治不"。人从水中能看到自己的身影，观察人民就能知道国家治理得好不好。

谈到科技体制改革和发展，习近平运用了战国时代荀子的思想。他指出：科技竞争就像短道速滑，我们在加速，人家也在加速，最后要看谁速度更快、谁的速度更能持续。荀子说："骐骥一跃，不能十步；驽马十驾，功在不舍。锲而舍之，朽木不折；锲而不舍，金石可镂。"意思是，骏马一跃，也不会达到十步；劣马跑十天，也能跑得很远；雕刻东西，如果刻了一下就放下，朽木也不会刻断；如果不停刻下去，金属和石头都可以雕空。习近平要求我国广大科技工作者要敢于担当、勇于超越、找准方向、扭住不放，牢固树立敢为天下先的志向和信心，敢于走别人没有走过的路，在攻坚克难中追求卓越，勇于创造引领世界潮流的科技成果。

五　习近平全面深化改革思想体现了深邃的世界眼光

习近平始终站在世界的高度来分析中国的改革与发展。早在 2003 年 11 月他就强调，各级党政"一把手"要站在战略的高度，善于从政治上认识和判断形势，观察和处理问题，善于透过纷繁复杂的表面现象，把握事物的本质和发展的内在规律；要努力增强总揽全局的能力，放眼全局谋一域，把握形势谋大事，以"登东山而小鲁""登泰山而小天下"的气度和胸襟，始终把全局作为观察和处理问题的出发点和落脚点，以全局利益为最高价值追求，以世界眼光去认识政治形势，把握经济走势。他提出的推进国家治理体系和治理能力现代化的思想就生动体现了这一点。他站在人类社会发展的高度，站在世界社会主义发展的高度，提出必须从各个领域推进国家治理体系和治理能力现代化。他说："相比我国经济社会发展要求，相比人民群众期待，相比当今世界日趋激烈的国际竞争，相比实现国家长治久安，我们在国家治理体系和治理能力方面还有许多不足，有许多亟待改进的地方。"推进国家治理体系和治理能力现代化，就是要适应时代变化和世界发展，既改革不适应实践发展要求的体制机制、法律法规，又不断构建新的体制机制、法律法规，使各方面制度更加科学、更加完善，实现党、国家、社会各项事务治理制度化、规范化、程序化。推进国家治理体系和治理能力现代化要吸收和借鉴国际社会先进的治理理念和一些国家好的治理经验。

他站在人类政治文明发展的高度强调政治体制改革必须坚持走中国特色社会主义政治发展道路。有些人热衷于奢谈西方三权分立式的民主。在他们那里，依法治国就是两个或多个政党轮流坐庄，这样一种局面才能算是依法治国。有的人认为，依法治国就要摆脱政党的领导，有共产党的领导就不是依法治国。这样的观点已经偏离了中国特色社会主义政治发展道路。2012年11月15日，习近平同志指出："我们要继续发展社会主义民主政治，坚定不移走中国特色社会主义政治发展道路，坚持党的领导、人民当家做主、依法治国有机统一，继续积极稳妥推进政治体制改革，坚持和完善人民代表大会制度、中国共产党领导的多党合作和政治协商制度、民族区域自治制度以及基层群众自治制度，巩固和发展最广泛的爱国统一战线，发展更加广泛、更加充分、更加健全的人民民主。"

总之，习近平全面深化改革思想强调从最紧迫的事改起，从老百姓最期盼的领域改起，从制约经济社会发展最突出的问题改起，从社会各界能够达成共识的环节改起，让广大人民群众得到实实在在的好处；强调在坚持正确方向的基础上，以时不我待的紧迫意识和夙夜在公的责任意识，按照改革的路线图和时间表扎实工作，取得一流业绩。这些思想已经成为推动中国改革全面深化的强大精神武器。

全面准确深入把握全面深化改革的总目标

王浦劬

中国共产党十八届三中全会公报和全会通过的《中共中央关于全面深化改革若干重大问题的决定》（以下简称《决定》），描绘了全面建设小康社会的崭新蓝图，制定了全面深化改革的总体战略，汇集了全面部署改革的重大举措，是新时期中国共产党的治国纲领和行动指南。

深入学习及落实公报和《决定》精神，是全党全国各族人民面临的重大现实责任和历史使命。公报和《决定》提出的全面深化改革的总目标，即"完善和发展中国特色社会主义制度，推进国家治理体系和治理能力现代化"[①]，既是公报和《决定》内容的总纲提领，也是落实和推进改革开放的指南针；既是中国特色社会主义道路的理论遵循，也是中国特色社会主义理论的实践体现。它深刻昭示了在中国特色社会主义制度条件下，中国共产党长期执政的强大动力和有力保障，揭示了发挥中国特色社会主义优势的实际路径，宣示了党领导人民科学、民主、依法和有效治理国家的关键选择。

因此，全面准确深入把握这一目标，是学习和落实三中全会公报和《决定》精神与要求，巩固和强化中国特色社会主义理论、道路和制度自信的首要枢机。

一　全面准确深入把握总目标的内在逻辑

十八届三中全会确定的全面深化改革的总目标，指明了深化和推进改革开放和现代化的历史选择、根本出发点和性质方向，其中内含着中国特

[①] 《中共中央关于全面深化改革若干重大问题的决定》，人民出版社 2013 年版，第 3 页。

色社会主义改革创新的辩证逻辑。

1. 总目标蕴含着中国共产党执政与治政关系的辩证逻辑。作为中国社会主义事业的领导和核心力量，中国共产党是全面深化改革目标的制定和实施主体，总目标昭示着中国共产党确立中国特色社会主义制度之后而予以完善发展的执政党地位，彰显着中国共产党执掌政权、运行治权的执政思维和治国理政担当。按照中华民族伟大复兴和现代化的执政目标要求，以改革达成治政体制机制和方式方法的优化和创新，以优化和创新的治政体制机制和方式方法，来达成国家现代化的执政目标，构成了中国共产党执政与治政有机结合、相辅相成的辩证逻辑。

2. 总目标内含着国家政治统治与政治管理的辩证关系。马克思主义国家理论认为，国家具有政治统治和社会职能，在社会主义社会，政治统治集中体现为对于敌对社会主义、危害国家安全的势力和分子的专政，以确保国家安全和人民安宁；而社会职能则集中体现为政治管理职能，以此实现和发展社会主义国家的人民利益要求。因此，社会主义国家的国家治理，本质上既是政治统治之"治"与政治管理之"理"的有机结合，也是政治管理之"治"与"理"的有机结合。因此，在马克思主义国家理论话语体系中，"治理"是社会主义国家政治统治与政治管理的有机结合。在社会主义国家发展和改革过程中，政治统治与政治管理之间具有辩证关系。如果说政治统治确保的国家安全和秩序稳定是政治管理得以运行的必要条件，那么，政治管理达成的发展效率和公平正义则是政治统治得以实施的必要基础，"政治统治到处都是以执行某种社会职能为基础，而且政治统治只有在它执行了它的这种社会职能时才能持续下去。"①

3. 总目标包含着人民共和国政道与治道关系的辩证逻辑。国家治理的改革创新，是政权的巩固发展与治权的运行完善的有机结合。作为中国特色社会主义道路的政治体现，人民共和国的社会主义政治发展道路，是由中华民族"独特的文化传统，独特的历史命运，独特的基本国情"② 决定的，是中国共产党领导人民经过长期艰苦卓绝的革命和探索过程而选择的。人民民主专政的共和国国体属性和人民主权至上的立国原则，既是文

① 《马克思恩格斯选集》第 3 卷，人民出版社 1995 年版，第 523 页。
② 《习近平：意识形态工作是党的一项极端重要的工作》，2013 年 8 月 20 日，新华网：http://news.xinhuanet.com/politics/2013－08/20/c_117021464.htm。

化传统、历史命运和基本国情的中国特色政治凝聚，也是权力归于人民的政道不可移易的属性规定。人民当家做主的人民民主政道，逻辑地要求不断优化、完善、开拓和发展有效治理国家、市场和社会的治道，使得人民当家做主的属性不仅在人民民主专政和人民主权的国体和性质上得以体现，而且在国家治理的实践和体制机制优化创新的过程中得到普遍、平等和真实的实现。全面深化改革内含的政道与治道的辩证逻辑，即由此生发演进：以人民主权和人民民主的政道引领和规范共和国的治道，而不断改革创新优化的治党治国治军之道，则在运行和发展过程意义上稳步实现人民主权和人民民主政治的政道本质，由此达成人民民主政治与国家有效治理的辩证统一。

4. 总目标容含着坚持根本制度与释放制度活力的辩证关系。以人民代表大会制度、中国共产党领导的多党合作与政治协商制度、民族区域自治制度和基层民主制度为构成内容的根本和基本政治制度，以公有制为主体、多种所有制经济共同发展的基本经济制度，是中国特色社会主义理论和道路的制度体现，是中国共产党治国理政的制度基础，也是中国特色社会主义改革创新和发展的制度依靠。中国特色社会主义政治经济制度蕴含着国家富强、民族振兴和人民幸福的价值内涵、巨大能量和潜在活力，全面深化改革，本质上就是坚决破除各方面体制机制弊端，创新、创设和优化各方面体制机制，极大地激发、释放和实现这些价值内涵、巨大能量和活力，"更好发挥中国特色社会主义制度优势"[1]，"加快发展社会主义市场经济、民主政治、先进文化、和谐社会、生态文明，让一切劳动、知识、技术、管理、资本的活力竞相迸发，让一切创造社会财富的源泉充分涌流，让发展成果更多更公平地惠及全体人民"。[2]

由此可知，中国特色社会主义根本和基本制度是全面深化和落实改革创新之本，全面深化改革是释放根本和基本制度内含价值、能量和活力，解放和发展生产力，解放和增强社会活力，进而实现制度本质要求和价值要求之路，两者的相互促进和相互确证，恰恰是中国特色社会主义制度发展的辩证规律。

---

① 《习近平：关于〈中共中央关于全面深化改革若干重大问题的决定〉的说明》，2013 年 11 月 15 日，新华网：http://news.xinhuanet.com/politics/2013－11/15/c_118164294.htm。

② 《中共中央关于全面深化改革若干重大问题的决定》，人民出版社 2013 年版，第 3 页。

5. 总目标自含着制度完善发展与治理体系能力现代化的辩证关系。全面深化改革的总目标规定，完善和发展中国特色社会主义制度，推进国家治理体系和治理能力现代化。由此可见，"在总目标里谈到的其实是两句话，第一句话是关于坚持和发展完善中国特色的社会主义制度；第二句话是实现国家治理体系和治理能力的现代化。……这两者之间是互为因果、相互关联程度特别强的关系"。① 在这其中，一方面相对于完善和发展中国特色社会主义制度而言，推进国家治理体系和治理能力现代化具有工具理性价值，而相对于推进国家治理体系和治理能力现代化而言，完善和发展中国特色社会主义制度具有目标理性价值。在总体目标的自身结构性构成上，两者构成工具与目标的内在因果辩证。另一方面，相对于全面深化改革而言，完善和发展中国特色社会主义制度，推进国家治理体系和治理能力现代化，都具有目标理性价值。因此，在总体目标有机联系的自身内容之间，内在地自含着辩证关系；在全面深化改革的历史进程与总体目标之间，又外在地具有辩证逻辑联系。

二　全面准确深入理解"国家治理"的含义

中华人民共和国成立，中国共产党成为执政党和国家领导核心以后，代表人民执掌政权、领导人民治理社会主义新国家的历史任务就提上了议事日程。"怎样治理社会主义社会这样全新的社会，是一项前无古人的事业，没有先例可循。马克思、恩格斯未能进行这方面的实践，其他国家也没能很好解决这个问题。"② 一代又一代中国共产党人探索中国特色社会主义发展道路的历史过程，实际上也是探索社会主义中国治国理政之道的发展过程。改革开放以来，"从完善社会主义市场经济体制到形成中国特色社会主义法律体系，从实行基层群众自治到创新社会管理制度，在治理社会主义国家的探索历程中，我们积累了丰富的经验、取得了重大成果"。③ 进入 21 世纪以来，社会主义市场经济的发展，社会结构、价值取向和社

---

① 《孙晓莉解读十八届三中全会决定》，2013 年 11 月 15 日，新华网：http://www.news.cn/xhft/20131115/。
② 《人民日报》评论员：《把握全面深化改革总目标——二论认真贯彻落实十八届三中全会精神》，《人民日报》2013 年 11 月 15 日。
③ 同上。

会矛盾复杂多样，需要中国共产党人在全面建设小康社会的现代化历史进程中，创新治理国家和社会的新的体制机制，以领导人民有效地治理国家。为此，21世纪初召开的中国共产党十六大的报告明确提出了"党领导人民治理国家"①的理念。十七大报告进一步提出，"要坚持党总揽全局、协调各方的领导核心作用，提高党科学执政、民主执政、依法执政水平，保证党领导人民有效治理国家"②。十八大报告多处采用"治理"的概念，并且在治理国家的意义上深入阐述，指出"坚持依法治国这个党领导人民治理国家的基本方略""要更加注重改进党的领导方式和执政方式，保证党领导人民有效治理国家"③等。

从中国共产党人在国家治理意义上对于"治理"和"国家治理"概念的运用来看，其基本含义是指在中国共产党领导下，遵循人民民主专政的国体规定性，基于党和人民根本利益一致性，在社会主义市场经济发展和社会变化的新的历史条件下，按照科学、民主、依法和有效性来优化和创新领导方式和执政方式，优化和创新执政体制机制和国家管理体制机制，优化和提升执政能力，实现民主与法治的共融、国家与社会的共通、政府与公民的共治，由此达成国家与社会的和谐发展和长治久安。

中国共产党人对于"治理"和"国家治理"概念的运用，始终坚持和贯彻了党的领导、人民当家做主和依法治国有机结合的根本要求，"党领导人民有效治理国家"即是这种根本要求在国家治理意义上的典型体现和凝练表达。因此，中国共产党人的"治理"和"国家治理"，就是在中国特色社会主义道路的既定方向上，在中国特色社会主义理论的话语语境和话语系统中，在中国特色社会主义制度的完善和发展的改革意义上，中国共产党领导人民科学、民主、依法和有效地治国理政。

十八届三中全会把"推进国家治理体系和治理能力现代化"作为全面深化改革的总目标的内容，使得国家治理体系和治理能力现代化具有重要的战略意义和改革目标理性价值。对于其中的"国家治理"概念，应该历

---

① 江泽民：《全面建设小康社会，开创中国特色社会主义事业新局面——在中国共产党第十六次全国代表大会上的报告》，人民出版社2002年版。

② 胡锦涛：《高举中国特色社会主义伟大旗帜 为夺取全面建设小康社会新胜利而奋斗——在中国共产党第十七次全国代表大会上的报告》，人民出版社2007年版。

③ 胡锦涛：《坚定不移沿着中国特色社会主义道路前进 为全面建成小康社会而奋斗——在中国共产党第十八次全国代表大会上的报告》，人民出版社2012年版。

史地、全面地、准确地、深刻地加以把握。

1. 历史地把握。在十八届三中全会公报中作为全面深化改革总目标提出的"国家治理"概念，实际上是中国共产党十六大以来治国理政理念的深化发展和完善，是改革开放历史任务的总体概括和提升，也是中国共产党人治国理政和改革开放理念的逻辑演进和必然。由此可见，从历史和逻辑的双重意义上讲，三中全会公报中"国家治理"的内在含义，既与中国共产党十六大以来的治理理念同出一辙，又是新时期中国共产党人全面深化改革的顶层目标设计。

2. 全面地把握。推进国家治理体系和治理能力现代化，是三中全会全面深化改革的总目标的内容，但是，并非其全部内容。全面深化改革的总目标的完整表述是"完善和发展中国特色社会主义制度，推进国家治理体系和治理能力现代化"。因此，应该从整体上全面地、联系地理解和把握"国家治理"的含义。

首先，推进国家治理体系和治理能力现代化的前提是完善和发展中国特色社会主义制度，这是对于全面深化改革和推进国家治理体系和能力现代化的性质和方向的定位。就是说，全面深化改革，推进国家治理体系和治理能力现代化，必须在坚持中国特色社会主义根本和基本制度的前提下进行，在完善和发展中国特色社会主义制度的方向上进行。

其次，推进国家治理体系和治理能力现代化，目的和归宿是完善和发展中国特色社会主义制度。"面对新形势新任务，我们必须通过全面深化改革，着力解决我国发展面临的一系列突出矛盾和问题，不断推进中国特色社会主义制度自我完善和发展"[①]，以全面建成小康社会，建成经济发达、共同富裕、公平正义、民主法治、自由平等、清正廉洁、诚信友善、文明和谐和天蓝水净的社会主义现代化强国，实现国家富强、民族振兴和人民幸福。

再次，推进国家治理体系和治理能力现代化既是全面深化改革达成的目标内容，也是完善和发展中国特色社会主义制度的题中之意。"全面深化改革，从根本上说是为了更好地坚持和发展中国特色社会主义。"[②]

---

① 《习近平：关于〈中共中央关于全面深化改革若干重大问题的决定〉的说明》，2013 年 11 月 15 日，新华网：http://news.xinhuanet.com/politics/2013 – 11/15/c_118164294.htm.

② 刘云山：《加强和改善党对全面深化改革的领导》，《人民日报》2013 年 11 月 19 日。

3. 准确地把握。准确地理解全面深化改革的总目标，需要根据我国的国情和政情来切实把握。基于我国的国情和政情可知，全面深化改革的总目标中的"国家治理"，实际上是指在我国现行宪法规定的人民民主专政的国体的前提下，在中华人民共和国一切权力属于人民的人民主权原则下，中国共产党代表、组织和领导人民执掌政权、运行治权的体系和过程；是指在坚持、巩固和完善我国政治经济根本制度和基本制度的前提下，科学民主依法有效地进行国家和社会管理；是指在坚持中国共产党总揽全局、统筹各方的格局下的治国理政。

4. 深刻地把握。基于中国特色社会主义发展道路，基于中国特色社会主义制度发展规律和改革开放的内在辩证逻辑，深刻把握全面深化改革的总目标；从目标与工具、本质与现象、本体与用体、内容与方法的辩证联系中，把握全面深化改革总目标内在的相辅相成和政治辩证；从中国共产党执政与治政、社会主义国家政治统治与政治管理、人民共和国的政道与治道、中国特色社会主义根本基本制度与体制机制、制度完善发展与治理体系能力的因果联系中，把握全面深化改革总目标蕴含的改革创新的对立统一法则和辩证政治。据此可知，作为全面深化改革的总目标的内容，推进国家治理体系和治理能力的现代化，就是在完善和发展中国特色社会主义制度的前提下，在中国共产党领导下，优化和创新国家治理的主体格局、体制机制和流程环节，提升治国理政的能力，把我国的根本制度与基本制度内含的价值内容、巨大能量和潜在活力充分释放出来，以解决改革中不断出现的问题和难题，又在不断解决问题中优化主体格局、体制机制、流程环节和治理能力。

需要指出的是，全面深化改革的总目标规定着改革的性质和方向，而"方向问题至关重要。坚持什么样的改革方向，决定着改革的性质和最终成败"[1]。因此，全面准确深入把握全面深化改革的总目标，需要注意避免两种认识偏差。

1. 简单运用西方"治理"概念来套解我国全面深化改革的目标。一般认为，英文中的"治理"（Governance）概念源于古典拉丁文和古希腊语中的"掌舵"一词，具有控制、引导和操纵之意。20 世纪末，西方学者赋予"治理"以新的含义，主张政府放权和向社会授权，实现多主体、

---

① 刘云山：《加强和改善党对全面深化改革的领导》，《人民日报》2013 年 11 月 19 日。

多中心治理等政治和治理多元化，强调弱化政治权力，甚至去除政治权威，企望实现政府与社会多元共治、社会的多元自我治理。

应该清楚认识的是，西方治理理论的产生基础是西方国家的政治经济社会结构和发展矛盾，具有强烈的西方社会属性，因此，西方治理理论蕴含的内涵，与中国共产党历史实践中形成的治国理政理念和中国特色社会主义理论话语语境中的"治理"概念，在基本语义内涵方面属于两套话语体系，其间具有很大区别。全面准确深刻把握全面深化改革总目标，有必要正确把握和区隔这些区别：

（1）西方的"治理"概念及其理论具有"社会中心主义"治理取向。西方治理理论是在西方国家经济政治发展过程中市场与政府双失灵的历史背景下孕育产生的，因此，其取向于"社会中心主义"，希图在政治管制和政府管理之外，超越市场和政府，通过第三种力量即社会组织和公民自治机制，达成理性有效的治理。但是，中国共产党人主张的"治理"和"国家治理"，则取向于在中国共产党领导下，尊重人民的主体地位，党与人民、国家与社会、政府与市场共同发挥积极作用，实现政府、市场、社会良性互补的共同治理。

（2）西方的"治理"概念及其理论具有"多元主义治理"的结构取向。在对于社会治理的设计和论证中，西方治理理论遵循和采取的是"多元主义"政治逻辑，"传统上这样的民间社会当然应当被看作是免于国家干预和多元主义的与宽容为特征的领域"①，主张围绕经济政治社会问题和社会成员需求，构建理性经济人形成的治理群体，进而形成治理的多中心结构。而中国共产党人主张、贯彻和运行的治理结构，是中国共产党总揽全局、统筹各方的国家治理，是党委领导、政府负责、社会协同、公众参与、法治保障的社会治理格局，这一治理结构遵循的是"一元主导、多方协同、交互作用"的"一"与"多"有机结合的辩证逻辑。

（3）西方的"治理"概念及其理论具有"去权威主义"的政治倾向。西方治理理论尽管提及"元治理"的理念，并且提出国家发挥元治理的多方面作用②，但是，其根本倾向却是主张弱化或者取消国家和政府权威的。

---

① ［英］大卫·威廉姆斯、汤姆·杰克逊：《治理、世界银行与自由主义理论》，载俞可平主编：《治理与善治》，社会科学文献出版社2000年版，第168页。

② ［英］鲍勃·杰索普：《治理的兴起及其失败的风险：以经济发展为例的论述》，载俞可平主编《治理与善治》，社会科学文献出版社2000年版，第80页。

"观察一下作为权威一般运用的治理，从长远来看，处于权力地位的那些绝对和不受限制的权力似乎明显下降。无论在国家试图影响社会广泛治理的宏观层面，还是在权威发生重要变化的企业和家庭微观层面，这一点都是明显的趋势。"① 在西方治理学者看来，政府并不应是一切合法权力的垄断者，各种非政府组织、私人企业、利益集团、家庭和公民等其他的主体也能够自发生成治理权威，从事公共事务的治理。而中国共产党人主张的国家治理，则是以代表人民根本利益的党和国家的政治权威作为治理主导、凭借和保障，通过直接运行或者授权和赋权方式，调动各方面积极性，共同实施治国理政。显然，其中实际运行的是中国共产党作为领导核心，公共权力作为治理凭借，多方参与、各司其职的治理机制。

2. 简单认为"治理"的概念只是西方当代政治理论和管理理论的专利。从马克思主义国家理论和中国共产党人领导人民建立人民共和国、执掌政权、运行治权，探索中国特色社会主义道路和治国理政的长期历史过程可见，无论在理论意义上还是在历史政治实践意义上，中国共产党人的"治理"遵循的是马克思主义理论的原生含义，是中国共产党人政治历史和政治实践的体现。在长期的政治实践中，中国共产党人积累了丰富的治国理政经验，"治理"的概念并非西方理论的专利。十八届三中全会公报确定的全面深化改革的目标，在中国特色社会主义道路发展和全面深化改革的总目标层面上，总结历史经验，把国家治理体系和治理能力的现代化上升确定为全面深化改革的关键和目标。因此，其根本理论逻辑出自马克思主义国家理论，其历史逻辑出自中国共产党人建设中国特色社会主义的改革进程，其实践逻辑出自中国改革开放和问题解决的历史过程。

三　系统准确深入认知"国家治理体系现代化"的意蕴

全面深化改革的总目标明确提出"推进国家治理体系的现代化"，由此在国家治理体系的意义上，指出了全面深化改革的现代化重要内容。系统准确深入认知"国家治理体系现代化"的意蕴，需要清楚认识三个方面

---

① Wolfgang Michalski, Riel Millerand Barrie Stevens, "Governance in the 21st Century: Power in the Global Knowledge Economy and Society", in *Governance in the 21st Century*, Paris: OECD Publications, 2001.

基本内容：

1. 国家治理体系的本质含义

关于国家治理体系的含义，可以从治理主体、组织、制度、法律、体制、机制、程序、流程、文化、价值等不同层面进行界定。比如，有学者认为，国家治理体系是治理结构体系、治理功能体系、制度体系、方法体系、运行体系的综合体①。有学者从治理主体的角度提出，国家治理体系就是政党、政府、企业、政治团体、社会组织、公民等多方面主体有机构成的联系系统。② 有学者从公共问题解决出发，认为国家治理体系就是"政府民众一起面对问题"③。这些从不同角度对国家治理体系具象意义上的理解和解读，为把握国家治理体系的含义提供了很大启发。

另一方面，对于国家治理体系本质含义的解读和把握，有必要在此具象意义基础上，进一步深入发掘其本质规定性，进行理论抽象和解读。有学者就此指出："国家治理体系是指国家层面总的系统，这个治理体系的范围包含经济、政治、社会、文化、生态等。更重要的是，国家治理体系是一个结构，实际上就是权利、责任和利益的统一。"④ 这一看法为人们从抽象意义上把握国家治理体系提供了思路。沿着这一路径，笔者从社会政治的本质规定性及其内容出发，对于国家治理体系的本质含义作进一步解读。

历史唯物主义认为，包括国家治理在内的社会政治现象本质上是一种特定的社会关系，是"在特定社会经济关系及其所表现的利益关系基础上，社会成员通过社会公共权力确认和保障其政治权利，进而实现其利益要求的一种社会关系"⑤。在社会政治关系中，包含着利益、权力和权利三个层面的关系。

（1）利益关系。在社会生活中，社会成员构成了经济和社会关系，而

---

① 陶希东：《国家治理体系应包括五大基本内容》，《学习时报》2013 年 12 月 30 日。

② 参见吴兴人《从国家统治到国家治理》，2013 年 11 月 13 日，东方网：http：//pinglun. eastday. com/p/20131113/ula7772485. html。

③ 《专家析国家治理体系：强调政府民众一起面对问题》，2013 年 11 月 21 日，中国新闻网：http：//www. chinanews. com/gn/2013/11 – 21/5529956. shtml。

④ 《建设国家治理体系核心是统一权责利》，2013 年 11 月 14 日，中国广播网：http：//fi-nance. cnr. cn/txcj/201311/t20131114_514130306. shtml。

⑤ 王浦劬等：《政治学基础》，北京大学出版社 2006 年版，第 1 页。

如同恩格斯指出的那样，"每一个社会的经济关系首先是作为利益表现出来"。① 因此，社会经济关系及其衍生的社会关系，本质上都体现为社会成员之间的利益关系。

在社会生活中，社会成员的利益要求和利益关系，呈现结构性状况。社会成员不同的社会关系属性、内容、层次等，使得社会成员的利益要求呈现不同的结构性构成状态；在利益关系方面，社会成员利益要求和内容的不同联系，使得利益关系呈现结构性状况。因此，利益关系及其结构成为国家治理体系的基础。为此，"推进任何一项重大改革，都要站在人民立场上把握和处理好涉及改革的重大问题，都要从人民利益出发谋划改革思路、制定改革举措。"②

（2）政治权力关系。政治权力是国家治理的凭借。在社会利益关系结构基础上，政治权力主体与客体构成特定的约束关系和权力结构，在现代社会生活中，形成政治权力与市场、社会之间的结构关系。同时，政治权力自身因其不同的功能而形成立法、行政、司法权力结构，因其不同的层级而形成中央与地方的权力结构。这些纵横交错的权力关系结构，统一构成了政治权力整体体系，由此成为系统化、科层化和结构化的国家治理体系的权力组成部件。

在社会政治和国家治理活动中，政治权力自身通常是权力、责任和职能的有机结合，权能与治理的匹配，是政治权力有效运行和实施治理的特性。同时，政治权力本质上是力量对比和制约关系，由此决定了政治权力关系在国家治理和运行中体现为权威体系和机制。

（3）公民权利关系。公民权利是国家治理体系的法定基础。权利是在特定的经济社会关系及其体现的利益关系基础上，由社会公共权力确认和保障的社会成员和特定社会力量主张其利益的法定资格。权利的内容是对于利益实现和分配的主张，形式是社会成员和特定社会力量在社会生活中的法定资格，行为上表现为权利范围内作为与不作为的自主性。

公民权利是权利和义务的统一，包括经济、社会、政治、文化、人身自由、平等等多方面权利。现代国家中，公民权利体系是国家治理体系的

---

① 《马克思恩格斯全集》第 18 卷，人民出版社 1964 年版，第 307 页。
② 《习近平：切实把思想统一到党的十八届三中全会精神上来》，2013 年 12 月 31 日，新华网：http://news.xinhuanet.com/politics/2013 - 12/31/c_118787463.htm。

有机构成内容。

由此可见，在本质意义上，国家治理体系是社会利益关系、政治权力关系和公民权利关系相互联系、整体构成的有机系统。

2. 国家治理体系的内容构成

在社会政治和治理实践中，国家治理体系的本质现实地体现为国家治理制度体系主导、国家治理行动体系和价值体系与之匹配、紧密相连、三位一体的系统。

所谓制度体系，实际是政治权力确立和运行的规则，也是政治权力与公民权利互动的规则和机制。在当今中国，它是指"在党领导下管理国家的制度体系，包括经济、政治、文化、社会、生态文明和党的建设等各领域体制机制、法律法规安排，也就是一整套紧密相连、相互协调的国家制度"①。显然，它既包含国家的政治经济根本制度和基本制度，国家的社会文化制度，也包含实现这些制度所要求的体制机制和法律法规；既包含国家政治运行的规则体系，也包含国家治理运行的组织体系。

所谓行动体系，实际是政治权力主体与公民权利主体之间的双向互动体系。② 在国家治理活动中，其具体体现为政治统治、管理、教育、规制、领导、决策、协调、组织、协同、指挥和监督等政治权力指向公民权利的权力行为，也体现为政治选举、投票、参与、协商、沟通、表达、监督、诉愿等公民权利指向政治权力的行为。

所谓价值体系，是政治权力确立、维护和运行的思想理念、价值规范和道德规范的总体构成，也是公民权利得以确认和保障的价值体系。它首先是指国家治理的主导意识形态和核心价值体系，同时，也包括治理文化、公共伦理和社会心理。所有这些，构成了国家治理的思想和精神形态，成为国家治理的价值体系。

从现代社会生活和国家治理的实践来看，"领导制度、组织制度问题更带有根本性、全局性、稳定性和长期性"③。因此，制度具有至关重要的决定性意义和作用。同时，从全面深化改革的总目标出发，从完善和发展中国特色社会主义制度的实施出发，体制机制也具有改革的可操作性。

---

① 《习近平：切实把思想统一到党的十八届三中全会精神上来》，2013 年 12 月 31 日，新华网：http://news.xinhuanet.com/politics/2013-12/31/c_118787463.htm。

② 参见 [美] 戴维·伊斯顿《政治生活的系统分析》，王浦劬主译，人民出版社 2012 年版。

③ 《邓小平文选》（第 2 卷），人民出版社 1994 年版，第 333 页。

"中国的治理及其发展的出发点和归宿常常指向制度的变迁。因此，通过政策创新实现制度和机制创新，被视为治理的路径选择"①，也是改革的路径选择。因此，在全面深化改革，推进国家治理体系现代化的进程中，国家治理制度体系处于主要地位。

由上分析论述可知，国家治理体系的抽象本质是国家治理体系的利益、权力和权利关系以及结构体系，现实内容是国家治理制度体系。与此同时，它也包含与制度体系密切联系的国家治理行动体系和价值体系。推进国家治理体系的现代化，理当包含着推进所有这些体系的现代化。

3. 国家治理体系现代化的改革指向

在国家治理制度体系意义上，"推进国家治理体系和治理能力现代化，就是要适应时代变化，既改革不适应实践发展要求的体制机制、法律法规，又不断构建新的体制机制、法律法规，使各方面制度更加科学、更加完善，实现党、国家、社会各项事务治理制度化、规范化、程序化"②。"到二〇二〇年，在重要领域和关键环节改革上取得决定性成果……形成系统完备、科学规范、运行有效的制度体系，使各方面制度更加成熟更加定型。"③ 在行为取向和价值体系意义上，国家治理体系现代化是指国家治理体系达成富强、民主、文明、和谐、自由、平等、公正、法治、爱国、敬业、诚信、友善的行为取向和价值及其均衡和谐。

党的十八届三中全会公报和《决定》深刻指出和阐述了全面深化改革的六个"紧紧围绕"④。全会公报和《决定》还指出，经济体制改革是全面深化改革的重点，核心问题是处理好政府和市场的关系，使市场在资源配置中起决定性作用和更好发挥政府作用。在此基础上，牵引各方面体制机制的全面协同深化改革。

完善和发展中国特色社会主义制度，推进国家治理体系现代化的改革进程，就是在此前提下，以创新优化体制机制的问题解决为导向，通过国家治理制度体系的改革、创新和优化，推动国家治理体系本质内容的调

---

① 王浦劬：《政道与治道》，中国出版集团、中华书局 2013 年版，第 66 页。
② 《习近平：切实把思想统一到党的十八届三中全会精神上来》，2013 年 12 月 31 日，新华网：http://news.xinhuanet.com/politics/2013 - 12/31/c_118787463.htm。
③ 《中共中央关于全面深化改革若干重大问题的决定》，人民出版社 2013 年版，第 7 页。
④ 参见《中共中央关于全面深化改革若干重大问题的决定》，人民出版社 2013 年版，第 3—5 页。

整、改革、创新和优化，进而带动和推进国家治理行动体系和价值体系的创新优化和切实落实，从而实现国家治理体系的现代化。

分析公报和《决定》的内容可知，国家治理体系现代化的改革指向，主要体现在如下方面：

（1）坚持和完善中国共产党领导。包括加强和改善党的领导，充分发挥党总揽全局、协调各方的领导核心作用，建设学习型、服务型、创新型的马克思主义执政党，提高党的领导水平和执政能力，实现科学执政、民主执政和依法执政；强化有力的组织保证和人才支撑。

（2）坚持和完善我国的根本和基本经济政治制度以及文化价值体系。毫不动摇巩固和发展公有制经济，坚持公有制主体地位，发挥国有经济主导作用，不断增强国有经济活力、控制力、影响力；毫不动摇鼓励、支持、引导非公有制经济发展，激发非公有制经济活力和创造力；完善产权保护制度；积极发展混合所有制经济。

紧紧围绕党的领导、人民民主和依法治国的有机统一，以保证人民当家做主为根本，坚持和完善根本和基本政治制度，推动人民代表大会制度与时俱进；推进协商民主广泛多层制度化发展；发展基层民主。

坚持社会主义先进文化前进方向，坚持中国特色社会主义文化发展道路，培育和践行社会主义核心价值观，巩固马克思主义在意识形态领域的指导地位，巩固全党全国各族人民团结奋斗的共同思想基础。[1] 在国家、社会和公民个人层面，培育富强、民主、文明、和谐、自由、平等、公正、法治、爱国、敬业、诚信、友善的核心价值。

（3）实施全面协同改革，创新和优化国家治理的体制机制。《决定》关于体制机制的创新优化，涉及经济、政治、社会、文化、军事、生态等方面，内容丰富深刻。从国家治理制度体系现代化的角度来看，这些举措本质上是为了实现人民的利益要求和福祉，优化国家治理体系的利益基础结构，"如果不能给老百姓带来实实在在的利益，如果不能创造更加公平的社会环境，甚至导致更多不公平，改革就失去意义，也不可能持续"[2]，在现实性上，它们体现为国家治理制度体系现代化面临的问题和改革着力

---

① 此为十八届三中全会公报和《中共中央关于全面深化改革若干重大问题的决定》的权威性表述。参见《中共中央关于全面深化改革若干重大问题的决定》，人民出版社 2013 年版。

② 《习近平：切实把思想统一到党的十八届三中全会精神上来》，2013 年 12 月 31 日，新华网：http：//news. xinhuanet. com/politics/2013－12/31/c_118787463. htm。

点，其内容可以归纳为两大方面：

第一，完善和发展一个中心、多方参与、协同治理的治理主体体系。在中国共产党总揽全局、统筹各方的领导体制下，构建政党、政府、企业、社会组织和公民多方共同参与、协同治理的多主体治理体系。在这其中，坚持党的领导地位，完善党的执政方式，同时，明确人民是改革的主体，是治国理政的主体，改革一切阻碍科学民主依法治理的体制机制，释放企业、市场和社会活力，使得企业、社会组织和公民积极参与国家治理，构建一元主导、多方参与的协同治理体系。

第二，围绕政治权力机制与公民权利机制的有机构成和整体联系，具体实现政治权力机制、市场交换机制、民主治理机制和社会自治机制的优化及其相互交叉创新，构建多重机制和方式交互复合作用的治理机制。

首先，优化政治权力和权威机制。在这其中，重点是优化政治权力、责任和职能合理配置，优化财政税收体制机制，优化权力的运行方式，优化权力相互制约而又相互协调的运行机制，优化反腐倡廉权力机制，把权力关进制度的笼子里；建设职能科学、结构优化、廉洁高效、人民满意的法治政府和服务型政府，包括责任政府、廉洁政府、简朴政府、透明政府、效能政府、协同政府、民生政府和创新政府。同时，加快完善互联网管理领导体制机制和安全工作体制机制。[1]

其次，创新和优化公民权利实现和维护机制。在这其中，重点是公民权利与义务的合理配置，创新和优化市场交换、民主治理和社会自治机制。在创新优化市场交换机制方面，包括完善现代市场体系、规则、机制；建立城乡统一的建设用地市场；完善金融市场体系；深化科技体制机制改革；建立健全现代文化市场体系。在创新优化民主治理机制方面，《决定》具有十分丰富的内容，涉及人大、政协、新型智库、基层民主治理，也涉及健全城乡发展一体化体制机制、健全自然资源资产产权制度和用途管制制度、合理有序的收入分配格局和更加公平可持续的社会保障制度等民生权利机制。[2] 为此，有学者认为，"可以用'治理民主'理论解读《决定》"。[3] 在创新优化社会自治机制方面，包括创新社会治理，增强

---

① 参见《中共中央关于全面深化改革若干重大问题的决定》，人民出版社 2013 年版。

② 同上。

③ 杨光斌：《〈决定〉体现"治理民主"》，《环球时报》2013 年 11 月 19 日。

社会发展活力，提高社会治理水平，改进社会治理方式；激发社会组织活力；创新有效预防和化解社会矛盾体制；健全公共安全体系；构建现代公共文化服务体系等。[①]

最后，构建和创设政治权力与公民权利良性协同交叉互动的混合机制。在政府、市场和社会治理方面，构建政治权力、市场和社会自治机制交叉组合形成的治理机制；在教育、医疗、就业等方面，以结合交叉互动的多种机制提供优质公共服务；在民主治理方面，形成国家治理、政府治理、社会治理和环境治理体系和过程中党内民主与人民民主、政治民主与社会民主、实质民主与程序民主、票决民主与协商民主、选举民主与治理民主、间接民主与直接民主有效治理结合的机制。

（4）推进法治中国建设。国家治理体系的法治化，是建设法治中国的根本内容和目标，也是国家治理体系的现代化体现。为此，坚持依法治国、依法执政、依法行政共同推进，坚持法治国家、法治政府、法治社会一体建设，[②] 由此使得国家治理体系的现代化，总体上体现为社会主义法治化和法治国家。

四 准确切实深入领会"国家治理能力现代化"的精要

如果说相对于治理主体而言，国家治理体系，尤其是国家治理制度体系具有客观特性，那么，国家治理能力则集中体现着治理主体的素质和效能。准确切实深入领会"国家治理能力现代化"的精要，同样具有三方面基本问题：

1. 国家治理能力的内涵

国家治理能力，是国家治理主体制定国家治理目标、路径和战略，运行国家治理体系，领导和组织社会成员贯彻实施国家治理要求，驾驭和引领国家治理过程，实现国家治理目标的素养和本领的综合。国家治理能力是国家治理主体思想观念、智力和体力的总和，也是国家治理主体状况与国家治理客观要素的综合，是国家治理过程中所体现的人与制度规则相互

---

① 参见《中共中央关于全面深化改革若干重大问题的决定》，人民出版社 2013 年版。

② 参见《中共中央关于全面深化改革若干重大问题的决定》，人民出版社 2013 年版，第 31—32 页。

作用、相互结合的效能，也是国家治理体系中行为体系、制度体系和价值体系有机结合、相互配合的动能。正如习近平总书记精辟指出的那样："国家治理能力则是运用国家制度管理社会各方面事务的能力，包括改革发展稳定、内政外交国防、治党治国治军等各个方面。"[1]

在政治分析意义上，国家治理能力是由国家治理主体自身或者内化的多种主客观因素和变量构成的。由于我国国家治理主体包括政治权力主体和公民权利主体，因此，国家治理能力是这两方面主体能力的有机结合和融通，其构成要素包括主客观两个方面。

就主观要素而言，政治权力主体治理能力涉及政治权力主体的知识水平、法治思维、品德修养、经验、阅历、性格意志、教育素养、心理素养、体能素质、身份资格、资历、职位、威望、社会形象以及社会声誉等，同时，还涉及其理论、战略与策略、政治组织。而公民权利主体治理能力涉及社会政治和组织、公民对于权利和义务的认知，品格修养、公共理性、公共道德、心理素养、文化教育、法治思维、权利资格以及行使和维护权利的方式。

就客观要素而言，主要包括主客体各自对于生产资料、社会财富、人力、财力、物力和技术信息等治理资源的有效拥有、汲取、运行和运用，对于合适有效的国家机器的运行，对于治理制度机制和公共政策的建构、制定和运行，对于社会文化传统和价值体系的有效运用和运行。

2. 国家治理能力的基本构成

就其本质而言，国家治理能力是国家治理主体基于国家和公共利益的实现要求，在治理过程和治理结果中体现出来的，把各方面制度优势转化为管理国家的效能的素养、素质和本领。因此，国家治理能力产生于国家治理利益需求，表现为对国家治理需求的满足及其满足程度，就此而言，国家治理能力是政治权力和公民权利与国家治理需求之间关系及其状况的能力和绩效的体现。

在社会政治和国家治理活动中，国家治理能力的外延形态是多种多样的，根据当代中国国情和政情，国家治理体系中政治权力主体的国家治理能力主要包括：

---

[1] 《习近平：切实把思想统一到党的十八届三中全会精神上来》，2013 年 12 月 31 日，新华网：http://news.xinhuanet.com/politics/2013－12/31/c_118787463.htm。

（1）作为执政党的中国共产党的执政能力。主要是中国共产党执掌国家政权、运行国家治权的能力。中国共产党执政能力主要是指党在执政过程中驾驭社会主义市场经济的能力、发展社会主义民主政治的能力、建设社会主义先进文化的能力、构建社会主义和谐社会的能力、应对国际局势和处理国际事务的能力。①

（2）领导能力。政治权力主体在国家治理过程中的领导能力，集中体现为主导和有效运行国家意识形态和核心价值体系，引领人民群众实现国家利益要求，达成国家治理目标的能力。具体地讲，包括政治权力主体的公信力，即获得和深化社会成员和人民群众对于政治权力主体及其行为、政治制度和核心价值体系的认同和信任的能力；确定社会和国家发展方向和路径的能力；政治组织能力；政治动员和感召能力等。除此之外，领导能力还包含创新改革能力，即随着治理环境和任务的变化，自觉主动适应变化和发展，改革和创设国家治理体制机制和相关政策的能力。

（3）决策能力。包括政治权力主体在国家治理过程中，分析判断和正确把握实际情况和矛盾问题的能力；确定国家治理的目标，制定实现目标的战略策略和政策方针的能力；针对各种问题和矛盾，完善、改革、创设和制定特定制度机制和政策方针并且加以解决的能力；应对突发情况和问题，制定对策和实施处置的能力；针对不同的权力功能要求决策，比如立法决策、行政决策和司法决策的能力以及选择性决策的能力。

（4）执行能力。国家治理中的权力执行能力，是把治理国家的指导思想、思想观念、价值取向、战略策略、制度机制、政策方针和实施方案转变成权力主体自身与人民群众的国家治理行为，进而把这种行动变成国家治理结果，实现国家治理目标的能力。国家治理的执行能力体现为贯彻治理决策的能力，涉及准确把握决策目标和意图，坚定实施决策的决心、信心和意志，明确执行治理的难点和重点，运作、调动和配置资源的能力；把决策转化为人民群众的自觉行动以及因时因地地执行决策的权变能力。同时，还涉及协同不同的执行主体关系和行动，协调社会成员和市场主体政治经济社会关系，化解经济政治社会矛盾，排除威胁和干扰，使得国家朝着治理规划和决策目标前行发展的能力。在特定的制度条件下和制度创新

① 参见《中共中央关于加强党的执政能力建设的决定》，人民出版社 2004 年版。

过程中，政治权力的执行力则集中体现为落实制度、执行制度的能力。"国家治理能力就是指执行这种制度、落实这种制度的能力。"① 由此可见，执行力本质上是落实决策和制度的能力。

（5）监督能力。国家治理中的权力主体监督能力，是指政治权力主体在国家治理过程中对于公职人员和社会成员监督和规范的能力。对于公职人员的监督包括对于公职人员和机构的行为及其结果的绩效评估，对于公职人员执行政治权力主体意志、实施治理的违规甚至腐败现象和行为的检查和控制。政治权力主体的监督能力体现在监督制度设置、标准制定、行为实施等方面。对于社会成员行为的监督和规范通常表现为对于社会成员的督导和规约，具体体现为政治权力主体的行政能力和司法能力。

在当今中国，国家治理体系中公民权利主体是多方面的，主要包括参政党、社会组织和公民等，它们的参与治理能力，在公民权利意义上构成了国家治理的能力。

（1）参政党的参政议政能力。我国民主党派和无党派人士的参政议政能力，是参政党整体素质的体现，它集中体现为在中国共产党领导的多党合作和政治协商过程中，"在坚持中国特色社会主义道路、理论体系、制度的共同思想政治基础上……平等议事，求同存异，通过不同意见的沟通、彼此的尊重促进团结，总的目标是增进共识、凝聚人心、形成合力，使政协这一爱国统一战线的组织始终充满生机和活力"。② 具体体现为围绕中心、服务大局，求真务实、深入调研，发现问题、解决问题，团结各方、形成合力，发扬民主、有效监督的能力。③

（2）社会组织参与治理能力。社会组织参与治理的能力，是社会组织多方面特性和素质的综合。有学者把社会组织参与治理的能力具体划分为10个一级指标、30个二级指标，主要包括专业化程度、社会公信力、自我评估、项目规划、资源动员、管理、执行、协调、学习和创造性解决问

---

① 《建设国家治理体系核心是统一权责利》，2013 年 11 月 14 日，中国广播网：http://finance.cnr.cn/txcj/201311/t20131114_514130306.shtml。

② 《十二届全国政协第一期新任委员学习研讨班在京举办 俞正声出席并讲话》，2013 年 11 月 26 日，新华网：http://news.xinhuanet.com/politics/2013−11/26/c_118304962.htm。

③ 汤云燕：《加强能力建设努力提高参政议政水平》，2011 年 7 月 5 日，政协广州市萝岗区委员会门户网：http://zhengxie.luogang.gov.cn/gz33cmsweb/CMShtml/gzcl/xxyt/2011−7/5/117415530086764.html。

题的能力，① 由此细致地构建了社会组织参与治理的能力指标体系。不过，在国家治理意义和层面上，还应该首先强调社会组织对于国家治理指导思想、战略目标、方针政策和法律法规的理解、把握、贯彻和遵循能力，确定国家治理不同类型及其性质要求的能力，参与国家治理、提供公共服务过程中对于法定合同契约的遵循和执行能力。

（3）公民有序参与能力。公民有序参与国家治理，是公民通过各种合法方式参加国家治理过程和活动，影响国家治理体系的构成、运行方式、运行规则和国家治理能力的行为。公民有序参与能力，是公民政治和社会素养的综合体现。在国家治理活动中，其具体体现为公民主观认知能力与实际行动能力。

在主观认知方面，公民有序参与能力主要体现为公民对于国家和公共利益、不同利益关系的认知能力，对于社会公共价值及其个人价值关系的评价和觉悟能力，对于国家治理事务的认识能力，对于国家治理的战略、方针政策的识别判断能力，对于公民权利及其实现方式的知晓能力，对于参与国家治理的体制机制方式方法的了解能力以及对于参与国家治理效果效用的评价能力等。在实际行动能力方面，公民有序参与能力主要体现为公民对于国家治理战略、方向、目标和方针政策的把握能力，遵循和运用国家法律法规和制度体制机制有序参与治理的能力，参与国家治理的方式和技能的把握和实施能力，按照法定治理程序和步骤实施行动的能力。

3. 国家治理能力现代化规范及其测量

国家治理能力的现代化，是国家治理中政治权力主体和公民权利主体运用国家制度法律的能力的现代化。

国家治理的目标是达成国家和公共利益、协调利益矛盾，因此，完善、发展、改革、创新、运用和落实制度体系和体制机制，确定、实现、维护和发展国家和公共利益要求，协调和解决利益矛盾和问题，是国家治理基本能力的集中体现，而实现国家利益和公共利益、解决利益矛盾的程度和结果，则是衡量国家治理能力的根本标尺。就此而言，国家治理能力的现代化，从根本上说，就是在现代化进程中，实现公共利益、协调和解决利益矛盾的能力。按照公报和《决定》的精神，对于当今中国来讲，就

---

① 参见许源源、杨茗《公共治理中社会组织的参与能力研究》，豆丁网：http://www. docin. com/p－643439699. html。

是中国的政治权力主体和公民权利主体在国家治理活动和过程中，全面、系统、协同地深化改革开放，加快发展社会主义市场经济、民主政治、先进文化、和谐社会、生态文明，全面建成小康社会，进而建成富强民主文明和谐的社会主义现代化国家、实现中华民族伟大复兴的中国梦的改革、发展、创新和稳定的能力。

与此同时，如前所述，在现代国家治理过程中，国家治理能力归属多重主体并且由多重要素构成，因此，国家治理能力的现代化，根本上取决于政治权力主体及其发展状况，取决于政治权力主体能力构成的主客观要素状况，取决于公民权利发育及其运行状况，取决于公民权利的主客观构成要素状况。就此而言，国家治理能力的现代化，实际上是构成国家治理主体治理能力的诸多相关要素的现代化。

另外，国家治理能力与国家治理体系，尤其是与国家治理制度体系具有密切关联性。"国家治理体系和治理能力是一个有机整体，相辅相成，有了科学的国家治理体系才能孕育高水平的治理能力，不断提高国家治理能力才能充分发挥国家治理体系的效能。"① 因此，国家治理能力现代化，是政治权力主体、公民权利主体与治理制度体系按照现代化取向不断互动、相互促进的过程。同时，国家治理能力的现代化，也是政治权力主体、公民权利主体按照现代化取向，坚持和发展国家治理价值体系的文化和思想发展的过程，是这些主体在坚持、维护、创新和践行国家治理价值体系，落实和运行国家治理制度体系的过程中，不断改进、更新、提升和强化自身治理能力的发展过程。为此，国家治理制度体系、国家治理主体行动能力和国家治理价值体系，都是国家治理能力现代化的重要影响因素。

在现实性上，国家治理能力往往体现为国家治理的效能和结果，因此，对于国家治理效果的评估，既是对于国家治理结果状况的衡量，也是对于国家治理能力的测量。为此，确立科学合理适切的国家治理评估体系，是认识国家治理能力和状况的依据。在国际范围内，若干国际组织如联合国开发署、经合组织、世界银行等较早建构国家治理评估指标。除此之外，一些大学、研究机构也先后建构了治理评估体系。据世界银行统计，目前经常使用的治理评估指标体系有 140 种左右。此外，若干国家还

---

① 江必新：《推进国家治理体系和治理能力现代化》，《光明日报》2013 年 11 月 15 日。

开发了本国的治理评估体系。

在我国，中央编译局比较政治与经济研究中心在联合国开发计划署和商务部中国国际经济技术交流中心的支持下，于2008年研制发布了"中国治理评估框架"，包括12个方面的基本内容和指标，即公民参与、人权与公民权、党内民主、法治、合法性、社会公正、社会稳定、政务公开、行政效益、政府责任、公共服务、廉洁。① 2012年，中央编译局与清华大学合作，在北京联合发布"中国社会治理评价指标体系"，包括1个一级指标即中国社会治理指数，6个二级指标即人类发展、社会公平、公共服务、社会保障、公共安全和社会参与，以及35项三级指标，其中，三级指标包括29个客观指标和6个主观指标。② 这些研究及其成果，对于衡量国家治理能力现代化，具有重要学术参考价值。

党的十八届三中全会公报和《决定》对于中国社会全面深化改革进行了总体部署，在经济、政治、社会、文化、生态体制机制和党的制度建设方面，体现着全面深化改革的指向。根据全会公报精神和《决定》内容，基于中国改革开放和现代化进程，进一步优化建构我国的国家治理能力评估指标体系，是社会科学工作者面临的重要课题。

---

① 《"中国治理评估框架"12个标准发布推进中国善治》，2008年12月15日，人民网：http：//politics. people. com. cn/GB/1026/8521114. html。其具体内容见中国政府创新网：http：//www. chinainnovations. org/yanjiuhuicui/20131119/587. html。

② 《中国发布社会治理评价指标体系》，2012年6月29日，人民网：http：//politics. people. com. cn/n/2012/0629/c70731－18413170. html。

全面深化改革必须把握正确方向

唐洲雁

全面深化改革是以习近平为总书记的新一届中央领导集体，为团结带领人民"进行具有许多新的历史特点的伟大斗争"做出的重大战略决策之一，其广泛性、深刻性前所未有，其敏感程度、复杂程度也前所未有。当前，如何凝聚共识、汇集力量，关键是要认真贯彻落实党的十八届三中全会、四中全会精神，正确认识全面深化改革是有方向、有立场、有原则的，始终坚持党的正确领导，毫不动摇地沿着正确方向不断推进改革、全面深化改革。

一　全面深化改革必须始终高举中国特色社会主义旗帜

旗帜就是方向，旗帜就是形象。无论是革命、建设，还是改革，方向问题都至关重要。全面深化改革，当然也必须坚持正确的方向。这个方向，就是要始终高举中国特色社会主义伟大旗帜。

毛泽东曾经说过："主义譬如一面旗子，旗子立起来了，大家才有所指望，才知所趋赴。"① 在全面深化改革的历史新时期，举什么旗，走什么路，坚持什么方向，决定着改革的性质和最终成败。回顾改革开放以来的奋斗历程，我们之所以能够取得举世瞩目的历史性成就，根本原因就在于坚持了中国特色社会主义的正确方向，排除各种干扰，确保改革不变质、不走样。可以说，30 多年来，我们党始终把"一个中心、两个基本点"统一于现代化建设的伟大实践，既以四项基本原则保证改革开放的正确方向，又通过改革开放赋予四项基本原则新的时代内涵，使中国特色社会主

---

① 《毛泽东早期文稿》，湖南出版社 1995 年版，第 87 页。

义成为充满发展生机和创新活力的"中国模式"。相比之下，苏联、东欧等前社会主义国家的"改革"之所以遭到惨痛失败，根本原因就在于他们改革的方向跑偏了，改革的路子走歪了，不仅没有完善和发展社会主义制度，巩固和壮大社会主义事业，反而颠覆了社会主义制度，葬送了社会主义事业。有鉴于此，习近平总书记反复强调："中国是一个大国，决不能在根本性问题上出现颠覆性错误。"① 这里所说的颠覆性错误，指的就是根本性、方向性错误。我们不仅要避免这样的错误，而且要通过全面深化改革，使中国特色社会主义比当代资本主义更有效率，更能激发全体人民的积极性、主动性、创造性，更能在竞争中赢得比较优势，确保新一轮的改革始终沿着正确方向前进。

全面深化改革必须高举中国特色社会主义旗帜，是由我国的基本国情决定的。我们一定要准确把握十八届三中全会提出的改革新思想、新论断、新举措，按照四中全会精神全面推进依法治国，促进国家治理体系和治理能力现代化，对那些能改的、该改的，要一改到底；对那些不能改的，特别是有关中国特色社会主义基本制度、基本路线、基本纲领等，要始终坚持，一以贯之。

二 全面深化改革必须始终坚持和发展中国特色社会主义理论体系

党的十八届三中全会在对全面深化改革作出战略部署时，特别强调要巩固马克思主义在意识形态领域的指导地位，巩固全党全国各族人民团结奋斗的共同思想基础。这是确保全面深化改革沿着正确方向推进的必要前提。

巩固马克思主义在意识形态领域的指导地位，关键是要始终坚持和发展中国特色社会主义理论体系。马克思主义的基本原理和方法论，为我们认识分析事物提供了正确的立场、观点和方法。但是，马克思主义并不是僵化的、一成不变的。那种把马克思主义经典作家的个别词句和论断当作是"金科玉律"的教条，看起来好像是"坚持"了马克思主义，实际上却

---

① 《深化改革开放 共创美好亚太——习近平在亚太经合组织工商领导人峰会上的演讲》，《人民日报》2013 年 10 月 8 日。

背离了马克思主义。

坚持以马克思主义为全面深化改革的根本指导思想，必须坚持它的基本原理和方法论，并把它与具体实际紧密结合起来。为此，习近平总书记要求全党都要认真学习马克思主义哲学，特别是历史唯物主义，要努力把马克思主义哲学作为自己的看家本领，掌握科学的世界观和方法论，更好地认识规律，更加能动地推进全面深化改革等方面的工作。① 这是以科学态度对待马克思主义、运用马克思主义的典范。

改革开放的伟大实践是不断创新发展的，指导改革开放事业的理论也必然是不断创新发展的。在30多年来改革开放的接力探索中，我们党取得了邓小平理论、"三个代表"重要思想和科学发展观等一系列重大理论成果，形成了中国特色社会主义理论体系。面对全面深化改革的艰巨任务，我们只有坚持以中国特色社会主义理论体系为指导，"中国号"巨轮才能战胜各种艰难险阻，始终破浪前行。

坚持以中国特色社会主义理论体系为指导，全面深化改革，必须深入学习、认真领会十八大以来习近平总书记系列重要讲话精神。这些重要讲话，内容涉及改革发展稳定、内政外交国防、治党治国治军各个方面，是新的历史条件下我们治国理政的行动纲领，是坚持和发展中国特色社会主义的最新理论成果。我们一定要充分认识讲话的重大政治意义、理论意义、实践意义和方法论意义，以高度的自觉性和坚定性，认真、系统、深入学习贯彻，切实把思想和行动统一到讲话精神上来，落实到全面深化改革的具体实践当中，在不断推动经济社会发展中增强我们的理论自信。

三 全面深化改革必须始终坚持和拓展中国特色社会主义道路

在全面深化改革的大背景下，要始终坚持正确的方向，就必须继续坚定不移地走中国特色社会主义道路。

既不走封闭僵化的老路，也不走改旗易帜的邪路，是30多年来我们党成功领导改革开放取得的宝贵经验。党的十一届三中全会前后，在中国

---

① 《推动全党学习和掌握历史唯物主义　更好认识规律更加能动地推进工作》，《人民日报》2013年12月5日。

向何处去的重大历史关头，摆在我们面前有三条路：一条是老路，那就是固守传统社会主义模式，继续肯定"文化大革命"极左错误的道路；一条是邪路，那就是借口纠正"文化大革命"的错误而从根本上否定社会主义的道路。我们党以巨大的政治勇气和智慧，既拒绝走老路，又拒绝走邪路，带领人民通过改革开放开辟出一条崭新的中国特色社会主义道路。

20世纪80年代末90年代初，国际国内发生严重政治风波，当时摆在我们面前的也有三条路：一条是回头走老路，那就是改革开放前的道路；一条是跟着走邪路，那就是苏东社会主义国家垮台的道路。在命运攸关的重大历史关头，我们党再次拒绝了回头的路和垮台的路，带领人民毫不动摇继续走改革开放的新路，社会主义中国进一步呈现出勃勃生机，大踏步赶上了世界进步的时代潮流。

当前，我国改革发展再一次处于重要历史关头。面对全面深化改革的新形势新任务，国内外各种思潮相互激荡，各种力量竞相发声，并开出各式各样的"改革药方"。有些人念念不忘回到封闭僵化的老路上去，认为只有走传统社会主义道路才能解决当代中国的现实问题和复杂矛盾；有些人则企图把改革引导到改旗易帜的邪路上去，无非是搞多党轮流执政、三权鼎立、两院制那一套，其实质是否定中国共产党领导和我国社会主义制度。对此，我们必须始终保持高度警惕，不为各种错误观点所迷惑，不为各种干扰纷争所左右。正如习近平总书记指出的那样："我们要虚心学习借鉴人类社会创造的一切文明成果，但我们不能数典忘祖，不能照抄照搬别国的发展模式，也绝不会接受任何外国颐指气使的说教。"① 现在，有些人议论这个道路、那个道路，有的想把我们拉回到老路上去，有的是想把我们引导到邪路上去；有的是思想认识误区，有的则是别有用心。对此，我们要始终保持头脑清醒，坚定不移走中国特色社会主义道路。

中国特色社会主义道路是永无止境的前行之路。它既是实践之路，又是创新之路。实践发展永无止境，解放思想永无止境，中国特色社会主义道路也必须与时俱进不断丰富和拓展。党的十八届三中全会作出全面深化改革重大战略部署，就是要紧紧围绕使市场在资源配置中起决定性作用深化经济体制改革，不断拓展中国特色社会主义经济发展道路；紧紧围绕坚

---

① 习近平：《在纪念毛泽东诞辰120周年座谈会上的讲话》，《人民日报》2013年12月27日。

持党的领导、人民当家做主、依法治国有机统一深化政治体制改革，不断拓展中国特色社会主义政治发展道路；紧紧围绕建设社会主义核心价值体系、社会主义文化强国深化文化体制改革，不断拓展中国特色社会主义文化发展道路；紧紧围绕更好保障和改善民生、促进社会公平正义深化社会体制改革，不断拓展中国特色社会主义社会发展道路；紧紧围绕建设美丽中国深化生态文明体制改革，不断拓展中国特色社会主义生态文明发展道路；紧紧围绕提高科学执政、民主执政、依法执政水平深化党的建设制度改革，不断拓展中国特色社会主义执政党建设道路。在此基础上，十八届四中全会进一步提出要坚定不移走中国特色社会主义法治道路，促进国家治理体系和治理能力现代化，建设社会主义法治国家。

在全面深化改革中坚持和拓展中国特色社会主义道路，是时代赋予当代中国共产党人的光荣使命。当前，我们所处的国际国内环境发生深刻变化，推进改革发展的任务比过去更为复杂、更为艰巨。对此，我们必须要有逢山开路、遇河架桥的精神，以更大政治勇气和政治智慧全面深化改革，敢于啃硬骨头，敢于涉险滩，敢于闯难关，着力解决我国发展中的一系列突出矛盾和问题，着力化解来自各个方面的风险和挑战，不断丰富和拓展中国特色社会主义道路，不断赋予中国特色社会主义道路以新的实践特色、理论特色、民族特色、时代特色。

四　全面深化改革必须始终坚持和完善中国特色社会主义制度

全面深化改革是为了使我们各方面制度更加成熟、更加定型。中国特色社会主义制度，是由根本层面的制度、基本层面的制度、具体层面的制度组成的，坚持和完善这一制度体系，要正确处理好"变"与"不变"的关系。其中根本制度和基本制度事关国家根基、人民福祉，必须毫不动摇地坚持和完善，须臾不可背弃或偏离；具体制度特别是各种体制机制，必须根据经济社会领域的新情况新变化，及时加以改革创新，与时俱进地发展。

十八届三中全会明确提出，全面深化改革的总目标是完善和发展中国特色社会主义制度，推进国家治理体系和治理能力现代化。十八届四中全会在阐述全面推进依法治国的总目标时，也把"在中国共产党领导下，坚持中国特色社会主义制度"① 作为首要的一条。习近平总书记则进一步强调指出："中国特色社会主义制度是中国特色社会主义法制体系的根本制度基础，是全面推进依法治国的根本制度保障。"② 事实上，新中国成立以来，特别是改革开放以来，我们党带领人民在坚持社会主义根本制度和基本制度的前提下，对建立在这些制度基础之上的经济体制、政治体制、文化体制、社会体制等各项具体制度进行了革命性变革，逐步形成了中国特色社会主义制度体系，为推进国家治理体系和治理能力现代化奠定了坚实基础，彰显了中国特色社会主义的巨大优越性和强大生命力。

但是，这并不意味着中国特色社会主义制度就已经尽善尽美，就不需要进一步完善了。早在 1992 年年初，邓小平在南方谈话中就指出，恐怕再有三十年的时间，我们才会在各方面形成一整套更加成熟、更加定型的制度。③ 随着时代发展和形势变化，改革开放之初形成的某些体制机制的弊端日益凸显，正越来越成为发展社会生产力、激发社会创造活力的桎梏。为此，我们必须按照十八届三中全会提出的，到 2020 年"形成系统完备、科学规范、运行有效的制度体系，使各方面制度更加成熟更加定型"的改革时间表，牢牢抓住未来六七年仍然大有可为的重要战略机遇期，坚持"六个紧紧围绕"，全面深化经济体制、政治体制、文化体制、社会体制、生态文明体制和党的建设制度改革，坚决破除一切妨碍经济社会发展进步的体制机制障碍，不断完善和发展中国特色社会主义制度，为推进国家治理体系和治理能力现代化提供根本制度保障。

完善和发展中国特色社会主义制度与推进国家治理体系和治理能力现代化，是并行不悖、相辅相成的，两者统一于中国特色社会主义伟大实践。一方面，国家治理体系和治理能力现代化是在中国特色社会主义制度框架内向前推进的，中国特色社会主义制度维系着国家治理体系有序有效运转，规定着国家治理体系和治理能力现代化的性质和发展方向。没有中国特色社会主义制度的完善和发展，就根本谈不上国家治理体系和治理能力现代化。另一方面，中国特色社会主义制度是在国家治理体系和治理能

---

① 《中共中央关于全面推进依法治国若干重大问题的决定》，《人民日报》2014 年 10 月 29 日。

② 习近平：《关于〈中共中央关于全面推进依法治国若干重大问题的决定〉的说明》，《人民日报》2014 年 10 月 29 日。

③ 参见《邓小平文选》（第 3 卷），人民出版社 1993 年版。

力现代化过程中不断丰富、发展和完善的。只有着力推进国家治理体系和治理能力现代化,不断维护社会公平正义、激发社会创造活力、化解社会矛盾、增进人民福祉,才能不断赋予中国特色社会主义制度以新的时代内涵,并真正体现其超越资本主义制度的优越性。

在全面深化改革中坚持和完善中国特色社会主义制度,既要坚持社会主义基本原则不动摇,坚守社会主义基本制度这条底线不含糊;又要大刀阔斧革除现有体制机制弊端,不断完善和发展中国特色社会主义制度,推进国家治理体系和治理能力现代化。唯有如此,全面深化改革的总目标才能如期实现。

五 全面深化改革必须始终坚持以社会主义核心价值观为引领

改革不仅关系着国家、民族的前途命运,也关系着人民群众的切身利益。全面深化改革必须始终坚持一切为了人民、一切依靠人民的正确价值导向,需要广大人民群众的积极参与和大力支持,需要社会主义核心价值观的积极引领。可以说,自觉培育、积极践行社会主义核心价值观,不仅有利于不断增强人民群众对全面深化改革的认同感和责任感;而且有利于化解社会矛盾,统筹协调各种利益关系,不断凝聚和扩大社会共识,为全面深化改革营造良好的社会舆论环境,在全社会形成期盼改革、谋划改革、推动改革的良好舆论氛围,为确保如期完成各项改革任务、实现全面建成小康社会目标提供重要精神保证。

一个社会追求什么,与核心价值观的导向和引领有着直接的关系。没有核心价值观的支撑,社会将迷失前进方向、失去精神根基。特别是改革进入攻坚期和深水区后,最难啃的骨头就是突破利益固化的藩篱,人们最大的诉求就是创造公平公正的环境。只有通过培育和践行社会主义核心价值观,才能在多元中立主导,在交流交融中谋共识,有力推动形成既有国家统一意志又有个人心情舒畅、既包容多样又有力抵制各种错误思潮和腐朽思想、既坚守基本思想道德又向着更高目标迈进的生动局面。

在推动全面深化改革,进而推进中国特色社会主义事业、实现中华民族伟大复兴中国梦的新的历史条件下,培育和践行社会主义核心价值观意义重大,不仅有利于中国特色社会主义制度的完善发展,而且有利于推进国家治理体系和治理能力的现代化。可以说，培育和弘扬社会主义核心价值观，有效整合社会意识，是社会系统得以正常运转、社会秩序得以有效维护的重要途径，是国家治理体系和治理能力的重要方面。因此，能否构建具有强大感召力的核心价值观，关系社会和谐稳定，关系国家长治久安。

六 全面深化改革必须始终坚持和完善党的领导

办好中国的事情，关键在党。一个忠实地代表人民利益、国家利益和民族利益的强大政党，是中国特色社会主义事业不断取得胜利的重要前提，也是今后推进全面深化改革的根本保证。

中国共产党的领导地位不是自封的，而是经过长期艰苦卓绝的努力并付出巨大的牺牲确立的，是在社会主义建设和改革中不断得以巩固的，因而是历史的选择、人民的选择。新中国成立 65 年来，特别是改革开放 30 多年来，我们之所以能取得举世瞩目的成就，一个最根本的原因就在于有中国共产党的坚强领导，在于这个党能够团结带领人民始终坚持正确的改革方向和改革立场，排除各种困难干扰，抵御各种风险挑战，确保改革不变质、不走样。不仅新时期的改革是这样，社会主义法治建设其实也是这样。对此，十八届四中全会通过的《关于全面推进依法治国若干重大问题的决定》指出："把党的领导贯彻到依法治国全过程和各方面，是我国社会主义法治建设的一条基本经验。"[1] 可以说，坚持党的领导，是我们根本的历史经验，也是重要的政治原则。

当前，改革已经进入了攻坚期和深水区，全面深化改革的敏感程度、复杂程度前所未有。在这种情况下，必须始终保持改革开放的正确方向，其中最核心的问题仍然是毫不动摇地坚持和改善党的领导。实践表明，要把十几亿人的思想和力量统一和凝聚起来，齐心协力推进全面深化改革、发展中国特色社会主义、实现中华民族伟大复兴，没有中国共产党的坚强统一领导是不可设想的。鉴于全面深化改革是一项复杂的系统工程，中央决定成立全面深化改革领导小组，负责改革总体设计、统筹协调、整体推

---

[1] 《中共中央关于全面推进依法治国若干重大问题的决定》，《人民日报》2014 年 10 月 29 日。

进、督促落实，为的就是更好发挥党总揽全局、协调各方的领导核心作用，保证改革顺利推进和各项改革任务的全面落实。十八届四中全会则进一步强调，党的领导是中国特色社会主义最本质的特征，同时也是社会主义法治最根本的保证。

总之，全面深化改革必须把握正确方向。这就是要始终高举中国特色社会主义伟大旗帜，坚持以中国特色社会主义理论体系为指导，以社会主义核心价值观为引领，不断拓展中国特色社会主义道路，完善中国特色社会主义制度，坚持和完善党的领导，自觉抵制改变中国特色社会主义性质的各种图谋。不管国际风云如何变幻，不管改革的形势如何复杂，我们都要始终坚定中国特色社会主义的道路自信、理论自信和制度自信，以高度的政治责任感、历史使命感和勇于担当意识，认真贯彻落实党的十八大特别是十八届三中全会、四中全会的重大决策部署，锐意进取、攻坚克难。只要我们始终坚持正确方向，广泛凝聚共识，真正形成合力，全面深化改革的各项任务就一定能够完成，"两个100年"的奋斗目标和中华民族伟大复兴的中国梦就一定能够实现！

依法治国与完善和发展中国特色社会主义制度

肖贵清

党的十八届四中全会审议通过了《中共中央关于全面推进依法治国若干重大问题的决定》。"认为全面建成小康社会、实现中华民族伟大复兴的中国梦，全面深化改革、完善和发展中国特色社会主义制度，提高党的执政能力和执政水平，必须全面推进依法治国。"[①] 法治是国家治理现代化的根本标志，全面推进依法治国是实现国家治理体系和治理能力现代化的根本途径，完善和发展中国特色社会主义制度则保证了依法治国的正确方向。深入分析依法治国与完善和发展中国特色社会主义制度之间的关系，对于推进法治中国建设，完善和发展中国特色社会主义制度，促进国家治理体系和治理能力现代化具有十分重要的意义。

一 依法治国是党领导人民治理国家的基本方略

党的十五大确立了依法治国的基本方略。九届全国人大二次会议将其载入宪法，成为治国的宪法原则和目标。十七年后，党的十八届四中全会专门研究依法治国问题，并对全面推进依法治国作出重要部署。这是新一届中央领导集体着眼于全面深化改革的大局作出的重大战略决策，反映了党对当前国家经济社会发展状况和人民群众需求的准确把握，体现了新时期党对社会主义民主政治建设认识的深化。

---

① 《中国共产党第十八届中央委员会第四次全体会议公报》，《人民日报》2014 年 10 月 24 日。

1. 坚持党的领导是全面推进依法治国方略的根本前提

中国共产党的领导是中国特色社会主义最本质的特征。坚持党的领导是实施依法治国方略、建设社会主义法治国家的根本保证。经过九十多年的发展，我们党所处的地位和环境，党所肩负的任务，都发生了重大变化。我们党已经从一个领导人民为夺取全国政权而奋斗的党，成为一个领导人民掌握着全国政权并长期执政的党；已经从一个在受到外部封锁的状态下领导国家建设的党，成为在全面改革开放条件下领导国家建设的党。执政地位、执政环境和历史任务的变化，要求我们党改变革命时期的领导方式，采取新的领导方式执政。然而，由于理论准备不足，法律体系不完备，法律意识淡薄，我们党在新中国成立后相当长的一段时间里，仍然沿用革命年代为夺取政权而采用的领导方式来执政，主要依靠群众运动、政策和行政手段来管理国家和经济社会事务。十一届三中全会以后，我们党意识到了转变执政方式和领导方式的重要性。邓小平深刻指出："为了保障人民民主，必须加强法制。必须使民主制度化、法律化，使这种制度和法律不因领导人的改变而改变，不因领导人的看法和注意力的改变而改变。"① 党的十二大通过的党章提出"党必须在宪法和法律范围内活动"。1982 年修订的宪法明确规定："一切国家机关和武装力量、各政党和各社会团体、各企业事业组织，都必须遵守宪法和法律。"执政地位的转变，改革开放的实施，社会主义市场经济体制的确立，都要求我们转变执政方式和领导方式，实行依法治国、依法执政，建设社会主义法治国家。"善于使党的主张通过法定程序成为国家意志，善于使党组织推荐的人选通过法定程序成为国家政权机关的领导人员，善于通过国家政权机关实施党对国家和社会的领导，善于运用民主集中制原则维护党和国家权威、维护全党全国团结统一。"②

2. 实现人民当家做主是全面推进依法治国方略的本质要求

人民民主是社会主义的生命。无论是空想社会主义者还是马克思、恩格斯，都认为未来的社会应该是一个没有剥削、没有特权、人人平等的民主社会。马克思、恩格斯指出："工人革命的第一步就是使无产阶级上升

---

① 《邓小平文选》（第2卷），人民出版社 1994 年版，第 146 页。
② 习近平：《在庆祝全国人民代表大会成立 60 周年大会上的讲话》，《人民日报》2014 年 9 月 6 日。

为统治阶级，争得民主。"① 列宁认为苏联政治建设构想的中心内容和根本任务，就是发展社会主义的新型民主。邓小平提出"没有民主就没有社会主义，就没有社会主义的现代化"。② 党的十二大提出"建设高度的社会主义民主，是我们的根本目标和根本任务之一"。发展社会主义民主必须健全社会主义法制，使社会主义民主制度化、法律化，走依法治国的道路。这是中国共产党深刻总结国际、国内社会主义民主政治建设经验教训所得出的重要结论。无论是东欧剧变、苏联解体，还是"文化大革命"，一个重要原因就在于忽视民主的制度化、法律化，不重视法治。民主作为一种国家形态，必须通过具体的制度和程序来实现，必须具体化为人民的民主权利，否则，就会成为空中楼阁。"权力只有通过制度才能得到实现，只有通过制度，个人和群体的自然权力才能转变为现实权力。"③ 而民主制度、民主权利只有通过法定程序上升为国家意志，转化为国家的宪法和法律，才能得到保障和落实。只有通过法治，才能实现更加广泛、更加充分、更加健全的人民民主，解决好人民最关心最直接最现实的利益问题，凝聚起广大人民群众的智慧和力量。

3. 法治是治国理政的基本方式，要在全面深化改革进程中更好发挥法治的规范和引领作用

我国是人民当家做主的社会主义国家，国家的一切权力属于人民。党和政府的各级领导干部手中的权力都是人民赋予的，只能用来为人民谋利益，而不能用作其他，无论是个人的私利还是少数人的小团体利益。约束权力滥用的唯一方法就是法治，也就是将"权力关进制度的笼子"。真正的法治才能形成有效的权力约束机制和协调机制，扎紧制度的笼子，防止"牛栏关猫"。

改革开放是党在新的历史条件下领导人民进行的新的伟大革命，是当代中国发展进步的活力之源，是党和人民大踏步赶上时代前进步伐的重要法宝，是坚持和发展中国特色社会主义的必经之路。当前，全面建成小康社会进入决定性阶段，改革进入攻坚期和深水区，国际形势复杂多变，我们党面对的改革发展稳定任务之重前所未有，矛盾风险挑战之多前所未

---

① 《马克思恩格斯选集》第1卷，人民出版社2012年版，第421页。
② 《邓小平文选》（第2卷），人民出版社1994年版，第168页。
③ 转引自林红《民粹主义——概念、理论与实证》，中央编译出版社2007年版，第55页。

有。比如，发展不平衡、不协调、不可持续问题依然突出，城乡区域发展差距和居民收入分配差距依然较大，关系群众切身利益的问题依然较多，反腐败斗争形势依然严峻。这就需要更好发挥法治的引领和规范作用，使我们党更好统筹国内国际两个大局，更好维护和运用我国发展的重要战略机遇期，更好统筹社会力量、平衡社会利益、调节社会关系、规范社会行为，使我国社会在深刻变革中既生机勃勃又井然有序，实现经济发展、政治民主、文化繁荣、社会和谐、生态良好的目标。

二 法治建设与中国特色社会主义制度的关系

党的十八届四中全会提出："全面推进依法治国，总目标是建设中国特色社会主义法治体系，建设社会主义法治国家。"① 以什么样的思路来谋划和推进法治中国建设，实现中国特色社会主义法治国家、法治政府和法治社会一体建设，在我国当前政治生活中具有"管根本、管全局、管长远的作用"。中国特色社会主义法治体系与中国特色社会主义制度是内在统一的，"设计和发展国家政治制度，必须注重历史和现实、理论和实践、形式和内容有机统一"。②

1. 法治建设要坚持与中国特色社会主义制度历史和现实的有机统一，也就是实现法治与我国根本政治制度和基本制度的有机统一。人民代表大会的根本政治制度和基本政治制度、基本经济制度是中国特色社会主义制度的主要内容，是我国国家制度的本质规定，是制度体系的基本原则和根本属性。世界上不存在完全相同的政治制度，也不存在适用于一切国家的政治制度模式。各国的政治制度因为国情不同，而且有其独特性，都是由本国人民根据自己的历史传统、文化传承和经济社会条件确定并不断发展的。中国特色社会主义政治制度是根植于我国社会土壤中的，是我国历史与现实国情辩证统一的、内生的制度形式。中国特色社会主义政治制度对于我国的法治建设而言具有决定性。一方面，根本政治制度和基本制度需要通过宪法和法律得以确立和实施。我国宪法以国家根本法的形式，确立

---

① 《中国共产党第十八届中央委员会第四次全体会议公报》，《人民日报》2014年10月24日。

② 习近平：《在庆祝全国人民代表大会成立60周年大会上的讲话》，《人民日报》2014年9月6日。

了中国特色社会主义道路、理论体系、制度的发展成果，反映了我国各族人民的共同意志和根本利益，成为新时期党和国家的中心工作、基本原则、重大方针、政策在国家法制上的最高体现，为根本政治制度和基本制度的确立和实施提供法律依据和法律保障。另一方面，法治建设必须坚持社会主义方向，必须坚持中国特色社会主义制度，尤其是中国特色社会主义根本政治制度和基本制度。毛泽东曾说："用宪法这样一个根本大法的形式，把人民民主和社会主义原则固定下来，使全国人民有一条清楚的轨道，使全国人民感到有一条清楚的明确的和正确的道路可走，就可以提高全国人民的积极性。"① 中国共产党通过根本政治制度、基本政治制度和基本经济制度，将人民群众的愿望和诉求，凝练上升为全体人民的整体利益和共同意志，并通过法定程序将其转化为国家的法律和政策，最终转变为党、政府和人民的自觉行动，确保人民基本权益得到有效保障，确保人民当家做主得以实现。

2. 法治建设要坚持与中国特色社会主义制度内容与形式的有机统一，就是实现法治与中国特色社会主义法律体系的有机统一。"法律是治国之重器，良法是善治之前提。"② 中国特色社会主义法律体系是中国特色社会主义制度的重要内容，是中国特色社会主义制度的规范表达和文本形式。法治建设以中国特色社会主义法律体系的确立为前提，离开完备的法律规范体系，法治建设将无法进行。截止到 2010 年年底，以宪法为统帅，以宪法相关法、民法商法等多个法律部门的法律为主干，由法律、行政法规、地方性法规等多个层次的法律规范构成的中国特色社会主义法律体系已经形成，基本实现有法可依，为社会主义法治建设提供了有力的法制保障。然而，仅有完备的法律规范体系，还不意味着就是法治国家。法治国家不仅要求法律制定，而且重在法律实施。法律的生命在于实施，法律的权威也在于实施。全面推进依法治国，建设社会主义法治国家，不仅要加强法律法规的制定、修改和清理工作，不断完善中国特色社会主义法律体系，而且要把重点放在法律法规的实施上。要维护宪法和法律的权威和尊严，任何组织或者个人都必须在宪法和法律范围内活动，任何公民、社会

---

① 《建国以来重要文献选编》（第5册），中央文献出版社2011年版，第253页。
② 《中国共产党第十八届中央委员会第四次全体会议公报》，《人民日报》2014年10月24日。

组织和国家机关都要以宪法和法律为行为准则，一切违反宪法和法律的行为必须予以追究。执法机关和司法机关要严格执法、公正司法，严格按照法定权限和程序办事，维护好社会公平正义。要增强全社会的法律意识和法治观念，各级领导干部和国家机关工作人员要带头学法、守法、用法。要加强对法律实施的监督，充分发挥国家机关和社会的监督作用，保证法律法规落到实处。

3. 法治建设要坚持与中国特色社会主义制度理论和实践的有机统一，也就是实现法治理论与具体的政治、经济、文化、社会和生态管理体制的有机统一。中国特色社会主义制度不仅包括根本政治制度、基本制度和中国特色社会主义法律体系，还包括建立在根本政治制度、基本制度之上的政治体制、经济体制、文化体制和社会体制，即体制机制。体制机制是制度的具体实现形式，是为制度服务的。体制机制不仅要具有适应性和可行性，而且还要具有合法性，不能同宪法和法律相抵触。同时，部分具体制度只有上升为国家的法律，才能具有权威性、合法性，如民主集中制、家庭联产承包责任制、社会主义市场经济等具体制度现已成为我国宪法的重要内容。这是法治建设与体制机制关系的一方面。另一方面，无论是法律的制定，还是法律的实施，都需配以完备的体制机制。在立法阶段，无论是法律案的提出、审议、表决，还是法律的公布都有相应的体制机制作保障。如法律草案评估制度、法律草案征求意见机制和公众意见采纳情况反馈机制等。这些体制机制的建立和运行都有利于提高立法的科学化、民主化水平。此外，还有以行政执法体制、司法管理体制等为主要内容的法治实施体系，以宪法实施监督机制和具体制度等为主要内容、融国家监督和社会监督为一体的法治监督体系，以普法教育机制、法律援助制度和执法经费财政保障制度等为主要内容法治保障体系。这些体制机制的建立和实行，都对推动法治建设发挥了不可替代的作用。

三　在实践中坚持和完善中国特色社会主义制度，全面推动法治中国建设

只有付诸实践的制度才具有现实意义，法治中国建设就是要坚持中国特色社会主义方向，推动制度实践的法治化、规范化。换言之，全面推进依法治国的抓手在于在实践中落实中国特色社会主义制度。以中国特色社

会主义法治理论为指导，"形成完备的法律规范体系、高效的法治实施体系、严密的法治监督体系、有力的法治保障体系，形成完善的党内法规体系"①。落实依法治国基本方略，加快建设社会主义法治国家，必须全面推进科学立法、严格执法、公正司法、全民守法进程。这就需要完善和发展中国特色社会主义制度，为法治中国建设提供制度保障。

1. 科学立法。我国已经形成了以宪法为统帅的中国特色社会主义法律体系，国家和社会生活各方面总体上实现了有法可依，这是我们取得的重大成就，也是我们继续前进的新起点。要继续完善以宪法为统帅的中国特色社会主义法律体系，抓住提高立法质量这个关键，坚持科学立法、民主立法。推进科学立法、民主立法，一个重要的内容就是要完善和发展中国特色社会主义制度。要完善和发展人民代表大会制度，充分发挥人大在立法中的主导作用，加强全国人大常委会对立法工作的统筹协调，加强全国人大常委会同全国人大代表在立法中的联系，并制定和完善相应的体制机制。要完善立法体制和程序，健全立法起草机制和审议机制，完善立法论证、听证和评估制度，凡是专业性很强或者涉及重大意见分歧和利益关联的法律案都要举行论证会、听证会。要完善法律草案公开征求意见机制和公众意见采纳情况反馈机制，提供立法的科学化、民主化水平。

2. 严格执法。行政机关是实施法律法规的重要主体，应带头严格执法，维护公共利益、人民权益和社会秩序。十一届三中全会特别是依法治国基本方略实施以来，行政机关加强制度建设，严格行政执法，执法能力和水平得到很大提高。然而，与完善社会主义市场经济体制、建设社会主义政治文明以及依法治国的客观要求相比，还存在很大差距。有法不依、执法不严、违法不究现象在一些地方和部门依然存在，一些公职人员滥用职权、失职渎职、执法犯法甚至徇私枉法严重损害国家法制权威。这就需要深化执法体制改革，整合执法主体，相对集中执法权，推进综合执法，着力解决权责交叉、多头执法的问题，建立权责统一、权威高效的执法体制。要健全依法决策机制，完善重大行政决策法定程序，建立行政机关内部重大决策合法性审查机制和终身责任追究制度。要全面落实行政执法责任制，依法界定执法职责，科学设定执法岗位，规范执法程序，建立公

①《中国共产党第十八届中央委员会第四次全体会议公报》，《人民日报》2014年10月24日。

开、公平、公正的评议考核制和责任追究制。要全面落实执法经费由财政保障制度，严格执行"收支两条线"制度。要完善行政执法监督机制，充分发挥人大、政协、法院和社会的监督作用，加强检查、审计等专门监督，强化对行政执法行为的监督。

3. 公正司法。"公正是法治的生命线。司法公正对社会公正具有重要引领作用，司法不公对社会公正具有致命破坏作用。"① 近年来，随着改革开放的深入和社会主义市场经济的发展，由于社会环境的变化和制度体制的不完善，执法不公、司法腐败等违反司法公正的现象时有发生，严重伤害人民群众感情、损害人民群众权益。党中央提出要努力让人民群众在每一个司法案件中都感受到公平正义，所有司法机关都要紧紧围绕这个目标来改进工作，重点解决影响司法公正和制约司法能力的体制机制问题，不断完善和发展中国特色社会主义司法制度。要进一步深化司法管理体制改革，推动省以下地方法院检察院人财物统一管理，确保依法独立公正行使审判权和检察权。要建立符合职业特点的司法人员管理制度，实行司法人员分类管理，对法官、检察官实行有别于普通公务员的管理制度。要完善司法责任制，让审判者裁判、由裁判者负责，推进以审判为中心的诉讼制度改革，实行办案质量终身负责制和错案责任倒查问责制。要加大司法公开力度，推进审判公开、检务公开，实现办案工作全程录音录像、生效裁判文书上网，构建开放、动态、透明、便民的阳光司法机制。要建立健全违反法定程序干预司法的登记备案通报制度和责任追究制度，防止以言代法、以权压法、徇私枉法。通过完善司法体制机制，逐步建设公正高效权威的社会主义司法制度，守住社会公平正义的最后一道防线。

4. 全民守法。"法律的权威源自人民的内心拥护和真诚信仰。人民权益要靠法律保障，法律权威要靠人民维护。"② 全民守法是建设法治国家的重要内容和重要基础，是科学立法、严格执法和公正司法的重要目标和有力推手，是全面贯彻落实依法治国基本方略、建设社会主义法治国家的必然要求。古希腊哲学家亚里士多德曾说："法律所以能见成效，全靠民众的服从"，"虽有良法，要是人民不能全都遵循，仍然不能实现法治"。③

① 《中国共产党第十八届中央委员会第四次全体会议公报》，《人民日报》2014 年 10 月 24 日。
② 同上。
③ 亚里士多德：《政治学》，吴寿彭译，商务印书馆 1965 年版，第 81、199 页。

要实现全民守法，就要牢固树立宪法和法律权威，坚持法律面前人人平等，任何组织或者个人都必须在宪法和法律范围内活动。要深入开展法制宣传教育，在全社会弘扬社会主义法治精神，引导全体人民遵守法律，形成守法光荣、违法可耻的良好氛围。各级领导干部要带头遵守法律，提高运用法治思维和法治方式深化改革、推动发展、化解矛盾、维护稳定的能力。要建立健全法律学习制度、培训制度和考核制度，把法治建设成效作为衡量各级领导班子和领导干部工作实绩重要内容、纳入政绩考核指标体系。要坚持法制教育与法治实践相结合，通过严格执法、公正司法，在全社会树立宪法和法律的权威和尊严，引导群众通过法律程序、运用法律手段解决各类社会矛盾，推动形成办事依法、遇事找法、解决问题用法、化解矛盾靠法的良好环境。

习近平的国家治理现代化思想论析

许耀桐

习近平十分重视国家治理问题，在他亲任起草组组长起草的中国共产党十八届三中全会《决定》中，首次提出了推进国家治理体系和治理能力现代化的战略目标。此后，在学习贯彻十八届三中全会精神的两次讲话中，他又重点阐述了国家治理问题。可以说，习近平的系统论述已形成了完整的国家治理思想。国家治理现代化，成为以习近平为总书记的党中央执政的重要理念。

一　国家治理现代化是执政发展的最新阶段

自 1949 年中华人民共和国成立后，中国共产党执掌政权 65 年，其执政经历了三个发展阶段。

从 1949 年至 1978 年是第一阶段，可以称为国家统治的阶段。《共产党宣言》指出："工人革命的第一步就是使无产阶级上升为统治阶级，争得民主。无产阶级将利用自己的政治统治，一步一步地夺取资产阶级的全部资本，把一切生产工具集中在国家即组织成为统治阶级的无产阶级手里，并且尽可能快地增加生产力的总量。"[1] 在这一阶段里，中国共产党建立了国家政权，领导了从新民主主义到社会主义的过渡，进行对资本主义私有制的改造，于 1956 年建立了社会主义经济、政治、文化等制度。此时，以全国性大规模阶级斗争为主要特征的国家统治本来可以告一段落了。然而，在进入社会主义时期后，毛泽东认为发展社会主义、向共产主义过渡，还需要抓阶级斗争。"阶级斗争，一抓就灵"，要以阶级斗争为

---

[1] 《马克思恩格斯选集》第 1 卷，人民出版社 1995 年版，第 293 页。

纲，不停顿地开展政治运动，在社会上不断揪出阶级敌人，在党内则要揪出走资本主义道路的当权派，为此错误地发动了"文化大革命"。毛泽东指出，"中央和中央各机关，各省、市、自治区，都有这样一批资产阶级代表人物"。"必须同时批判混进党里、政府里、军队里和文化领域的各界里的资产阶级代表人物，清洗这些人"，因为这些"混进党里、政府里、军队里和各种文化界的资产阶级代表人物，是一批反革命的修正主义分子，一旦时机成熟，他们就会要夺取政权，由无产阶级专政变为资产阶级专政"。① 为了粉碎资本主义复辟，必须实行无产阶级专政下的继续革命。由于过分夸大阶级斗争，过分强调无产阶级专政，也过于强化无产阶级统治，客观上使中国仍然处于国家统治形态。

1978 年"文化大革命"结束后，随着党的十一届三中全会的召开，中国迎来了改革开放的新时期，由此进入了第二阶段，可以称为国家管理的阶段。在这一阶段里，邓小平领导全党实现了党的工作重心的转移，坚决放弃以阶级斗争为纲，转向以经济建设为中心。其实，早在"文化大革命"中，邓小平第二次复出抓农业、工业、国防企业、文艺等全面整顿时，就强调了要抓好各行各业的管理，整顿就是抓管理。进入新时期后，他更加强调搞好管理，要让管理出生产力，出效率。他特别重视经济管理、企业管理、行政管理、社会管理等各方面的管理。他说："当前大多数干部还要着重抓紧三个方面的学习：一个是学经济学，一个是学科学技术，一个是学管理。"② 他还提出，要"向外国的先进管理方法学习"。③ 邓小平带领党和国家走上了建设社会主义各项事业和实现管理科学化的道路。

从 2013 年中国共产党十八届三中全会开始，党的执政进入了第三阶段，即国家治理的新阶段，这是以习近平为总书记的中央领导集体作出的重大决策。十八届三中全会通过的《决定》，确立了全面深化改革的目标之一就是"推进国家治理体系和治理能力现代化"。《决定》共 24 次提到治理，主要有国家治理、政府治理、社会治理、小区治理、治理体系、治理能力、治理体制、治理结构、治理方式、系统治理、依法治理、综合治

---

① 参见《五一六通知》，《人民日报》1967 年 5 月 17 日第 1、2 版。
② 《邓小平文选》（第 2 卷），人民出版社 1994 年版，第 153 页。
③ 同上书，第 150 页。

理、源头治理、第三方治理等提法。由此可见，国家治理不但是一个战略目标任务，而且是各级干部必须掌握的工作方式方法。习近平领导全党开启了当代中国国家治理的全新阶段。

从国家统治到国家管理，是一个重大的历史转折；再从国家管理到国家治理，更是一个跨越式的飞跃。习近平在《切实把思想统一到党的十八届三中全会精神上来》的讲话中指出，"怎样治理社会主义社会这样全新的社会，在以往的世界社会主义中没有解决得很好。马克思、恩格斯没有遇到全面治理一个社会主义国家的实践，他们关于未来社会的原理很多是预测性的；列宁在俄国十月革命后不久就过世了，没来得及深入探索这个问题；苏联在这个问题上进行了探索，取得了一些实践经验，但也犯下了严重错误，没有解决这个问题。我们党在全国执政以后，不断探索这个问题"，也"发生了严重曲折"①。系统地总结国家统治和国家管理的经验教训，而不是简单地抛弃统治和管理；适时地跨入国家治理的新阶段，更好发挥治理的要素和优势，这就是时代赋予我们的机遇和重任。

与国家统治和国家管理比较起来，第三个阶段的国家治理现代化具有十分丰富的理论内涵。2014 年 2 月 17 日习近平在省部级主要领导干部学习贯彻十八届三中全会精神全面深化改革专题研讨班题为《推进国家治理体系和治理能力现代化》的讲话中，明确指出："我国今天的国家治理体系，是在我国历史传承、文化传统、经济社会发展的基础上长期发展、渐进改进、内生性演化的结果。我国国家治理体系需要改进和完善，但怎么改、怎么完善，我们要有主张、有定力。中华民族是一个相容并蓄、海纳百川的民族，在漫长的历史进程中，不断学习他人的好东西，把他人的好东西化成我们自己的东西，这才形成我们的民族特色。"② 这表明，在习近平阐述的国家治理的思想中，包含着两层重要的含义，一是，不能割断与本国历史和文化的联系，也不能割断与世界社会主义历史和社会主义国家已有的实践之间的联系，重要的是要善于从中总结经验教训。而且，现在实行国家治理，还需要包含既往的国家统治和国家治理的合理因素，仍然要坚持无产阶级专政，坚持已经成熟的、行之有效的管理方面的相关规章

---

① 习近平：《切实把思想统一到党的十八届三中全会精神上来》，《人民日报》2014 年 1 月 1 日第 2 版。

② 习近平：《推进国家治理体系和治理能力现代化》，《人民日报》2014 年 2 月 18 日第 1 版。

制度。二是，对国外的治理理论和治理的经验与做法，既不能生搬硬套，也不能排斥拒绝，而要很好地进行吸收借鉴，尤其是当代西方自 20 世纪 80 年代末兴起的治理理念和思潮，主张从一家统管操控到提倡多方合作协力，达到国家、市场、社会、公民之间的相互包容性的共治自治法治德治，显然具有重要的现实意义。

二 国家治理现代化是认识现代化的最新成果

在习近平的国家治理思想中，国家治理体系和治理能力是着眼于现代化的，并以现代化为落脚点的。现代化与国家治理有着密切的内在关系，国家治理离不开现代化，现代化构成国家治理的题中应有之义。

国家治理体系和治理能力现代化的形成和提出，是中国共产党高度重视现代化、不断求解现代化的结果，也是中国共产党认识现代化的最新成果。现代化是人类社会不可抗拒的历史大趋势，中国共产党对于现代化的认识横跨了半个多世纪，有着两条明晰的逻辑线索。

第一条线索是从"四化"到"五化"。在 20 世纪中期前后，中国共产党逐步地形成了"工业、农业、国防和科学技术的现代化"即"四个现代化"的认识。毛泽东从 1945 年的《论联合政府》开始提出工业、农业现代化的问题，到 1959 年年末至 1960 年年初，在读苏联《政治经济学教科书》笔记中，提出了"工业现代化，农业现代化，科学文化现代化，国防现代化"的"四化"。1964 年，周恩来在第三届全国人民代表大会第一次会议上作《政府工作报告》，正式地把"四化"表述为"全面实现农业、工业、国防和科学技术的现代化"。"四化"在"文化大革命"中并不受到重视，反而被冷落并不时遭到批判。1978 年进入改革开放新时期后，邓小平重提"四化"，更加重视"四化"建设问题。在"四化"提出 50 多年之后，2013 年中国共产党十八届三中全会在其《决定》中明确地提出要"推进国家治理体系和治理能力现代化"，这是继"四化"之后提出的"第五化"。

第二条线索是强调"社会主义现代化国家"和"社会主义现代化建设"。在 20 世纪 60 年代提出"四化"之后，毛泽东随即把"四化"上升到一个新的高度，即通过"四化"，要"把我国建设成为一个社会主义的现代化的强国"，这就形成了"社会主义现代化国家"的认识。在 1978 年召开的党的十一届三中全会上，又提出了"社会主义现代化建设"，这是强调现代化的各方面建设问题。1987 年中国共产党十三大报告，提出了"把我国建设成为富强、民主、文明的社会主义现代化国家"，这就明确了社会主义现代化国家和现代化建设的内涵是"富强、民主、文明"。此后，这样的内涵规定一直为中国共产党的十四大至十六大报告所沿用。2007 年中国共产党十七大报告进一步提出，"建设富强民主文明和谐的社会主义现代化国家"，又增加了"和谐"的内涵。"富强民主文明和谐"，实际上概括了社会主义现代化国家和现代化建设在经济、政治、社会、文化、生态诸领域的基本要求。

从上述中国共产党认识现代化的两条逻辑线索来看，国家治理体系和治理能力现代化，体现了三个鲜明的特点：

一是国家治理体系和治理能力现代化作为"第五化"以及工业现代化、农业现代化、国防现代化、科学技术现代化构成的"四化"，和社会主义现代化国家、社会主义现代化建设的"现代化"相比，它们形成两个不同的层次。社会主义现代化国家和社会主义现代化建设，居于目标性、总体性的层次上，具有统摄的作用；而国家治理体系和治理能力现代化的"第五化"以及工业现代化、农业现代化、国防现代化、科学技术现代化的"四化"，居于手段性、方式途径的层次上，是为现代化国家和现代化建设的目标服务的。

二是国家治理体系和治理能力现代化作为社会主义现代化国家、社会主义现代化建设下的一个具体的现代化，毫无疑义，它从属于社会主义。这突出地强调了国家治理体系和治理能力现代化的社会主义道路和社会主义性质。世界上各国实现现代化的道路是不同的，西方国家走的是对内剥削压迫、对外扩张掠夺的资本主义道路，这样的现代化在本质上充满了暴力和血腥。中国的国家治理体系和治理能力现代化，走的是社会主义的道路，依靠的是全体人民的团结、智慧和力量，在本质上充满着和平与和谐。

三是国家治理体系和治理能力现代化作为继工业现代化、农业现代化、国防现代化、科学技术现代化之后的"第五化"，遵循着历史唯物主义的路径，达到了现代化的最高层次。历史唯物主义把社会形态解构为经济基础（与生产力的物质基础密切联系）、上层建筑（离不开相应的意识形态）这两个主要方面，"四化"主要从生产力和物质基础的层面探索现代化；习近平强调国家治理体系和治理能力问题，主要从上层建筑和思想文化意识形态的层面探索现代化。由此可见，按照历史唯物主义的科学分析框架，"四化"和"第五化"是由浅入深地探索了现代化所包含的两大层次。如果只有"四化"则是不够的，现在，随着国家治理体系和治理能力现代化"第五化"的提出，使我们对于现代化的整体认识臻至完善。

三 国家治理现代化涵盖七大领域和十种能力

国家治理现代化是一个体系性的结构，表现为宏大的治理体系和治理能力系统。习近平指出，"国家治理体系是在党领导下管理国家的制度体系，包括经济、政治、文化、社会、生态文明和党的建设等"[1]。习近平还指出："国防和军队改革是全面改革的重要组成部分，也是全面深化改革的重要标志。"[2] 从他的论述中可以看到，国家治理体系涵盖七大领域的治理。

一是经济领域的市场治理。必须发挥市场在资源配置中起决定性的作用，加快形成企业自主经营、公平竞争，消费者自由选择、自主消费，商品和要素自由流动、平等交换的现代市场体系，着力清除市场壁垒，提高资源分配效率和公平性。

二是政治行政领域的政府治理。政府要转变职能，做到政企、政资、政事、政社四个分开。转变职能的实质是简政放权、自我革命。要向市场放权、向社会放权、向地方放权。转变职能还要统一效能、突出服务。政府治理，需要进一步深化行政审批制度改革，使政府更多地转向了公共服务，打造服务型政府。

三是文化领域的文化和思想道德治理。现阶段中国的文化分为文化事业和文化产业两大部分。发展文化事业，要构建好现代公共文化服务体系和治理的体制机制。治理文化产业，要培育传统文化产品交易市场，发展大型文化流通企业和物流基地，培育好文化要素市场。文化治理的重点还在于加强思想道德建设，以人为本，以德为先，要大力培育和弘扬社会主义核心价值

---

① 习近平：《切实把思想统一到党的十八届三中全会精神上来》，《人民日报》2014 年 1 月 1 日第 2 版。

② 习近平：《坚持以强军目标引领改革围绕强军目标推进改革为建设巩固国防和强大军队提供有力制度支撑》，《人民日报》2014 年 3 月 16 日第 1 版。

体系和核心价值观，加强社会主义核心价值体系和核心价值观的宣传普及，加快构建充分反映中国特色、民族特性、时代特征的价值体系。

四是社会领域的社会治理和实行基层群众自治。国家治理的根本和基础，就在于搞好社会治理。社会治理应该激发社会组织的活力。社会组织很重要，很多方面的社会治理，要借助社会组织来进行。激发社会组织活力，创新有效预防和化解社会矛盾体制，健全公共安全体系。社会治理的重心，在于促进群众的城乡社区治理，推进基层群众自治，使基层公共事务和公益事业自我管理、自我服务、自我教育、自我监督。

五是生态文明领域的生态治理。中国生态面临着严重的形势和问题，现已形成经济建设、政治建设、文化建设、社会建设、生态文明建设五位一体的总体布局，并且要把生态文明建设融入经济建设、政治建设、文化建设、社会建设各方面和全过程。中央明确指出，努力建设美丽中国，实现中华民族的永续发展。在生态文明领域，要加大生态治理，实现绿色发展、循环发展和低碳发展。

六是国防建设领域的军队治理。紧紧围绕建设一支听党指挥、能打胜仗、作风优良的人民军队这一党在新形势下的强军目标，着力解决制约国防和军队建设发展的突出矛盾和问题，创新发展军事理论，加强军事战略指导，完善新时期军事战略方针，构建中国特色现代军事力量体系。深化军队体制编制调整改革，优化军队规模结构，调整改善军兵种比例、官兵比例、部队与机关比例，减少非战斗机构和人员，推进军队政策制度调整改革，健全军费管理制度。

七是党的建设领域的执政党治理。作为执政党，中国共产党要转变功能，从各种繁杂的事务中解脱出来，主要从事决策建议、监督调节、思想导向等治理活动，利用各种支持资源，充分发挥其政治治理的最高权威作用，并通过政治角色发挥带头作用，依靠各行各业中干部、党员在治理中起到率先垂范的作用。

在以上国家治理体系所涵盖的七大领域治理中，习近平特别强调治理的制度问题。他认为，国家治理体系，实质上就是"各领域体制机制、法律法规安排，也就是一整套紧密相连、相互协调的国家制度"①。例如生态

---

① 习近平：《切实把思想统一到党的十八届三中全会精神上来》，《人民日报》2014年1月1日第2版。

治理，必须建立系统完整的生态文明制度体系，用制度保护生态环境。要健全自然资源资产产权制度和用途管制制度，划定生态保护红线，实行资源有偿使用制度和生态补偿制度，改革生态环境保护管理体制。纠正单纯以经济增长速度评定政绩的偏向；生态脆弱的国家扶贫县，要取消地区生产总值考核。生态治理领域要着眼于制度建设，其他各领域也是如此。习近平指出："为党和国家事业发展、为人民幸福安康、为社会和谐稳定、为国家长治久安提供一整套更完备、更稳定、更管用的制度体系。这项工程极为宏大，必须是全面的系统的改革和改进，是各领域改革和改进的联动和集成，在国家治理体系和治理能力现代化上形成总体效应、取得总体效果。"① 为此，习近平要求务必在 2020 年时"构建系统完备、科学规范、运行有效的制度体系，使各方面制度更加成熟更加定型"。②

推进国家治理现代化，还必须提升党和国家各级组织和领导干部的治理能力。习近平指出："国家治理能力则是运用国家制度管理社会各方面事务的能力，包括改革发展稳定、内政外交国防、治党治国治军等各个方面。"③ 在习近平提出的国家治理能力系统中，首先强调的是运用国家制度管理社会各方面事务的能力，这就是依靠法律制度和规章制度进行依法治国的能力，这是最重要的一个能力，也可以说是各级组织和领导干部的总能力。同时，要把这样的能力运用到改革、发展、稳定，内政、外交、国防，治党、治国、治军等各方面去。这样加起来，各级组织和领导干部的国家治理能力系统主要涵盖了十种能力。

在运用国家制度管理社会各方面事务的能力方面，习近平着重指出，"依法治国是党领导人民治理国家的基本方略，法治是治国理政的基本方式，要更加注重发挥法治在国家治理和社会管理中的重要作用"。④ 他还指出"依法治国，首先是依宪治国；依法执政，关键是依宪执政。新形势下，我们党要履行好执政兴国的重大职责，必须依据党章从严治党、依据

---

① 习近平：《完善和发展中国特色社会主义制度推进国家治理体系和治理能力现代化》，《人民日报》2014 年 2 月 18 日第 1 版。

② 习近平：《关于〈中共中央关于全面深化改革若干重大问题的决定〉的说明》，《人民日报》2013 年 11 月 16 日第 1 版。

③ 习近平：《切实把思想统一到党的十八届三中全会精神上来》，《人民日报》2014 年 1 月 1 日第 2 版。

④ 习近平：《在首都各界纪念现行宪法公布施行 30 周年大会上的讲话》，《人民日报》2012 年 12 月 5 日第 1 版。

宪法治国理政。党领导人民制定宪法和法律，党领导人民执行宪法和法律，党自身必须在宪法和法律范围内活动，真正做到党领导立法、保证执法、带头守法"。① 国家制度和法律，是国家治理的利器，只有建设"法治中国"，确保党和国家各级组织和领导干部有依法行使权力的能力，才能管理好国家和社会各方面的事务。

在改革、发展、稳定，内政、外交、国防，治党、治国、治军等诸能力方面，习近平特别提出了 5 点要求，这些要求关系到各级组织和领导干部的国家治理能力能否很好发挥的问题。一是不断提高领导者的思想政治水平，"必须把握科学的世界观和方法论，加强思想武装，坚定理想信念，增强政治敏锐性和政治鉴别力。要正确认识和坚定维护党和国家工作大局、改革发展稳定大局、党的领导和社会主义政权安全大局、全党全国团结大局，自觉在大局下想问题、做工作"。② 二是领导者要善于观大势、谋大事。他指出，"事物都是不断发展、相互联系的，只有眼界非常宽阔，正确认识和积极顺应中国和世界发展大势，正确认识和妥善处理党和国家面临的大事，才能把握工作主动权，跟上时代前进步伐，推动事业顺利发展"。③ 三是领导者要全面贯彻执行民主集中制。要"在集思广益的基础上按少数服从多数的原则集体作出决策。作出决策后，必须雷厉风行、不折不扣一抓到底，抓出成效"。④ 四是领导者要发挥模范带头作用。"必须有天下为公的宽阔胸襟，摒弃任何私心杂念，把为全中国人民谋利益作为自己唯一的追求，为党的事业和人民利益鞠躬尽瘁。要带头树立正确的权力观、地位观、利益观，坚持自重、自省、自警、自励，严格遵守党纪国法，严格按制度和程序办事，严格管理自己的亲属和身边工作人员，不搞以权谋私，不搞特殊化，为全党同志树立爱党爱民、勤政敬业、廉洁奉公的榜样。"⑤ 五是领导者要保持同人民群众的血肉联系。"必须识民情、接地气。要把立党为公、执政为民落实到全部工作中，认真贯彻党的群众路线，坚持人民主体地位，发挥人民首创精神，着力解决好人民群众最关心

① 习近平：《在首都各界纪念现行宪法公布施行 30 周年大会上的讲话》，《人民日报》2012 年 12 月 5 日第 1 版。

② 《习近平主持召开中共中央政治局专门会议并发表重要讲话》，《人民日报》2013 年 6 月 26 日第 1 版。

③ 同上。

④ 同上。

⑤ 同上。

最直接最现实的利益问题，不断让人民群众得到实实在在的利益，充分调动人民群众的积极性、主动性、创造性。"①

　　综合本文所述，习近平在党的十八大以来的一系列讲话中所论述的国家治理现代化思想，其宏大主旨就是，必须坚持党的领导和国家主导的力量，坚持社会主义的方向和道路，坚持国家制度建设，充分调动和运用法制的力量、市场的力量、社会的力量、人民的力量，实现各项事务治理的制度化、规范化、程序化、民主化，体现中国特色社会主义的优越性，实现中华民族的伟大复兴。

---

① 《习近平主持召开中共中央政治局专门会议并发表重要讲话》，《人民日报》2013 年 6 月 26 日第 1 版。

习近平法治思想的基本构架

吴传毅

法治是治国理政的基本方式。党的十八大以来，习近平同志发表了系列讲话，提出了许多新思想、新观点、新论断、新要求，体现出领航中国的大胸怀、大战略、大智慧。习近平的法治思想是其整个思想体系的一部分，其法治思想对推动当代中国法治建设，提高国家治理能力有着十分重要的意义。习近平法治思想的基本构架可以分为六个部分，即总体目标：法治中国；基本方略：整体推进；根本目的：保障人权；价值追求：公平正义；重点突破：法律实施；改革领域：司法体制。

一　总体目标：法治中国

党的十四大报告确定了社会主义市场经济体制。作为市场经济相生相伴的法治建设也由此被提上了重要日程。党的十五大将"依法治国，建设社会主义法治国家"明确写入执政党的工作报告。1999 年宪法第三次修改将"依法治国，建设社会主义法治国家"写入宪法，中国开启了法治建设的新征程。党的十八大后，习近平提出了"法治中国"的时代命题。① 法治中国是对"依法治国、建设社会主义法治国家"基本方略和目标的丰富与深化。法治是当今世界任何一个走向现代化国家和民族的制度保障和内在要求。在实现中华民族伟大复兴的"中国梦"征程中，国家需要"法治"，人民需要"法治"，国际社会

① 2013 年年初，习近平同志在就如何做好新形势下政法工作问题上的一个重要批示中首次提出了建设"法治中国"的新要求。

也需要一个"法治中国"来担负起更大的责任，来更好地维护世界和平与安全。习近平提出"法治中国"的时代命题，揭示了当代中国的发展逻辑和内在要求。

法治中国是民族复兴的题中之义。未来中国要实现复兴，不会是历史的简单重复，它必须要有法治的积极跟进。市场经济与法治是所有发达国家成功的"法宝"。市场经济允许并鼓励人们追求个人利益，个人利益实现了，国家就发展繁荣了。但与此同时，还需要法律来规范人们追求个人利益的边界和方式。否则，社会就会上演"丛林法则"。

法治中国是历史给我们的启示。古代社会有不少国家辉煌过，但没有任何一个国家可以同罗马帝国相提并论。罗马帝国辉煌过好几个世纪，其原因之一是建立在罗马帝国简单商品经济之上的罗马帝国法律取得了辉煌成就。罗马帝国的《国法大全》为罗马帝国简单商品经济的发展做出过巨大贡献，对当世及后世产生了深刻影响，并成为后世商品经济国家法律的蓝本。文艺复兴后的欧洲，一方面，经济高速发展，另一方面，又面临很严重的矛盾问题。因为文艺复兴否定了神，人们无所信仰、无所敬畏，为了追逐利益可以不择手段。在市场经济的发展过程中，西方人认识到法治的重要性，于是开启了近代法治的征程。

法治中国是跨越"中等收入陷阱"的应对之策。世界银行发展报告指出，"中等收入陷阱"表现为：经济增长回落或停滞、民主乱象、贫富分化、腐败多发、过度城市化、社会公共服务短缺、就业困难、社会动荡、信仰缺失、金融体系脆弱等矛盾问题。这些矛盾问题处理不好就会引发社会内乱。2013年，我国人均收入为6700美元。根据世界银行最新统计，以购买力平价计算，中国内地2011年人均GDP为10057美元，我国已经属于中等收入国家。当代中国社会的矛盾问题是由发展方式以及利益关系不平衡等造成的。为此，需要通过整体、全面、合理的制度安排，推动发展方式的转型，并从制度上理顺各种利益关系，平衡不同利益诉求，从源头上有效预防与减少社会矛盾和纠纷。习近平提出"法治中国"就是要用法治思维方式化解矛盾、创新社会管理、促进社会建设，构建安定和谐的社会环境。缘于此，十八届三中全会的《中共中央全面深化改革若干重大问题决定》用了专门一章阐述法治中国建设的总体目标以及推进法治中国的方略和要求等。

二 基本方略：整体推进

习近平在多次讲话中指出：坚持依法治国、依法执政、依法行政共同推进，坚持法治国家、法治政府、法治社会一体建设。① 十八届三中全会的《中共中央全面深化改革若干重大问题决定》也强调法治建设的共同推进和一体建设。强调法治建设的共同推进和一体建设既是对法治属性的深刻把握，也是对社会关系相关性的全面透析。

依法治国、依法执政、依法行政相互影响，法治国家、法治政府、法治社会相互作用。就依法治国、依法执政、依法行政关系而言，依法治国就包括了依法执政、依法行政的内在要求；依法执政是依法治国的核心，依法行政是依法治国的重点；而依法行政离不开依法治国的大背景，依法行政的先决条件是依法执政。就法治国家、法治政府、法治社会而言，法治国家是最高的法治形态，法治政府是法治国家的重点，法治社会是法治国家的基础。

法治建设关系到国家经济、政治、文化、社会、生态、国防与军队、党的建设等方面。当前经济领域存在的社会主义市场体制不健全，市场体系不完善，一方面是政府干预过多，另一方面是政府监管不到位，为此需要法治来健全社会主义市场体制、明确政府的职责；政治领域存在的民众利益表达渠道不通畅，利益表达机制不健全，权力缺乏有效的监督和制约，人民群众的知情权、表达权、参与权、监督权没有得到很好落实，需要法治来构建民众利益表达机制，需要把权力关进法律制度笼子里，需要法律来保障人民的民主权利；文化领域的主流文化受到挑战，价值观领域乱象丛生，意识形态建设面临严峻挑战，需要法治来引导和保障主流文化的弘扬；社会领域的社会底层生存状况恶劣，贫富分化严重，群体性事件频发，需要法治来保障社会底层的生存环境，需要法治来构建有效的社会分配机制，需要法治来化解社会矛盾。

任何一个国家的经济政治文化社会等都不是孤立存在的，他们相互作用和影响。以经济现象为例，经济起决定性作用。经济影响到政治、文

---

① 习近平在中共中央政治局 2013 年 2 月 23 日就全面推进依法治国进行第四次集体学习时的讲话。

化、社会、生态等各方面；以文化现象为例，各种社会思潮也会影响到经济、政治、社会和生态等。所以，对经济政治文化社会起引导和保障作用的法治建设需要统筹谋划、协同推进，需要注重系统性、整体性、协同性。要通过整体的制度安排来推动经济政治文化社会生态的发展。基于依法治国、依法执政、依法行政互为影响，基于法治对整个社会关系的保障作用，基于法律调整社会关系的相关性，法治建设必须共同推进、一体建设。

要整体推进法治建设，一方面需要把法治建设放在当代中国经济政治文化社会发展的大背景下来谋划。法治建设既是民众权益保障的问题，更是关系中国发展的大问题；没有法治作动力作保障，中国经济政治文化社会等发展就会步履维艰；另一方面法治建设必须加强顶层设计。无论立法、执法、司法、法律监督都是中央的事权，需要中央的大智慧、大思路、大决策。缘于此，习近平在中央全面深化改革小组第三次会议上指出："试点工作要在中央层面顶层设计和政策指导下进行。""中央有关部门要加强对地方改革的具体指导，明确改革政策各个环节的衔接配合关系。"①

三　根本目的：保障人权

保障人权是法治的根本目的。习近平同志多次强调要"完善人权司法保障制度"。党的十八届三中全会也提出了"完善人权司法保障"的要求。法治缺失对人权的保障，就会异化为专制，就会走向专横。秦始皇统治时推行"严刑峻法"，但没有人认为是法治。希特勒统治时推行"法西斯主义"，尽管在短时间内德国二战时经济高速发展，也没有人认为是法治，原因是他们都缺失对人权的保障，甚至从根本上讲，"严刑峻法"和"法西斯主义"是对人权的压迫和践踏。所以，第二次世界大战之后，德国学者指出：法治必须具有某些"先决条件"。所谓某些"先决条件"也就是法治要以人权保障为目的，唯其如此，才可以称为法治。被称为西方宪政制度的"四大支柱"之一的"人权保障"就被视为目的，其他像"主权在民"被视为逻辑起点，"法治"被视为保障，"分权制衡"被视为手段。

---

① 习近平在中央全面深化改革领导小组第三次会议上的讲话。

人权最初被表述为与生俱来的自然权利，带有宗教色彩。现在人权被表述为人生存和发展必须享有的权利。1990 年国务院发布了关于人权问题的白皮书，公开以正面态度肯定了人权，1997 年、1998 年我国分别加入《经济、社会、文化权利国际公约》《公民权利与政治权利国际公约》。2004 年，宪法修正案将"国家尊重和保障人权"写入宪法文本。围绕人权的保障，我国出台了《老年人权益保障法》《妇女儿童权益保障法》《残疾人权益保障法》《青少年权益保护法》《劳动就业保障法》《民族区域自治法》《选举法》等，也就是把"应然权利"变成"法定权利"。

从立法上的保障人权到司法上的保障人权，是一个巨大进步，也是法治发展的飞跃。"完善人权司法保障"对中国未来人权运动的发展和人权保障制度的完善具有重大意义。一部人类文明史差不多就是人类争取平等人权的历史。仅仅被法律条文所确认的权利还只是"字面上的权利"，要使"字面上的权利"变成"现实的权利"，"完善的司法保障制度"是最为重要的措施。从这个意义上讲，"完善人权司法保障制度"具有非同寻常的意义。党的十八届三中全会改革决定从明确人权保障原则、提升人权保障理念、健全人权保障措施等方面对完善人权司法保障制度作出了全面部署，具体包括进一步规范查封、扣押、冻结、处理涉案财物的司法程序，健全错案防止、纠正、责任追究机制，逐步减少适用死刑罪名，废止劳动教养制度，健全社区矫正制度，健全国家司法救助制度，完善法律援助制度，完善律师制度等。①

四　价值追求：公平正义

习近平指出："公平正义是社会主义的本质与内在要求。"实现社会公平，是社会主义从诞生时就做出的最大选择和承诺。如果再进一步追溯到空想社会主义的老祖宗那里，包括从康帕内拉开始，一直到圣西门、傅立叶、欧文，他们在批判资本主义时，就是批判资本主义的不公平。而他们在设计未来美好社会的时候，最终想象的就是一个人人平等、人人公平的社会。科学社会主义所描述的共产主义社会，是一个以每个人的自由全面发展为原则的社会，这更是一个公平正义的社会。社会主义不是资本主义

---

① 《中共中央关于全面深化改革若干重大问题的决定》，《人民日报》2013 年 11 月 16 日。

的对立面，而是对资本主义的超越。资本主义讲公平正义，社会主义更应该讲公平正义。公平正义应该成为社会主义的核心价值。缘于此，党的十八大确定的社会主义核心价值就包括公平正义的核心要素在内。习近平指出："我们推进改革的根本目的，是要让国家变得更加富强、让社会变得更加公平正义、让人民生活得更加美好。"① 党的十八大报告多次提到了"公平正义"，提出"公平正义是中国特色社会主义的内在要求"，强调必须"促进""坚持""维护"社会公平正义，提出教育引导党员、干部做公平正义的"维护者"，逐步建立以权利公平、机会公平、规则公平为主要内容的社会公平保障体系，努力营造公平的社会环境，保证人民平等参与、平等发展权利。②

改革开放以来，我国经济持续高速发展，人民快速走上了富裕安康之路。今天的中国人正在享受着越来越多的改革发展成果。但另一方面，公平正义问题已经成为当前我国社会诸多矛盾的交结点，成为广大群众关注度很高的问题。必须承认，当前中国社会确实存在不公平的社会情形，这有政策制度不完善的原因。群众反映强烈的社会不公现象，大都与一些领域改革不到位有关。比如，城乡二元结构尚未打破，城乡居民在医疗、养老等方面待遇差别较大；户籍制度改革呼声很高，但进展不尽如人意，导致农民工等流动人口成为城市"边缘化群体"，享受不到应有待遇；养老保险接续、随迁子女高考等方面的政策不完善，也加剧了一些人的不公平感。尤其是潜规则在一些领域比较盛行，有的人靠钻法律和政策空子、搞门道一夜暴富，有的人靠"萝卜招牌"捧上"好饭碗"，有的人靠"拼爹"获得"火箭式提拔"。此外，办事求人现象屡见不鲜，无论是升学、看病、生孩子，还是办企业、上项目，很多都得走关系、靠背景。再比如，中国一方面是世界上奢侈品消费大国，但另一方面却还有不少人生活在贫困线以下。这些都直接影响着人们对公平正义的感受。③ 当代社会发展表明，阶层差异、身份差异、教育差异、文化差异、收入差异等都与社会公平有直接或间接的关系。社会差异的产生以及扩大，既有个人能力的因素，也有制度安排、政策倾斜、权力资源、人情关系等非能力因素的

---

① 2014年新年前夕，习近平发表新年贺词。

② 胡锦涛：《坚定不移沿着中国特色社会主义道路前进　为全面建成小康社会而奋斗——在中国共产党第十八次全国代表大会上的报告》，《人民日报》2012年11月18日。

③ 马丁、雅克：《当中国统治世界》，中信出版社2010年版。

影响。

社会公平正义问题的解决是一个系统工程，既要靠经济手段，靠政策手段，又要靠法律手段。只有把公平正义作为价值追求，法律才会成为调节社会利益关系的基本方式，才会成为构建和谐社会的重要基础，才能担负起实现政治清明、社会公正、民心稳定、长治久安的重要使命。公平正义不仅是社会主义的核心价值，更应该是社会主义法律的核心价值。缺失公平正义的内在品质，社会主义法律就没有权威性可言。法律的公平正义产生法律权威。没有法律权威，社会生产生活则不能正常进行，社会就不可能安定和谐。中国古代的"法"字就包含了公平正义的价值内涵。西方社会源远流长的自然法学派也把公平正义作为法的最高价值形态，并从理论上阐述在"现实法"之上还有一个高于"现实法"的"自然法"。"自然法"体现了公平、正义、民主、人权、理性等社会最高规范。

政法机关是国家法律的执行机关，维护国家法律的实施，担负起维护社会公平正义的职责。习近平在政法工作会议上指出：公平正义是政法工作的核心价值，政法工作是公平正义的最后一道防线。全国政法机关要顺应人民群众对公共安全、司法公正、权益保障的新期待，全力推进平安中国、法治中国、过硬队伍建设，深化司法体制机制改革，坚持从严治警，坚决反对执法不公、司法腐败，进一步提高执法能力，进一步增强人民群众安全感和满意度，进一步提高政法工作亲和力和公信力，努力让人民群众在每一个司法案件中都能感受到公平正义，保证中国特色社会主义事业在和谐稳定的社会环境中顺利推进。①

五　重点突破：法律实施

习近平指出："有些政策规定是约束性的，有些明确是刚性要求，却成了'稻草人'，成了摆设，这样就会形成'破窗效应'。"② 一国法律文明不在于它制定了多少法律，而在于其法律在多大程度上付诸实施。不能付诸实施的法律不是零价值，而是负价值。制定一部法律经过几年十几年时间就可以了，培养人们对法律的信心需要几代人的努力。没有法律，留

① 2013 年 1 月 7 日，习近平在全国政法工作电视会议上讲话。
② 2013 年 8 月 29 日，习近平在河北考察调研时的讲话。

给人们的或许还会有希望，有了法律没有付诸实施，留给人们的就会是失望，甚至绝望。

法律实施包括执法、司法、守法和法律监督。法在被制定出来后，付诸实施之前，只处在应然状态，属于"纸上的法律"；法律实施就是使"纸上的法律"变成"行动中的法律"，使它从抽象的行为模式变成人们的具体行为，从"应然"状态过渡到"实然"状态。2010 年，吴邦国同志宣布"中国特色社会主义法律体系基本形成"，这是从立法层面上讲的。从执法层面上讲，我们的法律实施还存在很大问题。正如有学者指出："法治"在中国仍然只有 10%—20% 适应度①。没有付诸实施的法律就没有灵魂，就没有生命。

当前影响法律实施的情形主要在：保证法律实施的监督机制和具体制度还不健全，有法不依、执法不严、违法不究现象在一些地方和部门依然存在；关系人民群众切身利益的执法司法问题还比较突出；一些公职人员滥用职权、失职渎职、执法犯法甚至徇私枉法严重损害国家法制权威；一些公民包括一些领导干部的法律意识还有待进一步提高。

如何保障法律实施？一是需要健全法律实施的监督保障机制。长期以来，学界研究立法的多，研究法律实施的少，特别是缺失对法律制度实施的监督保障机制的研究，实践当中，法律实施的监督保障机制还很不够。由于缺失法律实施监督保障机制，一些官员会"选择性"地适应法律，对自己有利时强调法律的作用，对自己不利时则回避法律。健全法律实施的监督保障机制，很重要的是明确法律责任的具体情形以及构建追责机制；二是加强重点领域和关键环节的执法监督。具体包括选拔任用干部制度、财政管理制度、司法管理制度、工程建设招投标制度和经营性土地公开拍卖、挂牌出让制度、国有资产监管制度和金融监管制度，这些方面问题最多；三是需要加大反腐力度。从法律维度上讲，反腐就是为了推进法律实施。习近平指出：要坚持"老虎""苍蝇"一起打，既坚决查处领导干部违纪违法案件，又切实解决发生在群众身边的不正之风和腐败问题。要坚持党纪国法面前没有例外，不管涉及谁，都要一查到底，决不姑息。习近平还指出："全党同志要深刻认识反腐败斗争的长期性、复杂性、艰巨性，以猛药去疴、重点治乱的决心，以刮骨疗毒、壮士断腕的勇气，坚决把党

---

① 马丁、雅克：《当中国统治世界》，中信出版社 2010 年版，第 181 页。

风廉政建设和反腐败斗争进行到底。"从一定程度上讲，今日中国已经形成了既得利益者的联盟。这个联盟是"权力、资本和知识"的联盟，一些知识精英甚至成为某个利益集团的代言人，被一些学者称为"黑色精英"联盟。这个联盟根基深厚，错综复杂，在当下中国影响极为深远，一定程度上影响到中国社会经济政治的走向。只有通过反腐，打破"黑色精英"联盟，才能有效推进法律实施。党的十八届三中全会指出：坚持用制度管权管事管人，让人民监督权力，让权力在阳光下运行。构建决策科学、执行坚决、监督有力的权力运行体系，健全惩治和预防腐败体系。①

六 率先改革：司法体制

习近平同志指出："我们要依法公正对待人民群众的诉求，努力让人民群众在每一个司法案件中都能感受到公平正义，绝不能让不公正的审判伤害人民群众感情、损害人民群众权益。"为此，提出了司法改革的要求。习近平同志指出："司法体制改革是政治体制改革的重要组成部分，对推进国家治理体系和治理能力现代化具有十分重要的意义。要加强领导、协力推动、务求实效，加快建设公正高效权威的社会主义司法制度。"② 司法是社会公正的最后一道防线。改革司法体制就是要实现司法公正。司法公正十分重要，原因在于司法公正是实现社会稳定的基础。它能够真正给予民众切实的安全感，能够让全社会的公正观念得以形成和强化。同时，司法公正还能够维护民众对公共权力机构的信任。与此同时，司法公正还是现代社会政治民主和社会进步的重要标志，是现代国家经济发展和社会稳定的重要保证。

党的十八届三中全会指出：深化司法体制改革，加快建设公正高效权威的社会主义司法制度，维护人民权益，让人民群众在每一个司法案件中都感受到公平正义。司法权从本质上讲，具有"国家性"，它是国家主权的重要组成部分，理当具有"国家性"。但是，中国目前地方司法机关在财权、物权和人事权方面从属于地方政府，使得司法权表现出"地方性"，在一定程度上受制于地方党委和政府。某种情形下，地方党委和政府对司

---

① 《中共中央关于全面深化改革若干重大问题的决定》，《人民日报》2013 年 11 月 16 日。

② 习近平同志 2014 年 1 月 7 日在中央政法工作会议上的重要讲话。

法可能施加某些负面影响，从而影响司法公正。加之某些司法机关抑或司法人员出于部门或个人利益考虑，对司法权进行寻租，从而破坏司法公正。

要从根本上解决司法腐败，需要强化司法"国家性"。为此，需要对司法体制进行改革。围绕司法体制改革，十八届三中全会改革《决定》指出：要推动省以下地方法院、检察院人财物统一管理，探索建立与行政区划适当分离的司法管辖制度，保证国家法律统一正确实施。推动省以下地方法院、检察院人财物统一管理，探索建立与行政区划适当分离的司法管辖制度的根本目的就是解决司法的"地方化"。与此同时，"要改革审判委员会制度，完善主审法官、合议庭办案责任制，让审理者裁判、由裁判者负责"[1]。

---

[1] 《中共中央关于全面深化改革若干重大问题的决定》，《人民日报》2013 年 11 月 16 日。

推动形成从严治党新常态

——学习领会习近平总书记在党的群众路线
教育实践活动总结大会上的重要讲话

国防大学中国特色社会主义理论体系研究中心

习近平总书记在党的群众路线教育实践活动总结大会上的重要讲话，充分肯定和深刻总结了教育实践活动取得的重大成果及成功经验，对新形势下坚持从严治党作出全面部署、提出明确要求，体现了我们党坚持党要管党、从严治党的坚定意志和决心。我们要深入学习贯彻习近平总书记的重要讲话精神，积极巩固拓展教育实践活动新成果，把作风建设不断引向深入，在新的起点上全面贯彻从严治党要求，推动形成从严治党新常态。

一 深刻认识形成从严治党新常态的重大意义

推动形成从严治党新常态，是一个具有重大现实意义和深远历史意义的战略命题。这一新常态的形成，是以习近平同志为总书记的党中央在从严治党方面的一系列开拓创新、锐意进取的新思想、新实践的必然结果，是新形势下推进党的建设新的伟大工程的伟大创造。

实现中华民族伟大复兴中国梦的必然要求。中国梦，归根到底是人民的梦，是人民追求自身利益和幸福的梦。从现实看，利益主体多元化、利益群体多极化、利益关系复杂化、利益诉求多样化的趋势凸显，统筹兼顾各方面利益的难度前所未有、世所罕见。面对这样的新形势，只有坚持立党为公、执政为民的马克思主义政党，才能最大限度地听取不同方面、不同群体、不同阶层的利益诉求，找到各方利益的"最大公约数"，并转化为改革发展的正确决策。只有坚持从严治党，确保党的性质宗旨不变，才能赢得民心、赢得公信，把全国各族人民团结在党的周围，凝聚起万众一心共筑中国梦的磅礴力量。

巩固党的执政地位的必然要求。党的执政地位和领导地位并不是自然而然就能长期保持下去的，不管党、不抓党，就有可能出问题甚至出大问题，结果不只是党的事业不能成功，还有亡党亡国的危险。破解"其兴也浡、其亡也忽"的历史周期律，是我们党始终高度重视并致力回答好的重大课题。从以毛泽东同志为代表的中国共产党人"进京赶考"开始，我们党就始终保持警醒，不断强化自觉，努力交出优异答卷。新的历史条件下，"四风"等可能导致"亡党亡国"的消极腐败因素，对我们党造成严重危害，构成严重威胁。只有坚持从严治党，持久深入推进作风建设，通过治标进一步为治本赢得时间，坚持标本兼治，使中国特色社会主义制度更加成熟、更加定型，才能实现党长期执政和国家长治久安。

全面深化改革取得实质性突破的必然要求。从严治党是冲破改革羁绊的锐利武器，是优化政治生态的强大法宝。我国改革已经进入攻坚期和深水区，必须以更大的政治勇气和智慧，不失时机深化重要领域改革。当前改革需要解决的问题格外艰巨，都是难啃的硬骨头，必须一鼓作气，瞻前顾后、畏缩不前不仅不能前进，而且可能前功尽弃。只有坚持从严治党，形成风清气正的良好环境，才能冲破利益固化的藩篱，打掉遮遮掩掩、推三阻四、阳奉阴违的改革阻力，保证改革爬坡过坎、闯关夺隘，沿着正确方向顺利推进；才能使人民群众相信深化改革会给他们带来切身利益，从而积极拥护、支持改革，形成推动改革发展的强大正能量。

推进新的伟大斗争的必然要求。这次教育实践活动，为我们党进行具有许多新的历史特点的伟大斗争作了思想上、组织上、作风上的重要准备，其重大意义必将随着时间的推移不断显现出来。从严治党既是新的伟大斗争的重要组成部分，为新的伟大斗争的推进做了重要准备、提供有力抓手，又是新的伟大斗争的坚强保证，为推进新的伟大斗争注入生机和活力。面向未来，我们党要进一步推进新的伟大斗争，战胜前进道路上的各种艰难险阻，就必须继续推进从严治党，坚决清除阻碍历史进步的绊脚石，为夺取新的伟大斗争的最终胜利而不懈奋斗。

二 准确把握从严治党新常态的时代特征

从严治党的新常态，是以习近平同志为总书记的党中央管党治党的新风貌，是新形势下党中央在科学总结以往作风建设经验教训的基础上，精心打造的管党治党升级版。这个新常态的时代特征主要表现在以下几个方面。

突出重点、聚焦问题。坚持把作风问题作为影响贯彻落实党的群众路线的要害，突出改进作风这个主题。以反"四风"为突破口，以点带面、集中发力、持续用劲，集中开展专项整治。高度警惕"四风"变异问题，防止回潮反弹，坚持露头就打，加大查处顶风违纪的力度，真正找准靶子、点中穴位、戳到痛处。

领导带头、以上率下。坚持打铁就靠自身硬，从中央做起，各级主要领导干部亲自抓、作表率。党中央制定八项规定等一系列作风建设的制度，中央政治局常委带头践诺，建立联系点并全程指导，为全党树立了标杆。各级领导干部以向我看齐的姿态听意见、摆问题、管自身、抓督查，敢于拿自己开刀，以正己一点带正人一片，以正己之效立正人之威。

以知促行、以行促知。坚持教育和实践两手抓、两结合，把学习教育贯穿始终，加强理论武装，促进思想认识提高和党性增强，为解决实际问题增添精神动力，破除思想障碍。把解决问题贯穿始终，深入进行查摆剖析和落实整改措施，提高思想认识，加强党性锻炼。

严字当头、务求实效。坚持严的标准、采取严的措施，重要节点一环紧扣一环抓。以钉钉子精神反"四风"，始终贯彻整风精神，高标准、严要求，坚决防止搞形式、放空炮、走过场。严格党内政治生活，对专题民主生活会和组织生活会提出明确要求，脱去"隐身衣"，捅破"窗户纸"，相互批评不留情面，敢于揭短亮丑、真刀真枪。对存在的问题明察暗访，及时查处并公开曝光违纪案件，拒绝说情风、关系网、利益链。建立整改台账，实行台账动态管理，完成一个销号一个。督导组敢当"黑脸包公"，严督实导、持续用劲。

层层压紧、上下互动。坚持层层压紧、环环相扣、扎实推进，一环紧着一环拧，一锤接着一锤敲，积小胜为大胜。把上题下答、下题上答、同题共答结合起来，上面的问题需要下面配合解决的就上题下答，下面的问

题根子在上面的就下题上答，需要地方和地方、地方和部门、部门和部门
联合会诊的就同题共答。全盘摸清问题，通盘解决问题，前后照应、左右
衔接，使整改纵向到底、横向到边、不留死角。

相信群众、敞开大门。在坚持自我教育为主的同时，注重强化外力推
动，坚持真开门、开大门，充分相信和依靠群众，让群众参与，让群众监
督，恳请群众评判。注重对比宣传，既发挥先进典型示范引领作用，又发
挥反面典型警示震慑作用，做到不虚不空不偏。

三　进一步巩固和拓展从严治党新常态

从严治党新常态是与时俱进不断发展的动态过程，只有进行时，没有
完成时。要主动适应从严治党新常态的新要求，不断强化对从严治党新常
态的思想认同、理论认同、情感认同，以高度的政治自觉和行动自觉，积
极投身巩固和拓展从严治党新常态的实践中，为坚持和发展中国特色社会
主义、实现中华民族伟大复兴中国梦提供坚强保证。

把聚精会神抓党建与一心一意谋发展结合起来。发展是党执政兴国的
第一要务，要抓好抓实；党的建设是确保党始终成为中国特色社会主义事
业领导核心的伟大工程，同样要抓好抓实。抓好发展与抓好党建，两者互
相依存，互为前提。历史使命越光荣，奋斗目标越宏伟，执政环境越复
杂，越要增强忧患意识，越要从严治党。正如习近平总书记所指出的：
"如果我们党弱了、散了、垮了，其他政绩又有什么意义呢？"要树立正确
政绩观，坚决克服只重视抓发展不重视抓党建的错误认识和做法，坚持从
巩固党的执政地位的大局看问题，把抓好党建作为最大的政绩。要坚持党
建工作和中心工作一起谋划、一起部署、一起考核，把每条战线、每个领
域、每个环节的党建工作抓具体、抓深入，坚决防止"一手硬、一手软"。

把思想建党与制度治党结合起来。从严治党靠教育，也靠制度。教育
解决的是思想认识问题和价值观念问题，制度解决的是治理规则和行为规
范问题，两者相辅相成。加强教育，升华思想境界，增强自律力量，强化
制度自觉，有助于形成按制度办事的良好秩序。完善制度，强化监督制
约，有助于在潜移默化中巩固教育成果，形成常态长效。教育和制度同向
同时发力，就可以产生从严治党的系统聚合效应。要把思想建党和制度治
党紧密结合起来，联动推进。思想教育要突出重点，加强党性和道德教

育，引导党员、干部经常打扫思想灰尘，坚定理想信念，坚守共产党人精神追求。制度建设要精、要务实管用，突出针对性和指导性，搞好配套衔接，增强整体功能，使制度成为硬约束而不是橡皮筋，变牛栏关猫为铁笼锁虎。

把严肃党内政治生活与发挥人民监督作用结合起来。党内政治生活是教育管理党员干部和党员干部进行党性锻炼的主要平台，从严治党必须首先从党内政治生活严起，把严肃党内政治生活与发挥人民监督作用结合起来。要增强党员意识和政治担当，在党言党、在党忧党、在党为党，把爱党、忧党、兴党、护党落实到党内生活各个环节，敢于同形形色色违反党内政治生活原则和制度的现象作斗争，增强党内政治生活的政治性、原则性、战斗性。发挥人民监督作用，听取群众的真实想法，欢迎群众的批评意见，织密群众监督之网，为群众举报违纪违法问题提供安全畅通的渠道。

把攻坚战与持久战统一起来。作风问题具有顽固性和反复性，形成优良作风不可能一劳永逸，克服不良作风也不可能一蹴而就，必须既打攻坚战又打持久战。多年来，作风问题一直在抓，但很多问题不仅没有解决，反而愈演愈烈，症结就在于对作风问题的顽固性和反复性估计不足，缺乏常抓的韧劲、严抓的耐心，缺乏管长远、固根本的制度。作风建设永远在路上，必须抓常、抓细、抓长，持续努力、久久为功。要把作风建设紧紧抓在手上，持续抓好各项整改任务的落实，绝不允许出现"烂尾"工程，绝不能让"四风"问题反弹回潮。要从解决"四风"问题延伸开去，努力改进党员干部的思想作风、工作作风、领导作风和生活作风，努力改进学风、文风、会风，使党员干部不仅不敢沾染歪风邪气，而且不能、不想沾染歪风邪气，使党的作风真正纯洁起来。

（执笔：马占魁、赵周贤、刘光明）

坚持党的领导　依规管党治党
为全面推进依法治国提供根本保证

王岐山

党的十八届四中全会分析了党面临的形势和任务，对全面推进依法治国作出战略部署。这是我们党从坚持和发展中国特色社会主义出发提出的重大战略任务，对实现两个百年奋斗目标和中华民族伟大复兴中国梦、实现党和国家的长治久安具有深远意义。全会审议通过的《中共中央关于全面推进依法治国若干重大问题的决定》（以下简称《决定》），提出了建设中国特色社会主义法治体系，建设社会主义法治国家总目标。《决定》强调，社会主义法治必须坚持党的领导，党的领导必须依靠社会主义法治。这一重要论断深刻揭示了党的领导对社会主义法治的极端重要性，对我们党怎么样领导和治理国家、怎么样加强党的建设提出新要求。作为执政的中国共产党的各级党组织和全体党员，必须受到党规党纪的刚性约束，必须确保各级党组织和全体党员模范遵守宪法和法律，为全面推进依法治国提供根本保证。

一　旗帜鲜明地坚持党的领导，确保
社会主义法治正确政治方向

《决定》开宗明义，把"坚持中国共产党的领导"列为首要原则，把"加强和改进党对全面推进依法治国的领导"作为重要任务部署，阐述了党的领导和依法治国的关系，强调坚持党的领导是社会主义法治最根本的保证，体现了坚持党的领导地位和发挥党的政治保证作用的高度统一。

中国特色社会主义的最大特色、最本质特征就是党的领导。习近平总书记指出："我们治国理政的根本，就是中国共产党领导和社会主义制度。"在我们国家，东西南北中，工农商学兵政党，党是领导一切的。是历史和人民选择了中国共产党。1840 年以来，中国人民和无数仁人志士探索中国走向独立富强的道路，做过许多设计和试验，西方各种主义、思潮也进入中国。最后还是十月革命一声炮响，送来了马克思列宁主义，催生了中国共产党。中华民族的独立和解放，是在党的领导下取得的；解决 13 亿人民温饱问题和初步建成小康社会，也是在党的领导下实现的。邓小平同志指出，在中国这样的大国，没有共产党的领导，必然四分五裂、一事无成。绵延 5000 年的中华民族传统文化，决定了我们的国家和民族发展必须有一个主轴；中华民族要走向繁荣、富强和文明，必须有一个坚强的领导核心，这个领导核心无可替代，就是执政的中国共产党。

坚持党的领导是社会主义法治的根本要求。党的十五大提出依法治国、建设社会主义法治国家的奋斗目标。十八大要求坚持依法治国这个党领导人民治理国家的基本方略，加快建设社会主义法治国家。十八届三中全会作出全面深化改革的重大部署，要求推进法治中国建设。三中全会、四中全会是"姊妹篇"，都是十八大精神的具体化。在建设社会主义法治国家进程中，党始终发挥着根本性、全局性的领导作用。只有把党建设好，才能真正代表人民、带领人民、组织人民正确制定和严格实施法律；只有加强和改善党的领导，充分发挥党总揽全局、协调各方的领导核心作用，领导立法、保证执法、支持司法、带头守法，才能确保依法治国的正确政治方向；只有在党的领导下依法治国、厉行法治，才能真正实现党的领导、人民当家做主和依法治国的有机统一。我们要始终在党的领导下，坚定不移走中国特色社会主义法治道路。在这个根本问题上，必须旗帜鲜明、立场坚定，决不能含糊动摇。

党的领导必须依靠社会主义法治。党的领导和社会主义法治在本质上是一致的。必须站在中国特色社会主义事业发展的战略高度，准确把握党的领导和依法治国的关系。宪法是国家的根本大法、治国安邦的总章程，它赋予了党治国理政的责任和使命。党章作为党内根本大法、管党治党的总章程，规定党必须在宪法和法律范围内活动，党员必须模范遵守国家的法律法规，它以执政党的纲领保证宪法和法律的实施。依法治国是党领导人民治理国家的基本方略，依法执政是党治国理政的基本方式。党要把自己的路线、方针、政策通过法定程序转化为国家意志，成为全国人民共同遵守的法律规范，实现党的主张和人民意志的有机统一。

提高党的执政能力和执政水平，推进国家治理体系和治理能力现代化。推进国家治理体系和治理能力现代化，毫无疑问包括了党能否坚持依法治国的问题。党是社会主义法治建设的领导者、组织者、实践者，依法治国从根本上讲是对党自身提出的要求。目前，一些党组织依法执政、依法办事的观念和能力不强，有法不依、以权压法现象依然严重，一些党员干部以言代法、违法乱纪、徇私枉法问题突出，群众深恶痛绝。《决定》要求全党同志必须更加自觉地坚持依法治国，向着建设法治中国目标前进。承诺高，期盼更高。全面推进依法治国的旗帜一旦举起，党就必须严格按照宪法和法律治国理政，党员领导干部必须做遵纪守法的模范，决不能打法律的"擦边球"、搞"越位"。否则，党怎么能够要求全社会遵守宪法和法律，又怎么能领导人民建设社会主义法治国家？捍卫宪法和法律的尊严就是捍卫党和人民共同意志的尊严。各级党组织必须转变领导方式、执政方式，提高科学执政、民主执政、依法执政水平，实现党、国家、社会各项事务治理制度化、规范化、程序化。现代化的核心是人的现代化。提高治理能力要靠党员特别是党员领导干部牢固树立法治意识，自觉运用法治思维和法治方式想问题、作决策、办事情，带动全社会遵法、守法、用法，把党的政治优势、社会主义的制度优势转化为管理国家的效能。

二 加强党内法规制度建设，依规管党治党建设党

国有国法，党有党规。依法治国、依法执政，既要求党依据宪法法律治国理政，也要求党依据党内法规管党治党。邓小平同志指出："没有党规党法，国法就很难保障。"依规管党治党是依法治国的重要前提和政治保障。只有把党建设好，国家才能治理好。

党规党纪是管党治党建设党的重要法宝。拥有一整套党内法规制度，是中国共产党的一大政治优势。在革命战争年代，我们就是靠严明的党规党纪维护党的集中统一，保持党的凝聚力、战斗力。党取得执政地位后，国家法律和党内法规共同成为党治国理政、管党治党的重器。经过近百年的实践探索，我们党已形成了一整套系统完备、层次清晰、运行有效的党内法规制度。这个制度体系包括党章、准则、条例、规则、规定、办法、细则，体现着党的先锋队性质和先进性要求，使管党治党建设党有章可

循、有规可依。要充分发挥这一政治优势，把党要管党、从严治党落到实处。

依规管党治党建设党，首要的是维护党章的严肃性。党章规定了党的理想信念、宗旨意识、组织保障、行为规则、纪律约束等基本内容，全党必须一体严格遵行。每一名党员都要无条件地履行党章规定的义务，遵守党的纪律。各级党组织要切实把党章作为指导党的工作、党内活动、党的建设的根本依据。党员干部要树立党的观念，学习党章、遵守党章、贯彻党章、维护党章，加强党性修养，切实维护党章的严肃性和权威性。

党规党纪严于国家法律。党是肩负神圣使命的政治组织，党员是有着特殊政治职责的公民。国家法律是全体公民必须遵循的行为底线。党规党纪对党员的要求严于国家法律对普通公民的要求。申请加入中国共产党，面对党旗宣过誓，就成了有组织的人，就意味着主动放弃一部分普通公民享有的权利和自由，就必须多尽一份义务，就要在政治上讲忠诚、组织上讲服从、行动上讲纪律。党的领导干部尤其是高级干部放弃的要更多，责任和担当要更大。如果执政党连自己的党规党纪都守不住、执行不下去，依法治国、依法执政就是一句空话。党员违反党纪就必须受到纪律审查，接受组织处理，切实做到以严的标准要求党员、严的措施管住干部。

与时俱进加强党内法规制度建设。当前，党内法规制度建设理论研究相对薄弱，对党规党纪的历史渊源、地位作用、体例形式、产生程序等均需系统研究、予以确定；有的党规党纪与国家法律交叉重复，有的过于原则、缺乏细节支撑，可操作性不强，亟待完善。要认真总结我们党 90 多年、无产阶级政党 100 多年、世界政党几百年来制度建设的理论和实践成果，联系实际、求真务实，探索适合自己的党内法规制度建设途径。要根据《中国共产党党内法规制定条例》和《中央党内法规制定工作五年规划纲要（2013—2017 年）》的要求，立足当前、着眼长远、统筹推进，确保到建党 100 周年时，全面建成内容科学、程序严密、配套完备、运行有效的党内法规制度体系。

实现党内法规与国家法律的有机衔接。党规党纪应着重规范党的政治纪律、组织纪律，保证党员坚定理想信念宗旨、保持优良作风、坚守道德操守，做到要义明确、简明易懂、便于执行。党内法规建设要循序渐进，先从提出工作要求入手，探索实践、不断总结，再上升为制度。党内法规对社会主义法治建设具有引领作用。有些规范、要求在全社会还不具备实施条件时，可以通过对党员提出要求，先在党内实行，不断调整完善，辅以在全社会宣传引导，条件成熟时再通过立法在国家层面施行。要及时将全面深化改革的实践经验和制度成果，通过法定程序转化为国家法律法规，保证党的路线、方针、政策得到贯彻实施。

三　弘扬中华民族优秀传统文化，坚持依法治国和以德治国相结合

《决定》强调，国家和社会治理需要法律和道德共同发挥作用。要坚持依法治国和以德治国相结合，从中国实际出发，汲取中国传统文化精华，实现法律和道德相辅相成、法治与德治相得益彰。

要吸收中华民族修齐治平的文化营养。文化自信是"三个自信"的总源头。中华文明源远流长，是世界上唯一没有中断的文明。"国家"是中华传统文化独有的概念，国与家紧密相连、不可分离。修身齐家治国平天下，修身为首要，治国从治家开始。只有修好身，才能理好家、治好国。中国人讲的家既指家庭，又包括家族，家族内外长幼有序，讲究道德礼仪。中华传统文化是伦理文化、责任文化，为国尽忠、在家尽孝，天经地义。中华传统文化的核心就是"八德"：孝悌忠信礼义廉耻。这些就是中华文化的DNA，渗透到中华民族每一个子孙的骨髓里。迄今为止，还没有哪个人敢挑战这八个字。家国情怀和修齐治平、崇德重礼的德治思想，把社会教化同国家治理结合起来。要尊重自己的历史文化，把握文化根脉，取其精华、去其糟粕，坚守和弘扬优秀传统，让民族文化生命得以延续。

领导干部要知古鉴今、心存敬畏和戒惧。中国古代政治思想强调"民惟邦本""水则载舟，水则覆舟"，告诫为政者必须体察民情、关注民生。中国传统典籍还有许多官德官箴，告诫为官者，官职越高、权力越大，越应战战兢兢、如履薄冰。《论语》中说："君子三年不为礼，礼必坏；三年不为乐，乐必崩。"现在，有的领导干部忘记了自己是党的干部，不知不学党规党纪，无视规制，不讲廉耻，根本不把国法党规当回事，没有戒惧之心。党的十八大以来查处的党员领导干部案例，没有一个不是在违法之前首先违纪的。古人云："自作孽，不可活。"广大党员干部必须信守宗旨、心存敬畏、慎独慎微，讲规则、守戒律，决不能无法无天、胆大

妄为。

让崇德重礼和遵纪守法相辅而行。徒法不足以自行。治理国家不可能只靠法律。法律法规再健全、再完备，最终还是要靠人来执行。如果领导干部在德上出了问题，必然导致纲纪松弛、法令不行。中华历史传统注重德治与法治的统一，历朝历代既有许多成功经验，也有不少深刻教训。要借鉴我国古代为政以德、礼法相依、德主刑辅、管权治吏、正心修身等历史经验和思想。孔子说："道之以政，齐之以刑，民免而无耻；道之以德，齐之以礼，有耻且格。"要发挥礼序家规、乡规民约的教化作用，为全面推进依法治国提供历史智慧和文化营养。法律是他律，道德是自律。实现他律和自律的结合、道德教化和法制手段兼施，让道德和法制内化于心、外化于行，才能实现依法治国。

四　从严治党、严明党纪，坚定不移推进党风廉政建设和反腐败斗争

党的十八大以来，以习近平同志为总书记的党中央坚定不移改进作风、坚定不移惩治腐败，旗帜鲜明、态度坚决、意志品质顽强、领导坚强有力。但是，当前党风廉政建设和反腐败斗争形势依然严峻复杂，滋生腐败的土壤依然存在。党风廉政建设和反腐败斗争永远在路上，不可能一蹴而就，一劳永逸。党要管党、从严治党一刻不可放松。

治国必先治党，治党务必从严。我们党是一个有着8600多万党员的大党，相当于一个大国的人口数量，管党治党任务极其繁重。作为执政党，我们肩负着带领13亿人民走中国特色社会主义道路，实现两个百年奋斗目标和中华民族伟大复兴的中国梦的艰巨任务。在我国，各级领导干部绝大多数都是由党员担任，从这个角度看，管党就是治吏、治权。新形势下党面临着"四大考验""四种危险"，面对着各种挑战和风险。党的观念淡漠，组织涣散、纪律松弛，不正之风和腐败问题，都是来自党内的严峻挑战，严重影响着党的凝聚力和战斗力，动摇着党的执政根基，也严重危害法治国家建设。党面临的形势越复杂、肩负的任务越艰巨，就越要坚持从严治党、严明党纪，保证全党统一意志、步调一致，确保党始终成为中国特色社会主义事业的坚强领导核心。

从严治党关键在严格执纪。制度的生命力在于执行。再好的制度不执

行、形同虚设，就一定会形成"破窗效应"。习近平总书记强调："党要管党、从严治党，靠什么管，凭什么治？就要靠严明纪律。"严明二字强调的就是提高执行力，要说到做到，执纪必严，违纪必究。各级党组织和党员领导干部要以身作则、以上率下，带头遵守党规党纪。各级纪检机关要强化监督执纪问责，敢于担当、敢抓敢管，维护党的政治纪律、组织纪律、财经纪律、工作纪律和生活纪律，坚决同违反党纪的行为作斗争，确保党规党纪的刚性约束。要抓早抓小，加强日常管理和监督，防止小错酿成大错，以铁的纪律保持党的先锋队性质和先进性、纯洁性。

党风廉政建设和反腐败是一场输不起的斗争。面对依然严峻复杂的形势，《决定》强调要坚决遏制和预防腐败现象。我们党进行的党风廉政建设和反腐败斗争，有立场、有目标、有重点。立场就是坚持有腐必反、有贪必肃，"老虎""苍蝇"一起打，以零容忍态度惩治腐败。目标任务就是保持高压态势，遏制腐败蔓延势头；持之以恒落实八项规定精神，坚决防止"四风"反弹。现阶段的工作重点是：惩治腐败要坚决查处十八大后不收敛不收手，问题反映集中、群众反映强烈，现在重要岗位且可能还要提拔使用的领导干部；纠正"四风"要重点查处十八大后、八项规定出台后、群众路线教育实践活动后仍然顶风违纪的行为，越往后执纪越严。我们要冷静清醒地认识党风廉政建设和反腐败斗争的长期性、复杂性、艰巨性，保持坚强政治定力，坚定必胜信心，坚持不懈地抓下去，让人民群众不断看到实实在在的成效和变化，回应群众期盼、赢得党心民心。

强化"不敢腐"氛围，逐步实现"不能腐""不想腐"。习近平总书记强调，要坚持用制度管权管事管人，抓紧形成不想腐、不能腐、不敢腐的有效机制。当前，要加大正风肃纪、严明纪律、惩治腐败力度，使之"不敢腐"。谁在这样的形势下还敢顶风违纪，谁就要为之付出代价！惩是为了治，要综合施策，加大治本力度。选对一人、造福一方，用错一人、贻害无穷。实现"不能腐"首要的是选对人、用好人，通过不断健全干部选拔任用和管理监督制度，把忠于党、忠于人民的好干部选出来、用起来。要逐步形成不能腐的制度体系，把篱笆扎得更紧，真正把权力关进制度的笼子。要求真务实、探索创新，继续落实好《党的纪律检查体制改革实施方案》，将改革成果固化为制度。要修订《中国共产党党员领导干部廉洁从政若干准则》《中国共产党纪律处分条例》《中国共产党巡视工作条例（试行）》等文件，使党规党纪更好地适应新形势新任务的需要。加强对领导干部的日常管理监督，完善激励和问责机制。要不断增强党性修养，坚定理想信念，强化宗旨意识，牢固树立"三个自信"，最终实现"不想腐"。

解决"四风"问题要从思想根子上抓起

党的群众路线教育实践活动第一批已顺利结束,第二批正在扎扎实实进行。在全党上下认真开展群众路线教育实践活动的情况下,认真学习习近平同志关于党的群众路线教育实践活动系列讲话精神,具有重要意义。

中央反复研究,决定把这次党的群众路线教育实践活动的主要任务聚焦到作风建设上,集中解决形式主义、官僚主义、享乐主义和奢靡之风这"四风"问题。

马克思主义者是一元论者。正因为如此,毛泽东同志早就指出:"任何过程如果有多数矛盾存在的话,其中必定有一种是主要的,起着领导的、决定的作用。"①"四风"中,起着领导、决定作用的是什么呢?

习近平同志明确指出:"解决'四风'问题,要从思想根子上抓起。"这一简要、明确的判断,异常重要。从一定意义上讲,这抓住了解决"四风"问题的本质和关键。

一 "四风"问题的思想根子是享乐主义

"四风"问题的思想根子是什么?可以说,就是其中的享乐主义。什么是享乐主义?说到底,就是要满足与党和人民利益相违背的私心私欲,也就是资产阶级和资本主义的核心价值观——个人主义。

因此,我们可以说,形式主义、官僚主义和奢靡之风这"三风"都是享乐主义的外在表现,享乐主义即人的私心私欲亦即个人主义才是"四风"的核心所在和本质表现。在这次教育实践活动中,不去触动享乐主

---

① 《毛泽东选集》(第1卷),人民出版社1991年版,第322页。

义,就可能使形式主义、官僚主义、奢靡之风这"三风"躲进享乐主义的老巢甚至亦可以叫作防空洞中修养生息并窥测时机,一旦气候成熟,它们就会重新出洞,驰骋"官场"。

马克思、恩格斯在《共产党宣言》中明确指出:"共产主义革命就是同传统的所有制关系实行最彻底的决裂;毫不奇怪,它在自己的发展过程中要同传统的观念实行最彻底的决裂。"① 这"两个彻底决裂"也可以说是马克思主义的基本结论与最终目标。但我们深知,要最终做到"两个彻底决裂"需要一个相当长的历史过程。在奴隶制诞生的同时如影随形地诞生了私心私欲。而我国奴隶制的建立距今只不过 4000 多年,现在实行的又是社会主义的市场经济,且西方强国还正在通过经济全球化对我国进行全面甚至深度接触。因此,企图完全克服私心私欲亦即个人主义,这无疑是一个相当长的历史时期。在这方面,我们一是决不能急于求成,而另一方面,也应朝着克服私心私欲方面不断前进而绝不能反过来不断助长私欲横流。共产党员特别是党的各级领导干部应该在这方面起着模范带头作用。

听说要反对享乐主义,有一党外人士问我:"我辛勤努力,是为了赚点钱享乐享乐,这有什么不好,为什么要反对呢?"我回答说:"我们不笼统反对享乐,你合理合法赚点钱,不危害他人所希望的方式生活,无可厚非。但享乐主义不同,有了享乐主义,便有可能不顾道德、纪律甚至法律底线去捞钱。这就应该也必须在全社会特别是党内尤其是各级领导干部中加以坚决反对。"这一党外人士认为我回答得有道理,他明白了,放心了。这也就是说,享乐与享乐主义、个人利益与个人主义不同。我们说要克服私心私欲,不是不要正当的个人利益,而是不要谋求与人民不同的特殊利益。我们党提倡的"大公无私"的口号一度遭到有的人的非议甚至攻击,除了有的是糊涂认识外,也有可能是有人为牟取自己与人民群众不同的非法特殊利益制造舆论。

人人都想享乐,这似乎已是"普世价值"甚至"普世真理"。但对享乐,不同的人赋予不同的内涵。比如,有人认为,个人清苦些,给他人直至国家、民族、人民带来幸福,这是最大的享乐。真正的共产党人就是这种享乐观。而有的人却把以上的享乐当成傻子才会想和做的事。这就是这

---

① 《马克思恩格斯选集》第 1 卷,人民出版社 1995 年版,第 293 页。

些年雷锋、焦裕禄等先进共产党人遭到非议甚至谩骂的原因。享乐主义者认为，人生不过百年，就应该活得体面些甚至声色犬马。这种享乐主义发展到极致，就可能仅为煮熟个人口袋里的一个鸡蛋，不惜去烧毁别人或集体的房子，甚至为满足个人或小集团的私欲，不惜充当汉奸、卖国贼，出卖党、国家和人民的根本利益。所以说，"普世价值"或"普世真理"式的享乐并不存在。有的人是在作秀，外表上好像十分清廉，实质上几乎所有行为都是直接间接地为自己升官作铺垫，甚至明里暗里都是在为自己或小家庭或小集团捞取与人民利益不同的特殊私利。在马克思主义哲学里，有现象和本质这对基本范畴。这种表象与本质不同的情况，是现象对本质的歪曲的反映。这种虚假表象，也从另一个侧面反映了这个人的虚伪的本质。但绝不能说这样的人没有享乐主义。可以说，这是一种隐蔽且极端的享乐主义。如果不对这种享乐主义加以识别与限制，任其发展下去，这样的人就有可能对党、国家和人民造成更大的危害。

公平、公正是历史的产物，没有离开一定历史条件的抽象的绝对的公平、公正。只有与一定经济、社会生产方式相联系的具体的相对的公平、公正。在社会主义时期，逐步消灭人剥削人的制度，实行各尽所能、按劳分配的原则才是最大的公平、公正。在社会主义初级阶段，坚持按劳分配为主体、多种分配方式并存的分配制度才是最大的公平、公正。

在人类历史发展"同传统的所有制关系实行最彻底的决裂同时，与传统的观念实行最彻底的决裂"过程中，在一个相当长的历史时期内，用一些人的私心私欲调动人们从事改革开放和社会主义现代化建设的积极性，这有一定的道理。社会主义初级阶段中的一些经济政策中，就有不少这样的成分，这是必需的。国家与个人有这样的想法和做法完全是对的。但也必须明白，这是柄双刃剑，必须把握好度。如果把握不好度，让私心私欲横流，双刃剑就会变成剑走偏锋，就会伤党、伤国和伤人民。党员特别是党的领导干部有了私心，就不能牢记并恪守全心全意为人民服务的根本宗旨，在想问题和作决策时就会掺杂私念甚至以私欲为主导。出发点与立足点是为了私心私欲，就会千方百计钻制度甚至法律的空子，运用制度这一形式，为满足自己私心私欲这一内容服务。君不见，有的领导把各种程序走得天衣无缝，而作出的决策却是自己事先想要得到的满足自己私心私欲的结果。

剑走偏锋还往往伤及自己。放纵私心私欲，就会走上危险的途径。请听听锒铛入狱的一些领导干部,在反省自己所犯罪恶的根本原因时,几乎无一例外地说:"这是自己放松学习,丧失信仰所致。"这是由衷之言,不是官话、套话。当然,不仅好人一生平安,也有不少坏人侥幸"躲灾"而一生平安。但是,做了违规违法之事,就往往可能整天惴惴不安,担心东窗事发,甚至折寿。为了自己健康多寿,家庭幸福,还是收敛一下自己的私心私欲好。

党、国家、民族是由一个一个的个体组成的。放纵私心私欲的人多了,我们的党就不能保持党的原有性质和宗旨的纯洁,一路发展下去,就可能逐渐站在人民的对立面,最终被人民所抛弃。这绝不是危言耸听。从一定意义上讲,真正的无产阶级先进分子即共产党员,就应该带头"克己复礼"。"克己"就是克服享乐主义,克服私心私欲;"复礼"就是要回顾一下并牢牢记住自己入党时的誓词。入党誓词是什么?这里引用出来,让我们重温:"我志愿加入中国共产党,拥护党的纲领,遵守党的章程,履行党员义务,执行党的决定,严守党的纪律,保守党的秘密,对党忠诚,积极工作,为共产主义奋斗终生,随时准备为党和人民牺牲一切,永不叛党。"如果自己距离党的章程和入党誓词太远,我们还算一名真正的共产党员吗?"志愿加入中国共产党"的目的如果是更好地牟取自己的私利,而不是为人民服务,这样的人多了,党蜕化变质了,垮掉了,能说这是共产党不好吗?是马克思主义不好吗?不是,恰恰说明这是享乐主义的私心私欲不好。

二 理想信念是预防"四风"的防腐剂

理想信念不是与生俱来的,"形式主义、官僚主义、享乐主义和奢靡之风"也不是与生俱来的,理想信念是"四风"的敌人,理想信念坚定了,"四风"就无法附身。可以说,理想信念是预防"四风"的防腐剂。

国内外都有人说,中国共产党人和中国人民没有信仰;没有信仰的政党和民族就没有道德约束力,这样的党、人民和民族是可怕的,不知道他们会干些什么。说这样的话,不是无知,就是偏见。早在1945年6月,毛泽东同志就说过:"我们也会感动上帝的。这个上帝不是别人,就是全中国的人民大众。"这是真正共产党人的信仰。宗教比如基督教信仰上帝,而上帝谁见过?著名诗人艾青就说过"上帝与魔鬼都是人的化身",这句诗同样是句大实话，只是不像"为什么我的眼里常含泪水，只因我爱这片土地爱的深沉"而被人们所熟知。而中国共产党和中国共产党人信仰的人民却是实实在在的存在。人民，只有人民，才是创造世界历史的真正动力。只要我们真诚地信仰人民这一"上帝"，我们就能时刻保持与人民群众的血肉联系。人民的力量是无穷的，且是永生的。任何时候，都能与人民站在一起，我们就能克服任何艰难险阻，不断实现与最广大人民群众根本利益相一致的近、中、远目标，最终到达包括每一个人在内的全人类的自由而全面发展的美好社会，即共产主义社会。纵观人类五六千年的文明史，完全可以得出这样的结论，历史从来就是在曲折中进步的，而不是在曲折中退步的。我们完全有这样的自信。我们的中国特色社会主义道路、理论和制度自信，完全是建立在人民最终决定历史前进方向这一坚实的基础之上的。

习近平在党的群众路线教育实践活动第一批总结暨第二批部署会议上强调："作风问题具有顽固性和反复性，形成优良作风不可能一劳永逸，克服不良作风也不可能一蹴而就。"他又说："理想信念是共产党人的精神之'钙'，必须加强思想政治建设，解决好世界观、人生观、价值观这个'总开关'问题。"如何克服享乐主义即个人主义，也就是牢固树立正确的理想信念呢？我个人认为，最重要的是体现在以下两条，一是要有马克思主义的理论水平，二是观察和处理所有问题都要出以公心，没有与人民群众根本利益相悖的私心。有了这两条，任何时候任何情况下的任何困难与风险，我们都可以从容应对并给予解决。

也正因如此，习近平同志在2013年6月22—25日政治局专题学习会上明确指出：我们"必须有天下为公的宽阔胸襟，摒弃任何私心杂念，把为全中国人民谋利益作为自己唯一的追求"。2013年6月28日，他在全国组织工作会议上又强调："成为好干部，就要不断改造主观世界、加强党性修养、加强品格陶冶，时刻用党章、用共产党员标准要求自己，时刻自重自省自警自励，老老实实做人，踏踏实实干事，清清白白为官。"

从一定意义上讲，私心是万恶之源。有了私心，就不敢坚持真理，也不会修正错误。不克服私心私欲或者说不加节制，就必然产生"精致"的"振振有词"的形式主义、官僚主义和奢靡之风等。邓小平说"形式主义害死人"，斯言十分深刻。其实，官僚主义和奢靡之风等同样害死人。其根源都在享乐主义。

三 克服"四风"的核心是"治病"

教育实践活动的总要求是"照镜子、正衣冠、洗洗澡、治治病",核心是治治病。照、正、洗、治也不是并列关系。从一定意义上讲,照镜子、正衣冠、洗洗澡是手段,治治病才是核心和目的。什么是治治病?从根本上说,就是要在改造客观世界的同时,改造主观世界观,克服享乐主义即私心私欲,只有这样才能牢固树立全心全意为人民服务思想,增强全党和党的广大干部与人民群众的血肉联系,把人民紧紧凝聚在一起共同奋斗。这样,克服"四风"与"照镜子、正衣冠、洗洗澡、治治病",就在改造主观世界观、克服享乐主义即私心这一根本问题上完全统一起来了。

为了说明克服享乐主义即克服私心的极端重要性,请允许笔者举一个较长一点的例子加以阐发。

"三大战役"顺利结束后,毛泽东深知,成立新中国已指日可待了。如何跳出"其兴也勃焉,其亡也忽焉"的周期率这一历史的重大课题,又涌上了毛泽东的心头。在1949年3月5日召开的党的七届二中全会上,毛泽东警示全党:"因为胜利,党内的骄傲情绪,以功臣自居的情绪,停顿起来不求进步的情绪,贪图享乐不愿再过艰苦生活的情绪,可能生长。因为胜利,人民感谢我们,资产阶级也会出来捧场。敌人的武力是不能征服我们的,这点已经得到证明了。资产阶级的捧场则可能征服我们队伍中的意志薄弱者。可能有这样一些共产党人,他们是不曾被拿枪的敌人征服过的,他们在这些敌人面前不愧英雄的称号;但是经不起人们用糖衣裹着的炮弹的攻击,他们在糖弹面前要打败仗","中国的革命是伟大的,但革命以后的路程更长,工作更伟大,更艰苦。这一点现在就必须向党内讲明白,务必使同志们继续地保持谦虚、谨慎、不骄、不躁的作风,务必使同志们继续地保持艰苦奋斗的作风"。[①] 尽管如此,毛泽东在七届二中全会上所担心的现象却很快显现。新中国成立后不久,党和国家机关中部分工作人员的腐败现象便频频发生。西北局书记习仲勋在给中央的报告中疾呼:贪污行为已毁坏了一批干部,并染坏了很多干部。贪污蜕化已成为主要危

---

① 《毛泽东选集》(第4卷),人民出版社1991年版,第1438—1439页。

险。① 1951 年 11 月 1 日，东北局书记高岗在给中央的报告中说，沈阳市仅在部分单位中就揭发出 3629 人有贪污行为。同年 11 月 29 日，华北局向中央报告了河北省揭发出的刘青山、张子善二人在任中共天津地委书记、行署专员期间贪污的严重犯罪事实。毛泽东看了这些报告，有些震怒，但更忧虑。他甚至用一股"贪污浪费的狂澜"形容此现象②。12 月 1 日，中共中央作出《关于实行精兵简政、增产节约、反对贪污、反对浪费和反对官僚主义的决定》（以下简称《决定》），毛泽东在审改此《决定》时，特地加写了一段话："自从我们占领城市两年至三年以来，严重的贪污案件不断发生，证明一九四九年春季党的二中全会严重地指出资产阶级对党的侵蚀的必然性和为防止及克服此种巨大危险的必要性，是完全正确的，现在是全党动员切实执行这项决议的紧要时机了。再不切实执行这项决议，我们就会犯大错误。"随着"三反"深入，发现党内贪污分子大多与不法资本家有关。如，天津不法商人马玉恒，一人腐蚀干部 170 人，其中团、师、军干部达 25 人。1952 年 1 月 26 日，中共中央又作出《关于首先在大中城市开展"五反"斗争的指示》，要求在全国大中城市向违法的资本家开展反行贿、反偷税漏税、反盗骗国家财产、反偷工减料、反盗窃国家经济情报的斗争。"三反""五反"斗争从 1951 年年底开始至 1952 年 10 月结束，历时近一年，取得了重大成果。全国县以上机关查出贪污 1000 元以上的共 10 万余人，包括被判处死刑的刘青山、张子善等 42 人。据中纪委截至 1952 年 7 月的统计，参加运动的有 312.2437 万人，其中有贪污行为者 122.6984 万人，占参加运动总数的 39% 强；贪污分子中有党员 20.2683 万人，其中 6 万余人受到党纪政纪处分，约 2 万人被撤职查办，4029 人被逮捕法办；逮捕法办的党员干部中，省委或相当于省委一级的干部 25 人，地委或相当于地委一级的干部 576 人，县委或相当于县委一级的干部 3428 人。③ 在外部开展的惩治不法资本家的"五反"斗争中，京、津、沪等九大城市被审查的 45 万多私营工商业者，犯不同程度"五毒"行为的占 76%，其中上海为 85%，北京为 90%。④"三反""五反"有效地遏制了当时党内和社会上的腐败现象。特别是当毛泽东下决心要处决刘

---

① 王关兴、陈挥：《中国共产党反腐倡廉史》，上海人民出版社 2001 年版，第 179 页。

② 同上书，第 168 页。

③ 同上书，第 186—187 页。

④ 《新华月报》1952 年 3 月。

青山、张子善时，有同志为他们求情，毛泽东说："正因为他们两人的地位高，功劳大，影响大，所以才要下决心处决他们。只有处决他们，才可能挽救 20 个，200 个，2000 个，20000 个犯有各种不同程度错误的干部。"① 事实完全可能如此。对刘青山所犯错误，并非无人抵制。但刘青山振振有词地回应："老子们拼命打了天下，享受些又怎么样？"这种打天下、坐天下、享乐天下的思想，是中国几千年封建制度及近百年殖民地半殖民地社会的产物，党政领导干部中有不少人受这种社会文化传统的影响，不可能完全摆脱上述思想的熏染，这种思想也不可能随着刘青山、张子善被处决而从一些人的脑海里消除。享受与特权、特权与腐败的界限在哪里，对于那些腐败分子来说，就更加分辨不清。改革开放极大地释放了方方面面的积极性，所以，改革开放取得了巨大的成就。但毋庸讳言，也使有的人私欲膨胀。因此，我们党在新的历史时期和新的历史条件下，开展以反对"四风"为主要内容的群众路线教育实践活动，无疑具有重大意义。1960 年左右，毛泽东同志还特别强调：干部要同工人打成一片。如果干部不放下架子，不同工人打成一片，工人就往往不把工厂看成自己的，而看成干部的。干部的老爷态度使工人不愿意自觉地遵守劳动纪律，而且破坏劳动纪律的往往首先是那些老爷们。从这种意义上讲，是有的干部以形式主义、官僚主义、奢靡之风等为表现的享乐主义严重地挫伤了人民的积极性、主动性和创造性，而流行的所谓"大锅饭养懒汉"的说法往往不是问题的本质和主流。

照镜子、正衣冠就是要提高自己的马克思主义理论水平，洗洗澡、治治病就是要敢于触动自己的灵魂，查找和克服自己的私心。照镜子、正衣冠、洗洗澡、治治病的本质是要通过认真学习马克思主义的经典原著和中国特色社会主义理论体系，坚定正确的理想信念，在改造客观世界的同时，改造主观世界，牢固树立正确的世界观、人生观和价值观。因此，学习马克思主义与克服享乐主义即私心，应该贯穿于学习实践教育活动的各个阶段。忽视以上两点的任何一点，任何学习教育活动就可能流于形式。我们开展以反对"四风"的教育实践活动中，切忌用一种形式主义反对另一种形式主义。有的人口头上也讲坚定共产主义理想和中国特色社会主义

---

① 薄一波：《若干重大决策与事件的回顾》（上），中共中央党校出版社 1991 年版，第 152 页。

信念，但内心世界为的是一己、一家的私利。这就在一些人中间出现"为穷人说话，为富人办事"的现象。昔日和珅今安在？和珅为官 20 余载，贪污的钱物折算下来超过了 11 亿两白银，相当于当时清朝 15 年的财政总收入。和珅以自己这样赫赫有名的"辉煌政绩"，成为了历史上贪官的代名词。

四　远离"四风"关键是树立正确的世界观

牢固树立正确的世界观，绝不仅仅是个人和家庭的私事，共产党人特别是中高级干部的世界观涉及党和国家变不变质、老百姓受不受苦的天大的事。党的各级特别是中高级干部队伍中若多几个亿万富翁，我们的党、国家和民族就必然少几个马克思主义的政治家特别是思想家，极而言之，还有可能导致我们党最终的轰然倒塌。这进一步说明，以习近平同志为总书记的党中央坚定不移开展反腐倡廉、加强党的纯洁性先进性建设的紧迫性、重要性及其重大战略意义。

我们绝不反对每个人其中包括党和国家的各级干部所应当得到的个人利益。我们所说的大公无私和无私奉献，是指在与党、国家、民族和集体的利益发生冲突之时，个人利益要服从党、国家、民族和集体的整体利益，而绝不是不要个人利益。但我们的权力是人民给的。一有私心，就会千方百计钻各种制度的空隙，甚至可以把规定的程序走得天衣无缝，他人无可挑剔，还总能得出自己想要得到的结果，让别人无话可说。健全完善制度重要，改造世界观至少与健全制度同样重要。我们党的领导干部，想问题、作决策如果都能从人民群众的根本利益和推动社会进步这一根本立场出发，健全和完善制度也就会有一个可靠的思想基础，否则，在制定制度政策时，就可能事先预留下以权谋私的空隙。

我们各级干部，必须要有强烈的历史责任感、使命感，并不惧怕任何困难，不计任何私利和个人所谓的名利毁誉，敢于担当，做一名堂堂正正、勇于创新、敢于作为的真正的中国共产党人的"男子汉"。没有私心私欲，是一个真正"男儿"即共产党人首先必备的条件。真正有出息、有作为的共产党人，是为了党、国家、民族和普通老百姓好，而不是仅为自己与自己的小家庭好。再过几十年直至百多年，当我们国家真正实现社会主义现代化之时，人们还记得我们为此做了点有益的工作，这才应该是我们最可欣慰的。这样活着，这样做人，才真正有意义，才不白来这世上一遭。

从一定意义上讲，在"为民、务实、清廉"中，"为民"是目的，"务实"是行动，"清廉"是作风。"三位一体"都是为保持与人民群众的血肉联系，保持党的性质的纯洁性。要达到这一要求，就必须通过联系实际，认真学习马克思主义，在改造客观世界的同时，改造主观世界，克服享乐主义，树立正确的理想信念，确立正确的世界观、人生观和价值观。只有这样，才能有效地解决"四风"，达到治治病的目的。病治好了，身体健壮了，对于一个人来说，才会长寿；对于一个执政党来说，才可能长期执政。否则，只能是幻想和空想。

党要管党　从严治党

——习近平执政党建设讲话的中心思想

姚　桓

在习近平系列讲话中，关于执政党建设的内容十分丰富。习近平关于执政党建设讲话的中心，是强调"党要管党、从严治党"。习近平指出："党要管党，才能管好党；从严治党，才能治好党。"这是对执政党建设规律的深刻阐述和自觉运用。习近平讲的党要管党、从严治党是建立在党的建设科学化基础上的，其基本含义是，围绕党的建设新的伟大工程这一总目标，围绕党的执政能力建设和先进性建设、纯洁性建设这一主线，在思想、组织、作风、反腐倡廉和制度建设上都提出明确、具体的要求；发挥党的自我提高、自我净化能力，解决长期以来各方面存在的问题。

一　在思想建设方面，强调共产党员特别是领导干部要做共产主义远大理想和中国特色社会主义共同理想的坚定信仰者和忠实执行者

思想建设历来是中国共产党的显著特点和重要优势。由于种种原因，多年来在一些方面，思想建设的要求尚未完全落实，一些党员思想既活跃又混乱，思想解放与思想混乱并存，是转型期党内思想状况的一个特点。因此，思想建设的重要目标，是通过解放思想达到统一思想，增强全党的凝聚力、战斗力。要解决的核心问题是理想信念问题。习近平指出，"共产党员特别是领导干部要做共产主义远大理想和中国特色社会主义共同理想的坚定信仰者和忠实执行者"[①]。理想

---

① 习近平：《毫不动摇坚持和发展中国特色社会主义在实践中不断有所创造有所前进》，《人民日报》2013年1月6日。

信念从来都是共产党人的精神支柱，是党员干部执行党的路线政策的思想基础和精神动力。习近平此时此刻提出理想问题具有重大现实意义。苏联、东欧发生剧变，共产党丧失执政地位，原因固然是多方面的，但问题主要出在共产党内。党的干部尤其是高级干部长期思想僵化，不思进取，固守教条化的理论和过时的模式，以致经济发展和人民生活水平落后于西方，而在匆忙进行的改革中又不能正确对待社会主义在前进道路中出现的问题，理想信念发生动摇，对社会主义失去信心，盲目崇拜西方模式，最终使改革扭曲为"改向"，可以说是极其重要的内因。美国前总统尼克松早在 20 世纪 80 年代就指出，东欧的共产党人早已丧失理想和斗志，多数是追名求利的官僚，从反面说出了问题的要害。从国内情况看，30 多年改革开放成绩巨大，而积累的问题和矛盾也很多，值此国家发展的关键时刻，走哪条道路的问题又尖锐地摆在全党全国人民面前。党中央一再强调，不能改旗易帜，也不能僵化停滞，必须沿着中国特色社会主义道路前进，为此全党首先是党员干部、高级干部要有坚定的理想信念。全党思想政治上高度统一，才能做到"任凭风浪起，稳坐钓鱼船"，自觉坚定地执行党的基本路线和各项政策，把中国特色社会主义事业推向前进。共产党人不是空谈家而是实践者，共产党人理想的特点和可贵之处，就是言与行的统一，理想既是对未来的期盼、向往，是一种目标指向，更是一种精神动力，是指导、鼓舞人们改造社会的思想武器。习近平说："革命理想高于天。没有远大理想，不是合格的共产党员，离开现实工作而空谈远大理想，也不是合格的共产党员。"这把坚持理想与完成现阶段任务联系在一起，使远大理想在共产党人全面建成小康社会的实践中，迸发出巨大的精神动员力量。这就是习近平强调理想问题的强烈针对性和重大意义。抓住这一点，就是抓住了思想建设的灵魂。

二　在组织建设方面，强调从严治党要认真执行民主集中制，破除潜规则；从严治吏，严格管好干部；做好抓基层、打基础的工作

共产党是按照民主集中制原则建立起来的工人阶级政党，是个思想政

治统一、组织团结、行动一致的战斗整体，能够把力量集中在一个攻击点上去战胜敌人、克服困难、不断取得胜利。所以民主集中制历来是共产党的强点和优势。问题在于，现实中由于种种原因，民主集中制在一些地方、一些方面执行得不够好，甚至存在潜规则。所谓潜规则，是与党章和公开颁布的各项原则、制度相对的在实际中通行的某些做法和习惯，是一些人心照不宣、加以默认，明知不对又不敢或者不愿打破的某些做法、习惯。如发扬民主走过场，批评、自我批评轻描淡写，彼此相安无事，对主要领导的意见"顺向思维"、报喜不报忧，汇报工作时首先揣摩上级意图，等等。潜规则的存在极大地破坏了民主集中制的严肃性和党内生活的原则性。习近平对此尖锐指出："要让那些看起来无影无踪的潜规则在党内以及社会上失去土壤、失去通道、失去市场。"这是迄今为止，党的最高领导人明确提出清除潜规则，承认问题的严重性和表达解决问题的坚强决心，这一表态对贯彻民主集中制意义重大。从严治党必须落实到人。那么重点何在？毛泽东在新中国成立初期就指出，治国就是治吏。寥寥数语，凝聚了中国从古至今治国理政的宝贵经验。习近平继承发展了这一思想，明确指出，"党要管党，首先是管好干部；从严治党，关键是从严治吏"①。各级干部掌握着权力，权力是双刃剑，既是为人民服务的工具，也可能异化为牟取私利的手段；权力也会产生可怕的腐蚀作用，这种腐蚀作用与权力大小有关，也与权力可能带来的私利成正比。在权力比较集中的体制下，这种腐蚀尤其需要警惕。所以执政党首先必须对自己的干部提出更高的要求；如果执政党不首先管好自己的干部，那么一切从严治党的要求都是一句空话。习近平讲的从严治吏包括的具体内容，就是要"把从严管理干部贯彻落实到干部队伍建设全过程，坚持从严教育、从严管理、从严监督，让每一个干部都深刻懂得，当干部就必须付出更多辛劳、接受更严格的约束"。应该看到，习近平讲的从严治吏，还有更深远的意义，它是与完成党的新的历史任务联系在一起的。他说，完成十八大确定的历史任务，"关键在党，关键在人。关键在党，就是要确保党在发展中国特色社会主义事业历史进程中始终成为领导核心。关键在人，就是要建设一支宏大的高素质干部队伍"。为此，习近平在党章关于干部标准的基础上又提

---

① 习近平：《建设一支宏大高素质干部队伍确保党始终成为坚强领导核心》，《人民日报》2013 年 6 月 30 日。

出了新要求，"好干部要做到信念坚定、为民服务、勤政务实、敢于担当、清正廉洁"。如何把这样的干部选拔出来？他根据多年的组织工作经验，强调要把加强党的领导和充分发扬民主结合起来，发挥党组织在干部选拔任用工作中的领导和把关作用；要完善工作机制，推进干部工作公开，坚决制止简单一票取人的做法，确保民主推荐、民主测评风清气正。把好选拔任用干部这一关，就是做好了从严治吏的关键性工作。在强调从严治吏的同时，习近平还提出扎实做好抓基层打基础的工作，使每个基层党组织都成为坚强的战斗堡垒。中国共产党是由8000多万党员、几百万个基层组织组成的大党。基层组织的状况如何？党员的素质如何？对保持党的战斗力和纯洁性至关重要。因此习近平又指出："党员是党的肌体的细胞。党的先进性和纯洁性要靠千千万万的党员的先进性和纯洁性来体现。党的执政使命要靠千千万万党员的卓有成效的工作来完成，党要管党、从严治党要落实到党员队伍的管理中去。"既重点管好干部，又抓好基层、管好党员，从严治党的原则就能够落实。

三　在作风建设方面，强调作风建设是永恒课题，要建立长效机制；要求领导干部带头发扬优良作风

习近平指出："群众路线是党的根本工作路线和生命线。""保持党同人民的血肉联系是一个永恒课题，作风问题具有反复性和顽固性，必须经常抓、长期抓，特别是建立健全促进党员、干部坚持为民务实清廉的长效机制。"所以强调这一点，一方面是由于作风问题绝对不是小事，如果不坚决纠正不良风气，任其发展下去，就会像一座无形的墙把我们党和人民隔开。我们党就会失去根基、失去血脉、失去力量。另一方面，也因为执政和改革开放条件下的作风建设具有极大的复杂性、艰巨性，不可能毕其功于一役。事实上，改革开放以来，党十分重视作风建设，从20世纪80年代初提出"党风是关系党生死存亡的问题"，进行全面整党，到90年代进行"三讲"，21世纪开展保持共产党员先进性教育活动，再到十八大后进行群众路线教育实践活动等，作风建设始终在紧锣密鼓地抓，效果也是明显的，问题在于，是否能

够巩固和如何巩固。在一些地方，确实存在"两个抛物线现象"，即抓作风建设的活动呈现"发动—高潮—回落"的趋势；群众心理呈现"希望—振奋—失望"的趋势。之所以存在抛物线现象，一是由于作风建设本来就是长期的复杂的，旧的问题解决了，新的问题又会出现，而且是打着改革旗号出现的；另一方面也由于抓作风建设的要求不够严格，抓住了现象没有触及本质，没有解决深层次的干部思想问题和体制问题，更未能一以贯之地抓下去，时紧时松，活动一结束，有的干部旧病复发，搞不正之风变本加厉。习近平提出作风建设是永恒课题，要经常抓，建立长效机制，十分重要。机制与制度有联系又有区别，是以制度为依托建立的有明确目标、办法和保证措施的工作系统。健全的机制是防范不正之风的可靠屏障，是加强作风建设的载体。在作风建设方面，习近平还有一个可贵思想，即要求各级领导机关和领导干部，尤其是中央机关和中央国家机关、高级领导干部强化带头意识，时时处处严要求、作表率。十八大后不久，中央政治局就做出了关于转变作风、密切联系群众的八项规定。这不仅表明了以习近平为总书记的党中央严于律己，而且也是总书记治国理政政治智慧的表现。中国传统文化非常重视当权者言行对民众的榜样作用和鼓舞作用。领导者的榜样作用、带头作用是巨大的。在党中央带动下，各级党委都通过了整顿作风、密切联系群众的决定，在全党、全国范围内形成很大声势，造成强大舆论，不正之风成为"过街老鼠"：有些问题已经初步解决；少数一贯搞不正之风的人迫于形势，有所收敛；一些群众反映强烈、长期未能解决的问题在酝酿解决中。作风建设的良好势头使人们看到了希望，坚定了信心。

四 在反腐倡廉建设方面，强调有腐必反，有贪必肃，不断铲除腐败现象滋生的土壤，以实际成效取信于民

十八大后，对中国共产党的反腐败问题，国内外十分关注。这不仅因为现阶段腐败现象在一些方面确实比较严重，而且因为腐败现象严重影响党群关系，妨碍建成小康社会目标的实现。可以这样认为，

当今对中国发展起作用的有三种力量，其中，改革是第一推动力、科技是第一生产力、腐败是第一破坏力；因此现代化的前途取决于三种力量的博弈，即能否在开启第一推动力、激发第一生产力的同时有效抑制腐败这个第一破坏力。习近平以极其严肃的态度指出，在反腐倡廉方面，"要有腐必反，有贪必肃，不断铲除腐败现象滋生的土壤，以实际成效取信于民"。他以历史思维和战略思维看待反腐败问题，引用历史经验讲述反腐败问题的极端重要性，指出"历史周期律问题至今有警示意义"。历史周期律的命题是民主人士黄炎培在延安窑洞中对毛泽东讲的，希望中国共产党能够走一条新路，跳出历代统治者从艰苦创业到腐败灭亡这一历史的怪圈。毛泽东进一步提出靠民主打破历史周期律的宝贵思想。中国历史上周期律的发生是由多种因素造成的，主要由生产关系阻碍生产力发展和统治者与人民群众矛盾尖锐化所造成，但是腐败无疑成为历史周期律的驱动力，历届王朝垮台的速度总是同腐败的程度成正比的，这一点早有定论。实践反复证明，先进的共产党对于所谓历史周期律问题没有天生的免疫力，执政后同样要面对权力的腐蚀，要防止长期执政条件可能出现的生命力、创造力衰退，尤其要有效地防止和克服腐败，才能真正防止李自成的悲剧。习近平提出历史周期律的警示意义，就是把反腐败作为关系党的前途命运的重大政治问题，提到全党面前。然而，在反腐倡廉问题上，习近平既讲零容忍，又讲科学理性。讲零容忍，是要求"老虎苍蝇一起打"。这既反映了对一切腐败现象绝不妥协的态度，也是十分英明的措施。敢打老虎，就是反腐败敢于碰硬，任何腐败分子，无论职务、级别如何，都必须受到党纪国法处理，这是贯彻在党纪国法面前人人平等、彻底清除一切腐败的必要措施。强调打老虎，不意味着放过苍蝇。老虎固然危害甚烈，苍蝇的破坏作用也不能小视，有些腐败分子级别确实不高，但是贪腐数额巨大，又直接损害群众利益，是在党群关系纽带上打进的楔子。"小官大腐败"是值得警惕的现象。何况事物是发展的，不打老虎会贻害无穷，但仅仅打老虎而放过苍蝇，有的苍蝇也可能发展成为老虎。讲科学理性，是因为解决腐败问题不能仅仅靠义愤。现阶段我国存在着滋生腐败的土壤，只要土壤不铲除，腐败就会一再表现出来。习近平以战略家的眼光看待反腐败问题，提出解决腐败滋生的土壤问题，"形成不敢腐的惩戒机制、不能腐的防范机制、不易腐的保障机制"①。这实际提出了通过改革和制度建设彻底解决腐败问题，对反腐倡廉具有重要指导意义。

五 在制度建设方面，强调要加强对权力运行的制约和监督，把权力关进制度的笼子里；强调制度一经形成，就要严格遵守，执行制度没有例外

习近平指出："要加强对权力运行的制约和监督，把权力关进制度的笼子里。"这是从反腐败角度讲的，权力是一种政治上的强制力，是职责范围内的影响力和支配力。对权力而言，没有监督和制约是非常危险的，只有对这种权力加以限制和控制，为它设定法律和制度的边界，才可能防止权力的异化，保证权力运行的预期，即使人民赋予的权力用来为人民谋利益。习近平强调把权力关进制度的笼子里，是着眼于发挥制度对反腐倡廉的决定性作用，"制度的笼子"，意在强调制度的规范、制衡、约束、监督作用，强调制度的系统性、严密性；在空间上涵盖权力运行的各个领域，在时间上笼罩权力运行的各个环节。但是习近平讲制度，其意义又不限于反腐败，这个对党的建设都有指导意义。中国共产党的建设是个包括思想、组织、作风、反腐倡廉和制度建设的系统工程，这个工程是经过长期发展形成的。民主革命时期，党的建设一般分为思想、组织、作风三大建设；改革开放以来，邓小平根据"文化大革命"教训，提出制度问题带有根本性、全局性、稳定性和长期性，党的建设由此形成思想、组织、作风和制度四个方面。当时讲反腐败，主要是从作风建设角度讲的。实践使人们认识到，反腐倡廉具有极大的艰巨性、长期性，在党的建设中有战略意义。仅仅从作风角度谈反腐败远远不够，需要从作风建设中抽出来，形成一项相对独立的工作加以部署，这样，党的建设就形成了思想、组织、作风、反腐倡廉和制度五位一体的格局。这五项任务关系如何呢？从实践看，思想、组织、作风和反腐倡廉这四项工作，最终都需要制度建设来保

① 习近平：《更加科学有效地防止腐败 坚定不移把党风廉政建设引向深入》，《人民日报》2013 年 1 月 23 日。

证和落实；或者可以说，思想、组织、作风和反腐倡廉四项建设中，每一项建设中都有制度建设的内容，制度建设贯穿于上述四项建设中。制度建设带有根本的、综合的性质。例如在干部工作中，从干部的考察、培养、选拔、委任、晋升、调动、免职、退休、奖励和处分，都需要明确的制度规范。各项制度之间要实现"无缝对接"，并及时堵塞漏洞。在决策工作和其他工作中也是如此。制度建设重在执行，有了制度不去执行，往往比没有制度效果更坏。鉴于以往确实存在执行制度不严的现象，习近平明确要求："制度一经形成，就要严格遵守，坚持制度面前人人平等、执行制度没有例外，坚决维护制度的严肃性和权威性，坚决纠正有令不行、有禁不止的各种行为。"

综上所述，习近平关于党要管党、从严治党的思想，体现在党的思想、组织、作风、反腐倡廉和制度建设每个方面，是以解决问题为导向讲的，有丰富的内容和强烈的针对性；是应该做到和能够做到的。贯彻这些讲话精神，中国共产党的自我提高、自我净化能力会进一步提高，党的凝聚力、战斗力会进一步增强，建成全面小康、实现民族复兴中国梦就有了可靠保障。问题在于，如何采取扎实措施，真正落实讲话精神，在这方面，"一个行动比一打纲领还重要"。

后　记

　　本书是中国社会科学院马克思主义理论研究和建设工程"马克思主义专题研究文丛"之一《中国特色社会主义理论研究》的第三辑。此集子旨在较为全面地反映 2014 年度全国学术理论界关于中国特色社会主义理论研究的基本概貌和总体水平。鉴于突出成果的代表性、质量和研究领域的范围，我们以主要教学科研机构、主要人物、重要地区为参考因子，从 2014 年度的国内的主要报刊上公开发表的主要论文中，撷取了 37 篇，分为中国特色社会主义道路、理论体系、制度，中国特色社会主义"五大建设"的总布局，习近平系列重要讲话精神三大部分编排。由马克思主义研究院党委书记、院长邓纯东编审负责全书的设计、统稿，马克思主义中国化研究部副主任贺新元同志承担具体的选编工作。

　　限于篇幅，不能把所有的高质量文章收入；基于编者水平，可能把一些高质量文章遗漏，另外，本书在选编工作中难免出现错误与不妥之处，敬请作者与读者一一谅解与指正。

本书编委会

2014 年 8 月